本书受到云南省哲学社会科学学术著作

出版专项经费资助

本书系国家社科基金青年项目"纳西语方言地图集"

（2017CYY049）的阶段性成果

本书受到云南省哲学社会科学学术著作出版专项经费资助

本书系国家社科基金青年项目"纳西语方言地图集"（2017CYY049）的阶段性成果

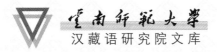

云南师范大学
汉藏语研究院文库

总主编 ◎ 戴庆厦 余金枝

纳系族群亲属称谓系统的
语言地理研究

和智利 ◎ 著

中国社会科学出版社

图书在版编目（CIP）数据

纳系族群亲属称谓系统的语言地理研究 / 和智利著. —北京：中国社会科学
出版社，2019.9
ISBN 978-7-5203-5110-2

Ⅰ. ①纳…　Ⅱ. ①和…　Ⅲ. ①纳西语–亲属称谓–地理语言学–研究–云南
Ⅳ. ①H257.3

中国版本图书馆 CIP 数据核字（2019）第 209306 号

出 版 人　赵剑英
责任编辑　任　明
责任校对　王佳玉
责任印制　郝美娜

出　　　版　中国社会科学出版社
社　　　址　北京鼓楼西大街甲 158 号
邮　　　编　100720
网　　　址　http://www.csspw.cn
发 行 部　010-84083685
门 市 部　010-84029450
经　　　销　新华书店及其他书店

印刷装订　北京君升印刷有限公司
版　　　次　2019 年 9 月第 1 版
印　　　次　2019 年 9 月第 1 次印刷

开　　　本　710×1000　1/16
印　　　张　15.25
插　　　页　2
字　　　数　246 千字
定　　　价　88.00 元

凡购买中国社会科学出版社图书，如有质量问题请与本社营销中心联系调换
电话：010-84083683

少数民族语言的地理语言学研究必须大力加强

——《纳系族群亲属称谓系统的语言地理研究》序

戴庆厦

  智利是我 2013 年在云南师范大学招收的第一个"少数民族语言与民族文化地理"方向的博士生。她的博士论文《纳系族群亲属称谓系统的语言地理研究》即将出版，要我写个序。我很高兴，因为我有些话也想在序里说说。

  地理语言学是语言学的一个重要分支学科，它从地理的角度揭示语言的现状和历史演变。早在 19 世纪上半叶，欧洲各国就已意识到要从地理研究语言学。例如：温克尔[德]通过调查德国北部和中部地区的德语方言而绘制了第一组方言地图，吉叶龙[法]主持了法国方言地图集的绘制，这两项调查是方言地理学兴起的基础。直至 20 世纪，作为一个语言学的分支学科地理语言学才传入我国。近半个世纪以来，研究汉语的语言学家在这一领域辛勤开拓，发掘了许多有价值的成果，出版了《汉语方言的地理学研究》《汉语方言地理学——入门与实践》《汉语方言地图集》等专著。在汉语方言地理学的带动下，少数民族语言的语言地理研究也有了一定的进展，但由于起步晚，底子薄，还不能适应少数民族语言研究的需要。相比汉语方言地理语言学研究来说，少数民族地理语言学研究的成果还比较少。

  我国境内少数民族语言资源丰富，各种语言在长期的发展当中都受到社会地理因素的制约和影响。因而，采用地理语言学的方法来研究少数民族语言，对于揭示少数民族语言的方言分区、历史发展等都是非常有价值的。如果缺少了这一视角，就不可能完全认识、解释少数民族语言的历史变迁。比如：哈尼语的支系类别与方言分布成严格的对应，从语言的同言线能够证明支系划分的合理性。又如，中、缅、印等国分布的景颇语，其差异能够从一些文化词类（如亲属称谓词、动植物名称等）的地理分布得到解释。总的看来，我国少数民族语言的地理语言学研究目前还处于摸索、开拓、发展的初始阶段，有大量的新概念、新规律需要我们去挖掘。尽管如此，但少数民族语言领域的地理语言学研究大有可为，是一个难得的富矿。

　　智利这部博士论文是花了力气写成的。她虽然从小生活在纳西族地区，对纳西族语言文化都有天然的认识，但为了写这篇论文曾先后 5 次到纳西族地区做田野调查，汲取了不同地域纳西族语言文化的精髓，为开展纳西语的地理语言学研究奠定了一定的基础。这部书我觉得有以下几个创新点值得一提。

　　一是选题有价值。亲属称谓是语言中最能反映民族亲属制度、婚姻形态的文化词。历史上纳西族多元亲属制度和婚姻形态共存，这使得纳西族亲属称谓系统的研究更具有特殊性和重要性。但迄今为止，专门对纳西族亲属称谓进行系统、深入研究的成果还很少。智利的这部论著，对不同地域纳西族亲属称谓系统进行了比较系统深入地描写和比较研究，弥补了这一领域的研究空白，是迄今研究纳西族亲属称谓语料最丰富的一部新著。

　　二是有新视角。现有纳西族亲属称谓系统的研究成果，多从民族学、人类学视角出发对纳西族亲属称谓系统进行研究。智利的这部著作从地理语言学视角出发，分析不同地域纳西族亲属称谓的特征，绘制了 24 幅不同辈分亲属称谓的分布图，思考不同亲属称谓类型的地理分布特征；通过对不同地域支群共有亲属称谓词词形的空间分布考察，揭示空间分布特征形成的动因机制，并进行力所能及的解释。这在过去的研究中是没有的。

　　三是材料丰富。地毯式大面积、高密度的田野调查是地理语言学研究的一大特色。智利的书稿很好地体现了这一特色。论文题目选定后，智利多次到纳西族地区进行亲属称谓系统的专题调查。全文近 30 个调查点，其中只有 5 个点的材料是引用现有材料的，其余 20 多个调查点的语料都是通过她自己调查所得的一手材料。

　　四是有新认识。智利在书中通过大量田野调查获得的一手材料，分析、对比、总结、归纳得出以下四点主要结论：（1）纳系族群亲属称谓系统发展不均衡。根据各支群亲属称谓系统内部称谓数量的多少，可以将其分为三类：发达型亲属称谓系统、不发达型亲属称谓系统以及亚发达型亲属称谓系统。发达型亲属称谓系统中专称式称谓居多，不发达型亲属称谓系统则以类称式亲属称谓为主，亚发达型亲属称谓系统中专称式称谓、类称式称谓的比例介于发达型和不发达型之间。（2）纳系族群不同类型亲属称谓系统的空间分布特征为：发达型亲属称谓系统多集中分布在纳系族群西部方言区，不发达型亲属称谓系统多分布在纳系族群东部方言区，亚发达型亲属称谓系统则多位于东部方言区及西部方言区的交界地带。（3）纳系族群亲属称谓系统是纳系族群家庭、婚姻形式的直接反映，通过对纳系族群亲属称谓的研究可以看到纳系族群家庭、婚姻制度的历时发展演变过程。

如：发达型亲属称谓系统所分布的地区较早地进入专偶制家庭，而不发达型亲属称谓系统所分布的地区实行专偶婚的时间较晚，通过对其亲属称谓的分析，可以看到这些地区曾经历过血缘婚、对偶婚等较古老的婚姻和家庭形态。这是语言研究中取之不尽的矿藏。（4）纳系族群亲属称谓的分布特征与河流分布和流向密切相关。具体表现为：东西对立：一指金沙江线东西对立型，即纳系族群亲属称谓沿丽江境内的金沙江两岸形成东西部差异；二指无量河线东西对立型，纳系族群亲属称谓无量河以东和以西的差异。南北对立：又称为五郎河线对立，即纳系族群亲属称谓在五郎河南边和北边形成的差异。

该书的研究意义和价值主要在于：（1）能为少数民族亲属称谓系统比较研究提供一个新的视角。该书从地理学视角出发分析不同纳系族群亲属称谓系统的空间分布特征和形成机制，可以为少数民族语言亲属称谓系统的比较研究提供新的视角和研究途径。（2）有助于丰富非汉语地理语言学理论和方法。如何选择亲属称谓系统中的特征词，如何对亲属称谓进行地理分类，如何分析亲属称谓地理分布和演变的原因等问题，至今学术界都还认识不清楚。这项研究希望能为非汉语地理语言学词汇研究提供有价值的个案。（3）有助于促进纳系族群方言比较研究的深入。纳系族群亲属称谓系统比较研究成果能够为纳系族群语音、语法比较研究提供新的视角。（4）有一定的应用价值。弄清纳系族群各方言亲属称谓系统的特点和变化规律，不仅能够了解纳系族群内部各地亲属称谓系统的变迁，还能够为纳西语方言及土语划分提供参照。

总之，这是一部有新意的、有价值的地理语言学专题研究著作。它不仅反映我国地理语言学学科发展的新进程，而且还是纳西语研究的新进展。

回忆智利成长的过程，我至今记忆犹新。2012 年 4 月 27 日，我到云南师范大学参加汉藏语研究院成立大会，时任《云南师范大学学报》主编和汉藏语研究院常务副院长的罗骥教授向我推荐了智利的硕士学位论文《玉龙纳西族自治县多语现象研究——以九河白族乡为个案》。其中各少数民族丰富多彩的多语生活，引起了我的浓厚兴趣，促使我产生去研究九河乡少数民族多语生活的萌念。我与罗骥教授商量，在中央民族大学"985 工程"语言国情项目中立个专门研究九河乡少数民族语言生活的子课题。2012 年 8 月，智利参与实施了这个课题的田野调查，并同课题组成员一同完成了《云南玉龙县九河白族乡少数民族的语言生活》（2014 年 11 月由商务印书馆出版）一书。田野调查结束后，她表示有兴趣做语言田野调查，准备报考我的博士研究生。我看她在一个多月的田野过程中，勤奋好学、能吃苦、为人真诚，是一个值得培养的母语人。我叮嘱她："博士不容易考，作为母语人，要加强专业理论基础和英语的学习，你要争气。"经过一年的努力奋斗，2013 年她成为我在云南师大招收的第一名"少数民族语言与民族文化地理"方向的博士生。

在几年博士学习生活中，我十分重视培养她的语言田野调查能力。2013 年 9 月一入学，我就带她一起到云南丽江市古城区七河镇共和村进行语言生活的田野调查，课题组成员共同完成了《丽江市古城区七河镇共和村的语言和谐》一文刊登在《青海民族研究》（2014 年第 3 期）。除了了解接触她本民族的语言外，我还多次带她到云南其他少数民族地区进行语言调查，2013 年 12 月到德宏州边境芒海镇景颇族地区，2014 年 7 月到文山州马关县都龙镇。经过多次锻炼，她逐渐具备了独立调查语言的能力。

考虑到她有母语的优势，我决定让她采用地理语言学的研究方法来完成她的学位论文，并以纳西语亲属称谓的地理差异作为研究专题。但是，语言本体研究与地理研究如何结合，应该把握哪些要点，突出哪些特色，是一直困扰我们的问题。我们只好边做边探索，摸着石头过河。自 2012 年以来，我带智利多次到纳西族地区进行语言田野调查，对纳西语有了一定的感性认识。智利通过长期的努力和积累，她的文章《纳系族群父辈女性亲属称谓的类型及地理分布》获云南省第二十一次哲学社会科学优秀成果奖三等奖，2017 年获得了国家社科基金青年项目"纳西语方言地图集"。

这部《纳系族群亲属称谓系统的语言地理研究》，是她长期努力的一个成果，也是她新的研究起点，相信她会从田野实际语料出发，加强理论视野，踏踏实实地越走越远。

是为序。

戴庆厦
2018 年 6 月 6 日于云南昆明

摘　要

本书运用地理语言学（Geographical Linguistics）的理论和方法，选取 29 个点对居住在四川、西藏、云南三省区交界地区的纳系族群亲属称谓系统进行系统、深入的比较研究。

一　本书的内容和结构

全书分八章和附录：

第一章　绪论。第一，界定了本书的两个重要概念"纳系族群"及"亲属称谓"。第二，介绍本书的研究设计，其中包括研究的内容、研究的意义和价值、本书研究所围绕的理论原则及研究方法、研究的难点和创新点。第三，指出本书的研究过程及语料来源。第四，简述藏缅语族语言、纳系族群语言亲属称谓的研究概况。

第二章　纳系族群的人文地理环境概述。简要介绍纳系族群生活的人文地理环境，以及纳系族群的语言和文字。

这两章为后文进入纳系族群亲属称谓系统的分析，提供必要的背景材料和知识。

第三章　纳系族群亲属称谓系统的构成。为了从宏观上把握纳系族群亲属称谓系统的特点和演变规律，根据对 29 个调查点亲属称谓系统的分析，以大具纳西语亲属称谓为例，分析了纳系族群亲属称谓系统的构成成分，及亲属称谓系统的构成原则。

第四章　纳系族群亲属称谓系统的三种类型。纳系族群亲属称谓系统发展不均衡，存在地域差异。本书将纳系族群亲属称谓系统分成三种类型：发达型亲属称谓系统、不发达型亲属称谓系统以及亚发达型亲属称谓系统。通过详细描写和分析每个类型两个个案点的亲属称谓系统，提取纳系族群亲属称谓系统三种类型的特征。

第五章—第七章　纳系族群亲属称谓的地理分布。纳系族群的亲属称谓分布具有地理特征。在各地调查 158 种亲属关系获得的相应称谓，经过对比、归类、筛选，选取不同辈分的亲属称谓词作为进行重点研究的特征条目。并系统考察这些亲属称谓词的空间分布，推导每个亲属称谓词的发展途径。归纳纳系族群亲属称谓词的空间分布特征和时间发展的顺序，及在整个称谓系统中的演变链。

第八章 结论。总结了本书的主要观点及本研究的不足。

附录 以个案点为纲的纳系族群亲属称谓系统语料。搜集了每个个案点的所有亲属称谓词的义项。

二 本书取得的认识

本书在大量语料的基础上提取了以下的认识:

1. 纳系族群亲属称谓的差异与地理分布密切相关。根据各支群亲属称谓系统中亲属称谓的数量多少,可以将其分为三类:发达型亲属称谓系统、不发达型亲属称谓系统及亚发达型亲属称谓系统。从空间上看,发达型亲属称谓系统多集中分布在纳系族群西部方言区,不发达型亲属称谓系统多分布在纳系族群东部方言区,亚发达型亲属称谓系统则多位于东部方言区及西部方言区的交界地带。

2. 纳系族群亲属称谓词的义项发展不均衡,亲属称谓词的义项多则达六七十个,少则只有一个。根据每个称谓所指称的亲属关系的多少,可以将其分为两类。一是专称式称谓,即一个称谓只指称一种亲属关系,专称式称谓的义项较少。一是类称式称谓,即一个称谓能够指称同一个范畴的多种亲属关系,类称式称谓的义项较多。发达型亲属称谓系统中专称式称谓居多,不发达型亲属称谓系统则以类称式亲属称谓为主,亚发达型亲属称谓系统中专称式称谓、类称式称谓的比例介于发达型和不发达型之间。纳系族群亲属称谓词义项发展不均衡,是社会、婚姻、家庭制度、地理差异在语言上的反映,是语言研究、民族地理研究的宝贵资源。

3. 纳系族群亲属称谓系统是纳系族群家庭、婚姻形式的直接反映,通过纳系族群亲属称谓的研究可以看到纳系族群家庭、婚姻制度的历史发展演变过程。如:发达型亲属称谓系统所分布的地区较早地进入专偶制家庭,而不发达型亲属称谓系统所分布的地区实行专偶婚的时间较晚,通过其亲属称谓的分析,可以看到这些地区曾经历过血缘婚、对偶婚等较古老的婚姻和家庭形态。这是语言研究中取之不尽的矿藏。

4. 纳系族群亲属称谓的分布特征与河流的分布位置密切相关。具体表现为:东西对立:一指金沙江线东西对立型,即纳系族群亲属称谓沿丽江境内的金沙江两岸形成东西部差异;二指无量河线东西对立型,纳系族群亲属称谓无量河以东和以西的差异。南北对立:又称为五郎河线对立,即纳系族群亲属称谓在五郎河南边和北边形成的差异。

三 本书研究的价值

本书研究的价值在于:通过采用地理语言学研究理论与方法对纳系族群亲属称谓进行系统、深入的研究,完全证实了地理语言学研究方法的可行性、重要性和必要性，而且证实了不同语言、方言与地理的关系各有自己的特征和规律。

　　本书的研究还证明了少数民族地区由于社会文化发展特点不同于汉族地区，不同地区间的社会形态差异更大，所以更能够从地区的差异来认识语言的差异。少数民族语言的地理语言学研究大有可为。我国少数民族语言亲属称谓的研究蕴藏着取之不尽的资源，但至今成果较少。本书的研究希望能对我国少数民族语言亲属称谓的研究有所借鉴，有所促进。

　　我国民族语言丰富，特点复杂，但目前我国少数民族语言的地理学研究所涉及的内容还嫌窄，今后还有大量的研究资源需要去挖掘。比如：动植物词汇、人文地理词汇、宗教词汇、农业经济词汇、族称、姓名、方位词、颜色词、计量法等。笔者通过本书的研究，看到今后少数民族语言的地理语言学研究必将会出现一片新的光景。

　　关键词：纳系族群　亲属称谓　地理语言学　空间分布图　同言线

Abstract

Based on the theory and method of Geographical Linguistics, this paper makes a systematic and thorough comparative study on the kinship terms of the Naxi minority group in the border areas of Sichuan, Tibet, Yunnan provinces. This dissertation comprises of eight chapters and an appendix.

Chapter One. Preface. The paper defines the two important concepts "Na ethnic group" and "kinship terms". Introduced the research content, research significance and value. Pointed out the research process and corpus sources. Briefly introduces the kinship system's research situation of the Tibeto Burman language and Na ethnic language.

Chapter Two. Briefly introduces the history, population distribution, languages of Na ethnic groups.

Chapter Three.Composition of the system of Na ethnic group's kinship terms. According to the macro grasp of 29 survey kinsfolk appellation system, with DaJu language as an example, analyzes the system Na ethnic kinship system components, and kinship terms constitute principle.

Chapter Four.Three types of ethnic kinship terms in the Na ethnic group.The development of ethnic kinship appellation system in ethnic group is not balanced, and there are regional differences. In this paper, the system of ethnic kinship appellation system is divided into three types: the developed kinship appellation system, the less developed kinship appellation system and the sub developed kinship appellation system. Through detailed description and analysis of each type of two case of kinship terms system, the extraction of the three types of characteristics of the kinship terms system.

Chapter Five-Chapter Seven.The geographical linguistic study on the kinship terms of Na ethnic groups.To investigate the spatial distribution of the kinship appellation words, and to deduce the development and evolution of the appellation terms of each relative. The spatial distribution characteristics and temporal development order of the kinship terms in the ethnic group of Na ethnic group.

Chapter Eight.Conclusion.Summarizes the main points of this article.

Appendix. Tabulate the kinship terms and their meanings.

Based on a large amount of data, this paper extracts the following：

1. The differences of kinship terms in the Na ethnic groups are closely related to geographical distribution. According to the number of kinship terms in each group of kinship terms, it can be divided into three categories： the developed kinship appellation system, the less developed kinship appellation system and the sub developed kinship appellation system. From the point of view of space, developed system of kinship terms in more concentrated distribution in the Naxi language Western dialect area, undeveloped kinsfolk appellation system distributed in the eastern dialect region of the Naxi language, sub developed systems of kinship terms in Eastern dialect area and the Western dialect of the border.

2. Familial terms in the Naxi minority group of China have developed unevenly amongst different Naxi subgroups. Familial terms from some subgroups might include the meanings of 60-70 different Chinese terms for familial relationships while in other subgroups there might be a one to one correspondence between the meaning in Naxi and the meaning in Chinese. In this paper, familial terms have been separated into two categories according to the number of Chinese terms which a particular familial term includes. The first category can be called "Specific Familial Terms" and refers to those terms which have only one possible translation in Chinese. The second category is "Categorical Familial Terms" and refers to those familial terms which can include many different Chinese translations. In the more developed familial term systems there are more familial terms in the "Specific Familial Terms" category than the "Categorical Familial Terms" category. In the least developed systems, the opposite is true. Some familial term systems in the Naxi subgroups, though, belong a to mid level of development and have a balance between these two different categories. The uneven development between the number of familial terms in the different Naxi subgroups reflects the societal, marital, familial, and geographical differences between these subgroups. This uneven development between different subgroups provides rich material for linguistic and geographical ethnographic research.

3. Naxi familial terms are the direct reflection of the culture of Naxi

households and Naxi marriages, and through researching these familial terms, we can catch a glimpse of the historical development of the institutions of marriage and family in the Naxi minority. For instance, those subgroups which have more familial terms are those in which monogamous marriages developed earlier in, and those subgroups with fewer terms are those where monogamous marriages developed later in. Through this analysis it was observed that these areas had experienced different marriage norms through history, for example intrafamily marriages and polygamy. This is a promising area of research for linguistic and cultural studies.

　　4. The distribution of familial terms has a close relationship with the location of the rivers in the historical homeland of the Naxis. The exact correspondences between these familial terms and the rivers is as follows: (1) the East-West opposition: the first East-West opposition is found in the differences of familial terms on the East and West bank of the Jinsha River in Lijiang; (2) the second East-West opposition is found in the differences between familial terms on the East and West sides of the Wuliang River in Sichuan. The North-South opposition is found in the differences in familial terms on the North and South sides of the Wulang River.

　　The value of this thesis is to make a systematic and thorough study on the kinship terms of Na ethnic groups by the theories and methods of Geographical Linguistics.

　　The national language of our country is rich, the characteristic is complex, the content of the current geography research involves is still too narrow, there is a lot of research resources in the future. For example： animal and plant vocabulary, human geography, religious vocabulary, agricultural economic terms, family name, name, location, color, measurement, etc.. Through the research of this paper, it is found that the geographical linguistics of minority languages in the future will be a new scene.

　　Key words: Ethnic Groups; Kinship Terms; Geographical Linguistics; Linguistic Map; Isogloss

目　录

第一章 绪论

在绪论这一章里，主要论述本书的选题缘由和意义、与本书有关概念的界定、本书的研究设计、研究过程及语料来源，为后文的论述提供必要的背景材料。

第一节 选题缘由和意义

本节介绍本书的研究内容、选题依据及意义。选题依据主要从课题的研究价值、研究者本身的研究条件两个方面来论述。选题意义是从地理学、语言学及民族学等多学科的角度来进行论证。

一 选题缘由

语言是组成民族的一个重要特征，民族的形成与语言是密不可分的。一个民族居住的自然地理环境、人文社会环境都会在他们所使用的语言上反映出来。因而通过语言来研究民族的历史地理文化特征，成为国内外学者研究的热门和着力点。众多著名学者通过研究实践也印证了这一研究的可行性和独特价值。恩格斯曾经从词源和词义的角度探讨了不同时期的社会制度。摩尔根在广泛搜集语言材料的基础上论证了民族学方面的问题。罗常培在《语言与文化》一书中，通过许多语言事实，强调了从语言研究民族的重要性。

文化词是语言中最能够反映一个民族人文地理环境的重要词汇。其中，亲属称谓词是语言词汇中与社会人文地理的关系最为密切的部分。因此亲属称谓系统的研究不仅关系到对语言结构的认识，而且还能通过它的研究认识一个民族或族群的婚姻、家庭、地位、权利、义务等各种人文信息，还能认识语言的地理分布特征。摩尔根在《古代社会》第三篇"家族观念的发展"中通过亲属称谓名词做证据，说明和证实了古代家族中血婚制、伙婚制、偶婚制、父权制、专偶制五种家族形态和婚姻形态的存在。他的研究开辟了亲属制度研究的新途径。

居住在我国云南、四川、西藏三省区毗连地区的"纳系族群"，由于山川河流阻隔、生活习俗差异、经济社会发展不平衡等原因，造成纳系族群方言内部特别是亲属称谓系统出现差异。

但纵观现有研究成果，发现还没有人从地理学视角出发对纳系族群亲属称谓进行过深入系统的比较研究。加上作者是土生土长的纳西族人，能够熟练使用母语，并具备少数民族语言学的学习经历和背景，因而选取"纳系族群的亲属称谓系统"作为研究对象，从地理学视角对其进行深入系统的研究。

二　选题意义

本书通过搜集 29 个调查点亲属称谓的语料，在对语料进行排比、深入系统分析的基础上，从地理学视角出发，分析不同地域亲属称谓的特征，思考不同亲属称谓类型的地理分布特征；通过对不同地域支群共有亲属称谓词词形的空间分布考察，思考其空间分布特征和动因机制。这在过去的研究中是没有过的。其研究的意义和价值在于：

（一）能为少数民族亲属称谓比较研究提供一个新的视角。我国少数民族语亲属称谓系统研究现有成果中，缺乏从地理学视角对亲属称谓的时空特征进行思考的专题研究。因而，本书从地理学视角出发，采用地理语言学的研究方法分析不同纳系族群亲属称谓不同类型分布的空间特征和动因，可以为亲属称谓系统研究，特别是少数民族亲属称谓系统的比较研究提供新的视角和研究途径。

（二）有助于丰富地理语言学理论和方法。现有的纳系族群语言研究成果中，从未有采用地理语言学研究方法对其进行研究的成果。如何选择亲属称谓系统中的特征词，如何对亲属称谓进行地理分类，如何分析亲属称谓地理分布和演变的原因等问题，至今都还不清楚。这项研究希望能为非汉语地理语言学词汇研究提供有价值的个案。

（三）有助于探索非汉语亲属称谓系统研究的理论和方法。本书借鉴现代语言学研究方法，并结合传统语言学方法、民族学研究方法和地理学研究方法，探索适合于纳系族群亲属称谓系统研究的方法，力求能够丰富非汉语亲属称谓系统研究理论和方法。

（四）有助于促进纳系族群方言比较研究的深入。亲属称谓系统作为词汇的一部分，与语音、语法的关系非常密切，语音、语法中的规律往往与词汇有关。所以，纳系族群亲属称谓系统比较研究成果能够为纳系族群语音、语法比较研究提供新的视角。

（五）有一定的应用价值。弄清纳系族群各方言亲属称谓系统的特点和变化规律，不仅能够了解纳系族群内部各地亲属称谓系统的变迁，还能够为纳西语方言及土语划分提供参照，并为纳系族群迁徙等提供线索。

第二节　相关概念的界定

本书的主题是比较研究滇川藏三省区毗连地区纳系族群亲属称谓系统，其中涉及两个使用频率很高的重要概念。一是"纳系族群"，究竟指的是哪些族群，应该有个科学的界定；二是"亲属称谓"，亲属称谓具体包括哪些内容，如何进行合理的分类。如果不对以上两个概念进行科学的界定，那么对研究内容就会存在不确定性。

一　纳系族群的界定

"纳系族群"是近期才出现的一个族群概念，学术界的界定不完全一致。这需要对历史材料做些梳理。

史籍上对纳西族的称呼有"摩沙""么些""磨些""麽些"等。据《华阳国志·蜀志》（晋）记载，3世纪初期，就有被称作"摩沙夷"的部落居住在四川省盐源县。唐代《蛮书·名类第四》记载，8世纪末"磨些蛮"分布在四川省盐源县雅砻江流域和丽江地区金沙江流域。据学者研究，汉代越巂郡的"牦牛种"或"越巂羌"，汉嘉郡的"牦牛夷"，以及晋代盐源的"摩沙夷"与古代羌、髳部落有密切的渊源关系。[1]

居住在不同地域的纳西族自称各不相同。云南省丽江市玉龙纳西族自治县、古城区、永胜县、迪庆藏族自治州维西傈僳族自治县、四川省木里藏族自治县俄亚纳西族乡及盐源县泸沽湖镇等地的纳系族群自称为"纳西"$na^{31}ci^{33}$；丽江市宁蒗彝族自治县北渠坝、永胜县獐子旦的纳系族群自称为"纳恒"$na^{33}xi^{33}$；丽江市宁蒗彝族自治县永宁乡、翠玉乡及盐源县、木里县泸沽湖畔的纳系族群自称为"纳"na^{31}、"纳汝"$na^{33}zu^{33}$或"纳日"$na^{33}z_{l}^{33}$；香格里拉县三坝纳西族乡的纳系族群自称为"纳罕"$na^{21}xa^{33}$。

中华人民共和国成立初期，在民族识别过程中，将自称为"纳西"$na^{31}ci^{33}$、"纳恒"$na^{33}xi^{33}$、"纳罕"$na^{21}xa^{33}$的族群，识别为"纳西族"。而将自称"纳"na^{31}的族群识别为"摩梭人"。对自称"纳汝"$na^{33}zu^{33}$或"纳日"$na^{33}z_{l}^{33}$的族群，部分识别为"摩梭人"，部分识别为"蒙古族"。[2]

后来，有的学者针对以上族群的民族识别和族称，提出新的见解。如：

---

① 纳西族简史编写组、纳西族简史修订本编写组：《纳西族简史》，民族出版社2008年版。

② 参看杨福泉2006年发表在《民族研究》第3期的《"纳木依"与"纳"之族群关系考略》、2007年发表在《西南民族大学学报》（人文社科版）第2期的《关于藏彝走廊中的纳文化》、2013年发表在《民族研究》第5期的《多元因素影响下的族群称谓与认同》三篇文章。

1991 年，已故纳西语研究专家和即仁先生从历史学、语言学的角度对"摩些"和"纳木依"等族称进行了考证，认为"摩些"和"纳木依"都是纳西族的支系。[①]2006 年起杨福泉在多篇文章中提出了"纳族群"[②]这一新名称，他认为这些族称都是"纳人"之意。2007 年木仕华在"丽江文化研究会及纳西文化研究会"成立大会上提出"纳系族群"[③]的称谓，他指出"纳系族群"包括纳、纳喜、纳日、纳恒、舒幸、汝卡、玛丽玛萨、纳罕、拉仍、纳木义等 11 个族群。

　　近年来，"纳系族群"这一概念由于能够比较好地包容相关的不同族群，所以被许多学者和各支群民众所接受。本书也使用"纳系族群"这一概念，其所属族群具体包括居住在我国西南部滇川藏三省区毗连地区的"纳西" $na^{31}çi^{33}$、"纳恒" $na^{33}xĩ^{33}$、"纳" na^{31}、"纳汝" $na^{33}zɯ^{33}$、"纳日" $na^{33}zʅ^{33}$、"纳罕" $na^{21}xã^{33}$、"玛丽玛萨" $ma^{33}ly^{55}ma^{55}sa^{21}$ 等族群。

二　亲属称谓相关概念的界定

（一）亲属称谓的概念

　　在一些辞书中，通常把"亲属称谓"分为"亲属"和"称谓"两个概念来解释。

　　对"亲属"一词，《辞海·语词分册》[④]的定义是：因婚姻、血缘与收

---

　　① 和即仁 1991 年在《民族语文》第 5 期《"摩些"与"纳木依"语源考》一文中指出："纳木依"源于汉晋以前的"摩沙夷"，唐宋时"摩沙夷"称"磨些"。"摩些"是对纳西族先民的称呼，由于汉文音译用字的不同，又写作"末些""摩婆""么些""摩梦""摩校"等。"纳木依"的含义为"纳木的后裔"；"纳木依"又称"纳木沃"，正与纳西语"纳母若"相吻合，故"摩些"疑是"纳母若"的对音。

　　②"纳族群"这一概念由杨福泉在《关于藏彝走廊中的纳文化》（《西南民族大学学报》（哲社版）2007 年第 2 期）及《多元因素影响下的族群称谓与认同》（《民族研究》2013 年第 5 期）中提出。杨福泉教授指出根据自称情况，其中以"纳西""纳日""纳罕""纳恒"几种称谓居多，且自称"纳西"的人占我国族称被称为纳西族的总人口的六分之五。由于"纳"一词有"大""宏伟""浩大""黑""黑森森""黑压压"等意思，"西""日""罕"之意为"人"，上述几个称谓事实上都是"纳人"之意。

　　③"纳系族群"这一概念由木仕华等于 2007 年在丽江文化研究会、纳西文化研究会成立大会上首次提出，后在西宁举行的海峡两岸学术研讨会上作了进一步阐述。他指出"纳系族群"包括纳、纳喜、纳日、纳恒、舒幸、汝卡、玛丽玛萨、纳罕、拉仍、纳木义等 11 个族群。详细论述可参看木仕华《谁是 MOSO（摩沙）？论古摩沙的分化与"纳系族群"的认同及识别问题》（《思想战线》2010 年第 3 期）及木仕华《论藏彝走廊的"纳系族群"》（《藏彝走廊：文化多样性、族际互动与发展》民族出版社 2009 年版，第 318—339 页）。

　　使用"纳系族群""纳族群"概念的还有曾现江：《论影响藏彝走廊地区纳系族群历史分化演进的蒙古族因素》（《四川民族学院学报》2011 年第 6 期）等。

　　④ 夏征农主编：《辞海·语词分册》，上海辞书出版社 2009 年版，第 844 页。

养而产生的人们之间的关系。《现代汉语词典》第 5 版[1]解释为：跟自己有血统关系或婚姻关系的人。《中国大百科全书》（法学）[2]中指明：亲属是因婚姻、血缘和收养而产生的、彼此之间具有法律上权利和义务的社会关系。

对"称谓"一词，《现代汉语词典》第 5 版[3]的定义是：人们由于亲属或其他方面的相互关系，以及身份、职业等而得来的名称，如父亲等。关于"亲属称谓"，胡士云的《汉语亲属称谓研究》[4]中认为"亲属称谓是对自己有亲属关系的人的称呼方式"。

参照上述界定，本书的"亲属称谓"主要指与自己有血缘和婚姻关系的人的称呼，此外还包括因忌讳而产生拜认亲属关系的称呼。

（二）亲属称谓的范围

由于不同族群对亲属关系的认知不同，因而对亲属的范围也存在差异。《中国大百科全书》（法学）[5]中对汉族亲属的种类和范围具体界定为：基于男尊女卑、宗族为本的原则，中国的封建法律把亲属分为宗亲和外亲。自《大明律》开始，宗亲又称作内亲，主要指男系亲或父系亲，即出自同一祖先的男系血亲以及嫁入的女性（包含祖母、母亲、妻子、儿媳、孙媳等）。外亲指女系亲属，指其血缘由女系亲属相联系的亲属，其中不仅包括嫁到本宗女子家中的亲属（如外祖父母的兄弟姐妹及其子女等），而且包括本宗女子嫁出后其夫家的亲属（如姑表兄弟姐妹、外孙等）。此外又从外亲中分出妻亲，用来专门指妻子方的亲属，即岳父母、妻子的兄弟姐妹等。中华人民共和国成立后，根据男女平等的原则，不再分宗亲、外亲和妻亲，而是分血亲、姻亲和配偶三种关系。血亲指有血缘关系的亲属，其中又可分为自然血亲和法律拟制[6]的血亲两类。姻亲指由婚姻关系而产生的亲属，一般分为配偶的血亲及血亲的配偶两类。配偶指男女双方因结婚而产生的亲属关系，是血亲和姻亲产生的基础。

一般认为，我国汉族亲属制中，宗亲一般分为九辈，通常是以己身为中心，向上四辈到高祖辈，往下四辈到玄孙辈，具体为：高祖辈、曾祖辈、祖辈、父辈、己身、子辈、孙辈、曾孙辈及玄孙辈。而外亲范围相对狭窄，只包含以母亲为中心的三辈，即外祖父母、母亲的兄弟姐妹及母亲兄弟姐妹

---

[1] 中国社会科学院语言研究所词典编辑室编：《现代汉语词典》第 5 版，商务印书馆 2007 年版。

[2] 中国大百科全书出版社出版编辑部编：《中国大百科全书》（法学），中国大百科全书出版社 1985 年版，第 476 页。

[3] 中国社会科学院语言研究所词典编辑室编：《现代汉语词典》第 5 版，商务印书馆 2007 年版。

[4] 胡士云：《汉语亲属称谓研究》，商务印书馆 2007 年版，第 1 页。

[5] 中国大百科全书出版社出版编辑部编：《中国大百科全书》（法学），中国大百科全书出版社 1985 年版，第 475—477 页。

[6] 法律拟制的血亲指的是因收养而产生的血亲关系。

的子女。妻亲的范围是三者中最窄的，只指妻子的父母和妻子的兄弟姐妹。[①]

纳系族群亲属范围的特点与汉族有同有异。纳系族群内部不同支群的亲属都包括血亲、姻亲、配偶和拜认亲四类。但不同类别的亲属范围存在内部支群差异：有的支群血亲亲属范围通常也指高祖至玄孙的九个辈分范围内的亲属，姻亲亲属范围包含以妻子为中心上至曾祖辈下至曾孙辈的七个辈分范围内的亲属；有的支群无论是血亲还是姻亲，其亲属范围都只包含祖辈至孙辈五代或父辈至子辈三代以内的亲属。

（三）亲属称谓系统的分类

本书的亲属称谓系统[②]主要分为血亲称谓和姻亲称谓两大系统。血亲和姻亲亲属内部又根据产生亲属关系的来源再分类。血亲称谓内部分为直系血亲亲属和旁系血亲亲属。如：ɑ⁵⁵lɔ³³ "祖父" 为直系血亲，kv³³na³³ "姑祖母" 为旁系血亲。姻亲称谓内部分为夫系姻亲称谓和妻系姻亲称谓。如：ɕy⁵⁵ɣɯ³³ "叔子"（丈夫的兄弟）为夫系姻亲称谓，tɕy⁵⁵ʑi³¹ "舅子"（妻子的兄弟）为妻系姻亲称谓。

第三节　研究设计

开展研究前，根据研究现状和研究出发点对所要研究的课题进行研究线路的设计，能够有助于研究的顺利进行。科学的理论原则和研究方法是整个研究过程必不可少的，明确研究难点和创新点有助于有效地开展研究。

一　理论原则与研究方法

（一）理论原则

本书在 "地理语言学""词汇学""语言类型学"理论的指导下，在广泛掌握语料的基础上，开展纳系族群方言亲属称谓系统的比较研究。

地理语言学（Geographical Linguistics 或称 "语言地理学"）研究是指通过选取少量的调查条目，对较多的地点进行语言调查，根据调查结果绘制方言地图的方法来反映方言的分布状况，说明方言间的差异，并结合社会文化因素解释形成这些分布的原因，探索语言历时变化的研究方法。本书在分析词汇语料时重视词汇的地理空间分布，从地理空间分布的规律中

---

① 胡士云：《汉语亲属称谓研究》，商务印书馆 2007 年版，第 367—368 页。

② 本书亲属称谓系统根据冯汉骥著，徐志诚译《中国亲属称谓指南》，上海文艺出版社 1989 年版；胡士云《汉语亲属称谓研究》，商务印书馆 2007 年版；孙益民《湖南亲属称谓的地理语言研究——以湘东北及湘中部分地区为立足点》（湖南师范大学，2009 年）中的亲属称谓系统，并结合纳系族群亲属制的实际情况制定而成。

探求词汇的类型及演变。慎重遴选特征条目，重视语言特征的地理分布，是本书研究词汇所必须坚持的。

我国传统词汇学的研究积累了大量有用的理论和方法，如传统语义学等。现代词汇学理论方法又从许多方面丰富补充了词汇学研究。进行亲属称谓系统研究既要继承传统词汇学的经验，又要重视使用现代词汇学的理论与方法。现代词汇积累的新成果，如：义素分析法、词汇扩散法、语义地图等。本书尽可能借鉴这些理论与方法，并根据纳系族群各方言的实际揭示一些新的规律和理论方法问题。

语言类型学（Linguistic Typology 简称类型学）是对不同语言进行比较分类的研究方法。比较是为了分辨异同，分类是为了探求规律，展现在语言个性差异之上的普遍共性。本书将使用语言类型学的理论观察纳系族群亲属称谓的类型学特征。

（二）研究方法

本书综合采用了多种语言研究方法。主要有：田野调查法、共时语言描写法、比较法、统计法、画图法、分析法等。

1. 田野调查法

田野调查法是指深入到语言生活环境中，获取最真实有效的第一手资料。田野调查法是进行语言研究最基本、最重要的方法之一。亲属称谓系统是反映民族生活最直接、最敏感、最迅速的语言信息，所以只有从田野第一线才能获取最真实的亲属称谓系统材料。

为此，本书坚持语言事实是第一性的理念，在语言事实的基础上提炼语言规律，并做出可能的理论解释。在工作程序上，注重田野调查和语料搜集，坚持对语言条目的描写尊重语言事实。在写作过程中曾前后五次回到纳西族聚居的不同地区，收集、记录和学习纳西语方言词汇，收集第一手材料，并通过对不同方言的比较，去思考和分析形成不同地理分布的原因。

2. 共时语言描写法

共时语言描写法是指对一种语言现象和特征进行客观、细致、科学地描写的方法。对一个语言的共时描写是深入专题研究的基础，只有在科学的共时描写的基础上才能进行专题的深入研究。本书虽然以亲属称谓系统为重点，但仍要依赖于对整个语言的共时描写。系统、客观、深入地描写纳西语是纳系族群亲属称谓系统研究的一部分。

3. 比较法

比较法指的是将相关的两个或两个以上的研究对象进行比较，从而找出比较对象间的共性和个性。本书将使用比较法的理论与方法比较不同地区纳系族群的亲属称谓系统，比较不同亲属称谓的特点，从比较中获取亲属称谓系统演变的特点和规律。

4. 统计法

统计法是选取语料的有效途径，也是描写和比较分析的基础。词汇的异同，以及词汇反映文化地理的特点，都有它的量的表现，从量中可以看到质的特点。所以本书重视对纳系族群亲属称谓系统进行多层次、多角度的量的统计，为整体研究和最后的结论提供可靠的论证数据。

5. 画图法

画图法指的是将研究对象用地图的形式直观地表现出来。本书通过整理、筛选田野调查获得的一手特征条目材料，并对其进行细致的分类，从而采用画图软件绘制纳系族群亲属称谓系统方言特征地图。

6. 分析法

语言的最大特点是它与社会、文化、历史、地理等方面密切相关，相互制约，相互影响。所以研究语言必须联系语言本身以外的因素，不能只研究语言结构本身，还要研究语言与外界的关系。词汇的特点更是如此。在研究过程中，作者注意综合研究纳系族群亲属称谓系统。结合人文地理解释方言特征图，对纳系族群亲属称谓系统的地理分布进行一定的解释说明，力求结合纳系族群的人文地理因素分析形成语言特征地图的原因。

二　研究的难点和创新点

（一）研究难点

开展纳系族群方言亲属称谓系统研究的难点之一是，如何提取纳系族群亲属称谓有别于亲属语言亲属称谓的特征。纳系族群属于汉藏语系藏缅语族，他们所使用的语言与汉语有亲缘关系，与藏缅语族内的彝语、哈尼语、傈僳语等有更近的相似特征，但纳系族群有自己的文化特点和地理分布，必然在亲属称谓上有其自己的特征，这些特征究竟有哪些，特别是除了和亲属语言的共性外还有哪些个性的特征。这是在整个研究过程中不易弄清的问题。

难点之二是，特征词汇条目不易筛选。亲属称谓系统有丰富的词汇群，其中既有构成亲属称谓系统的基本亲属称谓，又有由基本称谓和修饰称谓组成的亲属称谓，加上各地方言词汇特点还存在各式各样的差别，因而如何从这些词汇群中筛选出特征词汇来进行比较和做规律性的研究，是研究过程中遇到的难题，因为选取较少的特征条目进行大范围的比较研究是词汇分析研究、地理语言学词汇研究的基础。而短短几年的博士学习期间，作者没有精力穷尽掌握纳系族群各地方言、土语，以及各种文体的纳西语词汇量，只有边田野调查、边掌握所调查的不同方言，逐步确定特征词汇条目。由于我国西南地区特殊的地形特征，交通不便，因而大范围亲属称谓的调查还需要今后花费大量的时间和经费去完成。

难点之三是，描写容易解释难。词汇研究的功夫一是描写，二是解释，相比之下描写比解释容易。对纳系族群亲属称谓系统，可以通过田野调查和文献材料挖掘获取共时描写材料，尽管描写的程度存在高低之分；但要对共时描写的材料进行解释，提升对现象的认识则不容易，往往会被卡住通不过。解释，需要更多的理论支持和各种知识的配合。

之所以出现这些难点，是与国内外语言学界对纳系族群亲属称谓系统研究的薄弱状态有关。综观国内外纳系族群亲属称谓系统研究的成果，纳系族群亲属称谓系统研究成果零星散乱，至今从未见有对某一地区亲属称谓系统现象进行专题深入研究的成果。这给本次研究带来了"先天的"困难，需要研究者从大量搜集补充语料做起，然后再在语料的基础上进行理论归纳。

再看现有的少数民族语言地理语言学研究状况。绘制民族语方言分区图、方言特征图的成果占多数，而在绘制地图的基础上，进行解释的成果较少。我们要花大力气将语言因素、自然地理、人文地理因素结合起来思考形成语言特征空间分布的原因。

（二）研究创新点

本书预计在以下两个方面有所突破：

1. 首次运用地理语言学理论与方法对纳系族群亲属称谓系统的空间分布进行力所能及的解释。

自地理语言学传入我国以来的 60 多年，关于地理语言学的研究，大多局限于汉语方言地理学研究，至今汉语方言的地理语言学研究并未形成一套完整的体系和理论方法。运用地理语言学理论进行民族语研究更是薄弱。近年来虽然有少数学者意识到应将地理语言学的研究应用到少数民族语言方言研究中，如张勇生在《中国地理语言学发展的几点思考》[①]一文中提到，在我国少数民族地区应该倡导地理语言学这一研究方法，制作少数民族方言地图，对于解释民族语言的历史发展关系是有帮助的。但是，具体使用地理语言学理论与方法开展民族语研究的成果还非常少，可供民族语地理语言学研究借鉴的新理论和方法少之又少，所以我们只能边研究边摸索一些新的理论和方法。

本书将首次通过大范围的田野调查，收集众多纳系族群亲属称谓系统，绘制方言特征图，直观呈现形成纳系族群亲属称谓系统空间分布的形态。并运用地理语言学理论与方法对纳系族群亲属称谓系统的空间分布进行力

---

① 张勇生：《中国地理语言学发展的几点思考》，《武陵学刊》2011 年第 2 期。

所能及的解释。

2. 首次对纳系族群亲属称谓系统进行比较全面、细致的描写。

关于纳系族群亲属称谓系统的研究零星散见于各类民族语论著中。本书在充分使用现有材料和研究成果的基础上，通过自己田野调查所获得的新材料，对纳系族群亲属称谓系统进行全面、系统、细致的描写，归纳出纳系族群亲属称谓系统的主要特征，并进而考察纳系族群亲属称谓系统与文化、地理等的关系。

第四节　研究过程与语料来源

一　研究过程

2012 年 8 月作者到丽江市玉龙纳西族自治县九河白族乡对当地世居民族的语言使用情况、少数民族汉语方言以及纳西语、白语等进行了实地调查，发现纳西族各支系的语言在词汇上存在较大差异。导师戴庆厦教授指出：纳西族各支系语言词汇中哪些词汇差异大，为什么？要选取能够显示不同地域纳西族各支系民族文化特征的词汇来进行比较研究。在后期的学习和调查中，结合前人研究成果并根据客观的实地调查发现，各地纳系族群的亲属称谓差异较大。此外，现有研究成果中多为单一地区的亲属称谓描写，没有对各不同区域的亲属称谓进行系统比较研究。因此将纳系族群亲属称谓系统比较研究作为博士论文的选题。

2015 年年初，开始联系纳系族群各地的发音人。4 月中旬，陆续到丽江市玉龙县奉科镇、太安乡、拉市乡、永胜县顺州镇、香格里拉市三坝乡等地开展语言使用情况及亲属称谓词录音等工作。期间得到云南省民族语文办公室何林富老师、香格里拉县三坝乡和桂全先生、玉龙县巨甸镇和剑猛先生、玉龙县奉科镇和丽琼女士、云南大学习建勋博士、中央民族大学和丽昆博士、玉龙县宝山乡和继先东巴、维西县塔城镇和仙梅女士等母语人的热心帮助和支持。

完成语料搜集后，在庞大繁杂的亲属称谓系统中选定特征词汇是一项艰巨且耗时的过程。从义项、义素等参项的角度对亲属称谓词进行一一比较，选取了 20 个亲属称谓特称词，进行了比较研究，采用语言地图的方式，将亲属称谓系统的差异客观清晰地呈现给读者。

亲属称谓词的地域差异反映了什么？形成亲属称谓词差异的动因机制有哪些？这些问题不仅需要从语言学的角度，还需要结合地理学、人类学、历史学等进行探究。

二　语料来源

本书语料的来源主要有两个途径：一是作者田野调查获得的一手材料，二是现有的文献材料。二者之中以作者获得的田野调查材料为主。因为作者坚信，通过第一线田野调查获取的材料是最有生命力的。当然也不能忽视文献材料的使用。

（一）文献材料

文献材料分为词典和论著两类。参考的词典主要有：《纳西语常用词汇》（和即仁、赵庆莲等编著）、《纳西汉英词典》（[美]孙堂茂编著）。参考的论著主要有：《纳西语简志》（和即仁、姜竹仪编著）、《云南玉龙县九河白族乡各民族的语言生活》（戴庆厦主编）、《白地波湾村纳西东巴文调查研究》（和继全）、《俄亚托地村纳西语言文字研究》（曾小鹏）、《玛丽玛萨话概况》（李子鹤）、《云南香格里拉纳西语研究》（陈文美）、《次恩丁村纳西语研究》（徐继荣）、《四川省纳西族社会历史调查》等。

（二）田野调查

本书的语料是在博士生导师戴庆厦教授的指导下深入纳西族聚居区进行田野调查搜集得到的一手资料。

作者在攻读硕士学位二年级（2011 年 10 月—2012 年 1 月）时，第一次到丽江市玉龙纳西族自治县九河白族乡（纳西族、白族聚居区）进行田野调查，在硕士生导师罗骥教授的指导下完成了硕士论文《云南玉龙纳西族自治县多语现象研究——以九河白族乡为个案》。2012 年 8—9 月，作者跟随中央民族大学"985 工程"新时期中国少数民族语言使用情况研究"云南玉龙县九河白族乡各民族的语言生活"子课题课题组第二次深入九河白族乡进行为期一个月的语言调查，并在课题组组长戴庆厦教授的指导下记录了九河乡纳西语常用词汇、纳西语长篇语料、整理了九河乡纳西语音系。2013 年 9 月，作者在导师戴庆厦教授的指导下记录了自己的母语纳西语西部方言丽江坝土语大具话的常用词汇，并整理了音系。同年 10 月，跟随导师赴丽江市古城区七河镇共和村进行半个月的语言调查，作者记录了七河纳西语词汇。2015 年 7 月，作者赴云南迪庆州维西县塔城镇，记录方言特征词汇。2015 年 8—10 月，作者走访了 20 多个纳西族聚居区了解不同地区纳西族的语言生活情况并记录整理亲属称谓系统。2016 年 7 月，前往香格里拉市三坝纳西族乡东坝村调查语言使用情况，并记录了东坝亲属称谓系统。

本论文笔者实地调查了 24 个方言点，语料提供者都是土生土长的纳系族群母语人。见表 1.1。

表 1.1　　　　　　　　　　发音人简表

序号	方言点	发音人	性别	年龄	职业
1	丽江市玉龙县大具乡白麦村委会金宏村	和丽珍	女	52	务农
		杨 关	男	63	务农
2	丽江市玉龙县九河乡灵甸头村委会芝园村	和社益	女	52	务农
		杨荣女	女	30	公务员
3	丽江市玉龙县拉市乡吉余村委会余乐六组	木培忠	男	52	务农
		木益娟	女	24	学生
4	丽江市玉龙县白沙镇新尚村委会丰乐村	和 元	男	70	退休干部
		和耀荣	女	29	教师
5	丽江市玉龙县太安乡天红村委会汝寒坪村	杨老师	男	82	退休教师
6	丽江市玉龙县龙蟠乡兴文村委会上元村	和明月	女	38	公务员
7	丽江市玉龙县鲁甸乡杵峰村委会下组	杨正楠	男	32	公务员
8	丽江市玉龙县塔城乡塔城村委会老村二组	和嘉龙	男	32	公务员
9	丽江市玉龙县宝山乡宝山村委会宝山村	王寿灵	男	54	务农
10	丽江市玉龙县奉科镇善美村委会上瓦二组	和圣春	男	48	务农
		和丽琼	女	30	学生
11	丽江市玉龙县巨甸镇武侯村委会阿瓦村	和剑猛	男	30	自由职业
12	丽江市玉龙县鸣音镇海龙村委会真龙四组	和 军	男	45	公务员
13	丽江市古城区金山白族乡金山村委会开文村	和元辉	男	60	务农
14	丽江市古城区大东乡大东村委会初卡村	和琼芳	女	32	公务员
15	丽江市玉龙县黄山镇长水社区七组	木文珍	女	36	公务员
16	丽江市宁蒗县翠玉乡宜底村委会大村	何林富	男	30	达巴
17	丽江市宁蒗县拉伯乡拉伯村委会新庄村	和英贵	男	24	学生
18	丽江市永胜县顺州乡会文村委会分水岭村	和永华	男	65	务农
19	迪庆州香格里拉市三坝纳西族乡恩水湾村	和桂全	男	42	东巴
20	迪庆州香格里拉市三坝纳西族乡东坝村委会日树湾村	习尚红	男	72	东巴
		习建勋	男	30	学生
21	迪庆州维西县塔城镇柯那村委会汝柯村	和文琪	男	70	退休工人
		和仙梅	女	26	学生
		并参看李子鹤《玛丽玛萨话概况》			
22	迪庆州维西县塔城镇启别村委会加木壳村	木从有	男	64	务农
23	迪庆州维西县塔城镇启别村委会启别村	和贵里	女	61	务农
24	四川省凉山州木里县俄亚纳西族乡大村	夏 航	男	32	公务员

引用他人材料的 5 个点，见表 1.2。共获得了 29 个方言点的材料。

表 1.2 语料引用文献材料方言点

序号	方言点	参考文献
1	迪庆州香格里拉市三坝纳西族乡白地村委会波湾村	参看和继全博士学位论文《白地波湾村纳西东巴文调查研究》
2	迪庆州香格里拉市三坝纳西族乡东坝村委会次恩丁村	参看徐继荣硕士学位论文《次恩丁村纳西语研究》
3	迪庆州香格里拉市经济开发区新仁村委会杨家村	参看陈文美硕士学位论文《云南香格里拉纳西语研究》
4	四川省凉山州木里县俄亚纳西族乡托地村	参看曾小鹏博士学位论文《俄亚托地村纳西语言文字研究》
5	四川省凉山州木里县依吉乡	参看严汝娴、宋兆麟、刘尧汉《四川省盐源木里两县纳日人社会调查》

布点的基本思路是：每个乡镇尽量选取一个点。调查点如图 1.1 所示。

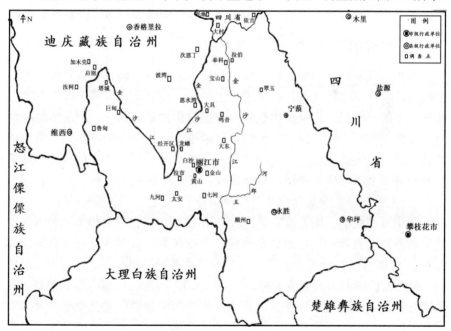

图 1.1 滇川藏毗连地区纳系族群亲属称谓比较研究调查点①

---

① 底图来源于中国地图出版社出版、于国宏主编的《云南省交通图册》（2007）丽江市交通详图。审图号为云 S（2007）034 号。

第五节　纳系族群亲属称谓研究综述

我国亲属称谓系统研究有着悠久的历史，最早可追溯到先秦时期。我国第一部词典《尔雅》"释亲"篇的出现，标志着亲属称谓系统研究的开始。"释亲"篇系统地记述了一百多种亲属称谓。[①]自此，历代学者都有对亲属称谓进行考释的成果。近现代，我国亲属称谓研究得到迅猛发展，从不同角度研究亲属称谓的篇章著作数以百计，呈现出百花竞放的局面。但我国亲属称谓的现有研究主要是汉民族的亲属称谓，而少数民族亲属称谓的研究成果较少。

纳系族群语言属于汉藏语系藏缅语族的一种，其亲属称谓系统和藏缅语其他亲属称谓系统存在密切的关系。为了更好地研究纳系族群亲属称谓系统，有必要对藏缅语族语言亲属称谓系统的研究状况进行一番梳理，了解藏缅语族语言亲属称谓系统研究过程中，出现了哪些需要研究的问题，哪些问题已经解决了，哪些问题还没有解决。下面先介绍藏缅语族语言亲属称谓系统的研究现状，然后再介绍纳系族群亲属称谓系统的研究状况。

一　藏缅语族语言亲属称谓研究概况

与汉语亲属称谓系统的研究成果相比，藏缅语亲属称谓系统的研究起步较晚，研究基础较薄弱，研究成果也较少。现有研究成果中，以各语言亲属称谓的介绍描写、从文化视角对亲属称谓的研究为多，而从多种视角对亲属称谓进行系统、深入研究的论著较少。下文分四个方面介绍藏缅语亲属称谓的研究情况，包括单一语言亲属称谓的描写，亲属称谓的地理语言学研究，亲属称谓的普通语言学研究，亲属称谓的文化研究。

（一）单一语言亲属称谓的介绍和描写

戴庆厦主编的《彝语词汇学》[②]对凉山彝语中以自己为中心、上下各数两辈共五辈的直接和间接亲属称谓做了介绍和描写。李泽然的《哈尼语词汇学》[③]一书对绿春哈尼族五等亲属制的直称和泛称进行了介绍描写。冯敏的《川西扎巴藏人亲属制度初探》[④]列表介绍了川西扎巴藏人母系家庭、双系家庭和父系家庭的亲属称谓，并指出了其亲属称谓的主要特点：分类别式和说明式，无姻亲称谓，无姑舅表等亲属称谓，无父系制的专属亲属称

---

① 胡士云：《汉语亲属称谓研究》，商务印书馆 2007 年版，第 7—15 页。

② 戴庆厦：《彝语词汇学》，中央民族大学出版社 1998 年版。

③ 李泽然：《哈尼语词汇学》，民族出版社 2013 年版。

④ 冯敏：《川西扎巴藏人亲属制度初探》，《康定民族师范高等专科学校学报》2005 年第 6 期。

谓。马娟的硕士学位论文《凉山彝族田坝人语言文化研究》①以亲属称谓为专题列表介绍了平辈、子辈和父辈三代 156 个亲属称谓所蕴含的文化特征。相关研究成果还有冷雪梅的《小凉山彝族的亲属称谓——宁蒗彝族自治县西川乡小丫口村田野调查报告》②，尚云川的《扎巴藏人的亲属称谓》③，金骋的《彝语北部方言亲属称谓系统及其特点》④等。

（二）亲属称谓的地理语言学研究

肖家成的《景颇族各支系亲属称谓比较研究》⑤从语言学角度对景颇族的景颇、载瓦、浪峨和勒期四个支系语言亲属称谓的语源、结构等进行比较，指出这四个支系的亲属称谓既有同源性，又有差异性。薛才德的《藏缅语伯叔舅姑姨称谓研究》⑥一文探讨了藏缅语族语言中父母亲兄弟姐妹及其配偶的称谓类型，并在此基础上分析了各亲属称谓词的来源及不同亲属称谓类型形成的原因。许韶明的《藏族亲属称谓研究——以藏东南部三村为例》⑦对西藏江达县青尼洞乡所日村、左贡县碧土乡龙西村和云南德钦县云岭乡雨崩村三个藏族村子的藏语亲属称谓进行分析和比较研究。邹中正等的《汉族和藏族亲属称谓的比较研究》⑧应用美国文化人类学家克娄伯亲属称谓八个范畴的提法对阿科里乡藏语亲属称谓进行统计分析，并与汉语亲属称谓进行比较研究。向亮的硕士学位论文《湘西苗语、土家语与汉语的亲属称谓比较研究》⑨以湘西土家族苗族自治州为调查点，对湘西苗语、土家语和汉语的亲属称谓进行了同源比较研究，试图通过比较展现语言接触背景下亲属称谓语在不同历史时期演变的过程。杨云燕的《亲属称谓构词及文化内涵比较研究——以拉祜族怒族为例》⑩，对拉祜族和怒族的亲属称谓构词特征及文化内涵进行了比较研究。

① 马娟：《凉山彝族田坝人语言文化研究》，硕士学位论文，中央民族大学，2007 年。

② 冷雪梅：《小凉山彝族的亲属称谓——宁蒗彝族自治县西川乡小丫口村田野调查报告》，《三峡论坛》2015 年第 3 期。

③ 尚云川：《扎巴藏人的亲属称谓》，《中华文化论坛》2006 年第 4 期。

④ 金骋：《彝语北部方言亲属称谓系统及其特点》，《商情》2014 年第 38 期。

⑤ 肖家成：《景颇族各支系亲属称谓比较研究》，《民族语文》1988 年第 1 期。

⑥ 薛才德：《藏缅语伯叔舅姑姨称谓研究》，《民族语文》2006 年第 6 期。

⑦ 许韶明：《藏族亲属称谓研究——以藏东南部三村为例》，《青海民族大学学报》2014 年第 2 期。

⑧ 邹中正、秦伟：《汉族和藏族亲属称谓的比较研究》，《西藏研究》2002 年第 3 期。

⑨ 向亮：《湘西苗语、土家语和汉语的亲属称谓比较研究》，硕士学位论文，广西师范大学，2005 年。

⑩ 杨云燕：《亲属称谓词及其文化内涵比较研究——以拉祜族怒族为例》，《普洱学院学报》2014 年第 4 期。

（三）亲属称谓的普通语言学研究

戴庆厦的《景颇语亲属称谓的语义分析》[①]，一文对景颇语的亲属称谓的语义特征进行了分析，指出景颇族亲属称谓语义场具有丰富性、封闭性和社会性三个特征。苏连科的《凉山彝族亲属称谓的语义分析和词源结构研究》[②]，对凉山彝语亲属称谓的语义及词源结构进行了探讨。李泽然的《哈尼语亲属称谓的语义分析》[③]，运用语义分析法对哈尼语亲属称谓的义素、义位网络和语义组合特点进行了详细的分析。徐尚聪的《彝语亲属称谓词初探》[④]一文，按不同宗亲关系对彝语亲属称谓词进行列表介绍，并对其义素及构词等特征进行了详尽的分析。刘援朝的《元江白族亲属称谓系统》[⑤]，在介绍元江白族亲属称谓的语义结构的基础上，对亲属称谓的功能和特征进行了分析。王晏的《哈尼语亲属称谓泛化初探》[⑥]，以昂保哈尼语为例描述了亲属称谓泛化的具体方式、特点，并对引起泛化的原因进行了分析。罗江文等的《从峨山彝语亲属称谓系统看彝语和汉语的接触和影响》[⑦]，分析了峨山彝语亲属称谓系统的构词特点、语音特点和文化特点，并指出在语言接触的影响下峨山彝语通过借用汉语亲属称谓丰富自我，同时也影响了当地汉语亲属称谓系统。卓琳等的《峨山彝语亲属称谓系统研究》[⑧]，在列表介绍峨山彝语 74 个亲属称谓词的基础上，分析了峨山彝语的基本特点，说明了峨山彝、汉亲属称谓系统的相互影响。杨云燕的《拉祜语亲属称谓词的结构特征》[⑨]，分析了拉祜语亲属称谓的音节特征和构词特征，指出亲属称谓构词特征以附加式和联合式为主。此类研究成果还有王正华的《拉祜西亲属称谓词初探》[⑩]，杨娟的《小议彝族语言中的亲属称谓二元关系词——以黔西北彝语为例》[⑪]等。

① 戴庆厦：《景颇语亲属称谓的语义分析》，《民族语文》1991 年第 1 期。

② 苏连科：《凉山彝族亲属称谓的语义分析及词源结构探析》，《民族语文》1988 年第 2 期。

③ 李泽然：《哈尼语亲属称谓的语义分析》，《中央民族大学学报》（哲社版）2012 年第 3 期。

④ 徐尚聪：《彝语亲属称谓词初探》，《贵州民族学院学报》（哲社版）1994 年第 3 期。

⑤ 刘援朝：《元江白族亲属称谓系统》，《云南民族学院学报》1998 年第 1 期。

⑥ 王晏：《哈尼语亲属称谓泛化初探》，《红河学院学报》2008 年第 4 期。

⑦ 罗江文、卓琳：《从峨山彝语亲属称谓系统看彝语和汉语的接触和影响》，《楚雄师范学院学报》2013 年第 8 期。

⑧ 卓琳、赵锦华：《峨山彝语亲属称谓系统研究》，《玉溪师范学院学报》2013 年第 6 期。

⑨ 杨云燕：《拉祜语亲属称谓词的结构特征》，《普洱学院学报》2013 年第 4 期。

⑩ 王正华：《拉祜西亲属称谓词初探》，《云南民族大学学报》（哲社版）1997 年第 2 期。

⑪ 杨娟：《小议彝族语言中的亲属称谓二元关系词——以黔西北彝语为例》，《毕节学院学报》2014 年第 9 期。

（四）亲属称谓的文化研究

戴庆厦在《景颇语词汇学》[①]一书第六章第一节"婚姻家庭制度在亲属称谓中的反映"中，分别描述说明了景颇族亚血缘婚、姑舅表婚、母系制和父系制在景颇语亲属称谓中的反映，并进一步分析了景颇族亲属称谓与婚姻家庭制度的关系。瓦尔巫达的《凉山彝语亲属称谓的序数词素及其民族学意义》[②]一文，通过凉山彝语亲属称谓中表亲属大小排序的"序数词"来探寻彝族原始婚姻形态和社会结构。戴庆厦、岭福祥主编的《彝语词汇学》[③]，将"凉山彝族亲属称谓与婚姻形态"作为一个专题介绍了凉山彝族直接、间接亲属称谓及亲属称谓变称，并在此基础上对亲属称谓所反映的婚姻形态进行了详细说明。巴且日火的《凉山彝族非血缘亲属称谓试析》[④]，对彝族非血缘亲属称谓的形式、产生的历史背景、产生的原因及其社会作用进行了细致地阐述。坚赞才旦的《真曲河谷亲属称谓制探微》[⑤]，列表介绍了真曲河谷藏族 36 个亲属称谓、98 个亲属关系，指出称谓共名多、亲属称谓体系格局对称、借非亲属称谓丰富亲属称谓等特征，并分析了影响亲属称谓制形成的因素。崔军民的《藏语亲属称谓系统及其文化内涵初探》[⑥]，分析了四川藏区藏语亲属称谓系统蕴含的文化内涵主要有："小家庭"制的组织形式、母系制的影响和"等距离"的传统观念。根呷翁姆的《藏族亲属称谓系统及其文化内涵初探——以甘孜道孚语言区为例》[⑦]，指出道孚亲属称谓的主要特点是：男女有别、内外无分、重视核心家庭、区别辈分；其所反映的文化内涵为家庭组织形式和历史上婚姻形式的变迁。鲁美艳的《从土家语的亲属称谓看土家族的婚姻形态》[⑧]，从"岳父、姑父，岳母、姑母，嫂子、表姐"三组称谓词入手探讨了土家族的婚姻形态。陈瑾斓的《甘南卓尼康多乡游牧社区亲属制度调查》[⑨]，通过研究康多乡游牧区亲属称谓，分析了游牧区家庭继嗣、婚姻形态的情况。杨云燕在《拉祜族亲属称谓及其文化内涵探微》[⑩]一文，对拉祜族亲属称谓进行了分析，并探讨了

---

① 戴庆厦：《景颇语词汇学》，中央民族大学出版社 1995 年版。

② 瓦尔巫达：《凉山彝语亲属称谓序数词素及其民族学意义》，《中央民族学院学报》1992 年第 1 期。

③ 戴庆厦、岭福祥主编：《彝语词汇学》，中央民族大学出版社 1998 年版。

④ 巴且日火：《凉山彝族非血缘亲属称谓试析》，《民族语文》2000 年第 5 期。

⑤ 坚赞才旦：《真曲河谷亲属称谓制探微》，《西藏研究》2001 年第 4 期。

⑥ 崔军民：《藏语亲属称谓系统及其文化内涵初探》，《中央民族大学学报》（哲社版）2006 年第 1 期。

⑦ 根呷翁姆：《藏族亲属称谓系统及其文化内涵初探——以甘孜道孚语言区为例》，《民族学刊》2012 年第 6 期。

⑧ 鲁美艳：《从土家语的亲属称谓看土家族的婚姻形态》，《语文学刊》2011 年第 9 期。

⑨ 陈瑾斓：《甘南卓尼康多乡游牧社区亲属制度调查》，《贵州民族学院学报》2012 年第 1 期。

⑩ 杨云燕：《拉祜族亲属称谓及其文化内涵探微》，《怀化学院学报》2011 年第 10 期。

亲属称谓蕴含的婚姻形态和家庭制度的文化内涵。李泽然的《哈尼语词汇学》①中"亲属称谓与婚姻形态"一节，对绿春哈尼族五等亲属制的直称和泛称进行了介绍描写，并挖掘了哈尼族婚姻形态在亲属称谓中的体现。此外还有马鑫国的《考析彝族亲属称谓系统及其文化信息》②等论著。

综上所述，近年来关于藏缅语亲属称谓系统的研究成果逐渐增多，研究视角逐渐扩大，但仍存在以下问题。

1. 由于我国少数民族语言的亲属称谓系统研究总体上还属于起步阶段，藏缅语亲属称谓研究更为滞后，其理论框架等都还在探索中，还有大量未知领域有待发掘和深入研究。

2. 藏缅语不同语言亲属称谓系统研究不平衡。主要体现在两方面：一是少量语言的研究已有一些成果，如景颇语、彝语等；但大多数语言只见少量从文化角度进行初步研究的成果，多散见于一些论著中。二是现有成果多重视亲属称谓的简单介绍描写，而轻解释。

3. 藏缅语亲属称谓系统研究的角度还嫌窄，特别是如何应用现代语言学、地理语言学的理论方法，以及语音实验的方法来加深对亲属称谓系统的理解，还正处于开始摸索的阶段。

二　纳系族群语言亲属称谓研究概况

20 世纪 50 年代以前，纳系族群语言的研究几乎处于空白状态。1956年，中国科学院组织的少数民族语言调查工作队第三工作队纳西语调查组赴纳西族聚居地区进行语言调查，迈出了我国纳系族群语言研究的第一步。当时研究纳系族群语言的学者从语音上记录了纳西语的亲属称谓词，初步认识到其中的一些特点，但并未有人进行系统的、多学科的综合研究。至于纳系族群其他支系的亲属称谓研究仍然处于空白状态。

但由于纳系族群的亲属制度及亲属称谓系统具有复杂性和多样性的特点，特别是摩梭人的亲属称谓及婚姻形态更具特点，因而中华人民共和国成立后，引起许多中西方学者的关注。国内学者主要有傅懋勣、李霖灿、詹承绪、严汝娴、刘龙初、王承权等，国外学者主要有洛克、普鲁纳尔、安东尼·杰克逊、查尔斯·F.孟彻理等。

半个多世纪的时间里，总的看来，主要做了以下几项工作。

（一）纳系族群亲属称谓的文化研究

著名学者李霖灿曾以丽江县鲁甸乡（现玉龙纳西族自治县鲁甸乡）为

---

① 李泽然：《哈尼语词汇学》，民族出版社 2013 年版。

② 马鑫国：《考析彝族亲属称谓系统及其文化信息》，《凉山大学学报》2001 年增刊。

个案，记录了当地纳西族的亲属称谓系统，并揭示了亲属称谓所蕴含的亲属关系和婚姻制度。傅懋勣是较早研究纳西东巴文和语言的一位著名学者，他撰写的《永宁纳西族的母系家庭和亲属称谓》①，是较早的从文化视角研究纳西语亲属称谓的著作。他介绍了永宁纳西族的母系家庭及母系家庭婚姻制度的特征，对其亲属称谓进行详尽分析，并阐述了母系家庭和婚姻对亲属称谓的影响。在文中他指出：研究一个民族的亲属称谓必须研究具体称谓和互称的关系，引称和对称的关系。李氏和傅氏是研究纳系族群亲属称谓的先驱者和开创者，为后来的研究提供了基础。

纳西族学者和发源在《纳西族的婚姻家庭与亲属称谓》②中，根据纳西族东巴古籍、宁蒗县永宁乡、四川省木里县俄亚纳西族乡、丽江等地的亲属称谓词，探讨了纳西族的婚姻与家庭。由《中国少数民族社会历史调查资料丛刊》修订编辑委员会四川编辑组编辑的《四川省纳西族社会历史调查》③一书，收录了李近春的《四川省盐源县沿海公社达住村纳西族社会历史调查报告》，刘龙初的《四川省木里藏族自治县俄亚乡纳西族调查报告》，严汝娴、宋兆麟及刘尧汉等的《四川省盐源木里两县纳日人社会调查》三篇报告，分别介绍和列举了达住、俄亚等地纳系族群的亲属称谓。许瑞娟的《文化的建构与实践：永宁摩梭人亲属制度再研究》④，列表介绍永宁摩梭人的亲属称谓，并以此为基础指出永宁摩梭人的亲属制度是其独特文化建构和实践的产物，亲属称谓体现了摩梭人特有的社会制度、文化信仰和价值观念。陈婧的《从亲属称谓看纳西族婚姻制度的变迁》⑤，通过对俄亚、白地、大研镇三地纳西语部分亲属称谓的比较，分析了纳西族婚姻制度的变迁过程。此外相关成果还有：严汝娴、宋兆麟的《永宁纳西母系制》⑥，宋兆麟的《共夫制与共妻制》⑦，蔡华的《一个既无丈夫亦无父亲的社会——中国的纳人》⑧，查尔斯·F.孟彻理著，白薇译的《纳西人、阮可人、摩梭人、"蒙古人"——川滇交界（纳西族）亲属关系、政治活动和礼制》⑨，

---

① 傅懋勣：《永宁纳西族的母系家庭和亲属称谓》，《民族研究》1980 年第 3 期。

② 和发源：《纳西族的婚姻家庭与亲属称谓》，《云南民族学院学报》（哲社版）1995 年第 2 期。

③ 《中国少数民族社会历史调查资料丛刊》修订编辑委员会四川编辑组：《四川省纳西族社会历史调查》，民族出版社 2009 年版。

④ 许瑞娟：《文化的建构与实践：永宁摩梭人亲属制度再研究》，《贵州民族大学学报》（哲社版）2015 年第 4 期。

⑤ 陈婧：《从亲属称谓看纳西族婚姻制度的变迁》，《齐齐哈尔师范高等专科学校学报》2011 年第 1 期。

⑥ 严汝娴、宋兆麟：《永宁纳西母系制》，云南人民出版社 1983 年版。

⑦ 宋兆麟：《共夫制与共妻制》，上海三联书店 1990 年版。

⑧ 蔡华：《一个既无丈夫亦无父亲的社会——中国的纳人》，法国大学出版社 1997 年版。

⑨ 查尔斯·F. 孟彻理：《纳西人、阮可人、摩梭人、"蒙古人"——川滇交界（纳西族）亲属关系、政治活动和礼制》，白薇译，《西方纳西学论集》，民族出版社 2013 年版。

安东尼•杰克逊著，杨福泉译的《论纳西族的亲属称谓制》[①]，普鲁纳尔著，杨福泉译的《纳西象形文手稿中所反映的亲属制度》[②]。

（二）纳系族群亲属称谓的认知心理学研究

伴随交叉学科的发展，近年来部分学者从认知心理学的角度对纳系族群语言的亲属称谓进行了研究。如张积家、和秀梅的《纳西族亲属词的概念结构——兼与汉族亲属词概念结构比较》[③]，运用自然分类和多维标度方法对 63 名纳西族大学生进行测试，研究了纳西族亲属词的概念结构，认为纳西族亲属词的概念结构有两个维度：同辈/异辈、照顾者/被照顾者；并将纳西族和汉族亲属词的概念结构进行比较，指出两个民族亲属词概念结构的差异与语言、文化、婚姻制度有关。肖二平等在《摩梭人亲属词的概念结构——兼与汉族、纳西族亲属词的概念结构比较》[④]一文中，采用自由分类法研究了摩梭人亲属词的概念结构，并与汉族和纳西族亲属词的概念结构进行了比较。他们指出摩梭人亲属词分类特征反映了摩梭人的母系家庭和婚姻制度，其亲属词概念结构的维度是：亲属的亲密程度和辈分大小。和秀梅等的《文化图式影响亲属词语义加工中的空间隐喻——来自汉族人和摩梭人的证据》[⑤]，对摩梭人和汉族人亲属词语义加工中的空间隐喻进行比较研究，并指出文化图式对亲属词语义加工中的空间隐喻有影响。此外，还有王娟等的《彝族人、白族人的亲属词概念结构——兼与摩梭人的亲属词概念结构比较》[⑥]等。

有的学者对纳系族群亲属称谓研究进行了评介。如：王海明等的《纳人亲属称谓的几个问题——20 世纪 90 年代以前和以后研究的对比》[⑦]，以 20 世纪 90 年代为界，对之前和之后关于亲属称谓的研究成果从目的、方

---

① 安东尼•杰克逊著，杨福泉译：《论纳西族的亲属称谓制》，《西方纳西学论集》，民族出版社 2013 年版。

② 普鲁纳尔著，杨福泉译：《纳西象形文手稿中所反映的亲属制度》，《西方纳西学论集》，民族出版社 2013 年版。

③ 张积家、和秀梅：《纳西族亲属词的概念结构——兼与汉族亲属词概念结构比较》，《心理学报》2004 年第 6 期。

④ 肖二平、张积家等：《摩梭人亲属词的概念结构——兼与汉族、纳西族亲属词的概念结构比较》，《心理学报》2010 年第 10 期。

⑤ 和秀梅、张夏妮等：《文化图式影响亲属词语义加工中的空间隐喻——来自汉族人和摩梭人的证据》，《心理学报》2015 年第 5 期。

⑥ 王娟、张积家等：《彝族人、白族人的亲属词概念结构——兼与摩梭人的亲属词概念结构比较》，《华南师范大学学报》（哲社版）2012 年第 1 期。

⑦ 王海明、李明：《纳人亲属称谓的几个问题——20 世纪 90 年代以前和以后研究的对比》，《西北民族大学学报》（哲社版）2005 年第 2 期。

法、理论指导和结果四方面进行了对比说明。杨文顺的《20世纪纳西族的婚姻家庭和亲属制度研究述评》[①]一文，对20世纪以来国内外学者对纳西族婚姻家庭和亲属制度研究成果进行了梳理，并对该研究领域国内外学者的研究方法、研究优势和局限进行了比较。

　　综观现有成果，近年来纳系族群亲属称谓系统越来越受语言学、民族学、人类学、心理学等学科学者的重视，其研究成果也逐渐增多。但仍存在以下几个问题。

　　1. 研究不平衡。主要表现在现有成果多聚焦于永宁摩梭人亲属称谓系统的研究，成为20世纪下半叶的一个热点，而对纳系族群其他地区亲属称谓系统的研究较少，还有许多地区的研究则无人问津。现有研究成果多是对亲属称谓的简单罗列和介绍，做进一步研究和解释的成果比较少。

　　2. 理论支撑和研究视角狭窄。现有成果的理论指导和研究视角主要从民族学、人类学和心理学角度出发进行研究，而运用现代语言学、地理语言学、计算语言学等理论对亲属称谓系统进行研究的成果较少，理论框架等还在摸索中。

　　3. 缺乏族群内部不同地区亲属称谓综合比较研究的成果。除了和发源的《纳西族的婚姻家庭与亲属称谓》一文对部分纳系族群内部不同地区亲属称谓进行比较外，尚未发现有成果对纳系族群内部不同地区亲属称谓进行深入综合比较研究的成果。

---

① 杨文顺：《20世纪纳西族的婚姻家庭和亲属制度研究述评》，《楚雄师范学院学报》2003年第2期。

第二章　纳系族群的人文地理环境概述

第一节　纳系族群的社会经济文化环境

一　分布与人口

纳系族群中有文字可考的文献只有纳西族的东巴文献。纳西族象形文字经典《人类迁徙记》中对纳西族族源和迁徙路线有比较详细的记载，可以作为纳系族群分布的依据。

纳西族东巴《送魂经》中记载的送魂路线中主要的一段路线是从丽江玉龙县白沙乡经玉龙县巨甸乡，然后渡金沙江送往无量河及无量河以北的地方。根据史料文献记载，可以看出纳系族群早期居住在雅砻江和金沙江流域，后来逐渐南迁，才定居到现在云南境内的丽江一带。

纳系族群主要集中分布在金沙江流域、雅砻江流域及无量河流域；从行政区划看，主要分布在我国西南部云南、四川、西藏三省区毗邻地区。[①]如图 2.1 所示。

根据 2010 年全国第六次人口普查最新统计数据，纳西族共有人口326295 人。总人口在全国各少数民族人口中排名第 26 位，较 2000 年第五次人口普查 30.88 万人增长了 5.3%。下面主要介绍在民族识别中称为"纳西族"的纳系族群人口分布的具体情况。如表 2.1 所示。

表 2.1　　云南省、四川省、西藏自治区纳西族人口分布[②]

地区		人口数	地区	人口数
云南省（309858 人）	昆明市	11010	曲靖市	544
	玉溪市	505	保山市	747
	丽江市	240580	昭通市	190
	普洱市	374	临沧市	502
	楚雄州	759	红河州	759

① 纳西族简史编写组、纳西族简史修订本编写组：《纳西族简史》，民族出版社 2008 年版，第 9、16 页。

② 人口数据参看国家统计局人口和就业统计司、国家民族事务委员会经济发展司编《中国 2010 年人口普查分民族人口资料》（上、下册），民族出版社 2013 年版，第 1465—1524 页。

续表

地区		人口数	地区	人口数
云南省 （309858人）	文山州	173	西双版纳州	294
	大理州	4686	德宏州	578
	怒江州	1755	迪庆州	46402
四川省 （10149人）	成都市	308	攀枝花市	3151
	泸州市	25	德阳市	38
	绵阳市	12	广元市	15
	遂宁市	12	内江市	19
	乐山市	12	南充市	15
	眉山市	17	宜宾市	12
	广安市	13	雅安市	13
	资阳市	24	阿坝州	12
	甘孜州	771	凉山州	5639
西藏自治区 （1133人）	拉萨市	38	昌都地区	1062
	山南地区	3	日喀则地区	3
	那曲地区	15	阿里地区	7
	林芝地区	22		

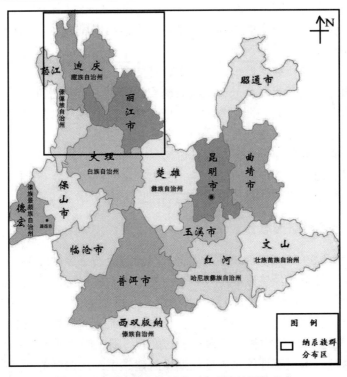

图 2.1　纳系族群在滇川藏三省毗连地区的分布

从表 2.1 可看出，云南省有纳西族 309858 人，占纳西族总人口的 95%；四川省有 10149 人，占 3.1%；西藏自治区有 1133 人，占 0.3%。

民国时期，纳西族聚居区大致在丽江行政专员公署区内。1949 年中华人民共和国成立，伴随滇西北地区行政区划的调整，纳西族分布区的行政区划出现变化。1949 年 7 月，丽江县人民政务委员会成立；同年 10 月，改称丽江县人民政府。1961 年 4 月，丽江纳西族自治县成立。2003 年 7 月，丽江撤地设市，在原丽江纳西族自治县行政区划内分别成立玉龙纳西族自治县和古城区。

丽江市玉龙纳西族自治县和古城区是我国纳西族的主要聚居区。玉龙县和古城区共有纳西族人口 209969 人，占纳西族总人口的 64.3%。玉龙纳西族自治县，共辖 18 个乡镇，县内居住汉、纳西、白等十多个民族，其中纳西族占总人口的 57.38%，是全国唯一的纳西族自治县。古城区下辖 6 个乡镇，其中纳西族人口占总人口的 60.6%。此外丽江市宁蒗县和永胜县也有部分纳西族分布，永胜县大安乡为彝族纳西族民族乡。

滇西北迪庆一带，是纳西族、藏族等民族交错聚居的地区。迪庆州纳西族共有 46402 人。中甸、德钦原隶属丽江专区。1957 年原隶属丽江行政专员公署的中甸、德钦、维西三县组成迪庆藏族自治州。1977 年在迪庆州纳西族居住人口较集中的中甸县三坝乡成立纳西族民族乡。三坝纳西族民族乡是迪庆州唯一的纳西族民族乡。此外香格里拉县洛吉、上江乡、金江和虎跳峡镇，维西县塔城镇、永春乡也有纳西族聚居。

四川省的纳西族主要分布在凉山彝族自治州、攀枝花和甘孜州藏族自治州。1984 年 11 月，四川省木里县俄亚纳西族乡成立，是四川省唯一的纳西族乡。攀枝花的纳西族主要集中分布在盐边县岩口乡和岩门乡。甘孜州的纳西族主要集中分布在得荣县白松乡一带。

西藏自治区昌都地区芒康县盐井乡也有纳西族集中分布。1985 年，盐井纳西族民族乡成立，是西藏唯一的纳西族民族乡。

二　社会经济形态

20 世纪 50 年代以前，纳系族群社会经济经历了原始经济、封建领主经济、地主经济等经济发展阶段。由于整个纳系族群地区长期受封建割据的影响，内部缺乏经济联系，致使各地纳系族群的社会经济发展极不平衡。如丽江、永胜等地的纳系族群较早实行改土归流，清后期地主经济已有相当发展，社会经济结构和生产力水平已接近周围汉族地区。而宁蒗、维西、中甸、盐源、木里等地纳系族群长期受封建领主经济的制约，其中有些地区还保留着一些原始社会的残余，生产技术落后，人民生活水平较贫困。

20 世纪 50 年代后，在全国各族人民的扶持和帮助下，纳系族群社会经济建设取得了显著的进步。丽江纳西族由集体化经营转为农业生产责任制，农田水利建设、粮食生产有了较大的提高，农村产业结构经调整出现了大批特色产业。大力发展社会主义商品经济，恢复开放山区农村集市和地方传统的交易大会，如"七月骡马会""正月十五棒棒会"等。个体商户和乡镇企业迅猛增长。近年来，丽江旅游业和文化产业快速发展。永宁、盐源等纳系族群聚居区在十一届三中全会以来，社会经济稳步发展，农业、畜牧业和商业都有了很大的变化，生活水平有了显著的提高。西藏昌都芒康县的纳系族群聚居区以发展传统制盐业为主，农业、运输业得到发展。各地纳系族群社会经济的发展差距减小。

三　文化习俗

纳系族群的文化习俗主要有以下一些：

（一）传统节日[①]

纳系族群节日有的与汉族相同，如春节、清明、端午、中秋等，也有与彝语支民族相同的火把节等。虽然节日相同，但具体过法有纳系族群的特色。传统节日主要有以下几种：

1. 祭天

祭天是大部分地区纳系族群最古老隆重的传统祭祀活动和节日。每逢春节或七月，各地纳系族群人们以家族为单位在村寨附近的祭天场举行祭天活动。春节期间，具体祭天的时间由各宗教支系自己决定，一般有初三至初五，初五至初八，初十至十三等。有东巴的村寨，由东巴担任祭司，没有东巴的村寨就由知晓民族典故，能够念诵经典的年长者担任。相较而言，由东巴任祭司的祭天活动内容比没有东巴的祭天活动内容丰富、仪式隆重。

2. 三多节

三多节是丽江地区纳系族群祭祀纳西战神、保护神"三多"的盛大节日。传说"三多"属羊，每逢农历二月初八，人们就会到玉龙雪山北麓的北岳庙（又名"三多神庙"）用全羊祭拜三多。前来庙会的，不仅有纳西人，还有藏、普米等民族的人们。此外各家各户也会在家中烹制食物，烧香祭拜三多神和祖先。

近年来，丽江市为贯彻落实党的民族政策，尊重民族传统习俗，将三

---

① 纳西族简史编写组、纳西族简史修订本编写组：《纳西族简史》，民族出版社 2008 年版，第140—146 页。

多节定为丽江市法定假日。

3. 龙王庙会

龙王庙会（又称"黑龙潭会"）是丽江地区纳系族群祭祀龙王的节日。每年农历三月十五，各地纳系族群的人们都会到丽江黑龙潭参加庙会。庙会活动丰富多彩，有滇戏、赛马、民歌演唱等。

4. 七月骡马会

七月骡马会是纳系族群聚居区一个重要节日，同时也是当地重要的商贸交易活动。每年农历七月中旬纳系族群聚居区无论是城镇还是农村都会举行为期 7—10 天，以牲口交易为主，土特产品、日常用品为辅的交易活动。届时，滇西北各地不同民族的农民、商人都会携带各地土特产集中到骡马会中进行交易或者购买丽江骡马等。

这项重要的活动一直延续至今，只是现在交易的主要内容转为日常用品和土特产，牲口交易为辅。

5. 朝拜狮子山

朝拜狮子山是聚居在宁蒗永宁的纳系族群最重要的节日。传说狮子山是永宁女神的化身，每逢农历七月二十五，永宁纳西成年男女会带上祭品，穿着节日盛装，聚集到狮子山朝拜。祭祀完毕，还会举行赛马等活动，为青年男女提供了社交的机会。

（二）宗教信仰[①]

纳系族群的宗教信仰有东巴教、汉传佛教、藏传佛教、道教等。

东巴教是自称"纳西"的纳系族群固有的一种多神教。奉"丁巴什罗"为祖师。东巴教没有系统的教义，没有寺庙，没有统一的组织，祭司多由普通农民承担。丽江地区管祭司叫"东巴"，永宁地区则称"达巴"。祭司作法的法器主要有刀、叉、铃、五福冠等。民间祭天、祭祖、婚姻、丧葬、祈年、驱鬼等日常生活活动都要请祭司。东巴教有用象形表意文字东巴文记载的经书。经书中记载了纳系族群的社会历史。

藏传佛教于明代传入纳系族群地区。该地区的藏传佛教有噶玛噶举派（白教）和格鲁派（黄教）。聚居在丽江、维西等地的纳系族群信奉白教，宁蒗永宁、四川盐源、木里、得荣和西藏盐井等地的信奉黄教。丽江有五大藏传佛教寺庙：福国寺、玉峰寺、指云寺、文峰寺、普济寺。寺庙中的僧人多为纳系族群人。藏传佛教对不同地区纳系族群社会生活影响程度不同，对永宁地区的影响较大，对丽江地区的影响较小。

---

① 纳西族简史编写组、纳西族简史修订本编写组：《纳西族简史》，民族出版社 2008 年版，第 157—161 页。

汉传佛教于元代传入丽江。丽江建有汉传佛教寺庙，但纳系族群汉传佛教僧人不多，影响不如藏传佛教。

道教虽然在丽江有一定的影响，但其影响不如藏传佛教。

木里俄亚纳系族群信仰东巴教，有自然、鬼魂和祖先崇拜，但没有图腾和偶像崇拜。盐源纳系族群信仰东巴教和喇嘛教。[①]

（三）婚丧制度

1. 婚姻

居住在丽江地区的纳系族群较早实行一夫一妻制，并经历了从封建包办婚姻到自由恋爱婚姻的过渡。姑舅表婚曾是丽江纳系族群间较为流行的一种婚姻制度，即舅舅的儿子娶姑母的女儿为妻，如女儿另嫁，需征得舅舅的同意。

传统婚俗一般有定亲、请媳妇、结婚三个过程。定亲纳西语中称 $zη^{33}pu^{55}$，意为"送酒"。通常由男方请媒人带酒到女方家说亲，双方长辈谈妥后，选择黄道吉日行定亲礼。请媳妇指男方请女方到家里认亲戚。结婚一般要宴客三天，婚后第三天新娘得回门。传统婚俗烦琐且花费巨大。现在丽江地区纳西族青年实行自由恋爱婚姻制，简化了烦琐的婚俗。

宁蒗永宁、四川盐源等地的纳系族群（即摩梭人）长期处于母系家庭和父系家庭并存的阶段。这一带的纳系族群在很长一段时间处于从对偶婚向一夫一妻制过渡的状态中。婚姻制度主要有"阿注婚姻""阿注同居"和"正式结婚"三种形式，其中以"阿注婚姻"为主。"阿注婚姻"的主要特征是：建立偶居关系的男女双方，长期居住在母亲家，属于两个家庭。偶居中所生的子女，属于女方家庭，由女方负责养育。通常阿注关系在青年时期不稳定，壮年后，一般会有长期固定的阿注。但是同一母系血统的男女双方禁止结交阿注。

木里俄亚的纳系族群以一夫一妻制为主，同时还有一妻多夫和一夫多妻的少数残余。其中一妻多夫一般为兄弟共妻，其原因主要有：与藏族杂居，受藏族兄弟共妻、姐妹共夫的影响；订婚结婚费用消耗大，经济条件限制多子家庭娶妻困难；过去赋税严重，避免兄弟分家增加税负。后来沿成习俗。

婚姻形态决定了亲属称谓制度。研究纳系族群的亲属称谓，必须了解他们的婚姻形态。

---

① 中国少数民族社会历史调查资料丛刊修订编辑委员会、四川省编辑组：《四川省纳西族社会历史调查》，民族出版社 2009 年版，第 30、117 页。

2. 丧葬

古代纳系族群长期通行火葬，各地纳系族群实施火葬方式略有不同。清末后，大部分纳系族群聚居区改火葬为土葬。正常死亡和非正常死亡具体实施的丧葬方式不一样。各地划分正常死亡和非正常死亡的界限不同。

丽江一带实施土葬。当有人过世时，需要进行接气、开丧、悬白、开吊、出殡等活动。出殡次日，家属需要上坟祭拜。出殡后还要做"七"事，过世第七日为"一七"，以此类推，第十四天为"二七"。通常过世者为中年办"五七"，老年办"七七"。"四七"由死者出嫁的女儿主办。死者满周年时办"年斋"，三年斋比较重大，需贴红对联请客。

宁蒗永宁还保留传统的火葬，其火葬受达巴教和藏传佛教的影响。超度死者、烧尸时间都需要由喇嘛决定。火葬过程中由喇嘛念经，火葬完毕回到家中还需请达巴念经再祭。①

中甸三坝有的保留传统实施火葬，如：三坝乡波湾村；有的改行木棺土葬，如：三坝补主湾村。民众对正常死亡和非正常死亡的界限十分清楚，"气"的接续与否至关重要。②

（四）服饰与饮食

1. 服饰

各地纳系族群服饰有着不同的特征。丽江一带纳西族的女性服饰，上着宽袖大襟布袍，袖口卷至手肘，外加藏青色坎肩，下穿长裤或长裙，腰系百褶围裙。背披七星羊皮披肩，羊皮披肩上部左右两端各缝有一根长约1米、宽8厘米的白色长带，穿着时白色长带从肩上搭过，在胸前交错系结，再从腰两侧系在后背。羊皮披肩是纳西族服饰的重要标志，披肩上的七个彩色圆形布盘，代表北斗七星。中甸、维西的羊皮披肩基本没有什么装饰。

宁蒗女性喜欢戴布包头，并用牦牛尾或线编制制成发辫系于包头。上身着短衫，下着宽大的长裙。腰间用宽布条缠绕。

中甸女性喜将长发编成长辫，长辫用花纹圆形银牌做装饰。上穿开叉白色搭襟麻布长衣，腰系带垂毛线须的腰带。下穿彩色条纹长裤或百褶裙，背披白毛山羊皮。

丽江地区男性服饰与汉族基本相同，下着长裤，上着对襟坎肩。宁蒗男性多穿藏服，男性也有戴手镯的习惯。

---

① 纳西族简史编写组、纳西族简史修订本编写组：《纳西族简史》，民族出版社 2008 年版，第 154—156 页。

② 和少英：《中甸白地纳西族的丧葬礼仪》，《云南民族学院学报》1992 年第 4 期。

2. 饮食

居住在不同地域的纳系族群饮食习惯各不相同。丽江一日三餐。早餐通常吃馒头、水焖粑粑或油炸粑粑，佐以水炒洋芋、酥油茶。午餐、晚餐一般吃炒菜、汤和米饭，喜吃杂锅菜。一般冬季有杀年猪的习俗，每户杀一至两头猪，将猪肉腌制成腊肉。丽江特色食物有：丽江粑粑、纳西米灌肠、鸡豆凉粉、腊排骨、江边辣、蜜饯等。丽江结婚、丧葬等桌席，都是十分讲究的。通常用"八大碗""三叠水"待客，菜色荤素、冷热搭配，装盘主要用大碗和盘子。

宁蒗、四川盐源等地喜欢饭前饮酥油茶，配以青稞、玉米炒面和烤土豆。喜欢围坐在火塘边就餐。

各地纳系族群饮食规矩也比较讲究。如不能用筷子敲碗；夹菜前要请长辈先夹；夹菜只能夹自己正面的，不能翻搅等。

（五）音乐和舞蹈

纳系族群酷爱歌舞。每逢婚丧大事、民族节庆，都会举行丰富多彩的歌舞活动。各地民间广泛流行的曲调形式多样。宁蒗永宁有适合在山野间独唱或对唱的"古气"和"啊哈巴老"。中甸三坝有适合对唱和群众边歌边舞的"喂麦达""呀号里"。玉龙纳西族自治县大东乡有一人领唱多人和的"哦热热"。丽江地区逢婚丧大事，举行婚丧大事前后三天晚上，村寨男女老少都会聚集到当事人家中打跳，给主人家人气热热闹闹的，喜事则意为增添喜气，丧事则意为给主人家做伴，以免因家人过世而冷清凄惨。

纳系族群的乐器主要有葫芦笙、竹口弦和竹笛。宁蒗永宁的笛子为横笛，通常用来作为舞蹈的伴奏。丽江纳西族有著名的大型古典乐曲《白沙细乐》和《丽江古乐》。《白沙细乐》相传为元世祖忽必烈离开丽江时送给纳西族首领乐队的乐曲。《丽江古乐》则是在明代由汉传佛教和道教音乐传入后产生的洞经音乐。这两个著名的乐曲体现了丽江纳西族善于吸收其他民族优秀的音乐来丰富自己本民族的音乐。闻名于世的纳西古乐具有三个显著的特征：曲目古老，演奏乐器古老，演奏者大部分都是七八十岁的老年人。听过纳西古乐的人，都会被纳西族古老的、庄重高雅的文明而震撼。

第二节　纳系族群的语言文字概况

纳系族群有着自己的语言和文字。在语言上，纳系族群中使用的纳西语、摩梭语、玛丽玛萨语等，我国政府和语言文字工作者都视为同属一种语言的不同方言，但在国外不少学者都将其划为不同的语言。其中，纳西语是纳系族群内部使用人数最多、最通用的语言。纳系族群有四种文字，分别在不同地区使用。下面分别介绍纳系族群语言的系属、方言的划分、纳系族群语言使用情况和文字概况。

一　纳系族群语言的系属和方言划分

（一）纳系族群语言的系属

纳系族群内部使用纳西语的人口数最多，因而本节重点讨论纳西语的系属问题。20 世纪初以来，国内外学者在藏缅语族分类中探讨了纳西语的系属问题。主要有以下几种观点：

我国著名语言学家李方桂（1937 年）将藏缅语族分为四个分支：藏语群、波多-那加-克钦语、缅语群和彝语群。纳西语在彝语群中。[①]

赵元任（1943 年）、董同和（1953 年）将藏缅语分为彝-摩梭、景颇语、缅语和藏语四部分。彝-摩梭下分为摩梭、白语和彝语三组，摩梭语组包含纳西语和拉祜语。[②]

罗常培、傅懋勣（1954 年）将藏缅语族分为藏、彝、景颇、缅四个语支，纳西语被归入彝语支中。[③]

戴庆厦（1991 年）在马学良主编的《汉藏语概论》彝语支一章中明确指出纳西语是目前能确定的七种彝语支语言之一。[④]

和即仁、姜竹仪（1983 年）指出纳西语属于汉藏语系藏缅语族彝语支。[⑤]

盖兴之、姜竹仪（1990 年）认为纳西语（含东、西部方言）是藏缅语族彝语支（缅彝语支彝语群）的一种语言。[⑥]

孙宏开（2001 年）根据语音、词汇、语法的比较研究，用以下图形说明了纳西语在羌、彝两个语支中的历史地位。[⑦]

美国著名语言学家 Laufer 提出藏缅语族中有西摩罗语支。西指西夏语，

---

① 马学良等：《藏缅语新论》，中央民族学院出版社 1994 年版。

② 纳西族简史编写组、纳西族简史修订本编写组：《纳西族简史》，民族出版社 2008 年版。

③ 同上。

④ 马学良主编：《汉藏语概论》，北京大学出版社 1991 年版。

⑤ 和即仁、姜竹仪：《纳西语简志》，民族出版社 1983 年版。

⑥ 盖兴之、姜竹仪：《纳西语在藏缅语言中的地位》，《民族语文》1990 年第 1 期。

⑦ 孙宏开：《纳西语在藏缅语族语言中的历史地位》，《语言研究》2001 年第 1 期。

摩指彝语，罗指纳西语。这三种语言是西摩罗语支语言的代表。后来有学者将这一语支定名为彝语支。

美国语言学家 Shafer 在其著名论著《汉藏语导论》中将藏缅语族缅语群分为三个语支：缅语支、怒语支和莫如语支。缅语支中有三种语言被认为无法归类，纳西语就是其中之一。

Benedict［美］将缅彝语群分为缅、南部彝、北部彝、怒、已消亡的和剩余的语言共六个语支。纳西语被归入"剩余的语言"这一语支中。这一语支其他语言还有霍尔语、木雅语、木里语等。

Egerod［丹麦］将缅语群分为三个语支：缅语支、彝语支和羌-摩梭语支。纳西语被归为羌-摩梭语支，他认为羌-摩梭语支语言与彝语支语言的关系不清楚。

Bradley［澳大利亚］将缅语群做了三个层次的分类：第一层次把缅语群分为纳西-缅-彝语支和乌贡语支，第二层次把纳西-缅-彝语支进一步细分为纳西语组和缅彝语组，第三层次把缅彝语组分为缅语团和彝语团。纳西语被列入纳西-缅-彝语支纳西语组。

Matisoff［美］认为纳西语或许接近彝语支语言，但是放在彝语支外更合适。

（二）纳系族群语言的方言划分[1]

纳西语内部有方言的划分，方言下有若干土语分支。通常划分如下图所示。

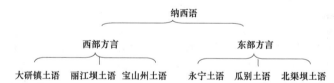

具体地理分布如图 2.2 所示。

使用西部方言的纳系族群（纳西人）主要分布在云南省丽江市玉龙纳西族自治县、古城区、永胜县，大理白族自治州鹤庆县、剑川县，迪庆藏族自治州维西傈僳族自治县、德钦县、中甸县，怒江傈僳族自治州兰坪白族普米族自治县、贡山独龙族怒族自治县，四川省木里藏族自治县俄亚纳西族乡，盐源县道嘴、盐井县白盐井等地区。使用西部方言的人口在纳西族总人口中占 81%。

西部方言内部差异主要体现在语音和词汇上，语法差异较小。根据语音和词汇差异，进一步将西部方言划分为大研镇、丽江坝、宝山州三个土语。使用大研镇土语的纳西族主要居住在丽江市古城区。使用丽江坝土语

① 和即仁：《民族语文论集》，云南民族出版社 2006 年版，第 85—86 页。

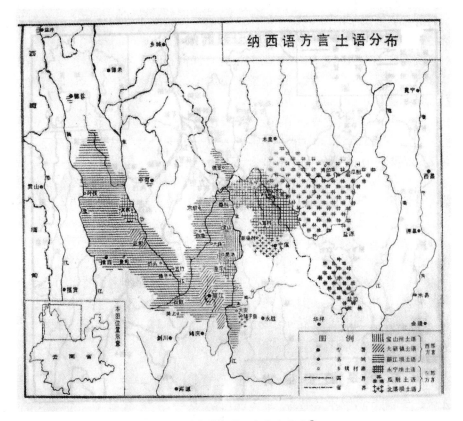

图 2.2　纳系族群语言方言分布[①]

的纳西族主要居住在丽江市玉龙纳西族自治县、永胜县，迪庆州中甸县、维西县，怒江州贡山县等地区。宝山州土语主要通行于丽江市玉龙纳西族自治县宝山乡。三个土语中使用丽江坝土语的占 73%，使用宝山州土语的人数较少。西部方言各土语之间可以互相通话。

操东部方言的纳系族群（摩梭人、玛丽玛萨人等）主要居住在丽江市宁蒗彝族自治县，四川盐源、盐边、木里，迪庆州维西等地区。使用这个方言的人口占纳西族总人口的 19%。

东部方言可分为永宁、瓜别、北渠坝三个土语。使用永宁土语的纳西族主要居住在丽江宁蒗永宁乡、盐源县左所镇、迪庆州维西县。瓜别土语主要在盐源县瓜别镇使用，木里县也有少数使用瓜别土语的纳西族。北渠坝土语通行于宁蒗县大兴镇北渠坝、永胜县獐子旦。

---

① 图 2.2 来源于和即仁《民族语文论文集》，云南民族出版社 2006 年版，第 46 页。

二　纳系族群语言的使用情况

纳系族群在长期的历史发展过程中，虽然与汉族、白族、藏族等民族密切往来，互学语言，但大多数人都会使用自己的母语，此外有不少人还能够兼用汉语、白语、藏语、普米语等语言。从语言保护的角度看，纳系族群的语言传承和保护得较好，是语言活态度较高的语言。具体表现在以下几个方面：

（一）熟练掌握母语的人口数较多

熟练掌握本族语言人口在本民族人口中的比例是衡量语言活态度的重要参考标准。经多次实地调查，发现各地纳系族群普遍能够稳定使用本民族语言。如 2012 年 7 月作者跟随中央民族大学"985 工程"新时期中国少数民族语言使用情况研究"云南玉龙县九河白族乡各民族的语言生活"子课题课题组到丽江市玉龙县九河乡考察纳西族使用母语的情况，调查了纳西族聚居村、纳西族与白族杂居村等不同类型的 3 个调查点，获得以下数据。见表 2.2。

表 2.2　　　九河乡调查点纳西族纳西语使用水平统计[①]

村寨	人数（人）	熟练		略懂		不会	
		人数（人）	百分比（%）	人数（人）	百分比（%）	人数（人）	百分比（%）
中古	152	152	100	0	0	0	0
彼古	405	402	99.26	3	0.74	0	0
梅瓦	129	128	99.22	0	0	1	0.78
合计	686	682	99.42	3	0.44	1	0.14

调查结果显示，九河乡纳西族聚居的中古村、杂居的彼古寨和梅瓦寨熟练掌握母语的人口比例分别为 100%、99.26%、99.22%。这些数字说明，纳西语在纳西族社区内具有很强的活力。

2015 年 7 月作者对维西县塔城镇汝柯村 111 位玛丽玛萨人的母语能力进行了穷尽式调查。发现 98%的玛丽玛萨人都能熟练使用自己的母语玛萨语。具体情况如表 2.3 所示：

---

① 引自戴庆厦、和智利等《云南玉龙县九河白族乡各少数民族的语言生活》，商务印书馆 2015 年版。

表 2.3 　　　　　　　　玛丽玛萨人不同年龄段语言能力①

年龄段	总人口（人）	熟练		略懂		不会	
		人口（人）	百分比（%）	人口（人）	百分比（%）	人口（人）	百分比（%）
5-19 岁	11	11	100	0	0	0	0
20-39 岁	49	48	98	1	2	0	0
40 岁-59 岁	37	37	100	0	0	0	0
60 岁以上	14	14	100	0	0	0	0

（二）纳系族群母语的通用范围较广泛

纳系族群母语的通用范围较为广泛。各群体的母语不仅是族内婚姻家庭和纳系族群聚居寨的通用语，而且是公共场合和当地传媒的通用语。如：丽江市玉龙纳西族自治县的集市、商场、医院、政府等公共场合，纳西人都能使用纳西语进行交际。当地玉龙纳西族自治县及古城区电视台设有纳西语新闻联播、纳西讲聚营、热播电视电影（纳西语版）等传承母语的节目，深受纳西人的喜爱。

此外，纳西语文在新媒体中也得到广泛地传播。如，由民间人士发起了众多微信群如"纳西话賨""纳西语课堂"等，这些群的人数多达 500人，少的也有 150 人，群友们在群里只能用纳西语或纳西拼音文字交流；另母语爱好者还创建了微信公众号，做得较好的有"naq wel we""我用母语讲故事""纳西语言文化"等，"naq wel we"公众号定期推送纳西拼音文字创作的诗歌、短文等。"我用母语讲故事"主要定期推送纳西故事，从创立至今已有 80 多篇纳西故事。"纳西语言文化"推送内容以纳西语词汇、纳西歌曲为主。

（三）纳系族群对母语的认同度较高

纳系族群普遍认为母语是体现族群身份的标志之一，应该能够熟练使用自己的母语。在语言态度调查中，不同年龄段、不同职业的纳系族群都表示母语是最能够真切表达个人情感并且是最亲切、悦耳的语言。

（四）政府和个人重视纳系族群母语的传承

各地政府和个人都十分重视纳系族群母语的传承。例如：丽江市古城区小学开设纳西母语课，并使用纳汉双语教材。《云南省玉龙纳西族自治县自治条例》第二章第十七条明确规定：自治县的自治机关在执行职务时，使用汉语、纳西语或者其他少数民族语言，制作公文使用汉文。自治县的自治机关的印章、匾牌使用汉文和纳西文。大部分纳西族家庭在家里都会

---

① 引自和智利《论较少族群母语保护与语言和谐的关系》，《贵州民族研究》2015 年第 12 期。

有意识地让青少年尽量使用纳西语交流。自 2015 年起，由云南省民语委、玉龙纳西族自治县民宗局等相关部门筹办开展了"暑期纳西语文综合培训班"，该培训班面向母语工作者及大中小学生，让社会各界人士对母语传承引起了高度重视。2018 年 8 月 13 日，玉龙纳西族自治县召开"纳西语文工作座谈会"，就如何开展并把纳西族语言文字工作做好进行了深入探讨和计划。

虽然纳系族群母语的活态度较高，但是有些消极的现象不容忽视。部分居住在城区的纳系族群青少年出现母语词汇量下降，甚至出现部分青少年转用汉语的现象。这些现象应引起重视，必须将母语转用、母语衰退防患于未然。

三　纳系族群的文字及其使用情况

纳系族群有四种文字：象形表意文字东巴文，音节文字哥巴文，玛丽玛萨文和以拉丁字母为基础的拼音文字。[①]

东巴文在纳西语中称为"$sər^{33}tɕə^{55}lv^{33}tɕə^{55}$"，意为木石之疤痕。东巴文是一种古老的象形表意文字，主要用于东巴教经师（东巴）中，只有少数纳西群众会使用东巴文。东巴文主要通行于纳西语西部方言地区，以玉龙纳西族自治县山区、香格里拉县三坝乡及维西县攀天阁等地为中心。虽然东巴文只有一千三百多个字形，但纳西先民用东巴文写下了大量的东巴经书，成为研究纳西族社会历史、文学艺术、语言文字等的珍贵材料。近半个世纪以来，由于宗教仪式的减少和部分年长东巴的离世，能够使用东巴文的东巴人数在减少。但 21 世纪伴随丽江旅游业的发展，东巴文的使用情况有复苏的趋势。除了东巴外，部分从事旅游业的年轻人以及许多的高校文字研究者也开始学习东巴文。

哥巴文在纳西语中称作"$gə^{31}ba^{31}the^{33}ɣɯ^{33}$"，其产生时间晚于东巴文。它的笔画较东巴文简单，一个字可代表一个音节。哥巴文通行的范围较小，只限于玉龙纳西族自治县及维西县部分地区。主要用于宗教中。

玛丽玛萨文是由东巴文派生出的文字，其特点与哥巴文较接近。玛丽玛萨文（村民简称为"玛萨文"）只有 105 个符号，但曾通行于迪庆州维西县自称为玛丽玛萨"$ma^{33}ly^{55}ma^{55}sa^{21}$"的几百户纳西族日常生活中，村民曾用玛萨文来记事、记账。2015 年 8 月我们到维西县塔城镇汝柯村进行语言文字使用情况调查时，村里的老人告诉我们现在村里几乎没有人能用玛萨文了。

拼音文字是 20 世纪 50 年代中国科学院少数民族语言调查第三工作队

---

① 和即仁、姜竹仪编著：《纳西语简志》，民族出版社 1985 年版，第 117—134 页。

和云南省少数民族语文指导工作委员会，以大研镇土语为标准音，设计的拼音文字。2017 年 1 月我参加了由丽江市玉龙纳西族自治县民宗局主办的"纳西语培训班"发现，纳西语假期培训班学员主要由民间爱好者、文化行业从业者以及大中小学生组成，大家多是通过类似的培训班以及自学习得拼音文字。

由于这些文字各自存在的问题，如字形老旧、使用范围局限等原因，不能满足人们记录口语的需求，所以纳系族群的四种文字都未发展成为全民族通行的书面交际工具。通行范围相对较广的拼音文字其通行范围也只限于一些报刊及微信公众号等少数新媒体，使用对象局限于母语文工作者和爱好者。

第三章　纳系族群亲属称谓系统的构成

亲属称谓系统是一个复杂而庞大的系统。纳系族群各支群的亲属称谓，发展不平衡。从数量上来看，有的支群只有二十多个亲属称谓，有的则有上百个亲属称谓。要对纳系族群亲属称谓进行深入的研究，首先需要从宏观上对亲属称谓系统的成分和构成原则有一个客观的了解。下面先分析纳系族群亲属称谓的成分，然后再根据成分组成来分析构成原则。

第一节　纳系族群亲属称谓系统的成分

纳系族群亲属称谓系统的构成，从不同的角度，有多种不同的划分方式。从亲属称谓词的结构可分为：单纯称谓和复合称谓；根据亲属称谓的使用场合可分为：引称和面称；使用过程中为突出亲属关系或准确称呼而形成的：从他称和排行称。各种称谓的数量因支群的不同而不同。分述如下：

一　单纯称谓

单纯称谓是亲属称谓系统中的基础称谓，它所指称的亲属多是整个家庭中最亲近的亲属关系，也是构成合成称谓的基础。由于纳系族群内部各支群亲属称谓系统发展不平衡，因而有些支群的亲属称谓系统中基础称谓的数量占绝对多的比例，有些系统中单纯称谓的数量和合成称谓的数量相当，有的系统中合成称谓的数量占多数。通常，基础称谓都能够指称多种亲属关系，但其中往往只有一种亲属关系是它的主要意义。

下面以丽江市玉龙纳西族自治县大具乡白麦村委会金宏村纳西语（下文简称"大具"）亲属称谓为例，将基础称谓按辈分罗列如下：

$a^{33}mu^{55}$	对曾祖辈亲属的称呼，指称祖父、祖母、外祖父、外祖母的父母亲。
$a^{55}lɔ^{33}$	祖父，用来指称祖父及祖父的兄弟。
$a^{55}na^{33}$	祖母，指称祖母及祖父兄弟的配偶。
$a^{33}di^{33}$	父亲，指称父亲及配偶的父亲。
$a^{33}mo^{33}$	母亲，指称母亲及配偶的母亲。
$a^{31}ʂu^{13}$	叔父，指称叔父及年幼于父亲的父辈男性亲属。

a³³dɑ⁵⁵		伯父，指称伯父及年长于父亲的父辈男性亲属。	
a⁵⁵n̪a³³		姨母、姑母，指称父亲和母亲的妹妹。	
a³³tɕy⁵⁵		舅父，指称母亲的兄弟。	
a³³bv³¹		哥哥，指称兄长及年长于己身的同辈男性亲属。	
a³³kɔ³³		哥哥，指称兄长及年长于己身的同辈男性亲属。	
a⁵⁵tɕi³³		姐姐，指称姐姐及年长于己身的同辈女性亲属。	

从上述单纯称谓可看到，这些称谓都是双音节词。这些双音词由"a前缀+词根"组成。其中 a 前缀无实义，主要起了构词的作用。

二　复合称谓

纳系族群复合称谓是由两个实语素合成的，共有两种构词方式。

（一）由单纯称谓或单纯称谓词根加修饰性语素组合而成

单纯称谓或单纯称谓的词根和修饰性语素组合时，修饰性语素的位置有的居前，有的居后。

当指称"父亲、母亲"称谓的词根与方位词"前、后"组合时，表示该亲属关系形成的先后顺序，二者的位置为修饰性语素在前，单纯称谓词根在后。例如：

ka³³	+	me³³	→	ka³³me³³	前妻
前		母亲		前 母亲	
ka³³	+	bɑ³³	→	ka³³bɑ³³	前夫
前		父亲		前 父亲	
ma⁵⁵	+	bɑ³³	→	ma⁵⁵bɑ³³	后爹
后		父亲		后 父亲	
ma⁵⁵	+	me³³	→	ma⁵⁵me³³	后妈
后		母亲		后 母亲	

当单纯称谓加形容词"大、中、小"表示形成亲属称谓的排行顺序，二者构词的顺序为：单纯称谓+形容词。例如：

a⁵⁵lɔ³³	+	dɯ³¹	→	a⁵⁵lɔ³³dɯ³¹	大爷爷
祖父		大		祖父 大	
a⁵⁵lɔ³³	+	ly⁵⁵	→	a⁵⁵lɔ³³ly⁵⁵	二爷爷
祖父		中		祖父 中	
a⁵⁵lɔ³³	+	tɕi⁵⁵	→	a⁵⁵lɔ³³tɕi⁵⁵	小爷爷
祖父		小		祖父 小	
a⁵⁵tɕi³³	+	dɯ³¹	→	a⁵⁵tɕi³³dɯ¹³	大姐姐
姐姐		大		姐姐 大	

a⁵⁵tɕi³³　　　　+　　　tɕi⁵⁵　　　→　　　a⁵⁵tɕi³³tɕi⁵⁵　　　小姐姐

姐姐　　　　　　　　小　　　　　　　　　姐姐　小

如果表示排行第三或三以后的亲属时，则在亲属称谓前加数词进行指称。数词一般不用本族语固有的数词，而是用汉语借词。例如：

sa³³a⁵⁵lɔ³³　　　　　三爷爷　　　　　sๅ⁵⁵a⁵⁵lɔ³³　　　　四爷爷

三　祖父　　　　　　　　　　　　四　祖父

lu³¹tɕi³³　　　　　六姐　　　　　　u³³na³³　　　　　五姨

六　姐　　　　　　　　　　　　　五　姨母

（二）由两个单纯称谓组合而成

两个单纯称谓组合成一个合成称谓时，从组合方式看：有的是由一个单纯称谓和其他单纯称谓的词根组合而成，有的则是由两个单纯称谓组合而成。从所指称的对象看：有的指称的是新的亲属，有的则指称的是某类亲属关系。

一个单纯称谓和其他单纯称谓的词根组合，用来指称不同于原单纯称谓所指的亲属。例如：

a³³mu⁵⁵　　　+　　　a⁵⁵lɔ³³　　　→　　　a³³mu⁵⁵lɔ³³　　　曾祖父

曾祖　　　　　　　　祖父　　　　　　　　曾祖　祖父

a³³mu⁵⁵　　　+　　　a⁵⁵na³³　　　→　　　a³³mu⁵⁵na³³　　　曾祖母

曾祖　　　　　　　　祖母　　　　　　　　曾祖　祖母

ku³³mo³³　　　+　　　a⁵⁵na³³　　　→　　　ku³³na³³　　　姑祖母

姑　　　　　　　　　祖母　　　　　　　　姑母　祖母

ku³³mo³³　　　+　　　a⁵⁵lɔ³³　　　→　　　ku³³lɔ³³　　　姑祖父

姑母　　　　　　　　祖父　　　　　　　　姑　祖父

a³³tɕy⁵⁵　　　+　　　a⁵⁵lɔ³³　　　→　　　tɕy⁵⁵lɔ³³　　　舅祖父

舅父　　　　　　　　祖父　　　　　　　　舅父　祖父

a³³tɕy⁵⁵　　　+　　　a⁵⁵na³³　　　→　　　tɕy⁵⁵na³³　　　舅祖母

舅父　　　　　　　　祖母　　　　　　　　舅父　祖母

a³¹ʂu¹³　　　+　　　a³³mo³³　　　→　　　a³¹ʂu¹³mo³³　　　叔母

叔父　　　　　　　　母亲　　　　　　　　叔父　母亲

a³³ta⁵⁵　　　+　　　a³³mo³³　　　→　　　ta⁵⁵mo³³　　　伯母

伯父　　　　　　　　母亲　　　　　　　　伯父　母亲

a³³tɕy⁵⁵　　　+　　　a³³mo³³　　　→　　　a³³tɕy⁵⁵mo³³　　　舅母

舅父　　　　　　　　母亲　　　　　　　　舅父　母亲

一个单纯称谓同表示某种类别亲属关系的称谓组合，主要有两种构词方式。一是由单纯称谓的词根和类别亲属关系称谓的词根组合，表类别亲属关系的词根居前，例如：

lɔ³³piɑ³³	+	ɑ⁵⁵lɔ³³	→	piɑ³³lɔ³³　表爷爷
老表		祖父		表　祖父
lɔ³³piɑ³³	+	ɑ⁵⁵na³³	→	piɑ³³na³³　表奶奶
老表		祖母		表　祖母
lɔ³³piɑ³³	+	ɑ³³ʂu¹³	→	piɑ³³ʂu¹³　表叔
老表		叔父		表　叔父
tɕhi⁵⁵tɕia³³	+	ɑ⁵⁵lɔ³³	→	tɕhi³³lɔ³³　亲祖父①
亲家		祖父		亲　祖父
tɕhi⁵⁵tɕia³³	+	ɑ⁵⁵na³³	→	tɕhi³³na³³　亲祖母
亲家		祖母		亲　祖母
tɕhi⁵⁵tɕia³³	+	ɑ³³di³³	→	tɕhi³³di³³　亲爹②
亲家		父亲		亲　父亲
tɕhi⁵⁵tɕia³³	+	ɑ³³mo³³	→	tɕhi³³mo³³　亲妈
亲家		母亲		亲　母亲

上述亲属称谓中 lɔ³³piɑ³³ "老表"，是指自己的姑舅姨表兄弟姐妹。单纯称谓的词根与表兄弟姐妹的词根 "piɑ³³" 组合，可用来指称不同辈分亲属关系中的姑舅姨表亲。tɕhi⁵⁵tɕia³³ "亲家"，是由儿女姻亲关系所形成的亲属的互称。单纯称谓的词根与表姻亲关系的词根 "tɕhi⁵⁵" 组合，用来指称姻亲关系产生的亲属。

一是由单纯称谓直接和类别亲属关系称谓的词根组合，表类别亲属关系的词根居前，例如：

ʐu³¹phe³³	+	ɑ⁵⁵lɔ³³	→	ʐu³¹ɑ⁵⁵lɔ³³　岳祖父③
岳父		祖父		岳　祖父
ʐu³¹phe³³	+	ɑ⁵⁵na³³	→	ʐu³¹ɑ⁵⁵na³³　岳祖母
岳父		祖母		岳　祖母

其中词根 ʐu³¹ "岳" 与表示长辈的单纯称谓直接组合，通常指称自己配偶的长辈亲属。

两个单纯称谓直接组合，构成并列复合词，表示亲属间的某种亲属关系。例如：

bi³¹ʐɿ³³	+	me³³xe³¹	→	bi³¹ʐɿ³³me³³xe³¹　兄弟姐妹
兄弟		姐妹		兄弟 姐妹

---

① 亲祖父用来指称母亲姐妹的公公，亲祖母指母亲姐妹的婆婆。

② "亲爹" 用来指称兄弟姐妹的岳父/公公，"亲妈" 指兄弟姐妹的岳母/婆婆。

③ 岳祖父表示妻子和丈夫的祖父，岳祖母指妻子或丈夫的祖母。

$a^{33}bv^{31}$	+	$gu^{33}z\eta^{33}$	→	$a^{33}bv^{31}gu^{33}z\eta^{33}$　兄弟

$a^{33}bv^{31}$ + $gu^{33}z\eta^{33}$ → $a^{33}bv^{31}gu^{33}z\eta^{33}$　兄弟
兄长　　　　　　弟弟　　　　　兄长 弟弟

$me^{33}n\partial^{31}$ + $gu^{33}me^{33}$ → $me^{33}n\partial^{31}gu^{33}me^{33}$　姐妹
姐姐　　　　　　妹妹　　　　　姐姐　妹妹

$me^{33}t\varphi hi^{33}$ + $xua^{55}me^{33}$ → $me^{33}t\varphi hi^{33}xua^{55}me^{33}$　妯娌
兄弟媳　　　　　姑子　　　　　兄弟媳　姑子

从上述并列亲属复合词中，可看出：哪个亲属称谓在前，哪个亲属称谓在后，主要受语义原则的制约。即表不同性别的亲属称谓组合时，男性称谓在前，女性称谓在后；同性的亲属称谓组合时，年长的在前，年幼的在后。少数相同性别不能区分年龄长幼的称谓组合时，受语音原则制约。即元音舌位高的在前，元音舌位低的在后，主要在第二、四音节体现。

三　引称和面称

"引称"指的是不当着亲属本人称呼的称谓，又称"旁称"；"面称"指当面称呼亲属的称谓，又称"对称"。

纳系族群系统中，有的称谓具有双称的功能，即本身既可以作为"引称"，也能作为"面称"，这类称谓通常指称长辈或平辈中比自己年长的亲属。有的称谓只能用作"引称"，这类称谓一般用来指称子孙辈亲属及平辈亲属中比自己年幼的亲属。例如表3.1。

表 3.1　　　　　　　　　　面称及引称对照

亲属	面称	引称
祖父	$a^{55}lo^{33}$	$a^{55}lo^{33}$
祖母	$a^{55}na^{33}$	$a^{55}na^{33}$
外祖父	$a^{55}ku^{33}$	$a^{55}ku^{33}$
姑母	$ku^{33}mo^{33}$	$ku^{33}mo^{33}$
兄弟的妻子	比自己年长：$a^{55}t\varphi i^{33}$ 姐姐 比自己年幼：直接叫乳名	$me^{33}t\varphi hi^{33}$
丈夫的姐妹	比自己年长：$a^{55}t\varphi i^{33}$ 姐姐 比自己年幼：直接叫乳名	$xua^{55}me^{33}$
妻子的兄弟	比自己年长：$a^{33}ko^{33}$ 哥哥 比自己年幼：直接叫乳名	$t\varphi y^{55}zi^{31}$
丈夫的兄弟	比自己年长：$a^{33}ko^{33}$ 哥哥 比自己年幼：直接叫乳名	$\varphi y^{55}\gamma u^{33}$
侄子/外甥	直接称呼乳名	$dze^{33}\gamma u^{33}$
侄女/外甥女	直接称呼乳名	$dze^{33}me^{33}$
孙子/外孙	直接称呼乳名	$lu^{33}bv^{33}$

四　从他称

"从他称"指的是根据他人（孩子或配偶）与被称呼人的关系来称呼某个亲属的称谓。从他称是亲属称谓中常见的现象之一。汉语亲属称谓系统中常见的从他称有：从父称、从母称、从子称、从夫称、从妻称等。而纳系族群亲属称谓系统中最常用的从他称只有两种：一种是从配偶称，一种是从孩称。

"从配偶称"的称谓主要用于对配偶亲属的称呼，无论是女性还是男性结婚后都跟随对方的称呼来称呼所指称的亲属。例如，$xa^{31}\textsubscript{z}i^{33}$"含英"（女）与 $u\vartheta^{33}\textsubscript{z}ua^{31}$"阿元"（男）是夫妻，因此称呼 $u\vartheta^{33}\textsubscript{z}ua^{31}$"阿元"的亲属时，上至高祖下至曾孙，丈夫（阿元）怎么称呼，妻子（含英）就跟着丈夫怎么称呼；反之妻子（含英）的亲属，丈夫（阿元）也跟着妻子（含英）怎么称呼。

纳系族群称呼亲属时存在"生育前"和"生育后"的区别。"从孩称"指生育孩子后，称呼者跟随孩子对亲属的称呼来指称亲属，孩子怎么称呼，自己就怎么称呼。例如：$u\vartheta^{33}\textsubscript{z}ua^{31}$"阿元"的妻子 $xa^{31}\textsubscript{z}i^{33}$"含英"在生育孩子前，分别称呼 $u\vartheta^{33}\textsubscript{z}ua^{31}$"阿元"的父母亲为 $a^{33}di^{33}$"爸爸"、$a^{33}mo^{33}$"妈妈"；而在生育后则跟随孩子称"阿元"的父母亲为 $a^{55}lo^{33}$"祖父"、$a^{55}na^{33}$"祖母"。含英生育孩子之前和之后对亲属的称呼变化，如表 3.2 所示。

表 3.2　　　　　　　　　生育前后称谓变化对照

亲属关系	生育前的称呼	从孩称
嫡亲兄长	$a^{33}ko^{33}$（哥哥）	$a^{33}t\textctc y^{55}$（舅父）
嫡亲姐姐	$a^{55}t\textctc i^{33}$（姐姐）	$zi^{31}mo^{33}$（姨母）
公公	$a^{33}di^{33}$（父亲）	$a^{55}lo^{33}$（祖父）
父亲	$a^{33}di^{33}$（父亲）	$a^{55}ku^{31}$（外祖父）
姨母	$zi^{31}mo^{33}$（姨母）	$zi^{31}na^{33}$（姨祖母）
舅父	$a^{33}t\textctc y^{55}$（舅父）	$t\textctc y^{55}lo^{33}$（舅祖父）

如上表所示，生育孩子后如改为"从孩称"，对所有亲属的称呼都比生育孩子前的称呼长一辈。如果是对平辈亲属的称呼则改用对父辈亲属的称呼，父辈亲属的称呼则变成祖辈亲属称呼，以此类推。

"从孩称"的使用情况在纳系族群地区表现不一：有的纳西人认为生育孩子后不使用"从孩称"称呼亲属是不礼貌、不尊重亲属的表现，因而该村在生育孩子后对亲属的称呼通常都改为"从孩称"。例如丽江市玉龙县塔城镇老村等。而有些地区的纳西人生育孩子后既可继续使用原有称谓，也可以改为"从孩称"。例如玉龙县大具乡、玉龙县黄山镇等地。

五　排行称

"排行称"指对亲属按排行顺序称呼。由于亲属中常常会出现同一种亲属关系有多位亲属的现象，为了不在称呼时引起混淆，人们会对亲属进行排序，因此而产生了"排行称"。

纳系族群对排行称的使用，各地区的情况不同：如迪庆州香格里拉县三坝乡白地村委会恩水湾村不使用排行称对亲属进行排序，而采用称谓加名字的方式来避免相同亲属关系的混淆。如玉龙纳西族自治县奉科镇善美村委会上瓦二村用排行称，但排行方式只有一种，即以直系亲属的年龄为参照，年长于直系亲属的则在直系亲属称谓后直接加 du^{31} "大"，年幼于直系亲属的则在称谓后加 tci^{55} "小"来称呼。有的地区排行称的方式比较丰富：当相同亲属关系的亲属数目在三位以内的，采用在亲属称谓后加修饰性语素"大""中""小"来进行排序，例如：

$a^{55}lo^{33}du^{31}$　大爷爷	$a^{55}lo^{33}ly^{55}$　二爷爷	$a^{55}lo^{33}tci^{55}$　小爷爷
祖父　大	祖父　中	祖父　小
$a^{55}na^{33}du^{31}$　大奶奶	$a^{55}na^{33}ly^{55}$　二奶奶	$a^{55}na^{33}tci^{55}$　小奶奶
祖母　大	祖母　中	祖母　小
$a^{55}\eta a^{33}ti\vartheta^{13}$　大姨母	$a^{55}\eta a^{33}ly^{55}$　二姨母	$a^{55}\eta a^{33}tci^{55}$　小姨
姨母　大	姨母　中	姨母　小

而当同一种亲属关系的亲属在三位以上时，采用亲属称谓和数词结合的方式来排序。数词不使用纳系族群固有词，而采用汉语借词。例如：

$ta^{55}di^{33}$　大伯	$\vartheta^{55}ta^{55}di^{33}$　二伯	$sa^{33}ta^{55}di^{33}$　三伯	$s\eta^{55}ta^{55}di^{33}$　四伯
大　父亲	二　伯父	三　伯父	四　伯父
$ta^{55}tc\gamma^{55}$　大舅	$\vartheta^{55}tc\gamma^{55}$　二舅	$sa^{33}tc\gamma^{55}$　三舅	$s\eta^{55}tc\gamma^{55}$　四舅
大　舅父	二　舅父	三　舅父	三　舅父

采用类似排序方式的有玉龙纳西族自治县大具乡金宏村、拉市乡余乐二组、古城区祥和社区等。

第二节　纳系族群亲属称谓系统的构成原则

纳系族群亲属称谓系统的构成原则有：血缘亲疏、辈分、性别、年龄长幼及称呼人性别五项，其中前三项是主要原则。为了让每个亲属称谓所指称的对象明确无误，往往采取多原则联合的使用方式。

一　血缘的亲疏

血缘的亲疏是多数纳系族群亲属称谓系统构成的首要原则。有无血缘关系往往是区分亲属群中不同类别亲属的首要标准。

有血缘关系的为血亲亲属，没有血缘关系的是姻亲亲属。血亲亲属内部又可根据血缘关系的远近，分为直系血亲亲属和旁系血亲亲属；姻亲亲属内部则根据姻亲关系形成的来源，分为配偶的血亲及血亲的配偶两类。

纳系族群称谓系统中，有的地区亲属称谓区分血亲和姻亲，有的地区不分血亲和姻亲。

二　亲属的辈分

亲属的辈分在纳系族群亲属称谓系统中是有严格区分的。不同地区纳系族群亲属称谓系统所包含的辈分是有差异的。有的地区包含以己身为中心的八辈，有的地区包含以己身为中心的三辈。

有的地区有标志性语素来标示不同的辈分，例如：玉龙县九河乡甸头村委会灵芝园村纳西语部分称谓有标志性语素，见表3.3。

表 3.3　　　　　　　灵芝园村纳西语亲属称谓辈分标志

亲属称谓	汉语义	表示辈分的语素	所指辈分
$\vartheta^{31}kh\vartheta^{31}l\vartheta^{33}$	高祖父	$kh\vartheta^{31}$	高祖辈
$\vartheta^{31}kh\vartheta^{31}na^{33}$	高祖母	$kh\vartheta^{31}$	
$\vartheta^{31}mu^{55}l\vartheta^{33}$	曾祖父、曾外祖父 外曾祖父、外曾外祖父等	mu^{55}	曾祖辈
$\vartheta^{31}mu^{55}na^{33}$	曾祖母、曾外祖母 外曾祖母、外曾外祖母等	mu^{55}	
$\vartheta^{55}l\vartheta^{33}$	祖父等	$l\vartheta^{33}$	祖辈男性
$\vartheta^{55}na^{33}$	祖母等	na^{33}	祖辈女性
$\vartheta^{55}\textctz i^{55}na^{33}$	姨祖母等	na^{33}	祖辈女性
$\vartheta^{55}\textctz i^{55}l\vartheta^{33}$	姨祖父等	$l\vartheta^{33}$	祖辈男性
$\vartheta^{31}t\textctc y^{55}l\vartheta^{33}$	舅祖父等	$l\vartheta^{33}$	祖辈男性
$\vartheta^{31}t\textctc y^{55}na^{33}$	舅祖母等	na^{33}	祖辈女性

有的地区没有用来标示不同辈分的标志性语素。例如：宁蒗县翠玉乡摩梭人的称谓。见表3.4。

表 3.4 翠玉乡摩梭语亲属称谓

亲属称谓	汉语义	是否含标志性辈分语素
æ³³ʂ̩³³	曾祖父、曾祖母、曾外祖父、曾外祖母等	否
æ²¹phv³³	祖父、外祖父等	否
æ³³z̩³³	祖母、外祖母等	否
æ³³dɑ³³	父亲	否
æ³³v³³	舅父、姑父等	否
gɯ²¹z̩³³	弟弟等	否

三 亲属的性别

纳系族群的亲属称谓中，无论是直系称谓、还是旁系称谓，其中都包含有能够区分性别的词素。下表是按不同辈分中，用来区分亲属性别的词素的例子。如：

表 3.5 纳系族群亲属称谓的性别标志

辈分	男性亲属标志词素	女性亲属标志词素
高祖辈	lɔ³³、lo³³	na³³
曾祖辈	lɔ³³、lo³³	na³³
祖辈	lɔ³³、lo³³	na³³
父辈	di³³	mo³³
子辈	ɣɯ³³	me³³
孙辈	bv³³	me³³
曾孙辈	bv³³	me³³

四 年龄的长幼

年龄长幼原则多作用于区分与己身同辈亲属的年纪。其他辈分亲属只在需要区分同一种亲属关系的多个亲属时，年龄长幼的原则才会发生作用。以玉龙县九河乡甸头村委会灵芝园纳西语为例：

表 3.6 灵芝园村纳西语亲属称谓年龄的长幼

亲属称谓	汉语义	参照亲属	年龄长幼
ɔ⁵⁵ku³³	哥哥、姐夫等	己身	长
ɔ⁵⁵tɕi³³	姐姐、嫂子等	己身	长

亲属称谓	汉语义	参照亲属	年龄长幼
gu³³me³³	妹妹、弟媳等	己身	幼
gɯ³³ʐ̩³³	弟弟、妹夫等	己身	幼
ə⁵⁵lɔ³³dɯ³¹	伯祖父、外伯祖父等	祖父、外祖父	长
ə⁵⁵na³³dɯ³¹	伯祖母、外伯祖母等	祖父、外祖父	长
ə⁵⁵lɔ³³dʑi⁵⁵	叔祖父、外叔祖父等	祖父、外祖父	幼
ə⁵⁵na³³dʑi⁵⁵	叔祖母、外叔祖母等	祖父、外祖父	幼

五 称呼人的性别

称呼人的性别会影响亲属称谓的使用，但在纳系族群亲属称谓系统中这一原则不是主要原则，只有极少数亲属称谓的使用受到称呼人性别的限制。例如，在大具乡金宏村纳西语亲属称谓系统中，只有四个称谓存在受称呼人性别原则制约的情况：

女性称呼人		男性称呼人	
me³³tɕhi³³	女性兄弟的妻子	tɕy⁵⁵zi³¹	舅子（妻子的兄弟）
xua⁵⁵me³³	姑子（丈夫的姐妹）	tsha³³ba³¹	连襟（妻子姐妹的丈夫）

上述例子中，前两个称谓只能女性称呼人使用，后两个称谓只能男性称呼人使用。

第四章　纳系族群亲属称谓系统的三种类型

第一节　纳系族群亲属称谓系统发展的不平衡性

通过对二十余个纳系族群聚居点的亲属称谓系统进行考察和分析，发现：各地纳系族群亲属称谓系统的类型不一致，可归类为不同的类型，不同类型各具特点。

一　亲属称谓数量的差异

从亲属称谓的数量来看，各点亲属称谓系统发展不均衡，存在差异。有的个案点亲属称谓系统所包含的称谓数量较多，有的个案点的称谓数量较少。具体如表 4.1 所示。

表 4.1　　　　纳系族群亲属称谓系统中的称谓数量

地点	亲属称谓数量	地点	亲属称谓数量
玉龙大具金宏村	153	玉龙宝山宝山村	30
玉龙九河灵芝园村	92	玉龙白沙丰乐村	66
玉龙拉市余乐六组	68	古城区大东初卡村	38
玉龙黄山长水七组	68	古城区金山开文村	68
玉龙龙蟠上元村	65	木里依吉纳日	42
永胜顺州分水岭	53	玉龙太安汝寒坪村	45
玉龙鲁甸杵峰下组	56	玉龙巨甸阿瓦村	30
玉龙奉科上瓦二村	38	香格里拉恩水湾村	29
玉龙塔城老村二组	55	维西塔城加木壳村	38
维西塔城汝柯村	20	宁蒗翠玉宜底大村	19
宁蒗拉伯新庄村	27	木里俄亚大村	28

根据表 4.1 中各个案点亲属称谓词的数量，可以把纳系族群亲属称谓系统分为三大类：一类是发达型，即亲属称谓数量词较丰富，具体词数大于或等于 60 个；一类是不发达型，即亲属称谓数量词较少，具体词数小于

或等于 30 个；一类是亚发达型，即亲属称谓数量词介于前两者之间，具体词数大于 30 个小于 60 个。

二　亲属称谓系统地理分布的差异

纳系族群发达型、亚发达型、不发达型三种亲属称谓系统在地理上的分布，如图 4.1 所示。

图 4.1　纳系族群三种亲属称谓系统的分布

从上图看，发达型亲属称谓系统主要分布在纳系族群聚居较集中的丽江市。这一类亲属称谓的主要特点是：亲属称谓数量比较丰富，亲属称谓多为专称式，即亲属关系与亲属称谓之间成一一对应关系，通过亲属称谓可以明确了解被称呼者与己身的亲属关系。如：ʑu³¹phe³³一词只能用来指称配偶的父亲，ʑu³¹me³³则只用来指称配偶的母亲。

不发达型亲属称谓系统主要分布在迪庆州香格里拉市、丽江市宁蒗县、四川省木里县俄亚乡等纳系族群聚居区。这类亲属称谓的主要特征是：亲属称谓系统中亲属称谓词数量较少，其亲属称谓以类称式为主，即亲属关系与亲属称谓成多对一关系，一个亲属称谓能够指称多种亲属关系。如：dze³³ɣɯ³³可以指称嫡亲兄弟的儿子、嫡亲姐妹的儿子、堂兄弟的儿子、堂姐妹的儿子、姑舅姨表兄弟的儿子、姑舅姨表姐妹的儿子等亲属。a⁵⁵ȵa³³可以用来称呼父亲的嫡亲妹妹、父亲的堂妹、父亲的姑舅姨表妹、母亲的嫡亲妹妹、母亲的堂妹、母亲的姑舅姨表妹等亲属。

亚发达型亲属称谓系统主要分布在迪庆州及丽江市、古城区及永胜县的交界区。这类亲属称谓的特点是：亲属称谓词数量介于发达型称谓和不发达型称谓之间，其中亲属称谓以专称式为主，类称式亲属称谓逐渐出现，专称式称谓和类称式称谓并用。

为了便于提取各区域亲属称谓系统的特征，我们选择不同地域语言的亲属称谓系统进行描写分析。

第二节　发达型亲属称谓系统的共时特征

这一类型选取大具乡小米地村和九河乡灵芝园村的两种方言（土语）为个案，系统分析纳系族群发达型亲属称谓的语言地理特征。

一　小米地村纳西语亲属称谓系统的共时特征

小米地村又称金宏村（纳西语名为：$la^{33}zi^{31}dy^{31}$）隶属于云南省丽江市玉龙纳西族自治县大具乡白麦村委会，地处玉龙雪山北麓，金沙江东岸，距离丽江古城 80 公里。其南与玉龙县白沙乡相连，北邻玉龙县宝山乡，东与玉龙县鸣音乡接壤，西与香格里拉市三坝纳西族乡隔金沙江相望。小米地村是一个纳西族和汉族杂居的村寨，当地纳西族自称为 $na^{31}ci^{33}$。小米地纳西语（下文简称"小米地话"）属于纳西语西部方言丽江坝土语。

小米地话亲属称谓系统的主要特点是：亲属称谓系统以父系亲属为主线，每个亲属关系都有与之相对应的亲属称谓，亲属称谓与亲属关系间多成一一对应关系；亲属称谓结构单一，构词能力弱；语义特征错综复杂，不同语义层次各具特征。需引起重视的是：小米地话亲属称谓系统排他性弱，有很多称谓词借自当地汉语，少数亲属的称谓存在本语称谓词和汉语称谓词并用的现象，多数年轻人更愿意选用汉语称谓词对被称呼人进行称呼。

小米地话亲属称谓系统包含以己身为中心上至曾祖下至曾孙的七个辈分，血亲、姻亲、拜认亲的三类亲属共计 153 个亲属称谓词。下面分别从语音、结构、语义、语用四个方面对其进行一一考察。

（一）小米地话双音节亲属称谓居多

从语音上看，小米地话亲属称谓有单音节词、双音节词、三音节词和四音节词等音节形式，其中双音节亲属称谓居多，占亲属称谓系统的 51%。153 个亲属称谓词中各音节形式的具体分布如表 4.2 所示。

表 4.2　　　　　　　　　小米地话亲属称谓音节类型分布

音节类型	数量（个）	百分比（%）	例　词	
单音节	2	1.3	zɔ³³ 儿子	mi⁵⁵ 女儿
双音节	78	51	a³³bv³¹ 兄长	ȵi³³nə³¹ 妻子
三音节	58	38	za³³ka³¹zɿ³³ 丈夫	a⁵⁵tsv³³lɔ³³ 曾祖父
四音节	15	9.7	a³³bv³¹ɡɯ³³zɿ³³ 兄弟	me³³tɕhi³³xua⁵⁵me³³ 姑嫂

（二）双音节单纯词、并列式复合词是亲属称谓的主要构词形式

小米地话名词有单纯词和复合词两种，复合词内部又分为并列式、限制式、支配式和表述式等。亲属称谓词与其他类别名词相比，结构比较单一，这是亲属称谓词不同于其他词的一个重要构词特点。

小米地话亲属称谓可分为单纯称谓词和复合称谓词两类。单纯称谓词主要有单音节单纯称谓词和双音节单纯称谓词两种。其中以双音节单纯词为主，153 个亲属称谓词中，有且只有 2 个单音节单纯词。即：zɔ³³“儿子”，mi⁵⁵“女儿”。

双音节单纯词主要有两类：一类含有前缀，另一类则不含前缀。前者多是表示平辈或长辈的亲属称谓，其中前缀为 a。a 前缀的实际音值有 3 个：a⁵⁵、a³³和 a³¹。例如：

a³³mu⁵⁵ 曾外祖父/母　　　　　a⁵⁵lɔ³³ 祖父　　　　　　　a³³bv³¹ 兄长

a⁵⁵tɕi³³ 姐姐　　　　　　　　a⁵⁵na³³ 祖母　　　　　　　a⁵⁵ȵa³³ 姨母

没有前缀的双音单纯词，例如：

ȵi³³nə³¹ 妻子　　　　　　　ɡɯ³³zɿ³³ 弟弟　　　　　tsha³³ba³¹ 连襟

单纯称谓词作为词根语素能够组合成为复合称谓词，复合称谓词主要有并列复合称谓词和限制复合称谓词两类。

并列式复合称谓词又可细分为三种类型：一是单音节单纯词+单音节单纯词组合成双音节并列式复合词。二是双音节单纯词+单音节单纯词或双音节单纯词词根组合成三音节并列式复合词。三是双音节单纯词+双音节单纯词组合成四音节并列式复合词。例如：

类型一　　　zɔ³³　mi⁵⁵ 子女

　　　　　　儿子　女儿

类型二　　　a³³me³³mi³³ 母女　　　　　　a³³ba³³me³³ 父母

　　　　　　母亲　女儿　　　　　　　　　　父亲　母亲

类型三　　　me³³tɕhi³³xua⁵⁵me³³ 姑嫂　　dze³³ɣɯ³³dze³³me³³ 侄子/外甥

　　　　　　兄弟媳　丈夫的姐妹　　　　　侄子　侄女

如上述五例所示，两个单纯词组成并列复合词时，其构成原则受语义

原则和语音原则共同制约。

语义原则表现为：不同辈分亲属称谓词组成并列复合词时，辈分高的在前，辈分低的在后；同辈分亲属称谓词并列时，男性称谓排在女性称谓前。语音原则表现为：前一音节的元音舌位高于后一音节元音舌位（四个音节时受语音原则制约的是二、四音节）。

有的并列复合称谓词的构成原则只受语义或语音其中一种原则制约，有的既满足语义原则又满足语音原则。

限制式复合称谓词主要有两种类型：一种是由两个单纯称谓词组成，另一种是由单纯称谓词和修饰性语素组成。例如：

类型一　　　$\alpha^{31}mu^{55}lo^{33}$ 曾祖父　　　　　　　　$\alpha^{55}tsu^{33}na^{33}$ 曾祖母

　　　　　　曾祖辈 祖父　　　　　　　　　　　　曾祖辈 祖母

类型二　　　$\alpha^{55}lo^{33}t\varphi i^{55}$ 小爷爷（祖父的最小弟弟）　　$ma^{55}ba^{33}$ 继父

　　　　　　祖父 小　　　　　　　　　　　　　　后 父亲

（三）亲属称谓词的语义特征错综复杂

小米地话亲属称谓词语义特征错综复杂，下面采用语义层次剖析法，对小米地话亲属称谓词的语义进行剖析。

1. 小米地话亲属称谓词的义素分析

单纯亲属称谓词是小米地话亲属称谓系统中的核心称谓，是亲属称谓系统构成的基础，其主要用于直接称呼某一亲属及与该亲属相关的其他亲属。这些单纯亲属称谓词多数具有多种义项，但为了便于义素的提取和分析，只考虑其基本义。小米地话单纯称谓词基本义的义素成分主要有以下五种：

A. 性别（+男，−女）

B. 辈分（=平辈，+1 表示长一辈，−1 表示小一辈，以此类推）

C. 亲疏（+血亲，−姻亲）

D. 长幼（+长，−幼）

E. 呼方性别（+表示呼方性别为男，−表示呼方性别为女）

其中前三种义素是小米地话亲属称谓词的区别性义素。具体分析如表 4.3 所示。

表 4.3　　　　　　　　　小米地话亲属称谓词的区别性义素

亲属称谓	辈分	性别	亲疏
$\alpha^{55}lo^{33}$ 祖父	+2	+	+
$\alpha^{55}na^{33}$ 祖母	+2	−	+
$\alpha^{55}ku^{33}$ 外祖父	+2	+	+

亲属称谓	辈分	性别	亲疏
$a^{31}pho^{31}$　外祖母	+2	−	+
$a^{33}di^{33}$　父亲	+1	+	+
$a^{33}mo^{33}$　母亲	+1	+	+
$a^{31}\text{ş}v^{13}$　叔叔	+1	+	+
$a^{33}d\alpha^{55}$　伯父	+1	+	+
$a^{33}t\text{ç}y^{55}$　舅父	+1	+	+
$a^{55}na^{33}$　姨母/姑母	+1	−	+
$\text{z}u^{31}phe^{33}$　岳父	+1	+	−
$\text{z}u^{31}me^{33}$　岳母	+1	−	−
$\text{ņi}^{33}nə^{31}$　妻子	=	−	−
$\text{za}^{33}ka^{31}\text{zɹ}^{33}$　丈夫	=	+	−
$a^{33}bv^{31}$　哥哥	=	+	+
$a^{55}t\text{çi}^{33}$　姐姐	=	−	+
$gw^{33}\text{zɹ}^{33}$　弟弟	=	+	+
$gw^{33}me^{33}$　妹妹	=	−	+
zo^{33}　儿子	−1	+	+
mi^{55}　女儿	−1	−	+
$t\text{şə}^{33}me^{33}$　儿媳	−1	−	−
$mu^{55}\text{yw}^{33}$　女婿	−1	+	−
$dze^{33}me^{33}$　侄女	−1	−	+
$dze^{33}\text{yw}^{33}$　侄子	−1	+	+
$lu^{33}bv^{33}$　孙子	−2	+	+
$lu^{33}me^{33}$　孙女	−2	−	+
$lu^{55}bv^{33}$　重孙子	−3	+	+
$lu^{55}me^{33}$　重孙女	−3	−	+

　　只有少数单纯称谓词，需要加上年龄长幼和呼方性别这两种义素才能进行区分。例如：

	性别	辈分	亲疏	长幼
$a^{33}bv^{31}$　哥哥	+	=	+	+
$gw^{33}\text{zɹ}^{33}$　弟弟	+	=	+	−

	性别	辈分	亲疏	呼方性别
$tsha^{33}ba^{31}$ 连襟	+	=	−	+
$\textbar \textbar i^{33}dz\vartheta^{33}me^{33}$ 妯娌	−	=	−	−

2. 小米地话亲属称谓的义位网络分析

小米地话大多数亲属称谓词都是具有多种义项的。有且只有 1 个义项的称谓只有 35 个，占 25%；有 2 个及 2 个以上义项的亲属称谓共 103 个，占 75%，其中有些称谓的义项多达 20 个。

这些不同的义项聚合在一起，都有与之相对应的义位，不同的义位聚合在一起形成了纷繁复杂的义位网络。其义位网络，呈现出以下一些特点：

（1）从亲疏关系来看，大多数亲属称谓除了表基本亲属关系的基本义外，还包含由基本义引申出来嫡亲、堂房、姨表、连襟、妯娌等义位，这是较常见的义位网络。如表 4.4 所示。

表 4.4　　　　　　　　　　小米地话亲属称谓义位网络

称谓 \ 义位	基本义位	嫡亲	堂房	姨表	连襟	妯娌
$a^{55}tsu^{33}l\mathfrak{d}^{33}$ 曾祖父等	√	√	√	√	√	
$a^{55}tsu^{33}na^{33}$ 曾祖母等	√	√	√	√		√
$a^{55}l\mathfrak{d}^{33}$ 祖父等	√	√	√	√	√	
$a^{55}na^{33}$ 祖母等	√	√	√	√		√
$\textbardbl u^{31}phe^{33}$ 岳父	√	×	×	×	×	
$\textbardbl u^{31}me^{33}$ 岳母	√					
$a^{33}di^{33}$ 父亲	√	×	×	×	×	
$a^{33}mo^{33}$ 母亲	√	×	×	×		×
$a^{33}k\mathfrak{d}^{33}$ 哥哥等	√	√	√	√	√	
$a^{55}t\textctc i^{33}$ 姐姐等	√	√	√	√		√
$z\mathfrak{d}^{33}$ 儿子	√	×	×	×	×	
mi^{55} 女儿	√	×	×	×		×

宗亲和外亲也能组成义位网络。宗亲和外亲同称现象，是母权制和父权制两种亲属观念混合的产物。[1]例如：

---

[1] 戴庆厦：《景颇语亲属称谓的语义分析》，《民族语文》1991 年第 1 期。

	宗亲	外亲			宗亲	外亲
a⁵⁵lɔ³³	祖父	×		dʑe³³ɣɯ³³	侄子	外甥
a⁵⁵na³³	祖母	×		dʑe³³me³³	侄女	外甥女
ku³³na³³	祖父的姐妹	外祖父的姐妹		lu³³bv³³	孙子	外孙

（2）小米地话亲属称谓词的性别义位有两种类型：一是单性型，只指某一性别义位；二是双性型，既能指男性义位，也能指女性义位。但小米地话中以单性型为主，双性型义位只适用于曾祖辈。例如：

	男性	女性			男性	女性
a³³mu⁵⁵	曾外祖父	曾外祖母		a⁵⁵tsu³³	曾祖父	曾祖母
gu³³zɻ³³	弟弟	×		gu³³me³³	妹妹	×

（3）从辈分来看，一般多数词的义位均属同辈，只有在夫妻双方生育孩子后，对亲属的称呼改为从孩称时，会出现同一个亲属称谓词的义位能够分指上下两个不同辈分的情况。这主要出现在长辈亲属称谓词上。例如：

	上一辈	同辈（从孩称）			上两辈	上一辈（从孩称）
a³¹ʂu¹³	叔父	老公的弟弟		a⁵⁵lɔ³³	祖父	对岳父的称呼
ku³³mo³³	姑母	老公的姐姐		a⁵⁵ku³³	外祖父	对老丈人的称呼
a³³tɕy⁵⁵	舅父	妻子的兄弟		a⁵⁵na³³	祖母	对岳母的称呼

（4）在区分长幼上，多数平辈亲属称谓词都需要区分长幼，如：a⁵⁵tɕi³³姐姐、gu³³me³³妹妹等，只有少数姻亲称谓不需要区分长幼。例如：tɕy⁵⁵ʑi³¹妻子的兄弟、tsha³³ba³¹女性两姐妹的丈夫之间的互称、xua⁵⁵me³³ 丈夫的姐妹、me³³tɕhi³³（女性）兄弟的妻子等。非平辈的亲属称谓词的长幼义位区分不严格，甚至多数情况下不用区分，如被称呼者是与父亲同辈的男性，无论年纪比己身大还是小，都需要称呼他为：a³¹ʂv¹³叔父或 ta⁵⁵di³³伯父。

（5）从称呼性别看，大多数称谓词男性、女性都可以用。只有少数称谓词只能某一性别的人来称呼。例如：thia³³ta⁵⁵ 男性姐妹的丈夫、tɕy⁵⁵ʑi³¹男性妻子的兄弟、a³³bv³¹gu³³zɻ³³ 兄弟等，这些称谓词只能男性来称呼，而 ɕy⁵⁵ɣɯ³³ 女性丈夫的兄弟、me³³tɕhi³³女性兄弟之妻等，则只能由女性来称呼。

（6）从称呼方向来说，小米地话亲属称谓词多是单向性亲属称谓词，只能用于一方称呼对方，而对方不能反过来用相同的称呼来称呼。只有极少数亲属称谓词，可用于双方互相称呼，例如：

tsha³³ba³¹	连襟，用于两姐妹丈夫间的互称
ɲi³³dzə³³me³³	妯娌，用于姑嫂间的互称

3. 小米地话亲属称谓词的语义组合

纳西语其他名词充当构词成分时，大多具有很强的构词能力，能够和名词、形容词、动词等组成复合词。相比而言，纳西语亲属称谓词的构词能力较弱。小米地话亲属称谓词的语义组合，主要有以下五种情况：

一是前缀 ɑ 常与亲属称谓词根组合，构成双音节单纯词。ɑ 的实际音值有 ɑ⁵⁵、ɑ³³ 和 ɑ³¹ 三个。ɑ 不仅有构词的作用，还增加了表尊敬、亲切的附加意义，是一种不典型的前缀。其一般出现在表长辈及同辈年长者的亲属称谓中。如：

ɑ³³di³³ 父亲　　　　ɑ³³mo³³ 母亲　　　　ɑ⁵⁵lɔ³³ 祖父　　　ɑ⁵⁵na³³ 祖母

ɑ⁵⁵kv³³ 外祖父　　ɑ³¹phɔ³¹ 外祖母　　ɑ⁵⁵tɕi³³ 姐姐　　ɑ³³bv³¹ 哥哥

二是亲属称谓词根大多能与第一人称、第二人称、第三人称单数的人称代词构成合成词，表示属于某一人称的亲属称谓。如：

ŋa¹³di³³ 我父亲	ŋa¹³tɕy⁵⁵ 我舅父	ŋa¹³ʂv¹³ 我叔父	ŋa¹³na³³我姨母
我 父亲	我 舅父	我 叔父	我 姨母
na¹³kv³³ 你外祖父	na¹³na³³ 你祖母	na¹³zɔ³³ 你儿子	na¹³mi⁵⁵你女儿
你 外祖父	你 祖母	你 儿子	你 女儿
tha¹³lɔ³³他祖父	tha¹³mo³³他母亲	tha¹³tɕi³³他姐姐	tha¹³phɔ³¹他外祖母
他 祖父	他 母亲	他 姐姐	他 外祖母

三是亲属称谓词可以与数词和形容词结合表示亲属排行称的复合词。数词和亲属称谓词组合能够表示亲属的排行，其中数词使用汉语借词，而不用本语数词。数词与亲属称谓词组合而成的排行称只出现在平辈和长辈亲属的排行称中。子孙辈的排行称一般由核心称谓词与表大、中、小的形容词结合而成。

表平辈排行时数词通常在亲属称谓后，例如：

ɑ³³bv³¹ʒ⁵⁵ 老二（男）	ɑ³³bv³¹sa³³ 老三（男）	ɑ³³bv³¹sɿ⁵⁵ 老四（男）
兄弟 二	兄弟 三	兄弟 四

表长辈排行时数词通常在亲属称谓词前，例如：

ʒ⁵⁵ʂu¹³ 二叔	sa³³ʂu¹³ 三叔	sɿ⁵⁵ʂu¹³ 四叔
二 叔父	三 叔父	四 叔父

表子孙辈排行时与表"大、中、小"的形容词组合，例如：

zɔ³³tɕi⁵⁵ 小儿子	zɔ³³ly⁵⁵ 二儿子	zɔ³³dɯ³¹ 大儿子
儿子 小	儿子 中	儿子 大
lu³³bv³³tɕi⁵⁵ 小孙子	lu³³bv³³ly⁵⁵ 二孙子	lu³³bv³³dɯ³¹ 大孙子
孙子 小	孙子 中	孙子 大

当子孙辈排行为"四、五、六"等时，常借用汉语"老四 lɔ³³sʅ⁵⁵、老五 lɔ³³u⁵⁵、老六 lɔ³³lu¹³"等进行排行。

其他辈分的亲属称谓词也能与表示大、小的形容词组合，表示亲属排行称。例如：

a⁵⁵n̠a³³tɕi⁵⁵ 小姨	a⁵⁵n̠a³³ly⁵⁵ 二姨	a³¹ʂu¹³dɯ³¹ 大叔
阿姨　小	阿姨　中间	叔叔　大

四是两个亲属称谓词可并列组成合成亲属称谓词。有的合成亲属称谓词的词义是两个亲属称谓词的意义的总和，有的是泛指某个类别，有的是两个亲属称谓词的相加义。两个亲属称谓词孰先孰后的排列顺序主要受到语义原则和语音原则的制约。语义原则的主要规则是：不同辈分亲属称谓词组成并列复合词时，辈分高的在前，辈分低的在后；同辈分亲属称谓词并列时，男性称谓排在女性称谓前。语音原则为前一音节的元音舌位高于后一音节元音舌位（四个音节时受语音原则制约的是二、四音节）。其中遵循语义优先原则，有些合成亲属称谓词只满足语义原则，有的则共同满足语音和语义共同制约原则。如：

zɔ³³mi⁵⁵ 子女	a³³ba³³me³³ 父母	a⁵⁵n̠a³³dʑe³³ɣɯ³³ 姨侄
儿子　女儿	父亲　母亲	姨母　侄子
a⁵⁵lɔ³³lu³³bv³³ 爷孙	dʑe³³ɣɯ³³dʑe³³me³³ 侄辈	lu³³bv³³lu³³me³³ 孙辈
爷爷　孙子	侄子　侄女	孙子　孙女

五是亲属称谓词 zɔ³³ "儿子"和表母亲的词根 me³³ "母亲"能与动物名称、部分物体及少数人称名词组合。

zɔ³³ "儿子"加在动物名称后表示幼崽。例如：

thɔ³³le⁵⁵zɔ³³ 小兔崽	xua⁵⁵le³¹zɔ³³ 小猫崽	bɚ³¹bɚ¹³zɔ³³ 小猪崽
兔子　儿子	猫　儿子	小猪　儿子

zɔ³³ "儿子"加在部分物体名称后时，表示物体性状小。例如：

le⁵⁵tɕiɚ³³zɔ³³ 小茶杯	khua⁵⁵zɔ³³ 小碗	sa³³la³¹zɔ³³ 小板凳
茶杯　儿子	碗　儿子	板凳　儿子

当 zɔ³³ "儿子"加在人称名词后时，表示人的年龄小。例如：

zy⁵⁵zy³³zɔ³³ 小孩子	sɯ³¹tsɯ³³zɔ³³ 小老师	tshɚ³³ɣɯ³³kua³³zɔ³³ 小医生
孩子　儿子	老师　儿子	医生　　　儿子

亲属称谓词 me³³ "母亲"能与部分物体名称及动物名词组合。其加在物体名称后，表示"大"。例如：

dzɚ³³me³³ 大树	khə⁵⁵me³³ 大篮子	kha³³me³³ 大沟
树　母亲	篮子　母亲	沟　母亲

me³³ "母亲"在动物名称后，表示动物为雌性。例如：

khɯ³³me³³ 母狗　　　　zua³³me³³ 母马　　　　　ɣɯ³³me³³ 母牛

狗　母亲　　　　　　　马　母亲　　　　　　　　牛　母亲

六是父亲和母亲的词根可以与表先后次序的 ka³³ "前" ma⁵⁵ "后" 结合，表示姻亲关系的先后。如：

ka³³me³³ 前妻　　　　ma⁵⁵me³³ 后妻　　　ka³³bɑ³³ 前夫　　　ma⁵⁵bɑ³³ 后夫

前　母亲　　　　　　后　母亲　　　　　前　父亲　　　　　后　父亲

（四）小米地话亲属称谓的语用特征

纳西语亲属称谓用法比较丰富，有引称、直称、排行称、从妻称、从夫称、从孩称、泛称 7 种用法。

1. 引称和直称是相对而言的，引称主要用于在同他人谈话过程中谈及被称呼人的情况，而直称则用于面对面直接称呼被称呼人。如表 4.5 所示。

表 4.5　　　　　　　小米地话亲属称谓的引称直称对照

被称人	引　称	直　称	被称人	引　称	直　称
岳父/老丈人	ʐu³¹phe³³	a³³di³³	岳母/丈母娘	ʐu³¹me³³	a³³mo³³
丈夫	za³³ka³³ʐ̩³³	直呼乳名 ××pɑ³³	妻子	n̠i³³nə³¹	直呼乳名 ××me³³
儿子	zɔ³³	直呼乳名	女儿	mi⁵⁵	直呼乳名

2. 排行称指用来具体指称亲属的排行顺序。小米地话亲属称谓排行称主要有两种形式：一种是后加型，另一种是前加型。后加型排行称主要用于排行人数为两个或三个时，即在亲属称谓后加本语词 dɯ³¹、tiə¹³ 表 "大"、ly⁵⁵ 表 "中"、tɕi⁵⁵ 表 "小"。如表 4.6 所示。

表 4.6　　　　　　　小米地话亲属称谓的后加型排行称

亲属称谓	注解	排行称	注解	亲属称谓	注解	排行称	注解
a⁵⁵lɔ³³	祖父	a⁵⁵lɔ³³dɯ³¹	祖父的兄长	a³¹ʂu¹³	叔父	a³¹ʂu¹³dɯ³¹	父亲排行最大弟弟
		a⁵⁵lɔ³³dɯ³¹	祖父的弟弟			a³¹ʂu¹³tɕi⁵⁵	父亲排行最小的弟弟
a⁵⁵n̠a³³	姨母	a⁵⁵n̠a³³tiə¹³	大姨	mi⁵⁵	女儿	mi⁵⁵dɯ³¹	大女儿
		a⁵⁵n̠a³³ly⁵⁵	二姨			mi⁵⁵ly⁵⁵	二女儿
		a⁵⁵n̠a³³tɕi⁵⁵	小姨			mi⁵⁵tɕi⁵⁵	小女儿

前加型排行称通常在亲属称谓前加借自汉语的数词，用其亲属排行的

顺序。前加型排行称主要用来排序长辈，较少用于平辈和小辈。如表 4.7 所示。

表 4.7　　　　　　　　　　　小米地话亲属称谓的前加型排行称

亲属称谓	注解	排行称	注解	亲属称谓	注解	排行称	注解
a⁵⁵ku³³	外祖父	ə˞⁵⁵ku³³	二外祖父	a³¹ʂu¹³	叔父	ə˞⁵⁵ʂu¹³	二叔
		sa³³a⁵⁵ku³³	三外祖父			sa³³ʂu¹³	三叔
		sʅ⁵⁵a⁵⁵ku³³	四外祖父			sʅ⁵⁵ʂu¹³	四叔
		u³³a⁵⁵ku³³	五外祖父			u³³ʂu¹³	五叔

3. 从妻称和从夫称指夫妻双方按照对方的叫法来称呼对方的亲属。夫妻双方有了孩子后，可随自己孩子的叫法来称呼亲属。从妻称、从夫称和从孩称，这三种亲属称谓只用于长辈和平辈。例如：一对新人婚后，女方按丈夫的叫法分别称"公公、婆婆"为：a³³di³³ "爸爸"、a³³mo³³ "妈妈"，等有了孩子后女方随孩子称"公公、婆婆"为 a⁵⁵lɔ³³ "爷爷"、a⁵⁵na³³ "奶奶"。从孩称的另一情况是专用于夫妻俩的即夫妻双方生育子女前，通常直呼对方乳名，生育后，改用第一个孩子的乳名来命名对方，称对方为"××的爸爸"和"××的妈妈"。例如：一对夫妻的第一个孩子乳名叫uə³³fa³³ "阿芳"，他们称对方为 uə³³fa³³ba³³ "阿芳的爸爸"、uə³³fa³³me³³ "阿芳的妈妈"。

4. 泛称是指将亲属称谓词的指称由基本义扩展为指称其他义，也可用于指称非亲属。纳西语亲属称谓的泛称一般用于长辈和平辈。通常将年长于自己的平辈男性称为 a³³kɔ³³ "哥哥"，女性称为 a⁵⁵tɕi³³ "姐姐"。将长自己一辈，年龄小于父母的男性称为 a³¹ʂu¹³ "叔叔"，女性称为 a⁵⁵na³³ "阿姨"；年龄大于父母的男性称为 ta⁵⁵di³³ "大伯"，女性称为 ta⁵⁵mo³³ "伯母"。长自己两辈，年龄与爷爷相仿的男性称为 a⁵⁵lɔ³³ "爷爷"，女性称为 a⁵⁵na³³ "奶奶"。

5. 不同年龄段使用亲属称谓呈现差异。不同年龄段的人在实际使用中存在差异。随着纳西语与汉语接触的增多，小米地纳西语亲属称谓从汉语亲属称谓系统中借入了许多称谓词。例如：

ku³³lɔ³³ 姑爷（祖父/外祖父姐妹的夫）　　ku³³na³³ 姑奶（祖父/外祖父的姐妹）

tɕy⁵⁵lɔ³³ 舅爷（外祖母的兄弟）　　　　　tɕy⁵⁵na³³ 舅奶（外祖母兄弟的妻）

称呼表亲时，可以采用亲属称谓泛称，也可以采用专用于称呼表亲的亲属称谓。表亲的亲属称谓基本都是借自汉语的，表亲称谓常用于较自己年长者，较自己年幼者则直呼其名。例如：

pia³³lɔ³³ 表爷爷（祖父的表兄弟）　　　pia³³na³³ 表奶奶（祖父表兄弟的妻子）

pia³³ta⁵⁵di³³ 表大爹（父母的表兄）　　pia³³ta⁵⁵mo³³表大妈（父母表兄的妻子）

pia³³ʂu¹³ 表叔（父母的表兄弟）　　　　pia³³ʂʅ³³ 表婶（父母表兄弟的妻子）

pia³³kɔ³³ 表哥（姑舅姨的儿子）　　　　pia³³sɔ³³ 表嫂（表哥的妻子）

pia³³tɕi³³ 表姐（姑舅姨的女儿）　　　　pia³³tɕi³³fu³³ 表姐夫（表姐的丈夫）

部分亲属称谓本语词和汉语借词共存。例如：

	本语词	汉语借词
大伯父（父亲的长兄）	a³³da⁵⁵	ta⁵⁵di³³
大哥（同胞长兄）	a³³bv³¹	a³³kɔ³³

小米地纳西语有部分亲属称谓词存在本语词和汉语借词共存的现象，但在语用中代际选择呈现出明显的不同。主要表现在，中老年人仍坚持使用本语亲属称谓词，而年轻人更倾向于选择汉语亲属称谓借词。这还与生活环境的变迁有关，主要表现为：长期生活在家乡的中老年人都能够较好地使用小米地话本语称谓词，而经常外出的年轻人几乎都用汉语亲属称谓替代纳西语亲属称谓。

二　灵芝园村纳西语亲属称谓系统的共时特征

灵芝园村（纳西语名为 dy³¹kv³³）隶属丽江市玉龙纳西族自治县九河白族乡甸头村委会。九河白族乡地处玉龙县西南部，东边紧接玉龙县太安乡，西与玉龙县石头白族乡相邻，南与剑川县接壤，北依玉龙县龙蟠乡。白族与纳西族是该乡人口较多的主要世居民族。灵芝园的主要民族是纳西族，灵芝园村的纳西族自称为 na³¹ɕi³³。灵芝园话属纳西语西部方言丽江坝土语。

九河白族乡甸头村委会灵芝园村纳西语（以下简称"灵芝园话"）亲属称谓系统中亲属称谓词较多，几乎所有的亲属关系都有相对应的称呼，整个亲属称谓系统具有开放性，由本语固有称谓词与外来称谓词共同组成。因而可以认为，灵芝园话属于亲属称谓系统发达型的语言。我们通过对灵芝园话亲属称谓的分析，能够认识纳系族群发达型亲属称谓的性质、特点。灵芝园话亲属称谓的特点主要体现在以下方面：

（一）灵芝园话亲属称谓词的数量多

据灵芝园村土生土长的老年人、青年人两代发音人的提供，亲属称谓词共有 92 个。92 个亲属称谓词中有 40 个单纯称谓词，占亲属称谓词总数的 43.5%。有 52 个复合称谓词，占亲属称谓词总数的 56.5%。两类称谓词下面还可分小类，具体类型、数目、比例如表 4.8 所示。

表 4.8　　　　　　　　　　灵芝园话亲属称谓词结构分布

类别		例词	数量（个）	百分比（%）
单纯词	单音节单纯词	mi^{55}　女儿	2	2.2
	双音节单纯词	tʂhə^{33}me^{33}　儿媳	35	38
	三音节单纯词	ʐa^{33}ka^{31}zɔ^{33}　丈夫	3	3.3
复合词	并列式复合词	me^{33}tɕhi^{33}xuɑ^{55}me^{33}　姑嫂 兄弟媳　　丈夫的姐妹	12	13.1
	限制式复合词	ə^{55}ʑi^{55}lɔ^{33}　姨祖父 姨　祖父	40	43.4

单纯称谓词是亲属称谓系统的基础，是整个系统的核心。单纯称谓词不仅能够同单纯称谓词构成复合称谓词，而且能同修饰语结合产生新的复合称谓词。

（二）灵芝园话有独特的指称方式区分同类别的亲属

每类亲属关系是否有与之相应地准确的指称方式是衡量亲属称谓系统发达与否的主要依据之一。虽然少数称谓词可以指称不同类别的亲属关系，但灵芝园亲属称谓系统有一套约定俗称的方式可以对每位亲属进行限定，弥补少数称谓词指称的模糊性。例如：

1. 用方位限定亲属称谓以区分亲属关系

灵芝园话亲属称谓中有许多亲属称谓词，既可以指称宗亲，也可以指称外亲。例如：

	宗亲	外亲		宗亲	外亲
ə^{31}khə^{31}lɔ^{33}	高祖父	外高祖父	ə^{31}khə^{31}na^{33}	高祖母	外高祖母
ə^{31}mu^{55}lɔ^{33}	曾祖父	外曾祖父	ə^{31}mu^{55}na^{33}	曾祖母	外曾祖母
ə^{55}lɔ^{33}	祖父	外祖父	ə^{55}na^{33}	祖母	外祖母
dze^{33}ɣɯ^{33}	侄子	外甥	dze^{33}me^{33}	侄女	外甥女
lv^{33}bv^{33}	孙子	外孙	lv^{33}me^{33}	孙女	外孙女
lv^{55}bv^{33}	曾孙	外曾孙	lv^{55}me^{33}	曾孙女	外曾孙女

为了让被称呼者或谈话对象在交谈过程中更加明确所称呼的对象，灵芝园话通常会在称谓词后加上方位进行限定，以明确地区分亲属关系。例如灵芝园村荣女家的外祖父住在水磨坊村，从地理位置上看，水磨坊村位于灵芝园村的东边，因而对祖父和外祖父的引称分别为：

ə^{55}lɔ^{33}ɲi^{33}me^{33}thv^{33} "东边的祖父" 即外祖父

祖父　太阳　　升

ə⁵⁵lɔ³³n̠i³³me³³gv³¹ "西边的祖父" 即祖父

祖父　太阳　落

类似的用法还有：

ə⁵⁵na³³n̠i³³me³³thv³³ 东边的祖母　　　　　ə⁵⁵na³³n̠i³³me³³gv³¹ 西边的祖母

祖母　太阳　升　　　　　　　　　　　祖母　太阳　落

ə³¹mu⁵⁵lɔ³³n̠i³³me³³thv³³ 东边的曾祖父　　ə³¹mu⁵⁵lɔ³³n̠i³³me³³gv³¹ 西边的曾祖父

曾祖父　太阳　升　　　　　　　　　曾祖父　太阳　落

2. 用地名限定所指称的亲属

灵芝园话有部分亲属称谓可以指称来源不同的亲属，这类型的亲属称谓有：

		来源 1	来源 2
ə³¹tɕy⁵⁵lɔ³³	舅祖父	祖母的兄弟	外祖母的兄弟
舅　祖父			
ə³¹kɔ⁵⁵na³³	姑祖母	祖父的姐妹	外祖父的姐妹
姑　祖母			
ə⁵⁵ʑi⁵⁵na³³	姨祖母	祖母的姐妹	外祖母的姐妹
姨　祖母			

ə³¹tɕy⁵⁵lɔ³³可以指称祖母的兄弟，也可以指称外祖母的兄弟；祖父的姐妹、外祖父的姐妹都可以称为 ə³¹kɔ⁵⁵na³³；ə⁵⁵ʑi⁵⁵na³³既能用来称呼祖母的姐妹，也能称呼外祖母的姐妹。

为了能够在交谈中，避免指称的混淆，灵芝园话亲属称谓会在称谓后加上地名，用来区分不同的亲属，如：

ta³³ma³¹nə¹³tɕy⁵⁵lɔ³³　　　　　你小阿昌的舅祖父

小阿昌　你　舅祖父

dɑ³³kv³³nə¹³tɕy⁵⁵lɔ³³　　　　　你大具的舅祖父

大具　你　舅祖父

3. 按民族习惯区分不同的亲属

九河白族乡有白族、纳西族、汉族、普米族、傈僳族、藏族六个世居民族，在灵芝园村有很多由纳西族与其他民族结合而组建族际婚姻家庭，其中较多的是纳西和白族的族际婚姻家庭。这样的族际婚姻家庭通常会尊重对方民族的称呼习惯，用对方民族的称呼方式指称亲属。例如，母亲是白族的，当称呼外祖父和外祖母时，就采用白族称谓；父亲是纳西族的，就用纳西族称谓来称呼祖父和祖母：

白族：　ə⁵⁵ʑi⁵⁵　　　　祖父/外祖父　　　ə⁵⁵na³³　　祖母/外祖母

纳西族：ə⁵⁵lɔ³³　　　　祖父/外祖父　　　ə⁵⁵na³³　　祖母/外祖母

4. 采用排行称给每个亲属进行长幼排序

当多个相同亲属关系的亲属在一起时，灵芝园话亲属称谓词可以根据亲属年龄的长幼顺序为亲属进行排序。如表 4.9 所示。

表 4.9　　　　　　　　　　灵芝园话亲属称谓词的排行称

称谓	排行称		称谓	排行称	
$\text{ə}^{55}\text{ku}^{33}$ 哥哥	大哥	$\text{ə}^{55}\text{ku}^{33}\text{duɯ}^{31}$	$\text{ə}^{55}\text{tɕi}^{33}$ 姐姐	大姐	$\text{ə}^{31}\text{ta}^{55}\text{tɕi}^{33}/\text{ə}^{55}\text{tɕi}^{33}\text{duɯ}^{31}$
	二哥	$\text{æ}^{55}\text{ku}^{33}$		二姐	$\text{æ}^{55}\text{tɕi}^{33}$
	三哥	$\text{sa}^{33}\text{ku}^{33}$		三姐	$\text{sa}^{33}\text{tɕi}^{33}$
	四哥	$\text{sɿ}^{55}\text{ku}^{33}/\text{ə}^{55}\text{ku}^{33}\text{dʑi}^{55}$		四姐	$\text{sɿ}^{55}\text{tɕi}^{33}/\text{ə}^{55}\text{tɕi}^{33}\text{dʑi}^{55}$
$\text{ə}^{33}\text{da}^{55}$ 伯父	大伯父	$\text{ə}^{31}\text{da}^{55}\text{da}^{55}$	$\text{ə}^{55}\text{ʂv}^{13}$ 叔父	大叔父	$\text{ə}^{55}\text{ʂv}^{13}\text{duɯ}^{31}$
	二伯父	$\text{æ}^{55}\text{da}^{55}$		二叔父	$\text{æ}^{55}\text{ʂv}^{13}$
	三伯父	$\text{sa}^{33}\text{da}^{55}$		三叔父	$\text{sa}^{33}\text{ʂv}^{13}$
	四伯父	$\text{sɿ}^{55}\text{da}^{55}$		四叔父	$\text{sɿ}^{55}\text{ʂv}^{13}/\text{ə}^{55}\text{ʂv}^{13}\text{dʑi}^{55}$
$\text{ə}^{55}\text{ʑi}^{55}$ 姨母	大姨母	$\text{ə}^{55}\text{ʑi}^{55}\text{duɯ}^{31}$	$\text{ə}^{55}\text{ȵi}^{33}$ 姑母	大姑母	$\text{ə}^{55}\text{ȵi}^{33}\text{duɯ}^{31}$
	二姨母	$\text{ə}^{55}\text{ʑi}^{55}\text{ly}^{55}$		二姑母	$\text{ə}^{55}\text{ȵi}^{33}\text{ly}^{55}$
	三姨母	$\text{sa}^{33}\text{ʑi}^{55}$		三姑母	$\text{sa}^{33}\text{ȵi}^{33}$
	四姨母	$\text{sɿ}^{55}\text{ʑi}^{55}/\text{ə}^{55}\text{ʑi}^{55}\text{dʑi}^{55}$		四姑母	$\text{sɿ}^{55}\text{ȵi}^{33}/\text{ə}^{55}\text{ȵi}^{33}\text{dʑi}^{55}$
$\text{ə}^{55}\text{lɔ}^{33}$ 祖父	大祖父	$\text{ə}^{55}\text{lɔ}^{33}\text{duɯ}^{31}$	mi^{55} 女儿	大女儿	$\text{mi}^{55}\text{duɯ}^{31}$
	二祖父	$\text{æ}^{55}\text{lɔ}^{33}$		二女儿	$\text{mi}^{55}\text{ly}^{55}$
	三祖父	$\text{sa}^{33}\text{lɔ}^{33}$		三女儿	$\text{lɔ}^{33}\text{sa}^{33}$
	四祖父	$\text{sɿ}^{55}\text{lɔ}^{33}/\text{ə}^{55}\text{lɔ}^{33}\text{dʑi}^{55}$		四女儿	$\text{lɔ}^{33}\text{sɿ}^{55}/\text{mi}^{55}\text{dʑi}^{55}$

上表显示：灵芝园话排行称中排行最大和最小的，用形容词"大"duɯ^{31}和"小"dʑi^{55}来限定，语序为"称谓+大/小"。对三位亲属进行排行时，居中的亲属可用形容词"中"ly^{55}来限定，语序为"称谓+中"。"称谓+中"还逐渐地引申到称呼排行老二的亲属。对三位以上的亲属进行排行时，直接采用"数词+称谓"的方式进行指称，其中数词一般采用汉语借词而不用本语数词。

5. 己身的婚姻及生育状况会影响对同一亲属的称呼

己身结婚前和结婚后对配偶亲属的称呼会有变化。如，婚前称呼配偶的父母亲为 $\text{ə}^{55}\text{ʂv}^{13}$ "叔叔"、$\text{ə}^{55}\text{ʑi}^{55}$ "阿姨"，婚后则跟从配偶的叫法，当面称呼配偶的父母亲为 $\text{ə}^{55}\text{pa}^{33}$ "父亲"、$\text{ə}^{31}\text{mu}^{33}$ "母亲"，引称中则称为 $\text{zo}^{31}\text{phe}^{33}$ "公公、岳父" $\text{zo}^{31}\text{me}^{33}$ "婆婆、岳母"。

　　"从孩称"指跟随孩子称呼亲属，孩子叫什么，自己就叫什么。这种称呼方式较常用于夫妻间及姻亲亲属间。平辈或长辈姻亲亲属的从孩称较常见，对晚辈不使用从孩称。夫妻双方在还没生育前通常直接用姓名或乳名称呼对方，在与别人交谈过程中，则称为：

$ŋə^{33}ɲi^{33}nv^{31}$ 我妻子　　　　　　　　　$ŋə^{33}ʐa^{33}ka^{31}zɔ^{33}$ 我丈夫

我　妻子　　　　　　　　　　　　我　　丈夫

　　到了有孩子后夫妻双方的指称和引称都会有所改变，变为"长子/长女姓名+人称代词+称谓"。如长女的名字叫 $tɕi^{33}ɕiə^{55}$ "金秀"，那么夫妻双方称对方为：

$tɕi^{33}ɕiə^{55}the^{13}mu^{33}$ 金秀她妈　　　　　　$tɕi^{33}ɕiə^{55}the^{13}ba^{33}$ 金秀她爸

金秀　她的　妈妈　　　　　　　　　金秀　她的　爸爸

　　对自己的兄弟姐妹而言，称呼一般不受生育状况影响。对丈夫或妻子一方的兄弟姐妹，在生育前后称呼方式会有所改变。通常生育前直接称兄和姐为 $ə^{55}ku^{33}$ "哥哥"、$ə^{55}tɕi^{33}$ "姐姐"，生育孩子后跟随孩子称呼而将平辈称呼改为父辈称呼，例如：

			女方兄弟姐妹	男方兄弟姐妹
$ə^{55}ku^{33}$	哥哥	→	$ə^{31}tɕy^{55}$ 舅舅	$ə^{33}da^{55}$ 伯父
$guɯ^{33}ʐ̩^{33}$	弟弟	→	$ə^{31}tɕy^{55}$ 舅舅	$ə^{55}ʂv^{13}$ 叔父
$ə^{55}tɕi^{33}$	姐姐	→	$ə^{55}ʑi^{55}$ 姨母	$ə^{55}ɲi^{33}$ 姑母
$guɯ^{33}me^{33}$	妹妹	→	$ə^{55}ʑi^{55}$ 姨母	$ə^{55}ɲi^{33}$ 姑母

　　对长辈亲属的称呼，生育前称父辈亲属的称呼则变成祖辈称呼，祖辈称呼则递增曾祖辈称呼。对岳父岳母或公婆的面称，生育后也改成祖辈称呼。如：

	生育前			生育后
$ə^{31}bo^{33}$	姨父	→	$ə^{55}ʑi^{55}lɔ^{33}$	姨祖父
$ə^{31}tɕy^{55}$	舅父	→	$ə^{31}tɕy^{55}lɔ^{33}$	舅祖父
$ə^{55}ɲi^{33}$	姑母	→	$ə^{31}kɔ^{55}na^{33}$	姑祖母
$ə^{31}da^{55}da^{55}$	伯父	→	$ə^{55}lɔ^{33}duɯ^{31}$	伯祖父
$ə^{55}lɔ^{33}$	祖父	→	$ə^{31}mu^{55}lɔ^{33}$	曾祖父
$ə^{55}ba^{33}$	父亲	→	$ə^{55}lɔ^{33}$	祖父
$ə^{31}mu^{33}$	母亲	→	$ə^{55}na^{33}$	祖母

（三）不同辈分称谓词的义素成分不同

　　灵芝园话亲属称谓系统上可追溯至高祖辈，下至曾孙辈，不同辈分称谓词的义素成分不同。平辈称谓词的区别性义素成分有：辈分、性别、长幼三项。例如：

	辈分	性别	长幼
$ə^{55}ku^{33}$ 哥哥等	=	+	+
$ə^{55}tɕi^{33}$ 姐姐等	=	−	+
$gɯ^{33}zɿ^{33}$ 弟弟等	=	+	−
$gɯ^{33}me^{33}$ 妹妹等	=	−	−

长辈亲属称谓词的区别性义素成分主要有：辈分、性别、亲疏、系属（父系+、母系−）四项，例如：

	辈分	性别	亲疏	系属
$ə^{55}lɔ^{33}$ 祖父等	+2	+	+	+
$ə^{55}na^{33}$ 祖母等	+2	−	+	+
$ə^{55}bɑ^{33}$ 父亲等	+1	+	+	+
$ə^{31}mu^{33}$ 母亲等	+1	−	+	+
$ə^{31}dɑ^{55}dɑ^{55}$ 伯父等	+1	+	+	+
$ə^{55}ʂv^{13}$ 叔父等	+1	+	+	+
$ə^{31}dzi^{55}$ 婶母等	+1	−	−	+
$ə^{31}tɕy^{55}$ 舅父等	+1	+	+	−
$ə^{55}ʑi^{55}$ 姨母等	+1	−	+	−
$ə^{31}bo^{33}$ 姨父等	+1	+	−	−
$ə^{55}ɲi^{33}$ 姑母等	+1	−	+	+

子孙辈亲属称谓的区别性义素成分主要有：辈分、性别、亲疏、系别（直系+、旁系−）四项。例如：

	辈分	性别	亲疏	系别
$zɔ^{33}$ 儿子	−1	+	+	+
mi^{55} 女儿	−1	−	+	+

	辈分	性别	亲疏	系别
$tʂhə^{33}me^{33}$ 儿媳	−1	−	−	
$mu^{55}ɣɯ^{33}$ 女婿	−1	+	−	
$dʑe^{33}ɣɯ^{33}$ 侄子	−1	+	+	−
$dʑe^{33}me^{33}$ 侄女	−1	−	+	−
$lv^{33}bv^{33}$ 孙子	−2	+	+	
$lv^{33}me^{33}$ 孙女	−2	−	+	
$lv^{55}bv^{33}$ 曾孙	−3	+	+	
$lv^{55}me^{33}$ 曾孙女	−3	−	+	

上述称谓主要是单向称谓，多用于一方指称另一方，灵芝园话还有少数姻亲称谓是双向的，例如：

ȵi³³tʂhɚ³³me³³ 妯娌　　　　　　　　　tshe³³ba³¹ 连襟

（四）不同辈分亲属称谓词的义位有差异

灵芝园话亲属称谓系统中除少数称谓是专称式亲属称谓外，其他亲属
称谓词都有多个义位，少的则为二三个，多的达三四个。灵芝园亲属称谓
的义位主要有以下三个特点：

一、不同辈分的义位有差异。其中，祖辈及祖辈以上、孙辈及孙辈以
下的称谓所含义位较多。

二、灵芝园话称谓包含其基本义位、嫡亲、堂房、姑表、舅表、姨表、
连襟、妯娌等义位。其中父辈、平辈和子辈称谓只包含嫡亲、堂房、姑表、
舅表、姨表义位。

三、宗亲和外亲成为组成灵芝园话许多称谓的义位网络之一。

第三节　不发达型亲属称谓系统的共时特征

一　宜底大村摩梭话亲属称谓系统的共时特征

宜底村隶属于云南省丽江市宁蒗彝族自治县翠玉傈僳族普米族自治
乡。从地理分布看，该乡位于宁蒗彝族自治县西北部，西与玉龙纳西族自
治县鸣音乡、宝山乡隔金沙江相望。乡内居住有傈僳族、普米族、彝族、
汉族、藏族及摩梭人六种民族。

摩梭人是宜底村的主要民族。宜底摩梭人是纳系族群中自称为 na²¹
"纳"的支群。其亲属称谓系统是纳系族群亲属称谓中最具特色的，也是最
有研究价值的。宜底摩梭话（下文简称"宜底话"）属纳西语东部方言永宁
土语。

宜底摩梭话亲属称谓系统属不发达型亲属称谓系统。它的主要特征是：
亲属称谓系统中亲属称谓数量较少；纷繁复杂的亲属关系被划分为若干个
范畴，若干不同的范畴对应于同一亲属称谓；亲属称谓的义位网络较发达
型亲属称谓系统中称谓更加复杂。

根据调查条目对宜底摩梭人所使用的亲属称谓进行详尽调查，发现
158 种亲属关系在宜底话中只用 31 个亲属称谓称之。因此宜底摩梭话亲属
称谓系统是不发达亲属称谓系统。

（一）单纯亲属称谓词是宜底亲属称谓词的主要构词方式

宜底话亲属称谓系统中亲属称谓词可分为单纯词和合成词两类。31 个
亲属称谓中，单纯词有 18 个，占 58%。从音节数来看，单纯称谓词可进一
步分为单音单纯称谓词和双音单纯称谓词。

1. 单音单纯称谓词

单音单纯称谓词在宜底单纯称谓词中有且只有两个，这两个单音单纯称谓词为子辈称谓。例如：

zo³³ 儿子、侄子、外甥　　　　　　　　mi²¹ 女儿、侄女、外甥女

上述单音单纯称谓词值得注意的是：

（1）宜底摩梭人的子辈亲属称谓有男、女性别区分。

（2）宜底话子辈亲属称谓不区分直系和旁系的亲属系属关系。由于摩梭人传统婚姻家庭形式为母系婚姻家庭形式，母系血缘是其亲属制度的主线。因而女性都将自己姐妹的子女视为自己的子女一般对待，不分亲疏关系，都称他们为 zo³³ "儿子"、mi²¹ "女儿"。虽然现在宜底摩梭人的婚姻家庭形态以一对一的专偶制为主，但他们对母系大家庭这种家庭形式的认同观念并没有变化，因而现在无论男性还是女性，他们仍然将自己兄弟姐妹的孩子当成自己的子女，男的称为 zo³³ "儿子"，女的称为 mi²¹ "女儿"。

2. 双音单纯称谓词

双音单纯称谓词是宜底话亲属称谓系统的主要组成部分，共有 16 个。下面分辈分对宜底双音单纯称谓词进行梳理，见表 4.10。

表 4.10　　　　　　　　　宜底话双音单纯称谓词

曾祖辈	æ³³sʅ³³	曾祖父、曾外祖父	æ³³sʅ³³	曾祖母、曾外祖母
祖辈	æ²¹phv³³	祖父、外祖父	æ³³zʅ³³	祖母、外祖母
父辈	æ³³bu³³	父亲、伯父、姨父	æ³³me³³	母亲、伯母、姨母
	æ³³v³³	舅父、姑父、公公、岳父	æ³³n̠i³³	舅母、姑母、婆婆、岳母
平辈	æ³³mu²¹	哥哥、姐夫	æ³³mu²¹	姐姐、嫂子
	gɯ²¹zʅ³³	弟弟、妹夫	gɯ³³me³³	妹妹、弟媳
	za³³zʅ³³	丈夫	tʂhu³³me³³	妻子
子辈	ze²¹u³³	女婿、侄女婿、外甥女婿	ze²¹me¹³	儿媳、侄媳、外甥媳
孙辈	ʐu²¹v³³	孙子、外孙、孙女婿、外孙女婿	ʐu²¹me¹³	孙女、外孙女、孙媳、外孙媳

表 4.10 显示：

（1）宜底话曾祖辈亲属称谓没有男性、女性的区分，并且不分宗亲和外亲。凡是曾祖辈及曾祖辈以上的亲属都统称为 æ³³sʅ³³。

（2）祖辈亲属称谓区分了男女性别，但性别相同的祖辈亲属内部不区分宗亲和外亲：所有男性祖辈亲属称为 æ²¹phv³³，女性祖辈亲属称为 æ³³zʅ³³。

（3）父辈亲属称谓出现不同亲属范畴同称的现象：父亲、伯父、姨父

同称为 $æ^{33}bu^{33}$，母亲、伯母、姨母同称为 $æ^{33}me^{33}$，舅父、姑父、公公、岳父同称为 $æ^{33}v^{33}$，舅母、姑母、婆婆、岳母同称为 $æ^{33}ȵi^{33}$。

母亲及母亲的姐妹同称，是摩梭人母系家庭中，以母系血缘为家庭主线的重要体现。因而子女称母亲及母亲的姐妹为 $æ^{33}me^{33}$ "母亲"。

父亲的兄弟称呼和母亲姐妹之夫的称呼相同，父亲兄弟之妻的称呼和母亲姐妹的称呼相同，类似的叔伯姨父同称、叔伯姨母同称现象在我国南方其他少数民族语言中也存在过，如克木语等，这是限制姨表婚在亲属称谓制度中的体现。姑舅岳父同称即母亲兄弟的称呼和父亲姐妹之夫的称呼相同，姑舅岳母同称即父亲姐妹的称呼和母亲兄弟之妻的称呼相同，这是我国古代婚姻制度中提倡姑舅姨表婚的重要体现。[①]

（4）平辈亲属称谓中年长于己身的称呼不分男女性别，只要年长于己身，无论男性还是女性，不管是血亲还是姻亲，都称为 $æ^{33}mu^{21}$。而年幼与己身的亲属则区分性别，男性亲属称为 $gu^{21}z̩^{33}$，女性亲属称为 $gu^{33}me^{33}$。

（5）受子辈血亲亲属称呼的影响，子辈亲属称谓的姻亲亲属称呼只区分性别，不区分直系姻亲和旁系姻亲。男性直系姻亲和旁系姻亲统称为 $ze^{21}u^{33}$，女性直系姻亲和旁系姻亲统称为 $ze^{21}me^{13}$。

（6）孙辈亲属称谓只区分男女性别，不区分宗亲和外亲，不区分血亲和姻亲。孙子、外孙、孙女婿、外孙女婿统称为 $zu̩^{21}v^{33}$，孙女、外孙女、孙媳、外孙媳统称为 $zu̩^{21}me^{13}$。

（二）宜底话复合亲属称谓词

宜底话复合亲属称谓词是在单纯称谓词的基础上构成的。单纯称谓词做词根语素，与其他限制性词素结合组成复合称谓词。也有两个单纯称谓词并列构成复合称谓词。

1. 限制式复合称谓词

宜底话限制式复合称谓词由单纯称谓词做词根，并加上限制性语素组成限制式复合词。其词序主要有两种类型：一种是限制性词素居后，由单纯称谓词+限制性词素组成；一种是限制性词素居前，由限制性词素+单纯称谓词组成。

（1）以年龄为依据，在单纯亲属称谓词后加表"大""小"的限制性语素，例如：

$æ^{33}bu^{33}$（父亲）+ du^{21}（大）　→　$æ^{33}bu^{33}du^{21}$　伯父、姨父

$æ^{33}me^{33}$（母亲）+ du^{21}（大）　→　$æ^{33}me^{33}du^{21}$　伯母、姨母

$æ^{33}bu^{33}$（父亲）+ $dʑi^{55}$（小）　→　$æ^{33}bu^{33}dʑi^{55}$　叔父、姨父

---

① 张宁：《克木语亲属称谓词研究》，《民族语文》2007 年第 5 期。

æ^{33}me^{33}（母亲）+dʑi^{55}（小）　→　　æ^{33}me^{33}dʑi^{55}　　叔母、小姨

上述称谓词由表父亲和母亲的称谓加表"大"和"小"的形容词组成，通常宜底摩梭人以父亲和母亲的年龄为依据，判定父亲兄弟和母亲姐妹的称呼。父亲的兄弟年长于父亲者称为 æ^{33}bu^{33}dɯ^{21}，他的妻子称为 æ^{33}me^{33}dɯ^{21}；年幼于父亲者称为 æ^{33}bu^{33}dʑi^{55}，他的妻子称为 æ^{33}me^{33}dʑi^{55}。母亲的姐妹年长于母亲者称为 æ^{33}me^{33}dɯ^{21}，她的丈夫则称为 æ^{33}bu^{33}dɯ^{21}；年幼于母亲者称为 æ^{33}me^{33}dʑi^{55}，她的丈夫则称为 æ^{33}bu^{33}dʑi^{55}。

（2）在 æ^{33}bu^{33}"父亲"、æ^{33}me^{33}"母亲"前加夫妻俩第一个孩子的乳名，形成家庭中新的身份名。

宜底摩梭人在生育了第一个孩子后，夫妻双方可称对方为某某的父亲、某某的母亲。以旦史次里家为例，他是家里的长子，因而他的父母在他出生后，互称便改为：

ta^{55}ʂɻ^{33}tshɻ^{33}li^{33}（旦史次里）+æ^{33}bu^{33}（父亲）→ta^{55}ʂɻ^{33}tshɻ^{33}li^{33}æ^{33}bu^{33}
旦史次里的父亲

ta^{55}ʂɻ^{33}tshɻ^{33}li^{33}（旦史次里）+æ^{33}me^{33}（母亲）→ta^{55}ʂɻ^{33}tshɻ^{33}li^{33}æ^{33}me^{33}
旦史次里的母亲

（3）亲属称谓词后加名字进行称呼

由于宜底摩梭人对亲属称呼没有系统的排行方式，因而当多个相同亲属关系的亲属在一起时，会产生称呼模糊混乱的现象。为了避免模糊称呼现象的产生，他们会采用"单纯亲属称谓词+名字"的方式来称呼亲属。例如：

æ^{33}mu^{21}（哥哥）+ ta^{55}ʂɻ^{33}tsha^{21}（旦史才）→æ^{33}mu^{21}ta^{55}ʂɻ^{33}tsha^{31}旦史才哥哥

æ^{33}mu^{21}（哥哥）+li^{33}lə^{21}（里勒）→æ^{33}mu^{21}li^{33}lə^{21}里勒哥哥

如上所示，在具体语言环境中，只有一位兄长在场时，就可直接称呼为 æ^{33}mu^{21}"哥哥"。但如两位同时在场，若只称呼 æ^{33}mu^{21}"哥哥"，两位兄长不知道你称呼的对象是谁，因此加上名字便于被称者清楚。

（4）在单纯亲属称谓词前加方位词，使交谈中明确所指称亲属

宜底话亲属称谓系统中除了妻子和丈夫这两个亲属称谓词是专称亲属称谓词外，其他单纯亲属称谓词都是一个称谓词和多种亲属范畴相对应的类称式亲属称谓词。因而为了进行区分，宜底摩梭人会在单纯亲属称谓词前加上某个亲属家所在的地理方位。例如：

ʐ̩a^{21}a^{33}（上边）+ æ^{21}phv^{33}（祖父/外祖父）→　　ʐ̩a^{21}a^{33}æ^{33}phv^{33}
　　　　　　　　　　　　　　　　　　　　　上边的祖父/外祖父

ʐ̩^{21}tha^{33}（下边）+æ^{21}phv^{33}（祖父/外祖父）→　　ʐ̩^{21}tha^{33}æ^{33}phv^{33}
　　　　　　　　　　　　　　　　　　　　　下边的祖父/外祖父

上面的例子中用方位词加单式亲属称谓词进行区分，让听话者或被称者清楚地知道所指称的对象。

（5）用地理位置对单纯亲属称谓词进行限定

用地理位置如村寨名等对亲属称谓词进行限定，是宜底话中较常用的一种限定方式。例如：

lu²¹khuɑ³³（路垮村）+ æ³³ʐ̩³³（祖母/外祖母）→　　lu²¹khuɑ³³æ³³ʐ̩³³
　　　　　　　　　　　　　　　　　　　　　　　　　　　路垮村的祖母/外祖母

tɕhy³³ʑi²¹（曲衣村）+ æ³³ʐ̩³³（祖母/外祖母）→　　tɕhy³³ʑi²¹æ³³ʐ̩³³
　　　　　　　　　　　　　　　　　　　　　　　　　　　曲衣村的祖母/外祖母

如果两亲属是同一个村寨内的，则可进一步用家所在村寨内的位置进行限定，例如：

gə²¹uɑ³³（上村）+ æ³³bu³³（伯父）→　　gə²¹uɑ³³æ³³bu³³　　上村的伯父
上　村

mi²¹uɑ³³（下村）+ æ³³bu³³（伯父）→　　mi²¹uɑ³³æ³³bu³³　　下村的伯父
下　村

若两位亲属家在村寨内居住得很近，同自己家是邻居，那么还可以把自己家的房屋当成参照物，例如：

ʐ̩³³u³³tɑ³³（房前）+ æ³³v³³（舅父）→　　ʐ̩³³u³³tɑ³³æ³³v³³　　房前的舅父
房子　前

ʐ̩³³u³³to²¹（房后）+ æ³³v³³（舅父）→　　ʐ̩³³u³³to²¹æ³³v³³　　房后的舅父
房子　后

此外，宜底村处于山区，村户们分布得比较零散，有少数村民家居住得与村子主体村户有一定的距离，当地人称为"独家村"。居住在独家村的人，则以自己家的位置作为参照，例如：

uɑ³³kho²¹（村里）+ æ³³v³³（舅父）→ uɑ³³kho²¹æ³³v³³　　　　村里的舅父
村　里面

（6）家族名也可加在单纯亲属称谓前，构成复合亲属称谓词访谈对象何林富的父亲是 æ³³ʑə³³家族的，母亲是 æ³³ə³³家族的，因而他会将家族名加在祖父/外祖父、祖母/外祖母的称谓前，采用这种方式对内外亲属进行区分。例如：

æ³³ʑə³³（家族名）+ æ²¹phv³³（祖父/外祖父）→ æ³³ʑə³³æ³³phv³³ 祖父

æ³³ə³³（家族名）+ æ³³ʐ̩³³（祖母/外祖母）→ æ³³ə³³æ³³ʐ̩³³ 外祖母

上文中提及父亲是 æ³³ʑə³³家族的，母亲是 æ³³ə³³家族的，用 æ³³ʑə³³ "阿由"这一家族名修饰 æ²¹phv³³ "祖父/外祖父"，就可以知道指称的是祖父，而用 æ³³ɔ³³ "阿娥" 这一家族名修饰 æ³³zʅ³³ "祖母/外祖母"，就知道指的是外祖母。

2. 并列式复合称谓词

并列式复合称谓词由两个单纯称谓词复合而成，两个单纯称谓词间是并列关系，但二者的顺序是约定俗成不可逆的，主要受语义规则制约。例如：

æ³³bu³³（父亲）+ æ³³me³³（母亲）→　æ³³bu³³æ³³me³³ 父母

ʑa³³zʅ³³（丈夫）+ ma²¹zʅ²¹（妻子）→　ʑa⁵⁵zʅ³³ma²¹zʅ²¹ 夫妻

æ³³mu²¹（哥哥/姐姐）+ gu³³me³³（妹妹）→　æ³³mu²¹gu³³me³³ 姐妹

æ³³mu²¹（哥哥/姐姐）+ gu²¹zʅ³³（弟弟）→　æ³³mu²¹gu²¹zʅ³³ 兄弟

æ³³bu³³（父亲）+ zo³³（儿子）→　æ³³bu³³zo³³ 父子

æ³³bu³³（父亲）+ mi⁵⁵（女儿）→　æ³³bu³³mi⁵⁵ 父女

æ³³me³³（母亲）+ zo³³（儿子）→　æ³³me³³zo³³ 母子

æ³³me³³（母亲）+ mi⁵⁵（女儿）→　æ³³me³³mi⁵⁵ 母女

zo³³（儿子）+ mi⁵⁵（女儿）→　zo³³mi⁵⁵ 子女

上述并列复合称谓词中的词序是不可逆的，两个并列关系的称谓词哪个在前哪个在后主要是受语义原则制约的。语义原则指：当两个并列关系的称谓词是不同辈分时，辈分高的在前，辈分低的在后。例如：

æ³³bu³³（父亲）+ zo³³（儿子）→ æ³³bu³³zo³³ 父子

当两个称谓词是同辈分时，表年长的在前，年幼的在后。例如：

æ³³mu²¹（哥哥/姐姐）+ gu³³me³³（妹妹）→ æ³³mu²¹gu³³me³³ 姐妹

当两个亲属辈分相同，不能区分年龄长幼时，男性称谓词在前，女性称谓词在后。例如：

zo³³（儿子）+ mi⁵⁵（女儿）→ zo³³mi⁵⁵ 子女

æ³³bu³³（父亲）+ æ³³me³³（母亲）→ æ³³bu¹³æ³³me³³ 父母

（三）宜底亲属称谓词具有丰富的语义特征和外延

宜底话亲属称谓系统中 94%的亲属称谓词具有丰富的语义，亲属称谓词和语义之都是一对多的对应关系。由于它的亲属称谓词数量较少，所以在语义上，每个亲属称谓词都有较大的容纳性，其一个称谓词可以表示同一辈分中的多种亲属关系，甚至有少数称谓词能够表示不同辈分的多种亲属关系。它体现了类称式亲属称谓的特点。下面我们从亲属称谓词的义素和义位两方面对其进行分析。

1. 宜底话亲属称谓词简明的义素特征

对宜底话 18 个单纯亲属称谓词的义素成分进行一一分析，可以将义素成分分为以下四种（宜底话每个称谓词都是多义的，为便于分析，只选取其基本义进行分析）：① 辈分（用+表示长辈，−表示晚辈，长或晚几辈就在"+""−"后加上相应的阿拉伯数字表示，=表示平辈）；② 性别（+男，−女，×不区分性别）；③ 亲疏（+血亲，−姻亲，×不区分血亲和姻亲）；④ 长幼（+长，−幼，×不区分长幼）。其中前三个义素成分是宜底亲属称谓的主要义素成分，大多称谓使用这三个主要义素成分就能与其他称谓区分开来。如表 4.11 所示。

表 4.11　　　　　　　　　宜底话亲属称谓的义素成分

亲属称谓词		辈分	性别	亲疏	长幼
æ³³sɿ³³	曾祖父、曾祖母等	+3	×	+	×
æ²¹phv³³	祖父等	+2	+	×	×
æ³³zɿ³³	祖母等	+2	−	×	×
æ³³mu²¹	哥哥、姐姐等	=	×	×	+
æ³³bu³³	父亲等	+1	+	+	×
æ³³dɑ³³	父亲等	+1	+	+	×
æ³³me³³	母亲等	+1	−	+	×
æ³³ȵi³³	姑母等	+1	−	+	×
æ³³v³³	姑父等	+1	+	+	×
tʂhu³³me³³	妻子	=	−	×	×
ʑa³³zɿ³³	丈夫	=	+	×	×
gu²¹zɿ³³	弟弟等	=	+	×	−
gu³³me³³	妹妹等	=	−	×	−
zo³³	儿子等	−1	+	+	×
ze²¹me¹³	儿媳等	−1	−	×	×
mi³³	女儿等	−1	−	+	×
ze²¹u³³	女婿等	−1	+	×	×
ʐu²¹v³³	孙子等	−2	+	+	×
ʐu²¹me¹³	孙女等	−2	−	+	×

从上表可以看出：上述单式亲属称谓中有 4 个称谓只需要用两个义素就能作为区别特征和其他称谓区分开来。其一是曾祖辈称谓：æ³³sɿ³³曾祖父/母、外曾祖父/母，它指的是长自己三辈的血亲，不分男女都统称为æ³³sɿ³³，因而只用辈分和亲疏两个义素成分就能和其他称谓区分开。其二是祖辈称谓词 æ²¹phv³³祖父/外祖父等、æ³³zɿ³³祖母/外祖母等都只需要通过辈分、性别两个义素成分来同其他称谓区分。另一平辈称谓：æ³³mu²¹

哥哥、姐姐、嫂子、姐夫，这个称谓通常用来称呼同辈年长者，因而辈分、长幼两个义素足够充当其区别特征。其他 15 个亲属称谓词的具体情况为：5 个父辈亲属称谓需要辈分、性别、亲疏三个义素成分。4 个平辈亲属称谓中，表夫妻的称谓需要辈分、性别和亲疏三个义素，弟弟和妹妹两个称谓需要辈分、性别和长幼三个义素成分。6 个子孙辈的称谓需要辈分、性别、亲疏三个义素。

2. 宜底话亲属称谓词丰富的义项及繁复的义位网络

宜底话亲属称谓系统作为类称式亲属称谓系统，大多数的亲属称谓都对应多种亲属关系，具有多义项的特点。只有极个别称谓词是单个义项的，如：$tʂhu^{33}me^{33}$妻子、$ʐa^{33}ʐɿ^{33}$丈夫；其余称谓词都有丰富的义项，如：$æ^{33}mu^{21}$一词有二十个义项：① 哥哥 ② 堂兄 ③ 姑表兄 ④ 姨表兄 ⑤ 舅表兄 ⑥ 姐姐 ⑦ 堂姐 ⑧ 姑表姐 ⑨ 舅表姐⑩ 姨表姐 ⑪ 嫂子⑫ 堂兄的妻子 ⑬ 姑表兄的妻子 ⑭ 姨表兄的妻子 ⑮ 舅表兄的妻子 ⑯ 姐夫 ⑰ 堂姐的丈夫 ⑱ 姑表姐的丈夫 ⑲ 舅表姐的丈夫 ⑳ 姨表姐的丈夫等。这些亲属称谓的丰富义项和宜底话亲属称谓繁复的义位网络密不可分，宜底亲属称谓的义位网络在组合上呈现出以下特征：

（1）多数称谓词包含了亲疏关系内部不同的义位，既可称呼血亲亲属，也可称呼姻亲亲属，血亲亲属内既包括宗亲亲属又包括外亲亲属。亲疏关系的义位主要有嫡亲、堂房、姑舅、姨表、连襟（妯娌）等义位。如：$æ^{33}bu^{33}$一词的义项是：① 父亲② 父亲的嫡亲兄弟③ 父亲的堂兄弟④ 父亲的姑表兄弟⑤ 父亲的舅表兄弟⑥ 父亲的姨表兄弟⑦ 母亲嫡亲姐妹的丈夫⑧ 母亲堂姐妹的丈夫⑨ 母亲姑表姐妹的丈夫⑩ 母亲舅表姐妹的丈夫⑪ 母亲姨表姐妹的丈夫等。

长两辈以上和晚一辈以下的血亲称谓，宗亲和外亲一般是同称的，其中晚一辈的血亲称谓还出现嫡亲、宗亲和外亲同称的现象。戴庆厦教授曾指出宗亲和外亲同称的亲属称谓现象时母权制和父权制的产物，是母权制在父权制中的痕迹。[①]如：

	宗亲	外亲
$æ^{33}sɿ^{33}$	曾祖父、曾祖母	外曾祖父、外曾祖母
$æ^{21}phv^{33}$	祖父	外祖父
$æ^{33}zɿ^{33}$	祖母	外祖母
zo^{33}	儿子	外甥
mi^{33}	女儿	外甥女

① 戴庆厦：《景颇语词汇学》，中央民族大学出版社 1995 年版，第 114 页。

ʐu²¹v³	孙子	外孙
ʐu²¹me¹³	孙女	外孙女

父辈和孙辈称谓中，有部分血亲和姻亲同称的称谓。如：

	血亲	姻亲
æ³³me³³	母亲	伯母、婶母
æ³³n̠i³³	姑母	舅母、婆婆、岳母
æ³³v³³	舅父	姑父、公公、岳父
ʐu²¹v³³	孙子、外孙	孙女婿、外孙女婿
ʐu²¹me¹³	孙女、外孙女	孙媳、外孙媳

（2）宜底亲属称谓的性别义位网络中，以单性型性别义位为主，有少数亲属称谓是双性型性别义位，既能指称男性亲属，也能指称女性亲属。如：

		男性	女性
æ³³sɻ³³	曾祖父、曾祖母等	√	√
æ²¹phv³³	祖父等	√	×
æ³³zɻ³³	祖母等	×	√
æ³³bu³³	父亲等	√	×
æ³³me³³	母亲等	×	√
æ³³mu²¹	哥哥、姐姐等	√	√
zo³³	儿子等	√	×
mi¹³	女儿等	×	√

（3）宜底亲属称谓的辈分大多数词不同义位都属于相同辈分，只有在具体语用中夫妻在生育后，对亲属的称呼改为从孩称时，会出现不同词的义位能够指上下两个不同辈分的情况。这种情况只出现在长辈亲属称呼中。如：

	上一辈	下一辈
æ³³bu³³	叔父	丈夫的弟弟、妹夫
æ³³me³³	婶母	丈夫的弟媳
æ³³n̠i³³	姑母	丈夫的姐妹
æ³³v³³	舅父	妻子的兄弟

（4）同辈亲属称谓有明确严格的长幼义位进行区分，而不同辈分的亲属长幼义位比较模糊，需要借助限定性语素进行区分。如：

		长	幼
æ³³mu²¹	哥哥、姐姐	+	−
guɯ²¹zɻ³³	弟弟	−	+
gu³³me³³	妹妹	−	+

æ³³bu³³dɯ²¹ 伯父　　　　　　　＋　　　　　　　　－

æ³³bu³³dʑi⁵⁵ 叔父　　　　　　　－　　　　　　　　＋

二　恩水湾村纳西语亲属称谓系统的共时特征

恩水湾村是迪庆藏族自治州香格里拉市三坝纳西族乡白地村委会下辖的自然村之一，该村距离香格里拉市县城 100 多公里。白地村委会是纳西东巴文化发源地的核心村落，纳西语中有俗语这么说："没到过白地的东巴称不上是真正的东巴。"

恩水湾村亲属称谓系统中亲属称谓词较少，部分不同类的亲属关系可用同一个亲属称谓指称，如需确指某个特定关系的亲属，要在具体使用中借助其他语素进行限定。从类型上看，恩水湾村亲属称谓系统属于不发达型亲属称谓系统，还处于萌芽阶段。将恩水湾村的亲属称谓系统作为不发达型亲属称谓系统的个案之一，具有代表性和研究价值，其主要有以下几个特征：

（一）恩水湾村亲属称谓词的总数少

根据所设计的调查问卷不同辈分共计 158 种亲属关系，恩水湾村亲属称谓系统中仅 27 个亲属称谓词就能涵盖这 158 种亲属关系。

从音节数、结构等对这 27 个亲属称谓词进行分类统计如表 4.12 所示。

表 4.12　　　　　　　恩水湾村亲属称谓词结构分布

类　别		例　词	数量（个）	百分比（%）
单纯词	单音节单纯词	zo³³ 儿子	2	7.4
	双音节单纯词	phv⁵⁵phv³³ 曾祖父	22	81.5
	三音节单纯词	za³³ka³³ʐɿ³³ 丈夫	1	3.7
复合词	三音节复合词限制式复合词	dɑ³³xɑ³³me³³ 妻子	2	7.4

上表显示恩水湾亲属称谓词具有双音节性，双音节单纯词是恩水湾亲属称谓系统的主要结构。复合亲属称谓词占的比例较少，从而也可看出恩水湾单纯亲属称谓词的构词能力较其他地区亲属称谓词弱。

（二）有些类别的亲属关系亲属称谓词不发达

通过对 158 种亲属关系逐一考察，并对发音人所提供的亲属称谓词一一探讨，发现恩水湾村亲属称谓系统中反映部分类别亲属关系的称谓词不发达。主要在以下三方面体现出来：

1. 部分亲属称谓词不区分内外亲属关系

父亲的父母亲及母亲的父母亲共用一组亲属称谓词是恩水湾村亲属称谓词不区分内外的典型代表。自古以来汉语亲属称谓系统中对父亲的父母亲、母亲的父母亲主要有以下称谓。如表 4.13 所示。

表 4.13　汉语亲属称谓系统中祖父、祖母、外祖父、外祖母的称谓

亲属关系	亲属称谓[①]
父亲的父亲	祖父、王父、大父、太父、王考、公公、太公、太翁、爷爷、阿爷、老爹、阿爹、爹爹等
父亲的母亲	祖母、王母、大母、太母、王姒、阿婆、婆婆、阿奶、奶奶、阿妈等
母亲的父亲	外祖、外祖父、外王父、外大父、大父、外公、外公爷、阿爷、外爹、外爹爹、阿爹、姥爷等
母亲的母亲	外祖母、外王母、外大母、外婆、婆婆、阿婆、外奶奶、外妈、姥、姥姥等

从上表可以看出古今汉语称呼父亲的父母亲和母亲的父母亲还是能够从称谓上直接区分开来的。而恩水湾村亲属称谓则不同，父亲的父亲称谓与母亲的父亲称谓相同，都称为 $a^{33}phv^{33}$，父亲的母亲称谓与母亲的母亲称谓相同，都称为 $a^{33}dz\eta^{33}$。此外还有在恩水湾村亲属称谓中不区分内外亲属关系的称谓。如表 4.14 所示。

表 4.14　　　　　恩水湾不区分宗亲和外亲的亲属称谓

亲属称谓	主要所指亲属关系
$phv^{55}phv^{33}$	（1）祖父的父亲（曾祖父）（2）祖母的父亲（曾外祖父）（3）外祖父的父亲（外曾祖父）（4）外祖母的父亲（外曾外祖父）等
$dz\eta^{33}dz\eta^{33}$	（1）祖父的母亲（曾祖母）（2）祖母的母亲（曾外祖母）（3）外祖父的母亲（外曾祖母）（4）外祖母的父亲（外曾外祖母）等
$dze^{33}me^{33}$	（1）兄弟的女儿（侄女）（2）姐妹的女儿（外甥女）等
$dze^{33}\gamma ш^{33}$	（1）兄弟的儿子（侄子）（2）姐妹的儿子（外甥）等
$lu^{55}bv^{33}$	（1）儿子的儿子（孙子）（2）女儿的儿子（外孙）等
$lu^{55}me^{33}$	（1）儿子的女儿（孙女）（2）女儿的女儿（外孙女）等

2. 部分亲属称谓词不区分血亲和姻亲

所有亲属关系可以根据是否具有血缘关系，而将其分为两类：一类是由血缘关系产生的亲属简称为"血亲"；一类是由婚姻关系产生的亲属关系简称为"姻亲"。汉语亲属称谓系统中对血亲和姻亲都有明确的区分。而恩

---

① 胡士云：《汉语亲属称谓研究》，商务印书馆 2007 年版，第 256—265 页。

水湾村亲属称谓系统中的亲属称谓词却不区分血亲和姻亲，血亲和姻亲共同使用一套亲属称谓。如表 4.15 所示。

表 4.15　　　　　　　　　恩水湾不区分血亲姻亲的称谓

亲属称谓	所指血亲亲属	所指姻亲亲属
a^{55}buɯ^{31}	兄长等	姐姐之夫等
me^{55}me^{33}	姐姐等	兄长之妻等
guɯ^{33}zɿ^{33}	弟弟等	妹妹之夫等
gu^{33}me^{33}	妹妹等	弟弟之夫等
dze^{33}me^{33}	侄女、外甥女等	侄媳、外甥媳等
dze^{33}ɣuɯ^{33}	侄子、外甥等	侄女婿、外甥女婿等
lu^{55}bv^{33}	孙子、外孙等	孙女婿、外孙女婿等
lu^{55}me^{33}	孙女、外孙女等	孙媳、外甥媳等
phv^{55}phv^{33}	曾祖父、曾外祖父、外曾祖父、外曾外祖父等	曾祖母之夫、曾外祖母之夫、外曾祖母之夫、外曾外祖母之夫等
dzɿ^{33}dzɿ^{33}	曾祖母、曾外祖母、外曾祖母、外曾外祖母等	曾祖父之媳、曾外祖父之媳、外曾祖父之媳、外曾外祖父之媳等
a^{33}guɯ^{33}	舅父	姨父、岳父、老丈人
a^{33}ȵi^{33}	姑母	伯母、婶母
ɑ^{33}duɯ^{31}	姨母	舅母、岳母、丈母娘
a^{33}bv^{55}	伯父、叔父	姑父

　　3. 大多亲属称谓词不区分嫡亲、堂房、姑舅姨表等亲属关系

　　血亲亲属又可以根据亲属关系形成的来源分为嫡亲、堂房、姑舅姨表亲属。这些亲属关系的区分在我国亲属制中是有严格限定的，通常是在嫡亲亲属称谓基础上加特殊标志来区分。例如在汉语中，会在嫡亲亲属称谓上加修饰语来进行区分。而尽管恩水湾村亲属系统中也区分具体亲属关系的来源，但并未在其亲属称谓词中得到清晰的体现。如表 4.16 所示。

表 4.16　　　　　恩水湾不区分嫡亲、堂房、姑舅姨表亲的称谓

亲属称谓	所指嫡亲亲属	所指其他血亲亲属
phv^{55}phv^{33}	曾祖父	曾祖父的嫡亲兄弟、曾祖父的堂兄弟、曾祖父的姑舅姨表兄弟、曾祖母的嫡亲兄弟、曾祖母的堂兄弟、曾祖母的姑舅姨表兄弟
dzɿ^{33}dzɿ^{33}	曾祖母	曾祖父的嫡亲姐妹、曾祖父的堂房姐妹、曾祖父的姑舅姨表姐妹、曾祖母的嫡亲姐妹、曾祖母的堂房姐妹、曾祖母的姑舅姨表姐妹等
a^{33}phv^{33}	祖父	祖父的嫡亲兄弟、祖父的堂房兄弟、祖父的姑舅姨表兄弟、祖母的嫡亲兄弟、祖母的堂房兄弟、祖母的姑舅姨表兄弟等

续表

亲属称谓	所指嫡亲亲属	所指其他血亲亲属
a³³dzʅ³³	祖母	祖母的嫡亲姐妹、祖母的堂房姐妹、祖母的姑舅姨表姐妹、祖父的嫡亲姐妹、祖父的堂房姐妹、祖父的姑舅姨表姐妹等
a⁵⁵bɯ³¹	兄长	堂兄长、姑舅姨表兄长等
me⁵⁵me³³	姐姐	堂姐、姑舅姨表姐等
gɯ³³zʅ³³	弟弟	堂弟、姑舅姨表弟等
gu³³me³³	妹妹	堂妹、姑舅姨表妹等
lu⁵⁵bv³³	孙子	嫡亲兄弟姐妹的孙子、堂房兄弟姐妹的孙子、姑舅姨表兄弟姐妹的孙子等
lu⁵⁵me³³	孙女	嫡亲兄弟姐妹的孙女、堂房兄弟姐妹的孙女、姑舅姨表兄弟姐妹的孙女等

从上述称谓可以看出，恩水湾村亲属称谓词中没有明显指称堂房、姑舅姨表等亲属关系的标志。同一套亲属称谓词既能够指称嫡亲亲属称谓，也能够指称堂房、姑舅姨表亲属称谓。

4. 不同类别亲属关系共用一个称谓词

恩水湾村亲属称谓系统中有些亲属称谓词能够同时容纳不同范畴的亲属关系。具体表现在以下亲属称谓词上。如表4.17所示。

表4.17　　　　　　　　　恩水湾容纳性强的称谓

亲属称谓	所指亲属	亲属范畴
a³³gɯ³³	舅父、姨父、岳父、公公	（1）母亲的兄弟（2）母亲姐妹之夫（3）女性的公公（4）男性的岳父
ɑ³³dɯ³¹	姨母、舅母、岳母、婆婆	（1）母亲的姐妹（2）母亲兄弟之妻（3）女性的婆婆（4）男性的岳母
a³³bv⁵⁵	姑父、伯父、叔父	（1）父亲姐妹之夫（2）父亲的兄长（3）父亲的弟弟
a³³ɳi³³	姑母、伯母、婶母	（1）父亲的姐妹（2）父亲兄长之妻（3）父亲弟弟之妻

上述每个亲属称谓词都包含了三个或三个以上不同类别的亲属范畴。

（三）恩水湾村亲属称谓词义项较多

恩水湾村亲属称谓系统中只有指称妻子、丈夫、儿子、女儿等的 8个亲属称谓词只指称一种亲属关系即只有一个义项，其余19个亲属称谓词都有代表两个或两个以上的义项，多的甚至多达28个义项。具体详见表4.18。

表 4.18　　　　　　　　　　　　　恩水湾亲属称谓的义项

亲属称谓	义　项	义项数量（个）
da^{33}xa^{33}me^{33}	（1）妻子	1
da^{33}xa^{33}zo^{33}	（1）丈夫	1
tʂhɚ^{33}me^{33}	（1）妻子（尊称）	1
za^{33}ka^{33}zʅ^{33}	（1）丈夫（尊称）	1
ɑ^{33}bɑ^{33}	（1）父亲（2）对配偶父亲的面称	2
a^{33}me^{33}	（1）母亲（2）对配偶母亲的面称	2
zʯ^{31}phe^{33}	（1）对配偶父亲的引称	1
zʯ^{31}me^{33}	（1）对配偶母亲的引称	1
a^{33}dɯ^{31}	（1）母亲嫡亲兄弟的配偶（2）母亲堂兄弟的配偶（3）母亲姑舅姨表兄弟的配偶（4）父亲的嫡亲姐妹（5）父亲的堂姐妹（6）父亲的姑舅姨表姐妹（7）母亲的嫡亲姐姐（8）母亲的堂姐（9）母亲的姑舅姨表姐	9
a^{33}bv^{55}	（1）父亲的嫡亲兄弟（2）父亲的堂兄弟（3）父亲的姑舅姨表兄弟（4）父亲嫡亲姐妹的配偶（5）父亲堂姐妹的配偶（6）父亲姑舅姨表姐妹的配偶	6
a^{31}dʑi^{55}	（1）母亲的嫡亲妹妹（2）母亲的堂妹（3）母亲的姑舅姨表妹	3
a^{55}bɯ^{31}	（1）嫡亲兄长（2）堂兄（3）姑舅姨表兄（4）嫡亲姐姐的配偶（5）堂姐的配偶（6）姑舅姨表姐的配偶	6
me^{55}me^{33}	（1）嫡亲姐姐（2）堂姐（3）姑舅姨表姐（4）嫡亲哥哥的配偶（5）堂兄的配偶（6）姑舅姨表兄的配偶	6
gu^{33}zʅ^{33}	（1）嫡亲兄弟（2）堂弟（3）姑舅姨表弟（4）嫡亲妹妹的配偶（5）堂妹的配偶（6）姑舅姨表妹的配偶	6
gu^{33}me^{33}	（1）嫡亲弟弟的配偶（2）堂弟的配偶（3）姑舅姨表弟的配偶（4）嫡亲妹妹（5）堂妹（6）姑舅姨表妹	6
dze^{33}me^{33}	（1）嫡亲兄弟的女儿（2）堂兄弟的女儿（3）姑舅姨表兄弟的女儿（4）嫡亲姐妹的女儿（5）堂姐妹的女儿（6）姑舅姨表姐妹的女儿	6
dze^{33}ɣɯ^{33}	（1）嫡亲兄弟的儿子（2）堂兄弟的儿子（3）姑舅姨表兄弟的儿子（4）嫡亲姐妹的儿子（5）堂姐妹的儿子（6）姑舅姨表姐妹的儿子	6
lu^{55}bv^{33}	（1）曾孙（2）曾外孙（3）外曾孙（4）外曾外孙（5）嫡亲兄弟的曾孙（6）堂兄弟的曾孙（7）姑舅姨表兄弟的曾孙（8）嫡亲姐妹的曾孙（9）堂姐妹的曾孙（10）姑舅姨表姐妹的曾孙（11）嫡亲兄弟的曾外孙（12）堂兄弟的曾外孙（13）姑舅姨表兄弟的曾外孙（14）嫡亲姐妹的曾外孙（15）堂姐妹的曾外孙（16）姑舅姨表姐妹的曾外孙（17）嫡亲兄弟的外曾孙（18）堂兄弟的外曾孙（19）姑舅姨表兄弟的外曾孙（20）嫡亲姐妹的外曾孙（21）堂姐妹的外曾孙（22）姑舅姨表姐妹的外曾孙（23）嫡亲兄弟的外曾外孙（24）堂兄弟的外曾外孙（25）姑舅姨表兄弟的外曾外孙（26）嫡亲姐妹的外曾外孙（27）堂姐妹的外曾外孙（28）姑舅姨表姐妹的外曾外孙	28

（四）恩水湾村亲属称谓在语用中缺乏细化方式

亲属称谓系统中往往存在相同亲属关系有多位亲属的情况，如何确切地指称其中某一位亲属，在许多亲属称谓系统中都会有多种独特的指称方式，用来避免指称混乱现象的产生。恩水湾村亲属系统中只有27个亲属称谓与158种亲属关系对应，因此恩水湾村亲属称谓系统是否具有强大的细化指称的功能，我们对该系统的排行称、引称、面称等进行了深入细致的考察发现：

1. 排行称较单一，有且只有一种排行

恩水湾村亲属称谓系统中对亲属的排行比较简单，只有一种方式即在亲属的直称后直接加上表示"大""中""小"的形容词。例如发音人有三位嫡亲姐姐，那么三位姐姐的排行为：

me^{55}me^{33}duɯ^{31} 大姐　　　me^{55}me^{33}ly^{55} 二姐　　　me^{55}me^{33}dʑi^{55} 三姐/小姐姐

姐姐　　大　　　　　姐姐　　中　　　　　姐姐　　小

如相同亲属关系的亲属只有两位时，则在亲属称谓词后加"大""小"形容词进行限定。发音人的父亲有两个姐姐，那么发音人对这两个亲属的称谓应如下：

a^{33}ȵi^{33}duɯ^{31} 大姑母　　　　　　a^{33}ȵi^{33}dʑi^{55} 小姑母

姑母　　大　　　　　　　　姑母　　小

2. 平辈及以上辈分的亲属引称和面称基本一致，只有平辈以下的亲属引称和面称不同

恩水湾平辈及以上的辈分中，除了"丈夫""妻子""弟弟""妹妹"这四个亲属外，其他亲属的引称和面称相同，只使用一套称谓。如表4.19所示。

表4.19　　　　恩水湾平辈及以上亲属称谓的引称和面称

亲属称谓	所指亲属	引称	面称
phv^{55}phv^{33}	曾祖父、外曾祖父等	phv^{55}phv^{33}	同引称
dzʅ^{33}dzʅ^{33}	曾祖母、外曾祖母等	dzʅ^{33}dzʅ^{33}	同引称
a^{33}phv^{33}	祖父、外祖父等	a^{33}phv^{33}	同引称
a^{33}dzʅ^{33}	祖母、外祖母等	a^{33}dzʅ^{33}	同引称
a^{33}ba^{33}	父亲	a^{33}ba^{33}	同引称
a^{33}me^{33}	母亲	a^{33}me^{33}	同引称
a^{33}gu^{33}	舅父、姨父、岳父、公公等	a^{33}gu^{33}	同引称
a^{33}ȵi^{33}	伯母、姑母、婶母等	a^{33}ȵi^{33}	同引称
a^{33}duɯ^{31}	舅母、姨母、岳母、婆婆等	a^{33}duɯ^{31}	同引称

续表

亲属称谓	所指亲属	引称	面称
a^{33}bv^{55}	伯父、叔父、姑父等	a^{33}bv^{55}	同引称
a^{31}dʑi^{55}	姨母（小姨）	a^{31}dʑi^{55}	同引称
zu^{31}phe^{33}	岳父、公公等	zu^{31}phe^{33}	同引称
zu^{33}me^{33}	岳母、婆婆等	zu^{33}me^{33}	同引称
tʂhɚ^{33}me^{33}	妻子（尊称）	tʂhɚ^{33}me^{33}	直呼乳名 从孩称××a^{33}me^{33}
za^{33}ka^{33}zʅ^{33}	丈夫（尊称）	za^{33}ka^{33}zʅ^{33}	直呼乳名 从孩称××ɑ^{33}bɑ^{33}
dɑ^{33}xɑ^{33}me^{33}	妻子	dɑ^{33}xɑ^{33}me^{33}	直呼乳名 从孩称××a^{33}me^{33}
dɑ^{33}xɑ^{33}zo^{33}	丈夫	dɑ^{33}xɑ^{33}zo^{33}	直呼乳名 从孩称××ɑ^{33}bɑ^{33}
a^{55}buɯ^{31}	哥哥、姐夫等	a^{55}buɯ^{31}	同引称
me^{55}me^{33}	姐姐、嫂子等	me^{55}me^{33}	同引称
guɯ^{33}zʅ^{33}	弟弟、妹夫等	guɯ^{33}zʅ^{33}	直呼乳名
guɯ^{33}me^{33}	妹妹、弟媳等	guɯ^{33}me^{33}	直呼乳名

平辈以下的亲属，其引称和面称不同。面称一般直呼乳名。如表 4.20 所示。

表 4.20　　　　　　　恩水湾平辈以下亲属称谓的引称和面称

亲属称谓	所指亲属	引称	面称
zo^{33}	儿子	zo^{33}	直呼乳名
mi^{55}	女儿	mi^{55}	直呼乳名
dze^{33}me^{33}	侄女、儿媳等	dze^{33}me^{33}	直呼乳名
dze^{33}ɣuɯ^{33}	侄子、女婿等	dze^{33}ɣuɯ^{33}	直呼乳名
lu^{55}bv^{33}	孙子、曾孙等	lu^{55}bv^{33}	直呼乳名
lu^{55}me^{33}	孙女、曾孙女等	lu^{55}me^{33}	直呼乳名

从上表中可以看出，恩水湾村子辈和孙辈亲属面称时都可直呼其名，只有在引称时才使用相应的称谓。

第四节　亚发达型亲属称谓系统的共时特征

一　汝寒坪村纳西语亲属称谓系统的共时特征

汝寒坪村是玉龙纳西族自治县太安乡天红村委会的自然村之一，该村海拔 3000 多米，地处玉龙县西南部，距离玉龙县城 30 多公里。该村属玉龙县的高寒山区村寨，该村农作物以土豆为主。太安乡北面与玉龙县拉市乡接壤，西临玉龙县九河白族乡，东接玉龙县七河镇，南临大理州鹤庆县。纳西族是汝寒坪村的世居民族。

太安乡汝寒坪村纳西语（以下简称"太安话"）亲属称谓系统中亲属称谓上可称至高祖辈，下可至曾孙辈，共 8 代，共 53 个称谓。亲属称谓与亲属的对应关系既有一一对应的关系，也有一对多的关系。

下面按亲属关系对其进行梳理和分析。

（一）直系亲属称谓

汝寒坪直系亲属中，父辈和子辈亲属称谓及亲属关系一一对应，其他辈分亲属称谓及亲属关系为一对多。如表 4.21 所示。

表 4.21　　　　　　　　　　太安话直系亲属称谓

辈分	汉语称谓	纳西语称谓（男性）	汉语称谓	纳西语称谓（女性）
祖辈	高祖父	$a^{33}kh\partial^{31}$	高祖母	$a^{33}kh\partial^{31}$
	曾祖父	$a^{33}mu^{55}$	曾祖母	$a^{33}mu^{55}$
	祖父	$a^{55}l\mathfrak{d}^{33}$	祖母	$a^{55}na^{33}$
父辈	父亲	$a^{55}di^{33}$	母亲	$a^{55}mu^{33}$
子辈	儿子	$z\mathfrak{d}^{33}$	女儿	mi^{55}
孙辈	孙子	$d\partial^{33}bv^{33}$	孙女	$d\partial^{33}me^{33}$
	曾孙	$d\partial^{55}bv^{33}$	曾孙女	$d\partial^{55}me^{33}$

上表是以己身为核心上至高祖辈下至曾孙辈的共 14 个直系亲属称谓。其主要有以下两个特点：

1. 曾祖辈以上包含曾祖辈在内的称谓不区分男性、女性的性别。曾祖辈的男性亲属和女性亲属同称，称为 $a^{33}mu^{55}$；高祖辈男性亲属和女性亲属同称，称为 $a^{33}kh\partial^{31}$。祖辈称谓以下含祖辈在内的称谓都有性别差异，男性亲属称谓和女性亲属称谓不同称。

2. 孙辈与曾孙辈称谓通过声调的变化来区分不同的辈分，声调成为这两个辈分称谓的区别性要素。例如：də³³bv³³"孙子"第一个音节的声调为 33，də⁵⁵bv³³"曾孙"第一个音节的声调为 55；də³³me³³"孙女"第一个音节的声调为 33，də⁵⁵me³³"曾孙女"第一个音节的声调为 55，即这两组称谓词通过音节声调的变化来区分不同的辈分。

（二）旁系亲属称谓

汝寒坪旁系亲属与亲属称谓的对应关系多为多对一的关系，具体称呼情况见表 4.22。

表 4.22　　　　　　　　　　太安话旁系亲属称谓

辈分	汉语称谓	纳西语称谓（男性）	汉语称谓	纳西语称谓（女性）
祖辈	外祖父	a⁵⁵lɔ³³	外祖母	a⁵⁵na³³
	伯祖父	a⁵⁵lɔ³³	伯祖母	a⁵⁵na³³
	叔祖父	a⁵⁵lɔ³³	叔祖母	a⁵⁵na³³
	外伯祖父	a⁵⁵lɔ³³	外伯祖母	a⁵⁵na³³
	姑祖父	a⁵⁵lɔ³³	姑祖母	a⁵⁵na³³
	舅祖父	a⁵⁵lɔ³³	舅祖母	a⁵⁵na³³
父辈	伯父	a³³ta⁵⁵	伯母	ta⁵⁵mu³³
	叔父	a³³ʂv¹³	叔母	a³³ʂv¹³mu³³/a³³dʑi⁵⁵
	姑父	a³³guɯ³³	姑母	a³³n̠i³³
	舅父	a³³tɕy⁵⁵	舅母	a³³tɕy⁵⁵mu³³
	姨父	a³³guɯ³³	姨母	a³³duɯ³¹/a³³dʑi⁵⁵
平辈	哥哥	a³³buɯ³¹	姐姐	a³³me¹³
	弟弟	guɯ³³zɿ³³	妹妹	guɯ³³me³³
	堂兄	a³³buɯ³¹	堂姐	a³³me¹³
	堂弟	guɯ³³zɿ³³	堂妹	guɯ³³me³³
	姑舅姨表兄	a³³buɯ³¹	姑舅姨表姐	a³³me¹³
	姑舅姨表弟	guɯ³³zɿ³³	姑舅姨表妹	guɯ³³me³³
子辈	侄子	dze³³ɣuɯ³³	侄女	dze³³me³³
	外甥	dze³³ɣuɯ³³	外甥女	dze³³me³³
孙辈	堂孙	də³³bv³³	堂孙女	də³³me³³
	姑舅姨表孙	də³³bv³³	姑舅姨表孙女	də³³me³³

上表记录了太安话孙辈至祖辈的 42 种旁系亲属关系的称谓，其中有些表示不同类别亲属关系的称谓同称，按亲属称谓的数量共计为 21 个。其主

要特征为：

1. 祖辈所有男性亲属称谓都与祖父称谓同称，都称为 $a^{55}lo^{33}$；所有女性祖辈亲属的称谓与祖母的称谓同称，都称为 $a^{55}na^{33}$。说明祖辈亲属称谓只区分男女性别，而不区分嫡亲、堂房、姑舅姨表亲等亲属来源。

2. 父辈称谓中，姑父、姨父称谓相同，称为 $a^{33}gu^{33}$。"叔母"称谓有两种称法，一种是合成称谓词 $a^{33}sv^{13}$（叔叔）+mu^{33}（母亲）→$a^{33}sv^{13}mu^{33}$ 叔母，一种是单纯称谓词 $a^{33}dzi^{55}$。"姨母"称谓以母亲年龄为依据，年长于母亲称为：$a^{33}dw^{31}$，年幼于母亲则称为 $a^{33}dzi^{55}$。

3. 从平辈称谓可看出：堂房姑舅姨表兄弟姐妹与嫡亲兄弟姐妹的称谓同称。所有年长于己的男性称为 $a^{33}bw^{31}$，年长于己的女性称为 $a^{33}me^{13}$；年幼于己的男性称为 $gw^{33}z\eta^{33}$，年幼于己的女性称为 $gu^{33}me^{33}$。

4. 子辈称谓中，嫡亲兄弟的子女与嫡亲姐妹、姑舅姨表兄弟姐妹、妻子堂房姑舅姨表兄弟姐妹的子女称谓一致，即不区分嫡亲、宗亲和外亲，男性称为 $dze^{33}\gamma w^{33}$，女性称为 $dze^{33}me^{33}$。

5. 孙辈称谓也不区分嫡亲、宗亲和外亲。嫡亲兄弟与嫡亲姐妹、堂房兄弟姐妹、姑舅姨表姐妹的孙辈称谓都相同。孙辈男性统称为 $də^{33}bv^{33}$，女性统称为 $də^{33}me^{33}$。

根据上表中女性平辈、子辈、孙辈的亲属称谓词构成可看出，语素 me^{33} 为女性亲属的标志。

（三）姻亲亲属称谓

汝寒坪姻亲亲属的范围，主要指配偶的孙辈亲属至配偶的父辈亲属的四代亲属。汝寒坪四代姻亲亲属称谓见表 4.23。

表 4.23　　　　　　　　　太安话姻亲亲属称谓

辈分	男性姻亲称谓		女性姻亲称谓	
父辈	$zu^{31}phe^{33}$	岳父、公公	$zu^{31}me^{33}$	岳母、婆婆
平辈	$da^{33}xa^{33}ba^{31}$	丈夫	$da^{33}xa^{33}me^{33}$	妻子
	$cy^{55}\gamma w^{33}$	丈夫的兄弟	$xua^{55}me^{33}$	丈夫的姐妹
	$tcy^{55}zi^{31}$	妻子的兄弟	$me^{33}tchi^{33}$	嫡亲兄弟的妻子
	$tsha^{33}ba^{31}$	妻子姐妹的丈夫	$ni^{33}dzə^{33}me^{33}$	妯娌
子辈	$mu^{55}\gamma w^{33}$	女婿	$zo^{33}tshə^{33}me^{33}$	儿媳
	$dze^{33}me^{33}mu^{55}\gamma w^{33}$	侄女婿、外甥女婿	$dze^{33}\gamma w^{33}tshə^{33}me^{33}$	侄媳、外甥媳
孙辈	$də^{33}me^{33}mu^{55}\gamma w^{33}$	孙女婿	$də^{33}pv^{33}tshə^{33}me^{33}$	孙媳

从上述姻亲亲属称谓表，可见汝寒坪姻亲亲属称谓具有以下几个特征：

1. 汝寒坪父辈姻亲亲属、子辈姻亲亲属、孙辈姻亲亲属不具体区分夫方还是妻方亲属；平辈姻亲亲属则区分夫方和妻方亲属，两方平辈亲属的称谓各不相同。

2. 汝寒坪姻亲亲属称谓有引称和面称两套，上表所示的亲属称谓为引称称谓。父辈男性姻亲亲属面称为 $a^{55}di^{33}$（父亲），父辈女性亲属的面称为 $a^{55}mu^{33}$（母亲）；平辈年长于己的男性面称为 $a^{33}bɯ^{31}$（哥哥），年长于己的女性面称为 $a^{33}me^{13}$（姐姐），平辈年幼于己的姻亲亲属、子辈姻亲亲属、孙辈姻亲亲属的面称通常直呼乳名。

3. 女性姻亲亲属称谓的构词成分中都包含了一个语素 me^{33} 作为女性亲属的标志。

（四）合称亲属称谓

汝寒坪合称亲属称谓主要用于表述两者间的亲属关系。从构词来看，这些合称亲属称谓都是由单纯亲属称谓词组合而成，常用的合称亲属称谓有以下七组。见表 4.24。

表 4.24　　　　　　　　　　太安话合称亲属称谓

汉语称谓	纳西语称谓	汉语称谓	纳西语称谓
父子	$a^{33}ba^{33}zɔ^{33}$	父女	$a^{33}ba^{33}mi^{55}$
母子	$a^{55}mu^{33}zɔ^{33}$	母女	$a^{55}mu^{33}mi^{55}$
夫妻	$ȵi^{33}nv^{31}za^{33}ka^{33}z̩^{33}$	子女	$zɔ^{33}mi^{55}$
兄弟姐妹	$bv^{21}z̩^{33}me^{33}xe^{31}$		

分析上表中的七组合称亲属称谓词，发现其组合规律以语义原则为主。其中有六组词遵循的是语义原则，语义原则表现为：

1. 指称不同辈分亲属关系的合称亲属称谓词，辈分高的在前，辈分低的在后。例如 $a^{33}ba^{33}zɔ^{33}$ "父子"，表父亲的称谓 $a^{33}ba^{33}$ 在前，表儿子的称谓 $zɔ^{33}$ 在后。

2. 指称相同辈分亲属关系的合称亲属称谓词，表男性的称谓在前，表女性的称谓在后。例如 $zɔ^{33}mi^{55}$ "子女"一词有 $zɔ^{33}$ "儿子"加 mi^{55} "女儿"组成，因而"儿子"居前"女儿"居后。

其中只有一组词遵循的是语音原则，语音原则表现为：

元音舌位高的音节居前，元音舌位低的音节居后。具体体现在第一、第三音节上。如 $ȵi^{33}nv^{31}za^{33}ka^{33}z̩^{33}$ "夫妻"一词为五音节，由单纯称谓词 $ȵi^{33}nv^{31}$（妻子）加单纯称谓词 $za^{33}ka^{33}z̩^{33}$（丈夫）组成，第一个音节元音 i 为舌尖前高不圆唇元音，第三音节元音 a 为舌尖前低不圆唇元音，第一个音节元音舌位高于第三个音节，因而"妻子"一词在前，"丈夫"一词在后。

有的则合称亲属词既满足语音原则又满足语义原则，例如：$bv^{21}z_1^{33}me^{33}xe^{31}$ "兄弟姐妹"一词由 $bv^{21}z_1^{33}$ "兄弟"加 $me^{33}xe^{31}$ "姐妹"构成四音节复合词，语音原则主要考察双数音节即第二、第四音节，第二音节元音 $\mathfrak{1}$ 的舌位高于第四音节元音 e；语义即相同辈分亲属关系合称词，男性称谓在前，女性称谓在后。

二　分水岭村纳西语亲属称谓系统的共时特征

分水岭村隶属于云南省丽江市永胜县顺州乡会文村委会，地处永胜县西部，南边与永胜县涛源镇相连，北靠永胜县大安彝族纳西族乡，东接永胜县程海镇，西边与大理白族自治州鹤庆县隔江相望。纳西族是分水岭村的主要民族，据分水岭村的老人们讲述：他们的祖辈们是从丽江迁到分水岭村居住的。

分水岭村纳西语亲属称谓系统中52个亲属称谓与158个亲属关系相对应，其数量介于发达型亲属称谓系统和不发达亲属称谓系统间。分水岭纳西语亲属称谓系统作为亚发达型亲属称谓系统的个案之一，最典型的特征是：亲属称谓分类较不发达型亲属称谓系统细致，此外亲属称谓系统中有较多从汉语亲属称谓系统中借入的汉语亲属称谓词。

（一）分水岭村亲属关系的划分介于发达型和不发达型亲属称谓系统间

分水岭亲属称谓分类的细化程度介于发达型亲属称谓系统和不发达型亲属称谓系统之间，它的分类比不发达亲属称谓系统细致，但不如发达亲属称谓系统。我们通过分水岭亲属称谓系统和发达型亲属称谓系统（以玉龙县拉市乡吉余村委会余乐六组纳西语为例）、不发达型亲属称谓系统（以玉龙县奉科镇善美村委会上瓦二村、凉山州木里县俄亚乡大村纳西语为例）的比较，来分析分水岭亲属称谓具体的分类程度和情况。下面我们分辈分进行分析。

1. 祖辈亲属称谓的具体分类情况，见表 4.25。

表 4.25　　分水岭、上瓦二村、余乐六组祖辈亲属称谓的分类

亲属关系	分水岭村亲属称谓	上瓦二村亲属称谓	余乐六组亲属称谓
高祖父	$\alpha^{33}kh\vartheta^{31}$	$a^{33}phv^{33}$	$a^{31}phv^{55}phv^{33}$
高祖母	$\alpha^{33}kh\vartheta^{31}$	$a^{33}dzv^{33}$	$a^{31}ts_1^{55}ts_1^{33}$
曾祖父	$\alpha^{33}mu^{55}$	$a^{33}phv^{33}$	$a^{33}mu^{55}lo^{33}$
曾祖母	$\alpha^{33}mu^{55}$	$a^{33}dzv^{33}$	$a^{33}mu^{55}na^{33}$
祖父	$\alpha^{55}lo^{33}$	$a^{55}lo^{33}$	$a^{55}lo^{33}$

续表

亲属关系	分水岭村亲属称谓	上瓦二村亲属称谓	余乐六组亲属称谓
祖母	$a^{55}na^{33}$	$a^{33}na^{33}$	$a^{55}na^{33}$
外祖父	$a^{55}lo^{33}$	$a^{55}lɔ^{33}$	$a^{55}ku^{33}$
外祖母	$a^{55}na^{33}$	$a^{33}na^{33}$	$a^{33}phɔ^{13}$
伯祖父	$a^{55}lo^{33}dɯ^{31}$	$a^{55}lɔ^{33}dɯ^{31}$	$a^{55}lɔ^{33}dɯ^{31}$
伯祖母	$a^{55}na^{33}dɯ^{31}$	$a^{33}na^{33}dɯ^{31}$	$a^{33}na^{33}dɯ^{31}$
叔祖父	$a^{55}lo^{33}dʑi^{55}$	$a^{55}lɔ^{33}dʑi^{55}$	$a^{55}lɔ^{33}dʑi^{55}$
叔祖母	$a^{55}na^{33}dʑi^{55}$	$a^{33}na^{33}dʑi^{55}$	$a^{33}na^{33}dʑi^{55}$
伯外祖父	$a^{55}lo^{33}dɯ^{31}$	$a^{55}lɔ^{33}dɯ^{31}$	$a^{55}lɔ^{33}dɯ^{31}$
伯外祖母	$a^{55}na^{33}dɯ^{31}$	$a^{33}na^{33}dɯ^{31}$	$a^{33}na^{33}dɯ^{31}$
叔外祖父	$a^{55}lo^{33}dʑi^{55}$	$a^{55}lɔ^{33}dʑi^{55}$	$a^{55}lɔ^{33}dʑi^{55}$
叔外祖母	$a^{55}na^{33}dʑi^{55}$	$a^{33}na^{33}dʑi^{55}$	$a^{33}na^{33}dʑi^{55}$
姑祖父	$ku^{33}ʑe^{31}ʑe^{33}$	$a^{55}lɔ^{33}$	$ku^{33}lɔ^{33}$
姑祖母	$ku^{33}na^{33}na^{33}$	$a^{33}na^{33}$	$ku^{33}na^{33}$
舅祖父	$tɕy^{55}ʑe^{31}ʑe^{33}$	$a^{55}lɔ^{33}$	$a^{33}tɕy^{55}lɔ^{33}$
舅祖母	$tɕy^{55}na^{33}na^{33}$	$a^{33}na^{33}$	$a^{33}tɕy^{55}na^{33}$
姨祖父	$zi^{31}ʑe^{31}ʑe^{33}$	$a^{55}lɔ^{33}$	$zɔ^{31}na^{33}$
姨祖母	$zi^{31}na^{33}na^{33}$	$a^{33}na^{33}$	$zɔ^{31}lɔ^{33}$

从上表可以看出，分水岭村曾祖辈及以上的亲属称谓比上瓦二村分得细即分水岭村区分曾祖辈和高祖辈，两个辈分用不同的称谓进行指称，而上瓦二村则不区分曾祖辈和高祖辈，凡是曾祖辈以上的男性用 $a^{33}phv^{33}$ 指称，女性用 $a^{33}dzv^{33}$ 指称。虽然分水岭和余乐六组的两个亲属称谓系统把曾祖辈和高祖辈区分开来，但再往下看，分水领曾祖辈和高祖辈内部区分不如余乐六组细，其表现在：分水岭村的曾祖和高祖称谓内部不区分男、女性别即男性曾祖和女性曾祖都叫 $a^{33}mu^{55}$，男性高祖和女性高祖都叫 $a^{33}khə^{31}$。余乐六组曾祖和高祖称谓内部区分性别，女性曾祖叫 $a^{33}mu^{55}na^{33}$，男性曾祖叫 $a^{33}mu^{55}lɔ^{33}$，女性高祖称为 $a^{31}tsʅ^{55}tsʅ^{33}$，男性高祖叫 $a^{31}phv^{55}phv^{33}$。

　　分水岭村祖辈亲属称谓明显比上瓦二村分得细，但又不如余乐六组细致。祖辈亲属中外祖父与祖父、外祖母与祖母同称，其他祖辈亲属称谓与祖父母的称谓不同；上瓦二村所有祖辈男性亲属称谓都相同，称为 $a^{55}lɔ^{33}$（祖父），所有祖辈女性亲属称谓都相同称为 $a^{33}na^{33}$（祖母）；余乐六组祖辈其他亲属称谓都不同于祖父母称谓。

2. 父辈亲属称谓的分类情况，见表 4.26。

表 4.26　　　分水岭、俄亚大村、余乐六组父辈亲属称谓的分类

亲属关系	分水岭村亲属称谓	俄亚大村亲属称谓	余乐六组亲属称谓
父亲	$a^{55}di^{33}$	$a^{33}bш^{33}$	$a^{33}pa^{33}$
母亲	$a^{33}mu^{33}$	$a^{33}me^{33}$	$a^{33}mo^{33}$
伯父	$ta^{55}di^{33}$	$a^{31}bш^{33}dш^{31}$	$a^{33}ta^{55}$
伯母	$ta^{55}mu^{33}$	$a^{31}dш^{31}$	$ta^{55}mo^{33}$
叔父	$a^{33}ʂv^{13}$	$a^{31}bш^{33}dʑi^{55}$	$a^{33}sv^{13}$
叔母	$a^{33}ʂv^{13}mu^{33}$	$a^{31}dʑi^{55}$	$a^{55}ŋa^{33}$
姑母	$a^{55}ŋa^{33}$	$a^{31}dш^{31}/a^{31}dʑi^{55}$	$ku^{33}ma^{33}$
姑父	$a^{33}gш^{33}$	$a^{31}bш^{33}$	$ku^{33}di^{33}$
舅父	$a^{33}gш^{33}/a^{33}tɕy^{55}$	$a^{31}gv^{33}$	$a^{33}tɕy^{55}$
舅母	$a^{33}ŋi^{33}/a^{33}tɕy^{55}mu^{33}$	$a^{31}dш^{31}/a^{31}dʑi^{55}$	$a^{33}tɕy^{55}mo^{33}$
姨父	$a^{33}gш^{33}$	$a^{31}bш^{33}$	$zi^{31}di^{33}$
姨母	$zi^{31}mu^{33}$	$a^{31}dш^{31}/a^{31}dʑi^{55}$	$zi^{31}mo^{33}$
岳父	$ʐu^{31}phe^{33}/a^{33}gш^{33}$	$a^{31}phv^{33}$	$ʐu^{31}phe^{33}$
岳母	$ʐu^{31}me^{33}/a^{33}ŋi^{33}$	$a^{31}dzv^{33}$	$ʐu^{31}me^{33}$
公公	$ʐu^{31}phe^{33}/a^{33}gш^{33}$	$a^{31}phv^{33}$	$ʐu^{31}phe^{33}$
婆婆	$ʐu^{31}me^{33}/a^{33}ŋi^{33}$	$a^{31}dzv^{33}$	$ʐu^{31}me^{33}$

从上表可以看出，三个不同类型亲属称谓系统的父辈亲属称谓的共同点是：所有父辈亲属称谓都存在男、女性别的区分。

他们的差异主要体现在：不同类型亲属关系同称的具体情况不同，此外相同亲属关系有的只有一套称谓，有的有两套称谓。例如：分水岭村舅父、姨父、岳父同称，舅母、姨母、岳母却不同称，舅父、舅母有新旧两套称谓，岳父、岳母、公公、婆婆都有两套称谓。余乐六组的姑舅姨岳父、姑舅姨岳母等称谓均不相同。俄亚大村姑母、伯母、叔母、舅母、姨母同称，姑父、伯父、叔父、舅父、姨父共用同一称谓，此外岳父、岳母、公公、婆婆和祖父、祖母使用同一套称谓即从孩称。因而分水岭村父辈亲属关系的细化程度介于俄亚大村和余乐六组之间。

3. 平辈及以下亲属关系的划分。如表 4.27 所示。

表 4.27　　　　　分水岭、俄亚大村、余乐六组平辈以下亲属称谓

亲属关系	分水岭村亲属称谓	俄亚大村亲属称谓	余乐六组亲属称谓
妻子	$tʂhə^{33}me^{33}$	$me^{33}tɕhi^{33}/tʂhə^{33}me^{33}$	$ɲi^{33}nə^{31}$
丈夫	$ʑa^{33}ka^{31}zɻ^{33}$	$mɯ^{55}ɣɯ^{33}$	$ʑa^{33}ka^{33}zɻ^{33}$
哥哥	$ɑ^{55}kɔ^{33}$	$a^{31}bɯ^{55}$	$a^{55}kɔ^{33}$
姐姐	$me^{55}me^{31}$	$me^{55}me^{31}$	$a^{55}tɕi^{33}$
弟弟	$gɯ^{33}zɻ^{33}$	$gɯ^{33}zɻ^{33}$	$gɯ^{33}zɻ^{33}$
妹妹	$gu^{33}me^{33}$	$gu^{33}me^{33}$	$gu^{33}me^{33}$
儿子	$zɔ^{33}$	zo^{33}	$zɔ^{33}$
女儿	mi^{55}	mi^{55}	mi^{55}
侄子	$dze^{33}ɣɯ^{33}$	$dze^{33}ɣɯ^{33}$	$dze^{33}ɣɯ^{33}$
侄女	$dze^{33}me^{33}$	$dze^{33}me^{33}$	$dze^{33}me^{33}$
外甥	$dze^{33}ɣɯ^{33}$	$dze^{33}ɣɯ^{33}$	$dze^{33}ɣɯ^{33}$
外甥女	$dze^{33}me^{33}$	$dze^{33}me^{33}$	$dze^{33}me^{33}$
孙子	$lv^{33}bv^{33}$	$lu^{33}bv^{33}$	$lə^{33}bv^{33}$
孙女	$lv^{33}me^{33}$	$lu^{33}me^{33}$	$lə^{33}me^{33}$
外孙	$lv^{33}bv^{33}$	$lu^{33}bv^{33}$	$lə^{33}bv^{33}$
外孙女	$lv^{33}me^{33}$	$lu^{33}me^{33}$	$lə^{33}me^{33}$

　　上表所示：三种类型亲属称谓系统的子辈及子辈以下的亲属称谓比较一致，主要表现在：同辈亲属的称呼有性别区分，如兄弟的儿子与女儿的称谓不同，兄弟的儿子称为 $dze^{33}ɣɯ^{33}$，兄弟的女儿称为 $dze^{33}me^{33}$；同辈亲属的称呼不区分内外亲属关系，如儿子的孩子与女儿的孩子同称，儿子的儿子称为 $lv^{33}bv^{33}$，女儿的儿子也称为 $lv^{33}bv^{33}$。

　　通过对分水岭村亲属称谓系统与发达型和不发达型亲属称谓系统比较发现：分水岭村不同辈分亲属关系划分的细致程度都处于其他两个类型之间，特别是祖辈和父辈亲属关系的划分。

　　（二）分水岭亲属称谓系统通过吸收借词来丰富自己，部分亲属称谓有新旧两套称谓

　　分水岭村亲属称谓系统在语言接触和发展的过程中，指称部分亲属关系的称谓在保留本族称谓的同时从其他民族语言中吸收了新的亲属称谓来丰富自己的亲属称谓系统，因而部分亲属称谓有新旧两套称谓。如表 4.28

所示。

表 4.28　　　　　　　　　分水岭新旧称谓对比

亲属关系	原有亲属称谓	借入亲属称谓
舅父	ɑ³³gɯ³³	ɑ³³tɕy⁵⁵
舅母	ɑ³³ȵi³³	ɑ³³tɕy⁵⁵mu³³
岳父	ɑ³³gɯ³³	ʐu³¹phe³³
岳母	ɑ³³ȵi³³	ʐu³¹me³³
公公	ɑ³³gɯ³³	ʐu³¹phe³³
婆婆	ɑ³³ȵi³³	ʐu³¹me³³

如上表所示，分水岭村亲属称谓系统中舅父、岳父、公公同称为 ɑ³³gɯ³³，舅母、岳母、婆婆同称为 ɑ³³ȵi³³。伴随分水岭家庭婚姻结构的变化，加上不同民族间族际婚姻和民族交往的增加，往往会从其他民族亲属称谓系统中借入新的称谓，因而舅父、岳父和公公三种亲属不再继续共用一套称谓：舅父叫作 ɑ³³tɕy⁵⁵，舅母叫作 ɑ³³tɕy⁵⁵mu³³，岳父及公公同称为 ʐu³¹phe³³，岳母及婆婆叫 ʐu³¹me³³，只有在当面称呼岳父、公公时叫 ɑ³³gɯ³³，称岳母、婆婆时叫 ɑ³³ȵi³³。

（三）分水岭村亲属称谓系统中的称谓有排行称

分水岭亲属称谓系统中，具有相同亲属关系的亲属如何进行排序，其有自己的方式。当有两个相同关系的亲属时，通常以产生亲属关系的亲属来源为参考，在亲属称谓后加形容词"大""小"进行区分。例如：

ɑ⁵⁵ȵa³³ 姑母 + dɯ³¹ 大　→　ɑ⁵⁵ȵa³³dɯ³¹ 大姑（父亲的姐姐）
ɑ⁵⁵ȵa³³ 姑母 + dʑi⁵⁵ 小　→　ɑ⁵⁵ȵa³³dʑi⁵⁵ 小姑（父亲的妹妹）

当相同亲属关系的亲属有三个或三个以上时，用数词加亲属称谓词根的方式进行排序。其中的数词为汉语借词，例如：

tɑ⁵⁵ 大 + sɔ³³ 嫂子　→　　　　tɑ⁵⁵sɔ³³　　　嫂子
ɚ⁵⁵ 二 + sɔ³³ 嫂子　→　　　　ɚ⁵⁵sɔ³³　　　二嫂
sa³³ 三 + sɔ³³ 嫂子　→　　　　sa³³sɔ³³　　　三嫂

本章小结

（一）纳系族群亲属称谓系统各地不一，存在差异。根据各支群亲属称谓系统中亲属称谓词的数量多少，可以将其分为三类：发达型亲属称谓系统、不发达型亲属称谓系统及亚发达型亲属称谓系统。从空间上看，发达型亲属称谓系统多集中分布在纳西语西部方言区，不发达型亲属称谓系统多分布在纳西语东部方言区，亚发达型亲属称谓系统则多位于东部方言区及西部方言区的交界地带。这说明亲属称谓系统的差异与地理分布密切相关。

（二）纳系族群亲属称谓词的义项发展不均衡，亲属称谓词的义项多则达六七十个，少则只有一个。根据每个称谓所指称的亲属关系的多少，可以将其分为两类。一是专称式称谓，即一个称谓只指称一种亲属关系，专称式称谓的义项较少。一是类称式称谓，即一个称谓能够指称同一个范畴的多种亲属关系，类称式称谓的义项较多。发达型亲属称谓系统中专称式称谓较多，不发达型亲属称谓系统则以类称式亲属为主，亚发达型亲属称谓系统中专称式称谓、类称式称谓的比例介于发达型和不发达型之间。纳系族群亲属称谓词义项发展不均衡，是社会、婚姻、家庭制度、地理差异在语言上的反映，是语言研究、民族地理研究的宝贵资源。

（三）纳系族群亲属称谓系统是纳系族群家庭、婚姻形式的直接反映，通过纳系族群亲属称谓的研究可以看到纳系族群家庭、婚姻形式的历时发展演变过程。如：发达型亲属称谓系统所分布的地区较早进入专偶制家庭（一夫一妻制），而不发达型亲属称谓系统所分布的地区实行专偶婚的时间较晚，通过对其亲属称谓的分析，可以看到这些地区曾经历过血缘婚、对偶婚等较古老的婚姻和家庭形态。这是语言研究中取之不尽的矿藏。

第五章　纳系族群祖辈亲属称谓的地理分布

　　语言的亲属称谓分布具有地理特征。就是说，某一民族的亲属称谓系统，在不同地区会存在差异。这是亲属称谓发展不平衡的表现。所以使用地理语言学的方法，能够清楚地展现亲属称谓在不同地区的分布特征，便于厘清亲属称谓的差异和演变情况。

　　如上所述，纳系族群不同支群的亲属称谓在不同地区具有不同的特点。所以，我们可以使用地理语言学的理论和方法，通过一张张亲属称谓地理分布图的制作，可以十分清楚、直观地把纳系族群亲属称谓词在滇川藏毗邻地区的分布情况呈现出来，也能够客观地找寻其分布特征。此外根据亲属称谓词的空间分布图可以为纳系族群亲属称谓系统类型分区研究，纳系族群方言分区研究，以及语言和文化地理界线的研究提供参考。

　　纳系族群生活在滇川藏三省区的交界地区，由于各地特殊的地理区位特征，纳系族群亲属称谓系统中的称谓词无论是词形、语音形式还是词义都各具特征。

　　纳系族群人们在生活中对这些不同辈分的亲属是如何进行指称的，这些称谓又是怎样分布和发展的。

第一节　父系祖辈亲属称谓的地理分布

　　纳系族群亲属称谓系统中较常用的祖辈称谓主要是用来指称祖父（父亲的父亲）、祖母（父亲的母亲）、外祖父（母亲的父亲）、外祖母（母亲的母亲）、祖父的兄弟姐妹及其配偶、祖母的兄弟姐妹及其配偶、外祖父的兄弟姐妹及其配偶、外祖母的兄弟姐妹及其配偶、曾祖父（祖父的父亲）、曾祖母（祖父的母亲）等 38 种亲属关系的称呼。

一　父系祖辈亲属称谓的地理分布

　　纳系族群父系祖辈亲属包括祖父、祖母、祖父的兄弟姐妹及配偶、祖母的兄弟姐妹及配偶、曾祖父、曾祖母等 20 种亲属。

（一）祖父、祖母称谓的分布与演变

1. 祖父称谓的分布与演变

纳系族群的祖父称谓如表 5.1 所示。

表 5.1 　　　　　　　　　　纳系族群祖父称谓

类型	调查点	祖父
类型一	维西加木壳村	ɑ³³phv³³
	维西汝柯 玛丽玛萨人	ɑ³³pho³³
	香格里拉恩水湾村	ɑ³³phv³³
	香格里拉波湾村	ɑ³³phv³³
	香格里拉次恩丁村	ə³³phu³³
	宁蒗翠玉大村 摩梭人	æ²¹phv³³
	木里俄亚大村	ɑ³¹phv³³
	木里俄亚托地村	ɑ²¹phv³³
	木里依吉乡 纳日人	e⁵⁵phu³⁵
	玉龙巨甸阿瓦村	ɑ³³phv³³
类型二	玉龙奉科上瓦村	a⁵⁵lɔ³³
	玉龙九河甸头灵芝园村	ə⁵⁵lɔ³³
	玉龙太安汝寒坪村	ɑ⁵⁵lɔ³³
	玉龙宝山宝山村	a⁵⁵lɔ³³
	香格里拉开发区	ɑ⁵⁵lo³³
	宁蒗拉伯新庄村	ɑ³³lɔ³³
	永胜顺州分水岭村	ɑ⁵⁵lo³³
	玉龙大具金宏村	a⁵⁵lɔ³³
	玉龙拉市吉余余乐六组	a⁵⁵lɔ³³
	玉龙鲁甸杵峰下组	a⁵⁵lɔ³³
	玉龙龙蟠上元村	ɑ³¹lɔ³³
	玉龙黄山长水七组	a⁵⁵lɔ³³
	玉龙白沙丰乐村	a⁵⁵lɔ³³
	古城区金山开文村	a⁵⁵lɔ³³
	古城区大东初卡村	a⁵⁵lɔ³³
类型三	玉龙塔城老村二组	ɑ³³phv³³/a⁵⁵lɔ³³

从表 5.1 可看出，纳系族群"祖父"称谓可分为三类：一是"前缀+lo³³"

类，一是"前缀+phv³³"类，一是a⁵⁵lɔ³³和a³³phv³³两种并存类。三种类型在地理上的分布如图5.1所示。

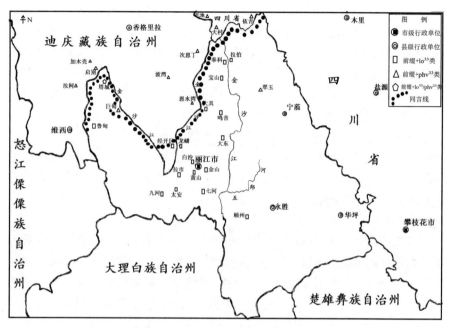

图5.1　纳系族群祖父称谓类型的分布

从上图的地理分布可以看出：表示"前缀+lɔ³³类"的（以□标示），主要分布在云南省丽江市西北部。其具体语音形式有a⁵⁵lɔ³³、ɵ⁵⁵lɔ³³、ɑ⁵⁵lɔ³³、a³³lɔ³³等六种。a⁵⁵lɔ³³主要在拉市、宝山、奉科、黄山，ɵ⁵⁵lɔ³³存在于玉龙县九河乡，ɑ⁵⁵lɔ³³主要分布于香格里拉县开发区、永胜县顺州镇，a⁵⁵lɔ³³主要分布在大具、鲁甸、白沙大东和金山、太安等。a³³lɔ³³主要在宁蒗县拉伯乡周围使用。a³¹lɔ³³使用于龙蟠。

表示"前缀+phv³³类"的（以符号△标识），这个类型主要分布在四川省西南部、迪庆州香格里拉县及丽江市西北部少数地区。有 a³³phv³³、a²¹/a³¹phv³³、a³³pho³³、æ³¹phv³³、e⁵⁵phu³⁵五种语音形式。a³³phv³³主要在香格里拉县三坝乡白地村委会的恩水湾村、波湾村、东坝村委会次恩丁村及玉龙县的塔城镇和巨甸镇等地使用，a²¹/a³¹phv³³主要分布在四川省木里县俄亚纳西族乡大村、托地村，a³³pho³³只在迪庆州维西傈僳族自治县塔城镇汝柯村使用，æ³¹phv³³在宁蒗县翠玉乡大村使用，e⁵⁵phu³⁵分布于四川省木里县依吉乡。

有的地区 a⁵⁵lɔ³³和a³³phv³³两种类型并存使用（用符号⌂表示），这个类型只分布在玉龙县塔城镇及临近地区。

根据纳系族群"祖父"称谓类型的地理分布情况，并参考纳西族古文献的记载，还结合日常生活中不同年龄段人们对祖父称谓的使用情况，可以构拟出纳系族群祖父称谓的演变链。这条演变链主要有以下三个阶段：

祖父称谓 $\mathrm{\theta^{33}phv^{33}}$[①]在东巴古籍中就有这个词，说明它是一个比较古老的称谓。图 5.1 显示，"前缀 + $\mathrm{phv^{33}}$"这个类型的祖父称谓具体分布使用的地区大多是远离市区、交通条件相对闭塞的地方。类似较为孤立的区域通常能够较好地保留语言早期的形式。所以可以假设"前缀 + $\mathrm{phv^{33}}$类"称谓是古老的"祖父"称谓，是纳系族群祖父称谓产生的第一阶段。

祖父称谓发展的第二阶段表现为"前缀 + $\mathrm{phv^{33}}$类"和"前缀 + $\mathrm{lo^{33}}$类"两种称谓形式并存使用。这个类型只分布在玉龙县塔城镇及邻近地区。我们在调查中发现，玉龙县塔城镇的中老年人主要使用 $\mathrm{\alpha^{33}phv^{33}}$ 称谓，而年轻人主要使用 $\mathrm{\alpha^{55}lo^{33}}$ 称谓。这种年龄差异反映了"前缀 + $\mathrm{phv^{33}}$类"早于"前缀 + $\mathrm{lo^{33}}$类"称谓的产生。

第三阶段祖父称谓由"前缀 + $\mathrm{phv^{33}}$类"和"前缀 + $\mathrm{lo^{33}}$类"两者并存发展为只使用"前缀 + $\mathrm{lo^{33}}$类"这种称谓形式。这个类型称谓分布使用的地区多靠近城区，交通比较便利，并且与当地汉族交流频繁，因而吸收了当地汉语方言 $\mathrm{\alpha^{33}lao^{33}}$ 祖父称谓的表达方式。此外，纳系族群亲属称谓系统中 $\mathrm{\alpha^{33}t\varepsilon y^{55}lo^{33}}$ 舅祖父（祖母的兄弟）、$\mathrm{kv^{33}lo^{33}}$ 姑祖父（祖父的姐妹之夫）、$\mathrm{zi^{31}lo^{33}}$ 姨祖父（祖母的姐妹之夫）等祖辈男性称谓多由祖父称谓和限制性语素组合而成，这些称谓中都含有表示祖父称谓的语素"$\mathrm{lo^{33}}$"。

2. 祖母称谓的分布与演变

纳系族群"祖母"的称谓如表 5.2 所示。

表 5.2　　　　　　　　　　　纳系族群祖母称谓

类型	调查点	祖母
类型一	维西加木壳村	$\mathrm{a^{33}dzv^{33}}$
	香格里拉恩水湾村	$\mathrm{a^{33}dz\eta^{33}}$
	香格里拉波湾村	$\mathrm{a^{33}dz\eta^{55}}$
	香格里拉次恩丁村	$\mathrm{\theta^{33}dzv^{33}}$
	宁蒗拉伯新庄村	$\mathrm{a^{21}dz\eta^{33}}$
	木里俄亚大村	$\mathrm{a^{21}dzv^{33}}$
	木里俄亚托地村	$\mathrm{a^{21}dzv^{33}}$
	玉龙巨甸阿瓦村	$\mathrm{a^{33}dz\eta^{33}}$

---

① 参看和发源《纳西族的婚姻家庭和亲属称谓》，《云南民族学院学报》（哲社版）1995 年第 2 期。

续表

类型	调查点	祖母
类型二	木里依吉乡 纳日人	$e^{55}zi^{35}$
	维西汝柯 玛丽玛萨人	$a^{33}zə^{55}$
类型三	宁蒗翠玉大村 摩梭人	$æ^{33}z\l^{33}$
类型四	玉龙奉科上瓦村	$a^{33}na^{33}$
	玉龙九河甸头灵芝园村	$ə^{55}na^{33}$
	玉龙太安汝寒坪村	$ɑ^{55}na^{33}$
	玉龙宝山宝山村	$a^{55}na^{33}$
	香格里拉开发区	$ɑ^{55}na^{33}$
	永胜顺州分水岭村	$ɑ^{55}na^{33}$
	玉龙大具金宏村	$ɑ^{55}na^{33}$
	玉龙拉市吉余余乐六组	$a^{55}na^{33}$
	玉龙鲁甸杵峰下组	$ɑ^{55}na^{33}$
	玉龙龙蟠上元村	$a^{31}na^{33}$
	玉龙黄山长水七组	$a^{55}na^{33}$
	玉龙白沙丰乐村	$ɑ^{55}na^{33}$
	古城区金山开文村	$ɑ^{55}na^{33}$
	古城区大东初卡村	$ɑ^{55}na^{33}$
类型五	玉龙塔城老村二组	$ɑ^{33}dzv^{33}/ɑ^{55}na^{33}$

从表 5.2 可以看出，纳系族群"祖母称谓"可分为五个类型，这五种类型的地理分布情况如图 5.2 所示。

结合表 5.2 和图 5.2 可以看到"祖母称谓"五种类型的分布情况为：

"前缀+na^{33}类"，具体有 $a^{33}na^{33}$、$ə^{55}na^{33}$、$ɑ^{55}na^{33}$、$a^{55}na^{33}$、$ɑ^{31}na^{33}$五种语音形式。$a^{33}na^{33}$主要分布在玉龙县奉科等地区；$ə^{55}na^{33}$在玉龙县九河乡及周边地区使用；$ɑ^{55}na^{33}$分布在玉龙县鲁甸乡、塔城镇、大具乡、太安乡、白沙乡，以及古城区金山乡、大东乡、香格里拉县开发区、永胜县顺州镇。$ɑ^{31}na^{33}$在龙蟠乡使用，$a^{55}na^{33}$主要在玉龙县宝山乡、拉市乡、黄山乡使用。

"前缀+dz$\l^{33}$类"，具体有 $a^{33}/ɑ^{21}dz\l^{33}$、$ɑ^{33}dzv^{33}$、$a^{31}dzv^{33}$、$ə^{33}dzɤ^{33}$、$a^{33}dz\l^{55}$五种语音形式。$a^{33}dz\l^{33}$分布在玉龙县巨甸镇、宁蒗县拉伯乡、香格里拉县、恩水湾村；$a^{33}dz\l^{55}$分布在香格里拉县波湾村；$ɑ^{33}dzv^{33}$在玉龙县塔城镇、维西县塔城镇加木壳村使用；$a^{31}dzv^{33}$分布在俄亚大村、托地村使

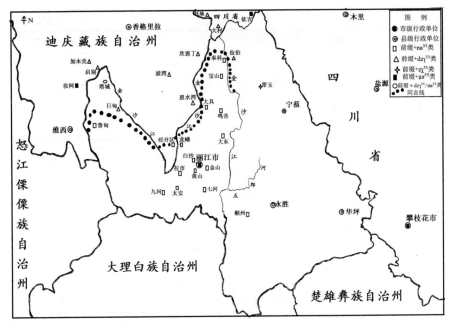

图 5.2　纳系族群祖母称谓类型及分布

用；$\mathfrak{o}^{33}dz\gamma^{33}$为香格里拉县次恩丁村的祖母称谓。

"前缀+$z\mathfrak{l}^{33}$类"，这类称谓只有 $æ^{33}z\mathfrak{l}^{33}$一种语音形式，主要在宁蒗乡翠玉乡周围使用。

"前缀+$z\mathfrak{o}^{55}$类"，具体有 $a^{33}z\mathfrak{o}^{55}$、$e^{55}zi^{35}$两种语音形式。$a^{33}z\mathfrak{o}^{55}$在维西县汝柯村玛丽玛萨人中使用，$e^{55}zi^{35}$分布在木里县依吉乡。

"前缀 + $dz\eta^{33}$类"和"前缀+na^{33}类"两个称谓并存使用，这个类型只分布在玉龙县塔城镇及周围。

祖母称谓的五大类型在发展演变过程中，哪个类型的产生时间在前，哪个在后？根据上述地理分布情况和东巴古籍中的记载，可作如下推论：

祖母称谓 $\mathfrak{o}^{33}ndz\mathfrak{w}^{33}$在东巴古籍中就有记载。图 5.2 所示"前缀+$dz\eta^{33}$类"称谓所分布地区的地理位置较其他类型祖母称谓使用地区的位置偏僻，几乎都位于每个行政区域的边缘。这些行政区边缘属于后开发区域，称谓早期形式往往保留在后开发区域中。因而"前缀+$dz\eta^{33}$类"称谓形式应是纳系族群祖母称谓产生的最早形式。

第二阶段为"前缀+$z\mathfrak{l}^{33}$类""前缀 + $z\mathfrak{o}^{55}$类""前缀+$dz\eta^{33}$类"和"前缀+na^{33}类"并用。其中"前缀+$dz\eta^{33}$类"和"前缀+na^{33}类"称谓并存使用，这是称谓过渡阶段的一个明显特征。这一阶段中两个称谓的使用，不同年龄段的选用情况存在代际差异，就如同祖父称谓的使用情况一致：年轻人只知道"前缀+na^{33}类"这一称谓形式，而中老年人通常使用"前缀+dzη^{33}类"称谓。

第三阶段为"前缀+na^{33}类"，使用这一类型称谓的地域紧邻各级行政中心，交通便利，较容易受周围汉语方言祖母称谓 ɑ^{31}na^{33} 影响。

（二）祖父兄弟姐妹及配偶称谓的分布与演变

纳系族群"祖父的兄弟"（伯祖父、叔祖父）称谓在不需要区分年龄长幼和排行的情况下，一般同"祖父"称谓同称。其年龄长幼的区分方式和排行称的具体指称方式在第三、第四章中已做阐述，因而这里不再对祖父的兄弟及其配偶（伯祖父、伯祖母、叔祖父、叔祖母）的称谓进行赘述，重点介绍祖父姐妹（姑祖母）及其配偶（姑祖父）称谓的空间分布和演变。

纳系族群姑祖母、姑祖父的称谓具体形式见表 5.3。

表 5.3　　　　　　　　　纳系族群姑祖母、姑祖父的称谓

类型	调查点	姑祖母	姑祖父
类型一 与祖父祖母 同称	维西加木壳村	ɑ^{33}dzv^{33}	ɑ^{33}phv^{33}
	香格里拉恩水湾村	a^{33}dzη^{33}	a^{33}phv^{33}
	宁蒗拉伯新庄村	a^{21}dzη^{33}	a^{33}lɔ^{33}
	木里俄亚大村	a^{31}dzv^{33}	a^{31}phv^{33}
	玉龙巨甸阿瓦村	ɑ^{33}dzη^{33}	ɑ^{33}phv^{33}
	木里依吉乡 纳日人	e^{55}ʑi^{35}	e^{55}phu^{35}
	维西汝柯 玛丽玛萨人	a^{33}zɔ^{55}	a^{33}pho^{33}
	宁蒗翠玉大村 摩梭人	æ^{33}z$\underset{\sim}{\text}$l^{33}	æ^{21}phv^{33}
	玉龙奉科上瓦村	a^{55}na^{33}	a^{55}lɔ^{33}
	玉龙太安汝寒坪村	ɑ^{55}na^{33}	ɑ^{55}lɔ^{33}
	玉龙宝山宝山村	a^{55}na^{33}	a^{55}lɔ^{33}
类型二 与祖父祖母 不同称	玉龙九河甸头灵芝园村	ə^{31}kɔ^{55}na^{33}	ə^{31}kɔ^{55}ʑi^{31}
	永胜顺州分水岭村	ku^{33}na^{33}na^{33}	ku^{33}ze^{31}ze^{33}
	玉龙大具金宏村	ku^{33}na^{33}	ku^{33}lɔ^{33}
	玉龙拉市吉余余乐六组	ku^{33}na^{33}	ku^{33}lɔ^{33}
	玉龙鲁甸杵峰下组	gu^{33}na^{33}	gu^{33}lɔ^{33}
	玉龙龙蟠上元村	kv^{33}na^{33}	kv^{33}lɔ^{33}
	玉龙黄山长水七组	kv^{33}na^{33}	kv^{33}lo^{33}
	玉龙白沙丰乐村	kv^{33}na^{33}	kv^{33}lɔ^{33}

续表

类型	调查点	姑祖母	姑祖父
类型二 与祖父祖母 不同称	古城区金山开文村	kv^{33}na^{33}	kv^{33}lɔ^{33}
	古城区大东初卡村	kv^{33}na^{33}	kv^{33}lɔ^{33}
	玉龙塔城老村二组	ku^{33}na^{33}	ku^{33}lɔ^{33}

从表 5.3 可以看出，以与祖父、祖母称谓是否相同为标准，可以将姑祖母、姑祖父称谓分为两类。一类是姑祖母与祖母同称、姑祖父与祖父同称，一类是姑祖母、姑祖父与祖母、祖父不同称。各类型的分布如图 5.3 所示。

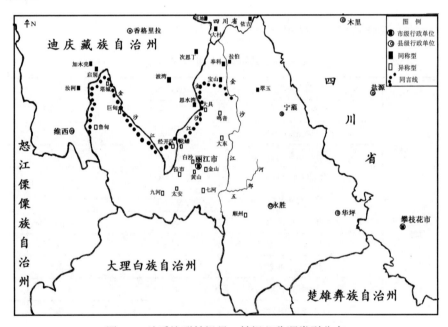

图 5.3　纳系族群姑祖母、姑祖父称谓类型分布

从图 5.3 的地理分布看出：姑祖母和姑祖父称谓同祖母、祖父称谓相同的类型简称为"同称型"主要分布在维西县塔城镇加木壳、汝柯、香格里拉恩水湾、宁蒗拉伯新庄、翠玉宜底、木里县俄亚大村、依吉、玉龙县巨甸、奉科、宝山、太安等地。姑祖母和姑祖父称谓与祖母、祖父称谓不相同的类型简称为"不同称型"，这个类型主要分布在丽江市大部分地区及五郎河以南的永胜顺州等地。

根据两个类型所分布地域的地理位置及语言发展演变规律可以推出姑祖母、姑祖父称谓的演变途径为：同称型→不同称型。

（三）祖母兄弟姐妹及配偶称谓的分布与演变

1. 祖母的兄弟及配偶称谓的地理分布与演变

纳系族群祖母的兄弟（舅祖父）及配偶（舅祖母）称谓的具体形式如表 5.4 所示。

表 5.4　　　　　　　　　纳系族群舅祖父、舅祖母的称谓

类型	调查点	舅祖父	舅祖母
类型一 与祖父祖母 同称	维西加木壳村	$a^{33}phv^{33}$	$a^{33}dzv^{33}$
	香格里拉恩水湾村	$a^{33}phv^{33}$	$a^{33}dz\eta^{33}$
	宁蒗拉伯新庄村	$a^{33}lo^{33}$	$a^{21}dz\eta^{33}$
	木里俄亚大村	$a^{31}phv^{33}$	$a^{31}dzv^{33}$
	玉龙巨甸阿瓦村	$a^{33}phv^{33}$	$a^{33}dz\eta^{33}$
	木里依吉乡纳日人	$e^{55}phu^{35}$	$e^{55}\textrm{z}i^{35}$
	维西汝柯玛丽玛萨人	$a^{33}pho^{33}$	$a^{33}z\vartheta^{55}$
	宁蒗翠玉大村摩梭人	$æ^{21}phv^{33}$	$æ^{33}z\textctz^{33}$
	玉龙奉科上瓦村	$a^{55}lo^{33}$	$a^{55}na^{33}$
	玉龙宝山宝山村	$a^{55}lo^{33}$	$a^{55}na^{33}$
类型二 与祖父祖母 不同称	玉龙九河甸头灵芝园村	$\vartheta^{31}t\textctc y^{55}lo^{33}$	$\vartheta^{31}t\textctc y^{55}na^{33}$
	玉龙太安汝寒坪村	$pia^{33}lo^{33}$	$pia^{33}na^{33}$
	永胜顺州分水岭村	$t\textctc y^{55}ze^{31}ze^{33}$	$t\textctc y^{55}na^{33}na^{33}$
	玉龙大具金宏村	$a^{33}t\textctc y^{55}lo^{33}$	$a^{33}t\textctc y^{55}na^{33}$
	玉龙拉市吉余余乐六组	$a^{33}t\textctc y^{55}lo^{33}$	$a^{33}t\textctc y^{55}na^{33}$
	玉龙鲁甸杵峰下组	$a^{31}t\textctc y^{55}lo^{33}$	$a^{31}t\textctc y^{55}na^{33}$
	玉龙龙蟠上元村	$a^{31}t\textctc y^{55}lo33$	$a^{31}t\textctc y^{55}na^{33}$
	玉龙黄山长水七组	$a^{31}t\textctc y^{55}lo^{33}$	$a^{31}t\textctc y^{55}na^{33}$
	玉龙白沙丰乐村	$a^{33}t\textctc y^{55}lo^{33}$	$a^{33}t\textctc y^{55}na^{33}$
	古城区金山开文村	$a^{33}t\textctc y^{55}lo^{33}$	$a^{33}t\textctc y^{55}na^{33}$
	古城区大东初卡村	$a^{33}t\textctc y^{55}lo^{33}$	$a^{33}t\textctc y^{55}na^{33}$
	玉龙塔城老村二组	$t\textctc y^{55}lo^{33}$	$t\textctc y^{55}na^{33}$

　　根据表 5.4 中具体词形，参照祖父、祖母称谓，可将舅祖父、舅祖母称谓分为两类。一类是舅祖父、舅祖母称谓同祖父、祖母相同，一类是舅祖父、舅祖母称谓与祖父、祖母不同。这两个类型在地理上的分布如图 5.4 所示。

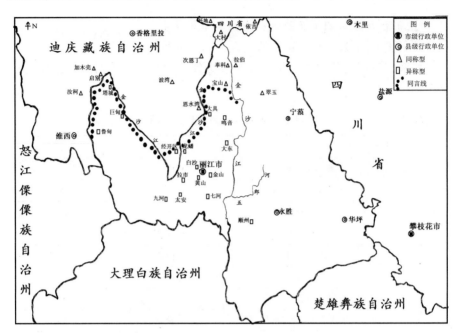

图 5.4　纳系族群舅祖母、舅祖父称谓类型分布

　　从图 5.4 的地理分布图可以看出：舅祖母和舅祖父称谓同祖母、祖父称谓相同的类型简称为"同称型"主要分布在维西县塔城镇加木壳、汝柯、香格里拉恩水湾、宁蒗拉伯新庄、翠玉宜底、木里县俄亚大村、依吉、玉龙县巨甸、奉科、宝山等地。舅祖母和舅祖父称谓与祖母、祖父称谓不相同的类型简称为"不同称型"，这个类型主要分布在丽江市大部分地区及五郎河以南的永胜顺州等地。

　　根据两个类型所分布地域的地理位置及语言发展演变规律可以推出舅祖母、舅祖父称谓的演变途径为：同称型→不同称型。

　　2. 祖母的姐妹及配偶称谓的地理分布及演变

　　纳系族群祖母的姐妹（姨祖父）及配偶（姨祖母）的具体形式如表 5.5 所示。

表 5.5　　　　　　　　　纳系族群姨祖母、姨祖父的称谓

类型	调查点	姨祖母	姨祖父
类型一 与祖父祖母 同称	维西加木壳村	$a^{33}dzv^{33}$	$a^{33}phv^{33}$
	香格里拉恩水湾村	$a^{21}dz\eta^{33}$	$a^{33}phv^{33}$
	宁蒗拉伯新庄村	$a^{21}dz\eta^{33}$	$a^{33}l\mathfrak{o}^{33}$
	木里俄亚大村	$a^{31}dzv^{33}$	$a^{31}phv^{33}$

续表

类型	调查点	姨祖母	姨祖父
类型一 与祖父祖母 同称	玉龙巨甸阿瓦村	$a^{33}dz_{l}^{33}$	$a^{33}phv^{33}$
	木里依吉乡纳日人	$e^{55}z_{l}^{35}$	$e^{55}phu^{35}$
	维西汝柯玛丽玛萨人	$a^{33}z_{o}^{55}$	$a^{33}pho^{33}$
	宁蒗翠玉大村　摩梭人	$æ^{33}z_{l}^{33}$	$æ^{21}phv^{33}$
	玉龙奉科上瓦村	$a^{55}na^{33}$	$a^{55}lɔ^{33}$
	玉龙宝山宝山村	$a^{55}na^{33}$	$a^{55}lɔ^{33}$
类型二 与祖父祖母 不同称	玉龙九河甸头灵芝园村	$ə^{55}zi^{55}na^{33}$	$ə^{55}zi^{55}lɔ^{33}$
	玉龙太安汝寒坪村	$piɑ^{33}na^{33}$	$piɑ^{33}lɔ^{33}$
	永胜顺州分水岭村	$zi^{31}na^{33}na^{33}$	$zi^{31}ze^{31}ze^{33}$
	玉龙大具金宏村	$zi^{31}na^{33}$	$zi^{33}lɔ^{33}$
	玉龙拉市吉余余乐六组	$zo^{31}na^{33}$	$zo^{31}lɔ^{33}$
	玉龙鲁甸杵峰下组	$zi^{31}na^{33}$	$zi^{31}lɔ^{33}$
	玉龙龙蟠上元村	$zi^{31}na^{33}$	$zi^{33}lo^{33}$
	玉龙黄山长水七组	$zi^{31}na^{33}$	$zi^{33}lɔ^{33}$
	玉龙白沙丰乐村	$zi^{31}na^{33}$	$zi^{31}lɔ^{33}$
	古城区金山开文村	$zi^{31}na^{33}$	$zi^{31}lo^{33}$
	古城区大东初卡村	$zi^{31}na^{33}$	$zi^{31}lo^{33}$
	玉龙塔城老村二组	$zi^{31}na^{33}$	$zi^{31}lo^{33}$

　　根据表 5.5 中姨祖母、姨祖父的词形，并与祖父、祖母称谓对比，发现：可将姨祖母、姨祖父称谓分为两类。一类是姨祖母、姨祖父称谓同祖母、祖父称谓相同，一类是姨祖母、姨祖父称谓与祖母、祖父称谓不同。这两个类型在地理上的分布如图 5.5 所示。

　　图 5.5 的空间分布图显示：姨祖母和姨祖父称谓同祖母、祖父称谓相同的类型简称为"同称型"主要分布在维西县塔城镇加木壳、汝柯、香格里拉恩水湾、宁蒗拉伯新庄、翠玉宜底、木里县俄亚大村、依吉、玉龙县巨甸、奉科、宝山等地。姨祖母和姨祖父称谓与祖母、祖父称谓不相同的类型简称为"不同称型"，这个类型主要分布在丽江市大部分地区及五郎河以南的永胜顺州等地。

　　根据两个类型所分布地域的地理位置及语言发展演变规律可以推出姨祖母、姨祖父称谓的演变途径为：同称型→不同称型。

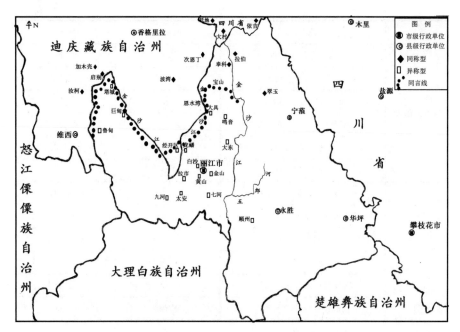

图 5.5　纳系族群姨祖母、姨祖父称谓类型分布图

二　父系曾祖辈亲属称谓的地理分布

通过纳系族群曾祖辈称谓的比较发现，曾祖辈称谓的特征是：不区分宗亲和外亲即曾祖父、曾外祖父的称呼相同，曾祖母、曾外祖母称呼相同。因而下文只介绍曾祖父和曾祖母称谓的分布和演变。

（一）曾祖父称谓的分布与演变

曾祖父即祖父的父亲，纳系族群曾祖父称谓主要有两类，一类是用祖父称谓来称呼辈分高于祖父的所有男性亲属，即曾祖父与祖父同称型；一类是用新的称谓来称呼曾祖父，即曾祖父与祖父异称型。见表 5.6。

表 5.6　　　　　　　　　　纳系族群曾祖父称谓

类型	调查点	祖父	曾祖父
类型一曾祖父及祖父称谓同称	木里俄亚大村	a³¹phv³³	a³¹phv³³
	香格里拉恩水湾村	a³³phv³³	a³³phv³³
	香格里拉次恩丁村	ə³³phu³³	ə³³phu³³
	维西汝柯 玛丽玛萨人	a³³pho³³	a³³pho³³

续表

类型	调查点	祖父	曾祖父
类型二 曾祖父及 祖父称谓 异称	维西加木壳村	a³³phv³³	a³¹mu⁵⁵
	香格里拉波湾村	a³³phv³³	phv⁵⁵phv³³
	宁蒗翠玉大村　摩梭人	æ²¹phv³³	æ³³sๅ³³
	木里依吉乡　纳日人	e⁵⁵phu³⁵	e⁵⁵sๅ⁵⁵
	玉龙巨甸阿瓦村	a³³phv³³	a³¹khɑo³¹
	玉龙奉科上瓦村	a⁵⁵lɔ³³	a³³phv³³
	玉龙九河甸头灵芝园村	ə⁵⁵lɔ³³	ə³¹mu⁵⁵lɔ³³
	玉龙太安汝寒坪村	a⁵⁵lɔ³³	a³³mu⁵⁵
	玉龙宝山宝山村	a⁵⁵lɔ³³	a³³mu⁵⁵
	宁蒗拉伯新庄村	a³³lɔ³³	a³³phv³³
	永胜顺州分水岭村	a⁵⁵lo³³	a³³mu⁵⁵
	玉龙塔城老村二组	a³³phv³³/a⁵⁵lɔ³³	a³¹mu⁵⁵
	玉龙大具金宏村	a⁵⁵lɔ³³	a³¹mu⁵⁵lɔ³³
	玉龙拉市吉余余乐六组	a⁵⁵lɔ³³	a³³mu⁵⁵lɔ³³
	玉龙鲁甸杵峰下组	a⁵⁵lɔ³³	a³¹mu⁵⁵lɔ³³
	玉龙龙蟠上元村	a³¹lɔ³³	a⁵⁵tsv³³lɔ³³
	玉龙黄山长水七组	a⁵⁵lɔ³³	a³¹mu⁵⁵lɔ³³
	玉龙白沙丰乐村	a⁵⁵lɔ³³	a³³mu⁵⁵
	古城区金山开文村	a⁵⁵lɔ³³	a³³mu⁵⁵lɔ³³
	古城区大东初卡村	a⁵⁵lɔ³³	a⁵⁵tsv³³lɔ³³

说明：俄亚托地村及香格里拉开发区采用的是文献材料，材料中没有关于曾祖辈称呼的记载，因而此表中不分析托地村及香格里拉开发区的曾祖辈称谓。

曾祖父及祖父同称的纳系族群地区主要是四川省木里县俄亚乡大村、香格里拉县三坝乡恩水湾村、次恩丁村及维西县塔城镇汝柯村。

曾祖父与祖父称谓"异称型"的构词方法有以祖父称谓为基础加上修饰性语素来称呼曾祖父与直接派生出新称谓来称呼两种。其中"以祖父称谓为基础派生新称谓"这类又可分为 mu⁵⁵ 充当修饰性语素、tsv³³ 为修饰性语素两类。mu⁵⁵ 充当修饰性语素的曾祖父称谓分布在玉龙县大具、鲁甸、九河、拉市、黄山及古城区金山等地，tsv³³ 为修饰性语素主要分布在玉龙县龙蟠及古城区大东。"直接派生新称谓称呼曾祖父"的有玉龙县塔城、奉科、太安、宝山、白沙、巨甸、维西县塔城镇加木壳村、永胜县顺州、宁蒗县翠玉、拉伯及四川省木里县依吉等地。如图5.6所示。

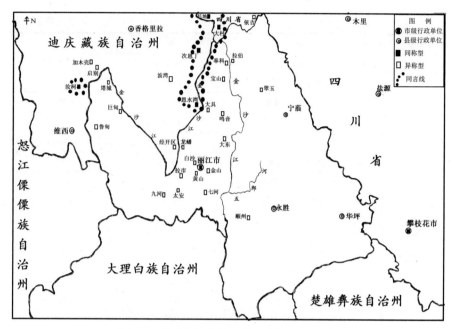

图 5.6　纳系族群曾祖父称谓的类型与分布

　　根据词汇产生发展的演变规律来看：首先一般是用现有称谓来指称不同亲属关系的亲属，其次才会产生以原有称谓为基础派生出新的称谓来指称，最后发展为可脱离原有称谓产生新的称谓来指称不同的亲属。

　　因而纳系族群曾祖父称谓早期用祖父称谓来称呼，后期以祖父称谓为基础加上修饰性语素派生了新的称谓，再后来发展为不以祖父称谓为基础的新称谓对其进行指称。

（二）曾祖母称谓的分布与演变

　　曾祖母称谓的类型与曾祖父的类型划分方法基本相同，可分为两类：一是同称型，用祖母的称谓来指称曾祖母，一类是异称型，派生新称谓称呼曾祖母。详见表 5.7。

表 5.7　　　　　　　　　　　　　　纳系族群曾祖母称谓

类型	调查点	祖母	曾祖母
类型一 曾祖母及祖母称谓同称	维西汝柯 玛丽玛萨人	a^{33}ʑə^{55}	a^{33}ʑə^{55}
	香格里拉恩水湾村	a^{33}dzɿ^{33}	a^{33}dzɿ^{33}
	香格里拉次恩丁村	ə^{33}dzɤ^{33}	ə^{33}dzɤ^{33}
	宁蒗拉伯新庄村	ɑ^{21}dzɿ^{33}	ɑ^{33}dzɿ^{33}
	木里俄亚大村	a^{31}dzv^{33}	a^{31}dzv^{33}

续表

类型	调查点	祖母	曾祖母
类型二 曾祖母及 祖母称谓 异称	香格里拉波湾村	$a^{33}dz\eta^{55}$	$dz\eta^{55}dz\eta^{33}$
	宁蒗翠玉大村 摩梭人	$æ^{33}z\textsubscript{l}^{33}$	$æ^{33}s\eta^{33}$
	木里依吉乡 纳日人	$e^{55}zi^{35}$	$e^{55}s\eta^{55}$
	玉龙巨甸阿瓦村	$a^{33}dz\eta^{33}$	$a^{31}mo^{55}$
	维西加木壳村	$a^{33}dzv^{33}$	$a^{31}mu^{55}$
	玉龙奉科上瓦村	$a^{33}na^{33}$	$a^{33}dzv^{33}$
	玉龙太安汝寒坪村	$a^{55}na^{33}$	$a^{31}mu^{55}$
	玉龙宝山宝山村	$a^{55}na^{33}$	$a^{33}mu^{55}$
	永胜顺州分水岭村	$a^{55}na^{33}$	$a^{33}mu^{55}$
	玉龙塔城老村二组	$a^{33}dzv^{33}/a^{55}na^{33}$	$a^{31}mu^{55}$
	玉龙白沙丰乐村	$a^{55}na^{33}$	$a^{31}mu^{55}$
	玉龙大具金宏村	$a^{55}na^{33}$	$a^{31}mu^{55}na^{33}$
	玉龙拉市吉余余乐六组	$a^{55}na^{33}$	$a^{33}mu^{55}na^{33}$
	玉龙鲁甸杵峰下组	$a^{55}na^{33}$	$a^{31}mu^{55}na^{33}$
	玉龙九河甸头灵芝园村	$ə^{55}na^{33}$	$ə^{31}mu^{55}na^{33}$
	玉龙黄山长水七组	$a^{55}na^{33}$	$a^{31}mu^{55}na^{33}$
	古城区金山开文村	$a^{55}na^{33}$	$a^{33}mu^{55}na^{33}$
	玉龙龙蟠上元村	$a^{31}na^{33}$	$a^{55}tsv^{33}na^{33}$
	古城区大东初卡村	$a^{55}na^{33}$	$a^{55}tsv^{33}na^{33}$

　　表 5.7 显示，"异称型"的构词方式有两种：一种由祖母称谓加修饰语构成，一种是以前缀加词根构成新称谓。必须说明的是前缀加词根构成的新称谓较特殊，如"前缀+mu^{55}类"可以用来指称曾祖辈的男性亲属及亲属，这一称呼形式主要分布在玉龙县塔城、太安、宝山、白沙，维西县塔城镇加木壳以及永胜县顺州镇周边地区。"前缀+$s\eta^{33}$类"则在四川省木里县依吉及宁蒗县翠玉用来指称曾祖辈的男性和女性亲属。

　　其他几个类型的分布范围同曾祖父称谓类型的分布一致。可参考曾祖父称谓类型与分布图 5.6。

　　上文曾祖父称谓的发展演变中，讲述了沿用原有称谓和派生新称谓所处的不同发展阶段。因而可推导出曾祖母称谓发展演变的顺序为：第一阶段即沿用祖母称谓如大村的 $a^{33}dzv^{33}$ "曾祖母"、恩水湾的 $a^{33}dz\eta^{33}$ "曾祖母"、汝柯的 $a^{33}z\textsubscript{l}ə^{55}$ "曾祖母"都沿用祖母称谓进行指称曾祖母。第二阶段则派生新称谓，如依吉用新称谓"e⁵⁵sŋ⁵⁵"称呼曾祖母，顺州用"ɑ³³mu⁵⁵"指称曾祖母，但这一阶段称谓不能区分同辈亲属的性别。第三阶段则结合派生称谓和祖母称谓产生新称谓，如大具、鲁甸等地称呼曾祖母为"ɑ³¹mu⁵⁵na³³"。

第二节　母系祖辈亲属称谓的地理分布

纳系族群母系祖辈常用亲属称谓包括外祖父、外祖母、外祖父的兄弟姐妹及配偶、外祖母的兄弟姐妹及配偶等18种亲属的称谓。其中外祖父兄弟的称谓在不区分年龄长幼和排行的情况下，一般与外祖父同称，区分年龄长幼和排行的称谓在本书第三、第四章已做详细描述，在此不再赘述。外祖父的姐妹及配偶称谓一般同祖父姐妹及配偶的称谓，外祖母兄弟姐妹及配偶的称谓一般与祖母兄弟姐妹及配偶的称谓相同，祖父姐妹及配偶、祖母兄弟姐妹及配偶的分布与演变在"父系祖辈称谓的地理分布"中已做分析，因而外祖父的姐妹（姑祖母）及配偶（姑祖父）、外祖母兄弟（舅祖父）及配偶（舅祖母）、外祖母姐妹（姨祖母）及配偶（姨祖父）的称谓可参照5.1.1.2-5.1.1.3的内容。下面重点分析外祖父及外祖母称谓。

一　母系祖辈亲属称谓的地理分布

（一）外祖父称谓的分布与演变

根据外祖父称谓和祖父称谓是否同称的情况，可以将纳系族群外祖父称谓分为两类。一类是祖父外祖父称谓同称型，一类是祖父外祖父称谓异称型。具体参见表5.8。

表5.8　　　　　　　　**纳系族群祖父和外祖父的称谓**

类型	调查点	祖父	外祖父
类型一 祖父与外祖父称谓同称	维西加木壳村	ɑ³³phv³³	ɑ³³phv³³
	维西汝柯玛丽玛萨人	ɑ³³pho³³	ɑ³³pho³³
	香格里拉恩水湾村	ɑ³³phv³³	ɑ³³phv³³
	香格里拉波湾村	ɑ³³phv³³	ɑ³³phv³³
	香格里拉次恩丁村	ə³³phu³³	ə³³phu³³
	宁蒗翠玉大村　摩梭人	æ²¹phv³³	æ²¹phv³³
	木里俄亚大村	ɑ³¹phv³³	ɑ³¹phv³³
	木里俄亚托地村	ɑ²¹phv³³	ɑ²¹phv³³
	木里依吉乡　纳日人	e⁵⁵phu³⁵	e⁵⁵phu³⁵

续表

类型	调查点	祖父	外祖父
类型一 祖父与外祖 父称谓同称	玉龙巨甸阿瓦村	ɑ³³phv³³	ɑ³³phv³³
	玉龙奉科上瓦村	a⁵⁵lɔ³³	a⁵⁵lɔ³³
	玉龙九河甸头灵芝园村	ɘ⁵⁵lɔ³³	ɘ⁵⁵lɔ³³
	玉龙太安汝寒坪村	a⁵⁵lɔ³³	a⁵⁵lɔ³³
	玉龙宝山宝山村	a⁵⁵lɔ³³	a⁵⁵lɔ³³
	香格里拉开发区	a⁵⁵lo³³	a⁵⁵lo³³
	宁蒗拉伯新庄村	ɑ³³lɔ³³	ɑ³³lɔ³³
	永胜顺州分水岭村	a⁵⁵lo³³	a⁵⁵lo³³
类型二 祖父与外祖 父称谓异称	玉龙塔城老村二组	ɑ³³phv³³/a⁵⁵lo³³	a⁵⁵ku³³
	玉龙大具金宏村	a⁵⁵lɔ³³	a⁵⁵ku³³
	玉龙拉市吉余余乐六组	a⁵⁵lɔ³³	a⁵⁵ku³³
	玉龙鲁甸杵峰下组	a⁵⁵lɔ³³	ɑ⁵⁵gu³³
	玉龙龙蟠上元村	ɑ³¹lo³³	a⁵⁵kv³³
	玉龙黄山长水七组	a⁵⁵lo³³	a⁵⁵kv³³
	玉龙白沙丰乐村	a⁵⁵lɔ³³	a⁵⁵kv³³
	古城区金山开文村	a⁵⁵lɔ³³	a⁵⁵kv³³
	古城区大东初卡村	a⁵⁵lɔ³³	a⁵⁵kv³³

　　如表 5.8 显示，祖父外祖父同称型、祖父外祖父异称型两个类型内部都可以根据称谓的语音形式，进一步细分。

　　"祖父与外祖父称谓同称型"，可以根据称谓的词根分为两个小类。一类是"前缀+lo³³类"，这个类型的称谓主要分布在玉龙县九河乡、奉科镇、宝山乡、太安、宁蒗县拉伯乡、香格里拉县经济开发区及永胜县顺州镇。一类是"前缀+phv³³类"，这类称谓主要分布在玉龙县巨甸镇、香格里拉县三坝乡波湾村、恩水湾村、次恩丁村、维西县塔城镇加木壳村、汝柯村、宁蒗县翠玉乡、四川省木里县俄亚大村、托地村及依吉乡。

　　"祖父与外祖父称谓异称型"内部的构词方式相同。主要有"前缀+ku³³""前缀+kv³³"两个形式。前缀+ku³³主要在玉龙县大具、鲁甸乡、塔城乡、古城区大东使用，前缀+kv³³主要分布在玉龙县龙蟠、白沙，以及古城区黄山、金山等地。如图 5.7 所示。

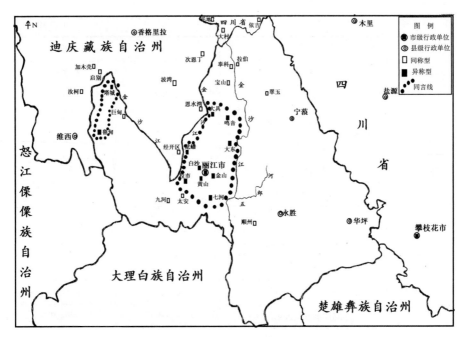

图 5.7　纳系族群外祖父称谓的类型与分布

根据祖父称谓发展演变链的两个阶段，结合纳系族群婚姻形态的发展演变情况，能够对外祖父称谓发展与演变情况进行推论：

纳系族群中用东巴文记载的古籍资料《创世纪》《董术争战》等，有许多关于兄弟姐妹结为夫妻的传说故事。说明在纳系族群婚姻和家庭形成初期，兄妹婚是主要的婚姻形态之一，因而父亲的父亲和母亲的父亲是同一人，因而产生了祖父与外祖父称谓相同的现象，这应该是外祖父称谓产生的第一阶段，因而部分纳系族群地区至今沿用这一称谓现象。例如玉龙县龙蟠乡上元村村民认为外祖父、祖父同称是一种亲昵的称谓方式，如果不同称觉得亲属关系比较生疏。这一阶段中根据祖父称谓的发展演变可发现前缀+phv^{33}类称谓先于前缀+lo^{33}类称谓产生。

后来由于血缘婚禁忌的产生，兄妹包含二代以内的旁系亲属禁止近亲结婚。于是几乎不再出现父亲的父亲和母亲的父亲是同一个人的现象，因而祖父与外祖父称谓不再相同，这应该是外祖父称谓产生的第二阶段。

（二）外祖母称谓的分布与演变

通过与祖母称谓的比较，可将外祖母称谓分为与祖母称谓同称和异称两个类型。具体参见表5.9。

表 5.9 纳系族群祖母和外祖母称谓

类型	调查点	祖母	外祖母
类型一 祖母与外祖母称谓同称	维西加木壳村	a³³dzv³³	a³³dzv³³
	维西汝柯　玛丽玛萨人	a³³ʐə⁵⁵	a³³ʐə⁵⁵
	香格里拉恩水湾村	a³³dʐɿ³³	a³³dʐɿ³³
	香格里拉波湾村	a³³dʐɿ⁵⁵	a³³dʐɿ⁵⁵
	香格里拉次恩丁村	ɔ³³dzɤ³³	ɔ³³dzɤ³³
	宁蒗翠玉大村　摩梭人	æ³³ʑ̩³³	æ³³ʑ̩³³
	木里俄亚大村	a³¹dzv³³	a³¹dzv³³
	木里俄亚托地村	a³¹dzv³³	a³¹dzv³³
	木里依吉乡　纳日人	e⁵⁵ʑi³⁵	e⁵⁵ʑi³⁵
	玉龙巨甸阿瓦村	a³³dʐɿ³³	a³³dʐɿ³³
	玉龙奉科上瓦村	a³³na³³	a³³na³³
	玉龙九河甸头灵芝园村	ə⁵⁵na³³	ə⁵⁵na³³
	玉龙太安汝寒坪村	ɑ⁵⁵na³³	ɑ⁵⁵na³³
	玉龙宝山宝山村	a⁵⁵na³³	a⁵⁵na³³
	香格里拉开发区	ɑ⁵⁵na³³	ɑ⁵⁵na³³
	宁蒗拉伯新庄村	a²¹dʐɿ³³	a²¹dʐɿ³³
	永胜顺州分水岭村	ɑ⁵⁵na³³	ɑ⁵⁵na³³
类型二 祖母与外祖母称谓异称	玉龙塔城老村二组	ɑ³³dzv³³/ɑ⁵⁵na³³	ɑ⁵⁵phɔ³¹
	玉龙大具金宏村	ɑ⁵⁵na³³	ɑ³¹phɔ³⁵
	玉龙拉市吉余余乐六组	a⁵⁵na³³	a³³phɔ¹³
	玉龙鲁甸杵峰下组	ɑ⁵⁵na³³	ɑ⁵⁵phɔ³¹
	玉龙龙蟠上元村	ɑ³³na³³	ɑ³¹pho¹³
	玉龙黄山长水七组	a⁵⁵na³³	a³³pho¹³
	玉龙白沙丰乐村	ɑ⁵⁵na³³	ɑ³¹pho¹³
	古城区金山开文村	ɑ⁵⁵na³³	ɑ³³pho¹³
	古城区大东初卡村	ɑ⁵⁵na³³	ɑ³³pho¹³

上表 5.9 显示，外祖母与祖母称谓同称和异称两个类型内部可以细分。

第一类（外祖母与祖母称谓同称）可分为前缀+na³³类、前缀+dʐɿ³³类、前缀+ʑi³⁵类、前缀+ʑ̩³³类四小类，其中"前缀＋na³³类"主要分布在玉龙县

奉科、宝山、九河、太安及香格里拉县经济开发区，"前缀+dʐ̩³³类"主要
分布在香格里拉县三坝乡恩水湾、波湾、次恩丁、维西县塔城镇加木壳、
四川省木里县俄亚乡大村、托地村及玉龙县巨甸、宁蒗县拉伯等地，"前
缀+zi³⁵类"主要分布在四川省木里县依吉及维西县塔城镇汝柯，"前缀+z̩³³
类"在宁蒗县翠玉乡大村使用。

　　第二类（外祖母与祖母称谓异称）的只有"前缀+pho¹³类"一种，其
主要在玉龙县大具、鸣音、白沙、拉市、龙蟠、鲁甸、塔城及古城区大东、
金山、黄山等地使用。具体分布如图5.8所示。

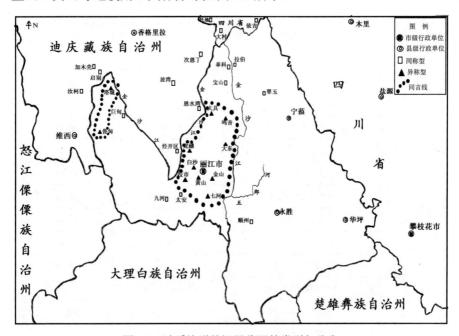

图 5.8　纳系族群外祖母称谓的类型与分布

外祖母称谓的发展演变

　　外祖母称谓发展演变的过程与外祖父称谓的发展演变情况相近。"外祖
母与祖母称谓同称型"应是外祖母称谓产生的第一阶段，其中"前缀+ dʐ̩³³
类"在"前缀+zi³⁵类""前缀+z̩³³类"前，"前缀+na³³类"称谓在后；"外
祖母与祖母称谓异称型"是外祖母称谓发展的第二阶段。

二　母系曾祖辈亲属称谓的地理分布

　　通过纳系族群曾祖辈称谓的比较发现，曾祖辈称谓的特征是：不区分
母系和父系，也可称为不区分宗亲和外亲。因而母系曾祖辈亲属外曾祖父
（外祖父的父亲）、外曾外祖父（外祖母的父亲）同曾祖父（祖父的父亲）

称谓相同；外曾祖母（外祖父的母亲）、外曾外祖母（外祖母的母亲）同曾祖母（祖父的母亲）称谓相同。

　　根据上文分别对母系曾祖辈称谓和父系曾祖辈称谓的分布和演变比较研究，可见母系曾祖辈称谓的分布与演变同父系曾祖辈称谓的分布与演变相同。上文第一节第二部分中已对父系曾祖辈亲属称谓"曾祖父、曾祖母"的分布及演变做了详细论述，这里不再母系曾祖辈亲属称谓"外曾祖父以及外曾祖母"进行一一讨论。

第六章 纳系族群父辈亲属称谓的地理分布

纳系族群父辈亲属称谓中较常用的是对父亲兄弟姐妹及配偶、母亲兄弟姐妹及配偶等 16 种亲属的称呼。下面按男女性别分类介绍父辈亲属称谓的地理分布，并根据其分布特征对这些称谓的发展变化进行推导。

第一节 父辈男性亲属称谓的地理分布

纳系族群父辈男性亲属主要指父亲的兄弟、父亲姐妹的配偶、母亲的兄弟及母亲姐妹的配偶。下面分血亲亲属和姻亲亲属两类对其地理分布进行分析介绍。

一 父辈男性血亲亲属称谓的地理分布

纳系族群父辈男性血亲亲属包含父亲的兄长（伯父）、父亲的弟弟（叔父）及母亲的兄弟（舅父）。

（一）伯父、叔父称谓的分布

纳系族群伯父、叔父称谓可分为两类：一类是伯父、叔父同称，采用排行称称谓进行区分，如下表中的宝山村；一类是伯父、叔父异称。具体形式见表 6.1。

表 6.1　　　　　　　　纳系族群伯父、叔父的称谓

类型	调查点	伯父	叔父
类型一 伯父、叔父 同称	维西加木壳村	$a^{55}bu^{31}$	$a^{55}bu^{31}$
	维西汝柯 玛丽玛萨人	$a^{33}bu^{33}$	$a^{33}bu^{33}$
	香格里拉恩水湾村	$a^{33}bv^{55}$	$a^{33}bv^{55}$
	香格里拉波湾村	$a^{33}bu^{55}$	$a^{33}bu^{55}$
	香格里拉次恩丁村	$ə^{11}bu^{35}$	$ə^{11}bu^{35}$
	宁蒗翠玉大村 摩梭人	$æ^{33}bu^{33}$	$æ^{33}bu^{33}$
	木里俄亚大村	$a^{31}bɯ^{33}$	$a^{31}bɯ^{33}$
	木里俄亚托地村	$a^{21}bo^{33}$	$a^{21}bo^{33}$

续表

类型	调查点	伯父	叔父
类型一 伯父、叔父同称	木里依吉乡　纳日人	a^{31}bo^{55}	a^{31}bo^{55}
	宁蒗拉伯新庄村	a^{21}bu^{33}	a^{21}bu^{33}
	玉龙宝山宝山村	a^{33}ba^{33}dɯ^{31}	a^{33}ba^{33}dzi^{55}
	玉龙塔城老村二组	a^{33}bv^{33}	a^{33}bv^{33}
类型二 伯父、叔父异称	玉龙巨甸阿瓦村	ta^{55}di^{33}	a^{33}bo^{33}
	玉龙奉科上瓦村	ta^{55}di^{33}	a^{31}bv^{13}
	玉龙九河甸头灵芝园村	ə^{31}da^{55}da^{55}	ə^{55}ʂv^{13}
	玉龙太安汝寒坪村	a^{33}ta^{55}	a^{33}sv^{13}
	香格里拉开发区	ta^{55}di^{33}	a^{33}sv^{13}
	永胜顺州分水岭村	ta^{55}di^{33}	a^{33}ʂv^{13}
	玉龙大具金宏村	ta^{55}di^{33}	a^{31}ʂu^{35}
	玉龙拉市吉余余乐六组	a^{33}ta^{55}	a^{33}sv^{13}
	玉龙鲁甸杵峰下组	da^{55}di^{33}	a^{33}bo^{33}
	玉龙龙蟠上元村	a^{31}da^{55}	a^{31}sv^{13}
	玉龙黄山长水七组	a^{31}ta^{55}	a^{33}ʂv^{13}
	玉龙白沙丰乐村	a^{33}da^{55}	a^{33}sɯ^{13}
	古城区金山开文村	ta^{55}di^{33}	a^{33}sɯ^{13}
	古城区大东初卡村	ta^{55}di^{33}	a^{33}sv^{13}

从表 6.1 可以看出：伯父和叔父称谓相同型主要有一种形式即前缀+bu^{33}类。伯父和叔父异称型中伯父称谓主要是前缀+ta^{55}类、ta^{55}di^{33}类，叔父主要有前缀+ʂv^{13}类和前缀+bu^{33}类。各类型在地理上的分布如图 6.1 所示。

图 6.1 所示，纳系族群伯父、叔父同称型主要分布在四川省木里县俄亚大村、托地、依吉、宁蒗县拉伯、翠玉、香格里拉恩水湾、波湾、次恩丁及维西县汝柯、加木壳玉龙县塔城镇等地。伯父、叔父异称型主要分布在丽江市玉龙县和古城区。

根据两种称谓类型的地理分布，可推导出"伯父、叔父同称→伯父、叔父异称"的发展顺序。

（二）舅父称谓的分布

根据纳系族群舅父称谓的词形，可将其分为三类：一类为前缀+gv^{33}类，一类为前缀+v^{33}类，一类为前缀+tɕy^{55}类。各类中语音略有差异，具体形式见表6.2。

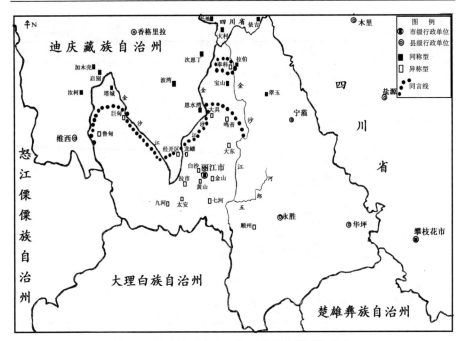

图 6.1　纳系族群伯父、叔父称谓的类型与分布

表 6.2　　　　　　　　　　　　纳系族群舅父称谓

类型	调查点	舅父
类型一 前缀+gv³³类	维西加木壳村	ɑ³³gv³³
	木里俄亚大村	ɑ³¹gv³³
	木里俄亚托地村	ɑ²¹kv³³
	香格里拉恩水湾村	ɑ³³gɯ³³
	香格里拉波湾村	ɑ³³gv⁵⁵
	香格里拉次恩丁村	ɔ³³gʋ³³
	玉龙巨甸阿瓦村	ɑ³³gv³³
	玉龙塔城老村二组	ɑ³³gv³³
类型二 前缀+v³³类	宁蒗翠玉大村　摩梭人	æ³³v³³
	宁蒗拉伯新庄村	æ³³v³³
	木里依吉乡　纳日人	e⁵⁵u⁵⁵
	维西汝柯　玛丽玛萨人	ɑ³³ɣɔ̃²⁴
类型三 前缀+tɕy⁵⁵类	玉龙宝山宝山村	ɑ³³tɕy⁵⁵
	玉龙奉科上瓦村	ɑ⁵⁵tɕy⁵⁵
	玉龙九河甸头灵芝园村	ɔ³¹tɕy⁵⁵
	玉龙太安汝寒坪村	ɑ³³tɕy⁵⁵
	香格里拉开发区	ɑ³¹tɕu⁵⁵

续表

类型	调查点	舅父
类型三 前缀+tɕy⁵⁵类	永胜顺州分水岭村	a³³tɕy⁵⁵
	玉龙大具金宏村	a³³tɕy⁵⁵
	玉龙拉市吉余余乐六组	a³³tɕy⁵⁵
	玉龙鲁甸杵峰下组	a³³tɕy⁵⁵
	玉龙龙蟠上元村	a³¹tɕy⁵⁵
	玉龙黄山长水七组	a³¹tɕy⁵⁵
	玉龙白沙丰乐村	a³³tɕy⁵⁵
	古城区金山开文村	a³³tɕy⁵⁵
	古城区大东初卡村	a³³tɕy⁵⁵

舅父三种称谓类型在地理上的分布如图 6.2 所示。

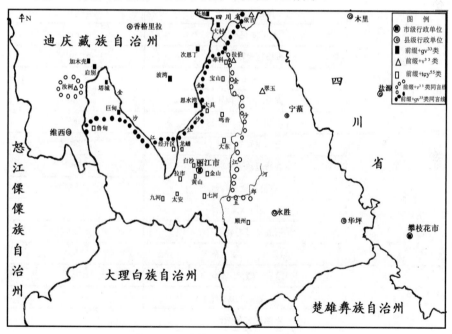

图 6.2　纳系族群舅父称谓的地理分布

根据表 6.2 所列"舅父"称谓的具体语音形式，及如图 6.2 所示的地理分布，可以看到：前缀+gv³³类主要分布在香格里拉县恩水湾、波湾、次恩丁、玉龙县巨甸、维西县加木壳、俄亚托地、大村等地。前缀+v³³类主要分布在四川木里依吉、维西县汝柯、宁蒗县拉伯和翠玉等地。前缀+tɕy⁵⁵类主要分布在丽江市玉龙县和古城区。

参考这三种不同类型的地理分布，纳系族群的迁徙路线，可以推断出舅父称谓的发展途径为：前缀+gv^{33}类→前缀+v^{33}类→前缀+$t\varphi y^{55}$类。

二　父辈男性姻亲亲属称谓的地理分布

纳系族群父辈男性姻亲亲属主要包括父亲姐妹的配偶（姑父）及母亲姐妹的配偶（姨父）。下面主要介绍姑父及姨父称谓的地理分布，并根据地理分布推导其发展的先后顺序。

（一）姑父称谓的分布

纳系族群姑父称谓可分为四个类型，一类是前缀+gv^{33}类，一类是前缀+bv^{55}类，一类是前缀+v^{33}类，一类是$kv^{33}di^{33}$类。各类具体情况如表 6.3 所示。

表 6.3　　　　　　　　　　　纳系族群姑父称谓

类型	调查点	姑父
类型一 前缀+gv^{33}类	维西加木壳村	$a^{33}gv^{33}$
	木里俄亚托地村	$a^{21}kv^{33}$
	香格里拉次恩丁村	$ə^{33}gu^{33}$
	玉龙宝山宝山村	$a^{33}gv^{33}$
	玉龙太安汝寒坪村	$a^{33}gɯ^{33}$
	永胜顺州分水岭村	$a^{33}gɯ^{33}$
类型二 前缀+bv^{55}类	木里俄亚大村	$a^{31}bɯ^{33}$
	香格里拉恩水湾村	$a^{33}bv^{55}$
	香格里拉波湾村	$a^{33}bu^{55}$
	玉龙巨甸阿瓦村	$a^{33}bo^{33}$
	玉龙塔城老村二组	$a^{33}bv^{33}$
	维西汝柯玛丽玛萨人	$a^{33}bu^{33}$
类型三 前缀+v^{33}类	宁蒗翠玉大村 摩梭人	$æ^{33}v^{33}$
	宁蒗拉伯新庄村	$æ^{33}v^{33}$
	木里依吉乡纳日人	$e^{55}u^{55}$
	玉龙奉科上瓦村	$a^{33}v^{31}$
类型四 $kv^{33}di^{33}$类	玉龙九河甸头灵芝园村	$ə^{31}kɔ^{55}mu^{33}$
	香格里拉开发区	$kv^{33}di^{33}$
	玉龙大具金宏村	$ku^{33}di^{33}$
	玉龙拉市吉余余乐六组	$ku^{33}di^{33}$
	玉龙鲁甸杵峰下组	$gu^{33}di^{33}$

续表

类型	调查点	姑父
类型四 kv^{33}di^{33}类	玉龙龙蟠上元村	kv^{33}di^{33}
	玉龙黄山长水七组	kv^{33}di^{33}
	玉龙白沙丰乐村	kv^{33}di^{33}
	古城区金山开文村	kv^{33}di^{33}
	古城区大东初卡村	ku^{33}di^{33}

姑父称谓四种不同类型的地理分布如图 6.3 所示。

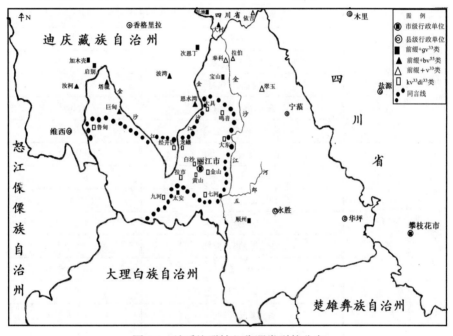

图 6.3　纳系族群姑父称谓类型的分布

据表 6.3 及图 6.3 所示，前缀+gv^{33}类称谓主要分布在木里县托地、香格里拉次恩丁、维西县加木壳、永胜县顺州、玉龙县太安等地，前缀+bv^{55}类分布在玉龙县塔城、鲁甸、木里县俄亚大村、维西县汝柯、香格里拉恩水湾、波湾等地区，前缀+v^{33}类主要分布在宁蒗翠玉、拉伯、木里依吉、玉龙县奉科等，kv^{33}di^{33}类主要分布在丽江市玉龙县和古城区。

从地理分布位置及东巴古籍记载等综合考虑，可推导出其发展顺序为：前缀+gv^{33}类→前缀+v^{33}类→前缀+bv^{55}类→kv^{33}di^{33}类。

（二）姨父称谓的分布

纳系族群姨父称谓可以分为三类：一是前缀+bu^{33}类，一是前缀+gv^{33}类，一是 $zi^{31}di^{33}$类。具体情况如表 6.4 所示。

表 6.4 纳系族群姨父称谓

类型	调查点	姨父
类型一 前缀+bu^{33}类	维西加木壳村	$a^{55}bu^{31}$
	木里俄亚托地村	$a^{21}bu^{33}$
	木里俄亚大村	$a^{31}bɯ^{33}$
	维西汝柯 玛丽玛萨人	$a^{33}bu^{33}$
	宁蒗翠玉大村 摩梭人	$æ^{33}bu^{33}$
	玉龙巨甸阿瓦村	$a^{33}bo^{33}$
	宁蒗拉伯新庄村	$a^{21}bu^{33}$
	玉龙奉科上瓦村	$a^{31}bv^{13}$
	玉龙九河甸头灵芝园村	$ə^{31}bo^{33}$
类型二 前缀+gv^{33}类	香格里拉次恩丁村	$ə^{33}gʋ^{33}$
	玉龙宝山宝山村	$a^{33}gv^{33}$
	玉龙太安汝寒坪村	$a^{33}gɯ^{33}$
	永胜顺州分水岭村	$a^{33}gɯ^{33}$
	香格里拉恩水湾村	$a^{33}gɯ^{33}$
	香格里拉波湾村	$a^{33}gv^{55}$
类型三 $zi^{31}di^{33}$类	玉龙塔城老村二组	$zi^{31}di^{33}$
	香格里拉开发区	$zi^{31}di^{33}$
	玉龙大具金宏村	$zi^{31}di^{33}$
	玉龙拉市吉余余乐六组	$zi^{31}di^{33}$
	玉龙鲁甸杵峰下组	$zi^{31}di^{33}$
	玉龙龙蟠上元村	$zi^{31}di^{33}$
	玉龙黄山长水七组	$zi^{31}di^{33}$
	玉龙白沙丰乐村	$zi^{31}di^{33}$
	古城区金山开文村	$zi^{31}di^{33}$
	古城区大东初卡村	$zi^{31}di^{33}$

姨父称谓三种类型的空间分布如图 6.4 所示。

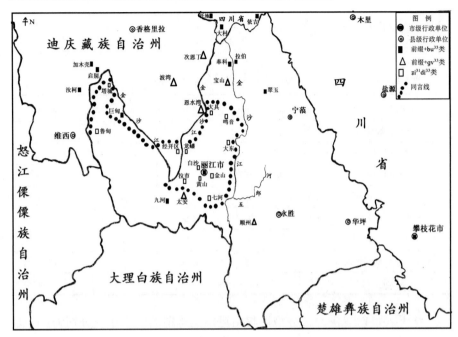

图 6.4　纳系族群姨父称谓的分布

表 6.4 及图 6.4 显示：前缀+bu^{33}类主要分布在四川省木里县俄亚大村、托地、依吉、宁蒗县拉伯、翠玉、维西县加木壳、汝柯、玉龙县奉科等地，前缀+gv^{33}类分布在香格里拉县次恩丁村、波湾村、恩水湾、永胜县顺州、玉龙县宝山及太安等地，ʑi^{31}di^{33}类主要集中分布在丽江市玉龙县及古城区。

根据各类型分布的地理位置，及东巴古籍材料中记载的"姨父"称谓可推导出其演变链为：前缀+gv^{33}类→前缀+bu^{33}类→ʑi^{31}di^{33}类。

三　父辈男性亲属称谓的分合类型

根据纳系族群伯父、叔父、姑父、舅父、姨父等男性称谓的异同，可以分为四种类型。四种类型分别为：二分型、三分型、四分型及五分型。每种类型的具体情况分述如下。

（一）二分型

二分型指伯父、叔父、姑父、舅父、姨父这五个父辈亲属只需要用两个称谓称呼。属于这一类型的纳系族群语言有迪庆州香格里拉县三坝乡恩水湾村纳西语、波湾村纳西语、次恩丁村纳西语、维西县塔城镇加木壳村纳西语、维西塔城镇汝柯村玛丽玛萨语及四川木里县俄亚乡大村纳西语、宁蒗县翠玉摩梭语、宁蒗拉伯新庄纳西语、木里县依吉纳日语。二分型内部又可分为四个小类。详见表 6.5。

表 6.5　　　　　　　　　　纳系族群伯叔姑舅姨父二分型称谓

香格里拉恩水湾村	伯父、叔父、姑父	a³³bv⁵⁵	舅父、姨父	a³³gɯ³³
香格里拉波湾村	伯父、叔父、姑父	a³³bu⁵⁵	舅父、姨父	a³³gv⁵⁵
香格里拉次恩丁村	伯父、叔父	ə¹¹bu³⁵	姑父、舅父、姨父 ə³³gu³³	
维西加木壳村	伯父、叔父、姨父	a⁵⁵bu³¹	姑父、舅父	a³³gv³³
宁蒗翠玉大村 摩梭人	伯父、叔父、姨父	æ³³bu³³	姑父、舅父	æ³³v³³
宁蒗拉伯新庄村	伯父、叔父、姨父	a²¹bu³³	姑父、舅父	æ³³v³³
木里依吉乡 纳日人	伯父、叔父、姨父	a³¹bo⁵⁵	姑父、舅父	e⁵⁵u⁵⁵
维西汝柯 玛丽玛萨人	伯父、叔父、姑父、姨父 a³³bu³³		舅父	a³³ɣõ²⁴
木里俄亚大村	伯父、叔父、姑父、姨父 a³¹bɯ³³		舅父	a³¹gv³³

从上表可以看出，二分型伯叔姑舅姨父称谓的四个小类分别为：一是恩水湾村、波湾村纳西语中伯父、叔父、姑父用一个称谓，舅父、姨父用一个称谓；二是次恩丁村纳西语，即伯父、叔父同称，姑父、舅父、姨父同称；三是加木壳村、宁蒗拉伯新庄村纳西语、木里依吉纳日语，具体表现为伯父、叔父、姨父共用一个称谓，姑父、舅父共用一个称谓；四是汝柯村玛丽玛萨语及俄亚大村纳西语，这两个支群的伯父、叔父、姑父、姨父用一个称谓，舅父单独用一个称谓。

（二）三分型

父辈亲属伯、叔父、姑父、舅父和姨父称谓用三个称谓就可以进行区分，这一类型称为三分型。属于这一类型的纳系族群语言有：玉龙县塔城老村二组纳西语、巨甸阿瓦村纳西语及四川木里县俄亚托地村纳西语。三分型内部又可分为四个小类。详见表 6.6。

表 6.6　　　　　　　　　　纳系族群伯叔姑舅姨父三分型称谓

玉龙塔城老村二组	伯父、叔父、姑父 a³³bv³³	舅父　　a³³gv³³	姨父 ʑi³¹di³³
玉龙巨甸阿瓦村	伯父　　　　ta⁵⁵di³³	叔父、姑父、姨父 a³³bo³³	舅父 a³³gv³³
玉龙宝山宝山村	伯父、叔父　a³³ba³³	姑父、姨父　　a³³gv³³	舅父 a³³tɕy⁵⁵
木里俄亚托地村	伯父、叔父　a²¹bo³³	姑父、舅父　　a²¹kv³³	姨父 a²¹bu³³

表 6.6 显示：老村二组纳西语为三分型内部的第一小类，即伯父、叔父、姑父称为 a³³bv³³，舅父称 a³³gv³³，姨父称 ʑi³¹di³³；第二小类为阿瓦村

纳西语，其伯父称为 $ta^{55}di^{33}$，叔父、姑父、姨父都用 $a^{33}bo^{33}$ 称呼，舅父称为 $a^{33}gv^{33}$；托地村为第三小类，伯父、叔父共用称呼 $a^{21}bo^{33}$，姑父、舅父共用称谓 $a^{21}kv^{33}$，姨父单用称谓 $a^{21}bu^{33}$；第四小类为玉龙宝山村，伯父、叔父共用一个称谓，姑父、姨父共用一个称谓，舅父单独用一个称谓称呼。

（三）四分型

四分型称谓即父辈伯父、叔父、姑父、舅父、姨父五个称谓中只有两个称谓共用一个称呼，其余三个称谓都有自己的称呼。属于这一类型的语言有：玉龙县奉科上瓦村、太安汝寒坪村及永胜县分水岭村。四分型内部可分为三小类。详见表 6.7。

表 6.7　　　　　　　　　　纳系族群伯叔姑舅姨父四分型称谓

玉龙奉科上瓦村	伯父 $ta^{55}di^{33}$	叔父、姨父 $a^{31}bv^{13}$	姑父 $a^{33}v^{31}$	舅父 $a^{55}t\varphi y^{55}$
玉龙太安汝寒坪村	伯父 $a^{33}ta^{55}$	叔父 $a^{33}ʂv^{13}$	姑父、姨父 $a^{33}gɯ^{33}$	舅父 $a^{33}t\varphi y^{55}$
永胜顺州分水岭村	伯父 $ta^{55}di^{33}$	叔父 $a^{33}ʂv^{13}$	姑父、姨父 $a^{33}gɯ^{33}$	舅父 $a^{33}t\varphi y^{55}$

从上表可以看出：上瓦村为一个小类，叔父、姨父都称为 $a^{31}bv^{13}$，伯父、姑父、舅父分别称为 $ta^{55}di^{33}$、$a^{33}v^{31}$、$a^{55}t\varphi y^{55}$；汝寒坪村及分水岭村同属一类，姑父、姨父合称为 $a^{33}gɯ^{33}$，伯父、叔父、舅父各自都有相应的称谓与之对应。

（四）五分型

五分型指伯父、叔父、姑父、舅父、姨父这五个父辈亲属，每个亲属都有相应的称谓称呼，即亲属与称谓成一对一的关系。属于这一类型的语言有：玉龙县金宏村、灵芝园村、余乐六组、上元村、长水七组、杵峰下组、丰乐村、古城区大东初卡村、古城区开文村及香格里拉县开发区。如表 6.8 所示。

表 6.8　　　　　　　　　　纳系族群伯叔姑舅姨父五分型称谓

称谓＼调查点	伯父	叔父	姑父	舅父	姨父
玉龙大具金宏村	$ta^{55}di^{33}$	$a^{31}ʂu^{35}$	$ku^{33}di^{33}$	$a^{33}t\varphi y^{55}$	$zi^{31}di^{33}$
玉龙九河甸头灵芝园村	$ə^{31}da^{55}da^{55}$	$ə^{55}ʂv^{13}$	$ə^{31}kɔ^{55}mu^{33}$	$ə^{31}t\varphi y^{55}$	$ə^{31}bo^{33}$
玉龙拉市吉余余乐六组	$a^{33}ta^{55}$	$a^{33}sv^{13}$	$ku^{33}di^{33}$	$a^{33}t\varphi y^{55}$	$zi^{31}di^{33}$
玉龙蟠上元村	$a^{31}da^{55}$	$a^{31}sv^{13}$	$kv^{33}di^{33}$	$a^{31}t\varphi y^{55}$	$zi^{31}di^{33}$
玉龙黄山长水七组	$a^{31}ta^{55}$	$a^{33}ʂv^{13}$	$kv^{33}di^{33}$	$a^{31}t\varphi y^{55}$	$zi^{31}di^{33}$
玉龙鲁甸杵峰下组	$da^{55}di^{33}$	$a^{33}bo^{33}$	$gu^{33}di^{33}$	$a^{33}t\varphi y^{55}$	$zi^{31}di^{33}$

续表

称谓＼调查点	伯父	叔父	姑父	舅父	姨父
玉龙白沙丰乐村	$a^{33}da^{55}$	$a^{33}su^{13}$	$kv^{33}di^{33}$	$a^{33}t\varphi y^{55}$	$zi^{31}di^{33}$
古城区大东初卡村	$ta^{55}di^{33}$	$a^{33}sv^{13}$	$ku^{33}di^{33}$	$a^{33}t\varphi y^{55}$	$zi^{31}di^{33}$
古城区金山开文村	$ta^{55}di^{33}$	$a^{33}su^{13}$	$kv^{33}di^{33}$	$a^{33}t\varphi y^{55}$	$zi^{31}di^{33}$
香格里拉开发区	$ta^{55}di^{33}$	$a^{31}sv^{13}$	$ku^{33}di^{33}$	$a^{31}t\varphi u^{55}$	$zi^{31}di^{33}$

　　上面对纳系族群父辈男性亲属称谓的四种分合关系进行了详细阐述，其地理分布情况如图6.5所示。

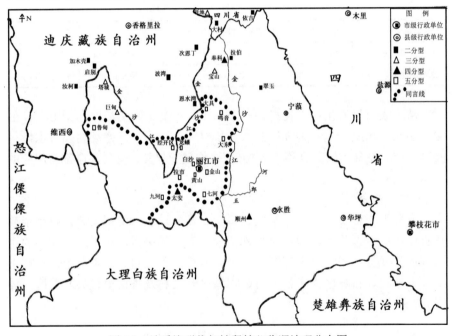

图6.5　纳系族群伯叔姑舅姨父称谓地理分布图

　　图 6.5 所示：纳系族群父辈男性亲属伯叔姑舅姨父五个亲属称谓的四种分合类型的分布情况为：二分型称谓主要分布在香格里拉恩水湾、波湾、次恩丁、维西县汝柯、加木壳、四川木里俄亚大村、宁蒗县拉伯、翠玉、四川木里依吉，三分型称谓主要分布在玉龙县塔城、巨甸、宝山，四分型称谓主要分布在玉龙县奉科、宝山、永胜县顺州，五分型主要集中分布在丽江市玉龙县及古城区。

　　父辈男性亲属称谓在东巴古籍中的记载分为两类："父亲、伯父、叔父"合称为 $\mathrm{ə^{33}su^{31}}$，"舅父、姑父、姨父"合称为 $\mathrm{ə^{33}gv^{33}}$。因此我们可对纳系族群父辈男性亲属的分合情况作出推论：父辈男性称谓伯父、叔父、姑父、舅父、姨父的二分型称谓为这些称谓产生的最初阶段，进而由二分型向三分型，三分型向四分型，四分型向五分型发展演变，即由称谓由少到多的发展。

第二节　父辈女性亲属称谓的地理分布

纳系族群父辈女性亲属主要指父亲的姐妹、父亲兄弟的配偶、母亲的姐妹及母亲兄弟的配偶。下面分血亲亲属和姻亲亲属两类对其地理分布进行分析介绍。

一　父辈女性血亲亲属称谓的地理分布

纳系族群父辈女性血亲亲属主要指父亲的姐妹（姑母）及母亲的姐妹（姨母）两类亲属。

（一）姑母称谓的分布

纳系族群姑母称谓可根据词形分为三个类型：一类是前缀+$ȵi^{33}$类，一类是前缀+大/前缀+小类，一类是$kv^{33}mo^{33}$类。其具体语音形式见表6.9。

表 6.9　　　　　　　　　　　纳系族群姑母称谓

类型	调查点	姑母
类型一 前缀+$ȵi^{33}$类	玉龙九河灵芝园村	$ə^{55}ȵi^{33}$
	玉龙塔城老村二组	$a^{33}ȵi^{33}$
	玉龙巨甸阿瓦村	$a^{33}ȵi^{33}$
	木里俄亚托地村	$a^{21}ȵi^{33}$
	玉龙奉科上瓦二组	$a^{55}ȵa^{33}$
	宁蒗翠玉大村（摩梭人）	$æ^{33}ȵi^{33}$
	宁蒗拉伯新庄	$æ^{33}ȵi^{33}$
	玉龙宝山宝山村	$a^{33}ȵi^{33}$
	香格里拉次恩丁	$ə^{33}ɲi^{33}$
	维西塔城加木壳	$a^{33}ȵi^{33}$
	维西塔城汝柯（玛丽玛萨人）	$a^{33}ni^{33}$
	永胜顺州分水岭	$a^{33}ȵi^{33}$
	玉龙太安汝寒坪村	$a^{33}ȵi^{33}$
	香格里拉恩水湾村	$a^{33}ni^{33}$
	香格里拉波湾村	$a^{33}ȵi^{55}$
	四川木里县依吉	$e^{55}mi^{55}$

续表

类型	调查点	姑母
类型二 前缀+大/前缀+小类	木里俄亚大村	a³¹du³¹/a³¹dʑi⁵⁵
类型三 kv³³mo³³类	玉龙大具金宏村	ku³³mo³³
	玉龙拉市余乐六组	ku³³ma³³
	玉龙龙蟠上元村	kv³³mo³³
	玉龙黄山长水七组	kv³³mo³³
	玉龙白沙丰乐村	kv³³mo³³
类型三 kv³³mo³³类	古城区大东初卡村	ku³³mo³³
	古城区金山开文	kv³³mo³³/a⁵⁵dʑi⁵⁵
	香格里拉开发区	kv³³mo³³
	玉龙鲁甸杵峰下组	gu³³mo³³

纳系族群"姑母"称谓三个类型的分布如图 6.6 所示。

图 6.6　纳系族群姑母称谓类型分布

如表 6.9、图 6.6 所示：前缀+n̩i³³类主要分布在香格里拉县次恩丁、波湾、恩水湾、玉龙县九河、太安、奉科、宝山、宁蒗县拉伯、翠玉、维西县汝柯、加木壳、木里县俄亚托地及依吉，"前缀+大/小"类只在俄亚大村使用，kv^{33}mo^{33}类分布在玉龙县大具、鸣音、龙蟠、白沙、鲁甸、拉市、古城区大东、金山等地区。

结合三类"姑母"称谓的空间分布，及东巴古籍中"姑母"称谓的记载能够推导出纳系族群姑母称谓的发展顺序为：前缀+n̠i^{33}类→"前缀+大/小"类→kv^{33}mo^{33}类。

（二）姨母称谓的分布

纳系族群姨母称谓从词形来看可以分为四类：前缀+ni^{33}类、前缀+me^{33}类、前缀+dɯ^{31}类/前缀+dʑi^{55}类、ʑi^{31}mo^{33}类。各类具体语音形式如表 6.10 所示。

表 6.10　　　　　　　　　**纳系族群姨母称谓**

类型	调查点	姨母
类型一 前缀+ni^{33}类	玉龙巨甸阿瓦村	a^{33}n̠i^{33}
	香格里拉次恩丁	ɔ^{33}ŋi^{33}
	维西塔城汝柯（玛丽玛萨人）	a^{33}ni^{33}
类型二 前缀+me^{33}类	宁蒗翠玉大村（摩梭人）	æ^{33}me^{33}
	宁蒗拉伯新庄	æ^{33}me^{33}
	四川木里县依吉	e^{55}mi^{55}
类型三 前缀+dɯ^{31}类/ 前缀+dʑi^{55}类	维西塔城加木壳	a^{31}dʑi^{55}
	玉龙宝山宝山村	a^{33}me^{33}/a^{33}dʑi^{55}
	玉龙太安汝寒坪村	a^{33}dɯ^{31}/a^{33}dʑi^{55}
	香格里拉恩水湾村	a^{33}dɯ^{31}/a^{31}dʑi^{55}
	香格里拉波湾村	a^{33}dɯ^{21}/a^{21}ci^{33}
	玉龙奉科上瓦二组	a^{33}dɯ^{31}/a^{33}dʑi^{55}
	木里俄亚大村	a^{31}dɯ^{31}/a^{31}dʑi^{55}
	玉龙九河灵芝园村	ɔ^{31}dɯ^{31}/ɔ^{55}ʑi^{55}
	木里俄亚托地村	a^{21}dʐ̩^{21}
类型四 ʑi^{31}mo^{33}类	玉龙塔城老村二组	ʑi^{31}ma^{33}
	永胜顺州分水岭	ʑi^{31}mu^{33}
	玉龙大具金宏村	ʑi^{31}mo^{33}
	玉龙拉市余乐六组	ʑi^{31}mo^{33}
	玉龙龙蟠上元村	ʑi^{31}mo^{33}
	玉龙黄山长水七组	ʑi^{31}ma^{33}
	玉龙白沙丰乐村	ʑi^{31}mo^{33}

续表

类型	调查点	姨母
类型四 zi³¹mo³³类	古城区大东初卡村	zi³¹mo³³
	古城区金山开文	zi³¹mo³³
	香格里拉开发区	zi³¹mo³³
	玉龙鲁甸杵峰下组	zi³¹mo³³

"姨母"称谓四个类型的空间分布情况如图 6.7 所示。

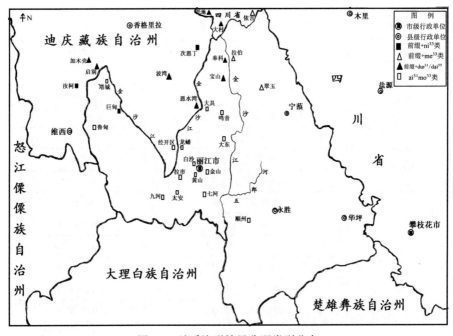

图 6.7　纳系族群姨母称谓类型分布

根据表 6.6、图 6.7 可以看出：前缀+ni³³类主要分布在玉龙县巨甸、维西县汝柯、香格里拉次恩丁等地，前缀+me³³类分布在宁蒗翠玉、拉伯、四川省木里县依吉等地，前缀+dɯ³¹类/前缀+dʑi⁵⁵类主要分布在香格里拉恩水湾、波湾、玉龙县太安、九河、宝山、奉科、维西加木壳等地，zi³¹mo³³类主要分布在丽江市玉龙县、古城区及永胜县顺州、香格里拉开发区等地。

综合四个类型的地理分布和古籍中"姨母"称谓的记载，可推出其演变链为：前缀+ni³³类 → 前缀+me³³类 → 前缀+dɯ³¹/前缀+dʑi⁵⁵类 → zi³¹mo³³类。

二 父辈女性姻亲亲属称谓的地理分布

纳系族群父辈女性姻亲亲属主要指父亲兄弟的配偶（伯母、叔母）及母亲兄弟的配偶（舅母）两类亲属。

（一）伯母、叔母称谓的分布

纳系族群伯母、叔母称谓主要有两大类型。一是伯母和叔母称谓相同，其中又可分为三小类，分别为：前缀+n_i^{33}类、前缀+me^{33}类、前缀+du^{31}类。一是伯母和叔母称谓不相同，其中可分为两小类：一是用前缀+"大"和前缀+"小"区分伯母和叔母，一是伯母为 $ta^{55}mo^{33}$类，叔母为 $a^{31}su^{31}mo^{33}$ 或 $a^{55}na^{33}$类。具体情况见表 6.11。

表 6.11　　　　　　　　　纳系族群伯母、叔母称谓

类型	调查点	伯母	叔母
前缀+n_i^{33}类	玉龙巨甸阿瓦村	$a^{33}n_i^{33}$	$a^{33}n_i^{33}$
	香格里拉次恩丁	$ə^{33}ŋi^{33}$	$ə^{33}ŋi^{33}$
	维西塔城汝柯（玛丽玛萨人）	$a^{33}ni^{33}$	$a^{33}ni^{33}$
	香格里拉恩水湾村	$a^{33}n_i^{33}$	$a^{33}n_i^{33}$
	香格里拉波湾村	$a^{33}n_i^{55}$	$a^{33}n_i^{55}$
前缀+me^{33}类	宁蒗翠玉大村（摩梭人）	$æ^{33}me^{33}$	$æ^{33}me^{33}$
	宁蒗拉伯新庄	$æ^{33}me^{33}$	$æ^{33}me^{33}$
	玉龙宝山宝山村	$a^{33}me^{33}du^{31}$	$a^{33}me^{33}dʑi^{55}$
	四川木里县依吉	$e^{55}mi^{55}$	$e^{55}mi^{55}$
前缀+du^{31}类	维西塔城加木壳	$a^{31}du^{31}$	$a^{31}du^{31}dʑi^{55}$
	木里俄亚托地村	$a^{21}dʐ^{21}$	$a^{21}dʐ^{21}$
前缀+"大" 前缀+"小"	木里俄亚大村	$a^{31}du^{31}$	$a^{31}dʑi^{55}$
	玉龙塔城老村二组	$a^{33}du^{31}$	$a^{33}dʑi^{55}$
	玉龙奉科上瓦二组	$a^{33}du^{31}$	$a^{55}dʑi^{55}$
伯母为 $ta^{55}mo^{33}$类， 叔母为 $a^{31}su^{31}mo^{33}$或 $a^{55}na^{33}$类	玉龙太安汝寒坪村	$ta^{55}mu^{33}$	$a^{33}sv^{31}mu^{33}$/$a^{33}dʑi^{55}$
	玉龙九河灵芝园村	$ə^{31}da^{55}mu^{33}$	$ə^{31}dʑi^{55}$
	永胜顺州分水岭	$ta^{55}mu^{33}$	$a^{33}sv^{13}mu^{33}$
	玉龙大具金宏村	$ta^{55}mo^{33}$	$a^{31}su^{35}mo^{33}$
	玉龙拉市余乐六组	$ta^{55}mo^{33}$	$a^{55}na^{33}$
	玉龙龙蟠上元村	$ta^{55}mo^{33}$	$a^{31}na^{33}$
	玉龙黄山长水七组	$ta^{55}mo^{33}$	$a^{33}sv^{13}mo^{33}$

续表

类型	调查点	伯母	叔母
伯母为 ta⁵⁵mo³³类, 叔母为 a³¹ʂu³¹mo³³或 a⁵⁵na³³类	玉龙白沙丰乐村	ta⁵⁵mo³³	a⁵⁵na³³
	古城区大东初卡村	ta⁵⁵mo³³	a³³sv¹³mo³³
	古城区金山开文	ta⁵⁵mo³³	a³³suu¹³mo³³
	香格里拉开发区	ta⁵⁵mo³³	a⁵⁵n.ia³³
	玉龙鲁甸杵峰下组	da⁵⁵mo³³	a⁵⁵dʑi⁵⁵

伯母、叔母称谓的两大类型分布如图 6.8 所示。

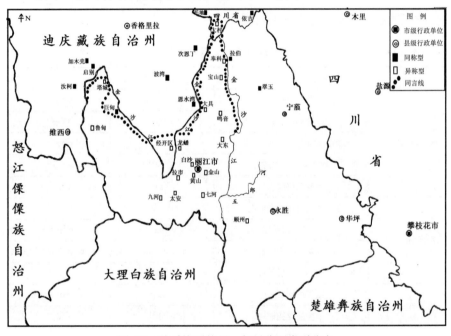

图 6.8　纳系族群伯母、叔母称谓类型分布

表 6.11 及图 6.8 所示，伯母和叔母称谓相同的称谓即同称型主要分布在维西县汝柯、加木壳、玉龙县巨甸、香格里拉县波湾、恩水湾、次恩丁、宁蒗县拉伯、翠玉、四川木里县依吉、托地村。伯母和叔母称谓不相同型即异称型集中分布在丽江市玉龙县、古城区和五郎河以北的永胜县顺州镇等地。

根据两大类型的地理分布及语言发展规律可推导出，伯母和叔母称谓同称型的产生顺序在前，异称型在后。

（二）舅母称谓的分布

纳系族群的舅母称谓，可以根据词形分为四类：一是前缀+n.i³³类，一是前缀+dʑi^{55}类，一是前缀+dɯ^{31}和前缀+dʑi^{55}并存类，一是前缀+tɕy^{55}mo^{33}类。各类内部语音形式有差异，其具体形式见表6.12。

表6.12　　　　　　　　　　　　　　　　纳系族群舅母称谓

类型	调查点	舅母
前缀+n.i^{33}类	玉龙巨甸阿瓦村	a^{33}n.i^{33}
	香格里拉次恩丁	ə^{33}ŋi^{33}
	木里俄亚托地村	a^{21}n.i^{33}
	玉龙塔城老村二组	a^{33}n.i^{33}
	宁蒗翠玉大村（摩梭人）	æ^{33}n.i^{33}
前缀+n.i^{33}类	宁蒗拉伯新庄	æ^{33}n.i^{33}
	四川木里县依吉	e^{55}mi^{55}
	玉龙奉科上瓦二组	a^{55}mu^{33}
前缀+dʑi^{55}类	维西塔城加木壳	a^{31}dʑi^{55}
	维西塔城汝柯（玛丽玛萨人）	a^{21}tɕi^{52}
	木里俄亚大村	a^{31}dʑi^{55}
前缀+dɯ^{31}和前缀+dʑi^{55}并存类	香格里拉恩水湾村	a^{33}dɯ^{31}/a^{31}dʑi^{55}
	香格里拉波湾村	a^{33}dɯ^{21}/a^{21}ci^{33}
前缀+tɕy^{55}mo^{33}类	玉龙宝山宝山村	a^{33}tɕy^{55}mo^{33}
	玉龙太安汝寒坪村	a^{33}tɕy^{55}mu^{33}
	玉龙九河灵芝园村	ə^{31}tɕy^{55}mu^{33}
	永胜顺州分水岭	a^{33}tɕy^{55}mu^{33}
	玉龙大具金宏村	a^{33}tɕy^{55}mo^{33}
	玉龙拉市余乐六组	a^{33}tɕy^{55}mo^{33}
	玉龙龙蟠上元村	a^{31}tɕy^{55}mo^{33}
	玉龙黄山长水七组	a^{33}tɕy^{55}mo^{33}
	玉龙白沙丰乐村	a^{33}tɕy^{55}mo^{33}
	古城区大东初卡村	a^{33}tɕy^{55}mo^{33}
	古城区金山开文	a^{33}tɕy^{55}mo^{33}
	香格里拉开发区	a^{31}tɕu^{55}mo^{33}
	玉龙鲁甸杵峰下组	a^{33}tɕy^{55}mo^{33}

四个类型"舅母"称谓的分布情况如图6.9所示。

根据表6.12和图6.9所示：前缀+n.i^{33}类分布在香格里拉次恩丁、玉龙县奉科、宁蒗县拉伯、翠玉、四川木里县托地、依吉，前缀+dʑi⁵⁵类分布在维西县汝柯、加木壳、木里县俄亚大村，前缀+dɯ³¹和前缀+dʑi⁵⁵并存类分布在香格里拉县波湾和恩水湾地区，前缀+tɕy⁵⁵mo³³类主要集中分布在丽江市玉龙县及古城区。

综合这四个类型的地理分布和东巴古籍中的记载，可以推导为：前缀+ɲi³³类→前缀+dʑi⁵⁵类→前缀+dɯ³¹和前缀+dʑi⁵⁵并存类→前缀+tɕy⁵⁵mo³³类。

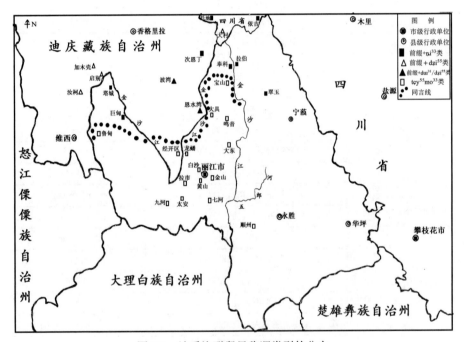

图 6.9　纳系族群舅母称谓类型的分布

三　父辈女性亲属称谓的分合类型

纳系族群父辈女性亲属称谓的分合有五种情况：五类称谓合一型、两分型、四分型及五分型。每个类型的具体情况分述如下。

（一）合一型

合一型指伯母、叔母、姑母、舅母、姨母这五类亲属的称谓完全相同，即五种亲属合用一个称谓。这个类型主要分布在：香格里拉次恩丁村、玉龙巨甸阿瓦村、木里依吉乡。详见表 6.13。

表 6.13　　　　　　　　　纳系族群伯叔姑舅姨母合一型称谓

香格里拉次恩丁村	伯母、叔母、姑母、舅母、姨母	$\vartheta^{33}\eta i^{33}$
玉龙巨甸阿瓦村	伯母、叔母、姑母、舅母、姨母	$\alpha^{33}\eta i^{33}$
木里依吉乡 纳日人	伯母、叔母、舅母、姨母（姑母称谓空缺）	$e^{55}mi^{55}$

（二）二分型

二分型指伯母、叔母、姑母、舅母、姨母这五类亲属称谓用两个称谓进行称呼。这个类型主要分布在香格里拉恩水湾村、波湾村、木里俄亚托地村及维西汝柯村。如表 6.14 所示。

表 6.14　　　　　　　　纳系族群伯叔姑舅姨母二分型称谓

香格里拉恩水湾村	伯母、叔母、姑母	$\alpha^{33}\eta i^{33}$	舅母、姨母	$\alpha^{33}d\mathrm{u}^{31}/a^{31}dzi^{55}$
香格里拉波湾村	伯母、叔母、姑母	$\alpha^{33}\eta i^{55}$	舅母、姨母	$\alpha^{33}d\mathrm{u}^{21}/a^{21}ci^{33}$
木里俄亚托地村	伯母、叔母、姨母	$a^{21}d\mathrm{z}^{21}$	姑母、舅母	$a^{21}\eta i^{33}$
宁蒗翠玉大村 摩梭人	伯母、叔母、姨母	$æ^{33}me^{33}$	姑母、舅母	$æ^{33}\eta i^{33}$
宁蒗拉伯新庄村	伯母、叔母、姨母	$æ^{33}me^{33}$	姑母、舅母	$æ^{33}\eta i^{33}$
维西汝柯 玛丽玛萨人	伯母、叔母、姑母、姨母	$\alpha^{33}ni^{33}$	舅母	$a^{21}tci^{52}$
木里俄亚大村	伯母、姑母、舅母、姨母	$a^{31}d\mathrm{u}^{31}$	叔母、姑母、舅母、姨母	$a^{31}dzi^{55}$

表 6.14 显示，纳系族群二分型伯叔姑舅姨母称谓可以分为四小类。一类是伯母、叔母、姑母共同使用一个称谓称呼，舅母、姨母共同使用一个称谓，如香格里拉恩水湾村和波湾村、宁蒗翠玉及拉伯。一类是伯母、叔母、姨母使用同一个称谓，姑母和舅母使用另一称谓，如托地村。一类是伯母、叔母、姑母和姨母的称谓相同，舅母单独使用一个称谓，如汝柯村玛丽玛萨人。还有一类是当姑母年长于父亲，舅父、姨母年长于母亲时，姑母、舅母、姨母与伯母同称为 $a^{31}d\mathrm{u}^{31}$，叔母单独称为 $a^{31}dzi^{55}$；当姑母年幼于父亲，舅父、姨母年幼于母亲时，姑母单独使用称呼 $a^{31}d\mathrm{u}^{31}$，其余四个女性父辈亲属称为 $a^{31}dzi^{55}$。

（三）四分型

四分型指伯母、叔母、姑母、舅母、姨母这五个称谓中有两个称谓相同，其余三个称谓各不相同。这种类型主要分布在玉龙塔城老村二组和维西加木壳村。详见表 6.15。

表 6.15　　　　　　　　纳系族群伯叔姑舅姨母四分型称谓

玉龙塔城老村二组	伯母 a³³dɯ³¹	叔母　　a³³dʑi⁵⁵	姑母、舅母 a³³n̩i³³	姨母　　zi³¹ma³³
维西加木壳村	伯母 a³¹dɯ³¹	叔母 a³¹dɯ³¹dʑi⁵⁵	姑母　　a³³n̩i³³	舅母、姨母 a³¹dʑi⁵⁵

如上表所示，老村二组的姑母和舅母用 a³³n̩i³³ 称呼，其余伯母、叔母、姨母分别称为：a³³dɯ³¹、a³³dʑi⁵⁵、zi³¹ma³³。加木壳村的舅母和姨母都称为 a³¹dʑi⁵⁵，伯母、叔母、姑母的称谓各不相同，分别用 a³¹dɯ³¹、a³¹dɯ³¹dʑi⁵⁵、a³³n̩i³³ 来称呼。

（四）五分型

五分型指伯母、叔母、姑母、舅母、姨母五个亲属用各不相同的亲属称谓进行指称。这个类型分布的地区较多，集中分布在丽江市玉龙县和古城区。具体有：玉龙县大具金宏村、九河灵芝园村、拉市余乐六组、奉科上瓦村、龙蟠上元村黄山长水七组、鲁甸杵峰下组、太安汝寒坪村、宝山宝山村、白沙丰乐村，古城区大东初卡村、金山开文村，香格里拉县开发区，永胜县顺州分水岭村。各地称谓详见表 6.16。

表 6.16　　　　　　　　纳系族群伯叔姑舅姨母五分型称谓

称谓＼调查点	伯母	叔母	姑母	舅母	姨母
大具小米地村	ta⁵⁵mo³³	a³¹ʂu³⁵mo³³	ku³³mo³³	a³³tɕy⁵⁵mo³³	zi³¹mo³³
九河灵芝园村	ə³¹da⁵⁵mu³³	ə³¹dʑi⁵⁵	ə⁵⁵n̩i³³	ə³¹tɕy⁵⁵mu³³	ə³¹dɯ³¹/ə⁵⁵zi⁵⁵
拉市余乐六组	ta⁵⁵mo³³	a⁵⁵n̩a³³	ku³³ma³³	a³³tɕy⁵⁵mo³³	zi³¹mo³³
奉科上瓦村	a³³dɯ³¹	a⁵⁵dʑi⁵⁵	a⁵⁵n̩a³³	a⁵⁵mu³³	a³³dɯ³¹/a³³dʑi⁵⁵
龙蟠上元村	ta⁵⁵mo³³	a³¹n̩a³³	kv³³mo³³	a³¹tɕy⁵⁵mo³³	zi³¹mo³³
黄山长水七组	ta⁵⁵mo³³	a³³ʂv¹³mo³³	kv³³mo³³	a³³tɕy⁵⁵mo³³	zi³¹ma³³
鲁甸杵峰下组	da⁵⁵mo³³	a⁵⁵dʑi⁵⁵	gu³³mo³³	a³³tɕy⁵⁵mo³³	zi³¹mo³³
太安汝寒坪村	ta⁵⁵mu³³	a³³ʂv¹³mu³³/a³³dʑi⁵⁵	a³³n̩i³³	a³³tɕy⁵⁵mu³³	a³³dɯ³¹/a³³dʑi⁵⁵
宝山宝山村	a³³me³³dɯ³¹	a³³me³³dʑi⁵⁵	a⁵⁵n̩i³³	a³³tɕy⁵⁵mo³³	a³³me³³/a³³dʑi⁵⁵
白沙丰乐村	da⁵⁵mo³³	a⁵⁵na³³	kv³³mo³³	a³³tɕy⁵⁵mo³³	zi³¹mo³³
大东初卡村	ta⁵⁵mo³³	a³³sv¹³mo³³	ku³³mo³³	a³³tɕy⁵⁵mo³³	zi³¹mo³³
金山开文村	ta⁵⁵mo³³	a³³sɯ¹³mo³³	kv³³mo³³/a⁵⁵dʑi⁵⁵	a³³tɕy⁵⁵mo³³	zi³¹mo³³
香格里拉开发区	ta⁵⁵mo³³	a⁵⁵n̩ia³³	ku³³mo³³	a³¹tɕu⁵⁵mo³³	zi³¹mo³³
顺州分水岭村	ta⁵⁵mu³³	a³³ʂv¹³mu³³	a³³n̩i³³	a³³tɕy⁵⁵mu³³	zi³¹mu³³

纳系族群父辈女性称谓五种分合类型的空间分布情况如图 6.10 所示。

从表 6.16 及图 6.10 可以看出合一型称谓主要分布在玉龙县巨甸、木里县依吉、香格里拉县次恩丁，二分型主要分布在香格里拉县波湾、恩水湾、宁蒗县拉伯、翠玉、维西县汝柯、木里县俄亚大村及托地等地，四分型主要分布在维西加木壳、玉龙县塔城，五分型集中分布在丽江市玉龙县、古城区及永胜县顺州。

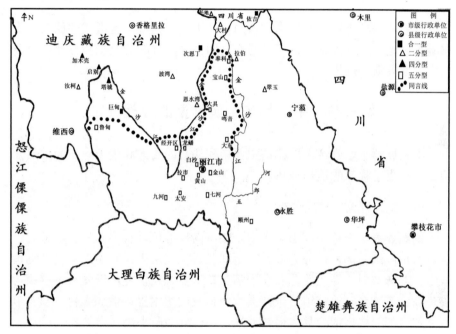

图 6.10　纳系族群伯叔姑舅姨母亲属称谓分合类型分布

值得注意的是，东巴古籍中父辈男性称谓及女性称谓都属于二分型，"母亲、伯母、叔母"为 $ə^{33}me^{33}$，"舅母、姑母、姨母"为 $ə^{33}ɲi^{33}$。因而，我们可对纳系族群父辈女性亲属称谓的发展演变做出推论：父辈女性亲属伯母、叔母、姑母、舅母和姨母称谓的分合类型由少向多发展演变，合一型→二分型→四分型→五分型，其中 $ə^{33}ɲi^{33}$、$ɑ^{33}ɲi^{33}$、$e^{55}mi^{55}$ 是父辈女性称谓的最初形态。[①]

---

① 和智利、赵文英：《纳系族群父辈女性亲属称谓的类型及地理分布》，《云南师范大学学报》（哲社版）第 2016 年第 4 期。

第七章　纳系族群平辈亲属称谓的地理分布

纳系族群各支群平辈亲属称谓的称法不一。通过语言形式的比较，本书着重讨论丈夫、妻子、哥哥及姐姐这四个平辈称谓的类型和分布，以及它们的发展演变过程。

第一节　平辈姻亲亲属称谓的地理分布

纳系族群平辈姻亲亲属称谓主要指配偶，即丈夫和妻子。下面主要介绍丈夫、妻子称谓的地理分布。

一　丈夫称谓的地理分布

纳系族群丈夫称谓的形式类型，按不同标准可以有不同的分类方式。从音节角度来看，可以分为双音节型和三音节型两类，其中三音节型称谓较多。双音节型称谓主要分布在宁蒗县翠玉乡、拉伯乡，玉龙县奉科镇、鲁甸乡、塔城乡、巨甸镇，维西县汝柯村及四川木里县俄亚大村。双音节型称谓内部，根据词的具体语音形式，还可分为两小类。详见表 7.1。

表 7.1　　　　　　　　　纳系族群双音节型丈夫称谓

称谓类型	调查点	"丈夫"称谓
类型一	玉龙鲁甸杵峰下组	$mu^{55}\gamma\mathrm{u}^{33}$
	玉龙塔城老村二村	$mu^{55}\gamma\mathrm{u}^{33}$
	玉龙巨甸阿瓦村	$mo^{55}\gamma\mathrm{u}^{33}$
	木里俄亚大村	$mu^{55}\gamma\mathrm{u}^{33}$
	维西塔城汝柯	$ma^{33}\gamma\tilde{o}^{55}$
	玉龙奉科上瓦二村	$mu^{55}\gamma\mathrm{u}^{33}$
类型二	宁蒗翠玉大村（摩梭人）	$za^{33}z\mathrm{l}^{33}$
	宁蒗拉伯新庄	$z\mathrm{æ}^{55}z\mathrm{l}^{33}$

三音节型称谓主要分布在玉龙县大具、九河、拉市、龙蟠、黄山、宝山、白沙，古城区大东、金山，香格里拉次恩丁村、开发区及维西县加木壳。三音节型称谓内部，根据词的具体语音形式，还可分为三小类。详见表 7.2。

表 7.2　纳系族群三音节型丈夫称谓

称谓类型	调查点	“丈夫”称谓
类型一	玉龙大具金宏村	$ʐa^{33}ka^{33}zɿ^{33}$
	玉龙九河灵芝园村	$ʐa^{33}ka^{31}zɔ^{33}$
	玉龙拉市余乐六组	$ʐa^{33}ka^{33}zɿ^{33}$
	玉龙龙蟠上元村	$ʐa^{33}ka^{31}zɿ^{33}$
	玉龙黄山长水七组	$ʐa^{33}ka^{31}zɿ^{33}$
	玉龙宝山宝山村	$ʐa^{33}ka^{33}zɿ^{33}$
	玉龙白沙丰乐村	$ʐa^{33}ka^{31}zɿ^{33}$
	古城区大东初卡村	$ʐa^{33}ka^{31}zɿ^{33}$
	古城区金山开文	$ʐa^{33}ka^{31}zɿ^{33}$
	香格里拉次恩丁	$jɣ^{11}qæ^{11}zɤ^{33}$
	香格里拉开发区	$ʐa^{33}ka^{31}zɿ^{33}$
	维西塔城加木壳	$ʐa^{33}ka^{31}zɿ^{33}$
	永胜顺州分水岭	$ʐa^{33}ka^{31}zɿ^{33}$
类型二	玉龙太安汝寒坪村	$dɑ^{33}xɑ^{33}bɑ^{31}$
	香格里拉恩水湾村	$dɑ^{33}xɑ^{33}zo^{33}$
	香格里拉波湾村	$ndɑ^{33}xɑ^{33}zo^{33}$
类型三	四川木里县依吉	$hɑ^{55}tshu^{31}pɑ^{55}$

所有调查点中俄亚托地村的丈夫称谓情况较特殊，三音节型和双音节型称谓并存使用。即丈夫可以称呼为 $ʐa^{33}kæ^{21}zɿ^{33}$ 也可以称作 $mu^{55}ɣɯ^{33}$。

如上所述，纳系族群丈夫称谓可以根据音节数的多少进行分类，每个类别中又可根据具体语音形式的异同进行分类，共有 $mu^{55}ɣɯ^{33}$类、$ʐa^{33}zɿ^{33}$类、$ʐa^{33}ka^{33}zɿ^{33}$类、$dɑ^{33}xɑ^{33}bɑ^{31}$类、$hɑ^{55}tshu^{31}pɑ^{55}$类五类。各类型的地理分布如图 7.1 所示。

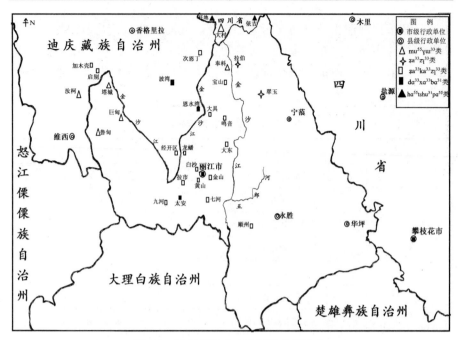

图 7.1　纳系族群丈夫称谓的地理分布

二　妻子称谓的地理分布

从音节来看，纳系族群妻子称谓可分为双音节型和三音节型两类，双音节称谓占多数。双音节型称谓主要分布在：玉龙县大具、九河、拉市、龙蟠、黄山、宝山、鲁甸、塔城、巨甸、奉科、白沙，古城区大东、金山，香格里拉开发区、次恩丁，维西县加木壳、汝柯，宁蒗县翠玉、拉伯，永胜顺州，四川木里依吉、俄亚大村、托地村等。双音节型称谓内部又可根据具体词形分为四小类。详见表 7.3。

表 7.3　　　　　　　　　　　　纳系族群双音节型妻子称谓

类型	调查点	"妻子"称谓
类型一	玉龙大具金宏村	$n_i^{33}n_{\vartheta}^{31}$
	玉龙九河灵芝园村	$n_i^{33}n_v^{31}$
	玉龙拉市余乐六组	$n_i^{33}n_{\vartheta}^{31}$
	玉龙龙蟠上元村	$n_i^{33}n_v^{31}$
	玉龙黄山长水七组	$n_i^{33}n_{\vartheta}^{31}$
	玉龙宝山宝山村	$n_i^{33}n_v^{31}$
	玉龙白沙丰乐村	$n_i^{33}n_v^{31}$
	玉龙鲁甸杵峰下组	$n_i^{33}n_v^{31}$

续表

类型	调查点	"妻子"称谓
类型一	古城区大东初卡村	ȵi³³nv³¹
	古城区金山开文	ȵi³³nv³¹
	香格里拉开发区	ȵi³³nv³¹
类型二	维西塔城加木壳	tʂhu³³me³³
	永胜顺州分水岭	tʂhə³³me³³
	四川木里县依吉	tʂhu⁵⁵mi⁵⁵
	玉龙塔城老村二村	tʂhu³³me³³
	玉龙巨甸阿瓦村	tʂhuɑ³³me³³
	宁蒗翠玉大村（摩梭人）	tʂhu³³me³³
	维西塔城汝柯	tɕhi³³me⁵⁵
类型三	宁蒗拉伯新庄	mæ³³zɿ³³
类型四	香格里拉次恩丁	mi³⁵khwɑ¹¹　tʂhə³³me³³
	玉龙奉科上瓦二村	me³³tɕhi³³　tʂhə³³me³³
	木里俄亚大村	me³³tɕhi³³　tʂhə³³me³³
	木里俄亚托地村	me³³tɕhi³³　ȵi³³nv³¹

上表显示，双音节称谓内部第四小类的次恩丁、上瓦二村、俄亚大村、托地村四个地方的妻子称谓都有两种称呼方式。

三音节型妻子称谓主要分布在：玉龙县太安及香格里拉县恩水湾、波湾等地区。如表 7.4 所示。

表 7.4　　　　　　　　纳系族群三音节型妻子称谓

调查点	"妻子"称谓
玉龙太安汝寒坪村	dɑ³³xɑ³³me³³
香格里拉恩水湾村	dɑ³³xɑ³³me³³
香格里拉波湾村	ndɑ³³xɑ³³me³³

纳系族群妻子称谓的空间分布如图 7.2 所示。

纳系族群东巴古籍中记载的"丈夫"称谓为 tʂua³¹tʂɯ³¹，"妻子"称谓为 bɯ³³bɯ³¹。上文中"丈夫"和"妻子"称谓形式稳定，说明纳系族群这两个姻亲亲属称谓产生的时间比较早，并且没有太多的演变。

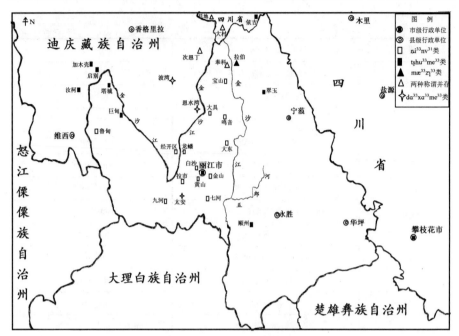

图 7.2　纳系族群妻子称谓的地理分布

第二节　平辈血亲亲属称谓的地理分布

　　纳系族群平辈血亲亲属有嫡亲、姑舅姨表堂房亲的兄弟姐妹等，这里主要介绍哥哥、姐姐称谓的地理分布。

一　哥哥称谓的地理分布

　　纳系族群"哥哥"称谓的构成方式为前缀+词根。根据词根，可以分为四个类型。一是前缀+ko^{33}类，一是前缀+da^{55}类，一类是前缀+bv^{31}类，一类是前缀+mu^{31}类。每个类型的具体语音形式和分布如表 7.5 所示。

表7.5　　　　　　　　　　纳系族群哥哥称谓的分布

称谓类型	调查点	"哥哥"称谓
类型一	玉龙大具金宏村	a^{33}kɔ^{33}
	玉龙九河灵芝园村	ə^{55}ku^{33}
	玉龙拉市余乐六组	a^{55}kɔ^{33}
	玉龙龙蟠上元村	a^{33}ko^{33}
	玉龙黄山长水七组	a^{33}ko^{33}
	玉龙宝山宝山村	a^{55}kɔ^{33}

续表

称谓类型	调查点	"哥哥"称谓
类型一	玉龙白沙丰乐村	$\alpha^{33}k\mathfrak{o}^{33}$
	古城区大东初卡村	$\alpha^{33}k\mathfrak{o}^{33}$
	古城区金山开文	$\alpha^{55}k\mathfrak{o}^{33}$
	香格里拉开发区	$\alpha^{31}ko^{33}$
	永胜顺州分水岭	$\alpha^{55}ko^{33}$
类型二	玉龙鲁甸杵峰下组	$\alpha^{33}d\alpha^{55}$
类型三	玉龙奉科上瓦二村	$a^{31}b\mathrm{u}^{55}$
	玉龙塔城老村二村	$\alpha^{33}b\mathrm{u}^{31}$
	玉龙太安汝寒坪村	$\alpha^{33}b\mathrm{u}^{31}$
	玉龙巨甸阿瓦村	$\alpha^{55}bv^{31}$
	香格里拉恩水湾村	$a^{55}b\mathrm{u}^{31}$
	香格里拉波湾村	$\alpha^{55}bv^{21}$
	香格里拉次恩丁	$\mathfrak{d}^{33}bv^{11}$
	维西塔城加木壳	$\alpha^{33}bv^{31}$
	维西塔城汝柯	$æ^{21}bv^{24}$
	宁蒗拉伯新庄	$æ^{33}bu^{33}$
	木里俄亚大村	$a^{31}b\mathrm{u}^{55}$
	木里俄亚托地村	$a^{21}bv^{33}$
类型四	宁蒗翠玉大村(摩梭人)	$æ^{33}mu^{21}$
	四川木里县依吉	$e^{55}mu^{31}$

上述纳系族群"哥哥"称谓的四种语音形式,在地理上的分布情况如图 7.3 所示。

表 7.5 及图 7.3 显示"前缀+bv^{31}类"称谓主要分布在四川省木里俄亚大村、托地村,香格里拉恩水湾、波湾、次恩丁,维西县塔城汝柯、加木壳,宁蒗县拉伯及玉龙县奉科、鲁甸、塔城、太安、巨甸等地。"前缀+ko^{33}类"主要在玉龙县黄山、白山、拉市、九河、龙蟠、大具、宝山,古城区金山、大东,香格里拉县开发区及永胜县顺州分水岭等地。从地理位置上来看,"前缀+bv^{31}类"称谓分布的地区较"前缀+ko^{33}类"称谓的分布地区交通不便且位置偏僻。这些地区的语言传承保留得较好。并且"哥哥"称谓$\mathfrak{d}^{33}bv^{31}$早在东巴古籍中就有记载。

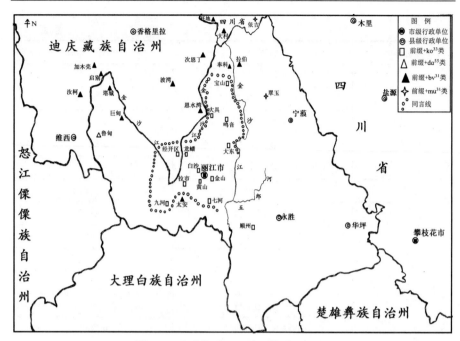

图 7.3　纳系族群哥哥称谓的地理分布

　　"前缀+mu³¹类"称谓主要在宁蒗翠玉宜底大村的摩梭人及四川木里依吉的纳日人间使用,这类称谓显著的特征是既能指称平辈男性亲属又能指称平辈女性亲属,即这两个地区的"哥哥"和"姐姐"称谓同称。

　　根据"哥哥"称谓类型的地理分布、东巴文献记载及词汇产生的一般规律,可作出推导:哥哥称谓的演变链为"前缀+mu³¹类"→"前缀+bv³¹类"→"前缀+ko³³类"。

二　姐姐称谓的地理分布

　　纳系族群"姐姐"称谓的构词,主要有前缀+词根、词素重叠两种方式。前缀+词根:主要有前缀+tçi³³、前缀+me³¹、前缀+mu³¹三类称谓。词素重叠主要为 me⁵⁵重叠类,各地调值有差异。详见表 7.6。

表 7.6　　　　　　　　　纳系族群姐姐称谓的分布

称谓类型	调查点	"姐姐"称谓
类型一	玉龙大具金宏村	$a^{55}tçi^{33}$
	玉龙九河灵芝园村	$ə^{55}tçi^{33}$
	玉龙拉市余乐六组	$a^{55}tçi^{33}$
	玉龙龙蟠上元村	$a^{55}tçi^{33}$

称谓类型	调查点	"姐姐"称谓
类型一	玉龙黄山长水七组	$a^{55}t\varphi i^{33}$
	玉龙白沙丰乐村	$a^{55}t\varphi i^{33}$
	古城区大东初卡村	$a^{55}t\varphi i^{33}$
	古城区金山开文	$a^{55}t\varphi i^{33}$
类型二	玉龙奉科上瓦二村	$me^{55}me^{33}$
	玉龙鲁甸杵峰下组	$me^{55}me^{33}$
	玉龙塔城老村二村	$me^{55}me^{33}$
	玉龙宝山宝山村	$me^{55}me^{33}$
	玉龙巨甸阿瓦村	$me^{55}me^{31}$
	香格里拉恩水湾村	$me^{55}me^{33}$
	香格里拉波湾村	$me^{55}me^{33}$
	香格里拉次恩丁	$me^{35}me^{33}$
	香格里拉开发区	$me^{55}me^{31}$
	维西塔城加木壳	$a^{55}me^{31}$
	维西塔城汝柯	$me^{21}me^{33}$
	宁蒗拉伯新庄	$me^{33}me^{33}$
	永胜顺州分水岭	$me^{55}me^{31}$
	木里俄亚大村	$me^{55}me^{31}$
类型三	木里俄亚托地村	$me^{33}me^{21}/me^{33}x\ae^{21}$
	玉龙太安汝寒坪村	$a^{33}du^{31}/a^{33}me^{13}$
类型四	宁蒗翠玉大村（摩梭人）	$\ae^{33}mu^{21}$
	四川木里县依吉	$e^{55}mu^{31}$

通过表 7.5、表 7.6 比较发现，表 7.6 类型四和表 7.5 类型四中的称谓相同，说明宁蒗翠玉宜底大村的摩梭人及四川木里依吉的纳日人所指称与自己同辈年长于自己的男性和女性称谓是一致的。

上文所述的纳系族群"姐姐"称谓的四种语音形式的分布情况如图 7.4 所示。

表 7.6、图 7.4 显示，"前缀+$t\varphi i^{33}$类"及"me^{55}重叠类"是姐姐称谓的主要类型。"前缀+$t\varphi i^{33}$类"主要分布在玉龙县黄山、白山、拉市、九河、龙蟠、大具、宝山，古城区金山、大东，香格里拉县开发区及永胜县顺州分水岭等地。"me^{55}重叠类"主要分布在四川省木里俄亚大村、托地村，香

格里拉县恩水湾、波湾、次恩丁，维西县塔城汝柯、加木壳，宁蒗县拉伯
及玉龙县奉科、鲁甸、塔城、太安、巨甸等地。"前缀+tɕi³³类"分布的地
区比"me⁵⁵重叠类"分布区交通便利，地域上更靠近城区，其语言的容纳
性较其他地区强。

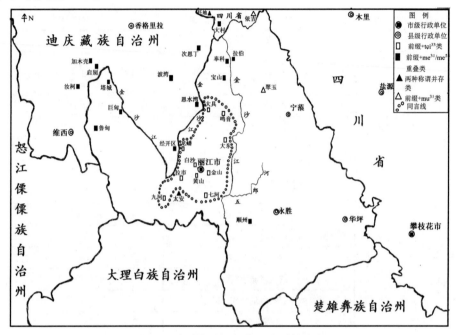

图 7.4　纳系族群姐姐称谓类型的分布

此外，"姐姐"称谓 me⁵⁵me³¹ 在东巴古籍中就有记载。因而我们可以
构拟出姐姐称谓的演变链为："前缀+mu³¹类"→"me⁵⁵重叠类"→"前缀+
tɕi³³类"。

第八章 结论

第一节 本研究的结论

本书主要运用地理语言学的理论和方法对纳系族群的亲属称谓系统进行了比较系统的研究，得出以下结论：

一、本书通过纳系族群亲属称谓的语言特征、地理特征发现了亲属称谓和婚姻家庭制度的一些特点。如：血缘婚（兄妹婚等）、姑表婚、母系走访婚、安达婚等不同婚姻家庭形态在亲属称谓构造、使用和地理分布上的体现。虽然过去有人做过一些研究，但是局部的，如此系统地应用地理语言学理论和方法进行研究的这还是第一次。

二、地理语言学的目的是通过语言的词汇、语音、语法等方方面面和地理空间的关系，去挖掘语言中所蕴含的丰富信息。地理语言学研究能够从地理上显示语言共时的和历时的演变，是语言研究中的一个重要方法。本书通过对居住在滇川藏交角区的纳系族群亲属语言中亲属称谓的深入分析，完全证实了这一研究方法的可行性、重要性和必要性，而且证实了不同语言与地理关系各有自己的特征和规律。

三、本书通过纳系族群亲属称谓地理分布图及同言线的绘制，发现纳系族群亲属称谓的分布特征与滇川藏毗连地区的几条重要河流，其中包括云南省丽江市境内的金沙江、四川省木里县境内的无量河及丽江市永胜县境内的五郎河的分布位置密切相关。具体表现为：1. 东西对立：一指金沙江线东西对立型，即纳系族群亲属称谓沿丽江境内的金沙江两岸形成东西部差异；二指无量河线东西对立型，纳系族群亲属称谓无量河以东和以西的差异。2. 南北对立：又称为五郎河线对立，即纳系族群亲属称谓在五郎河南边和北边形成的差异。

通过对纳系族群亲属称谓系统类型的地理分布考察，印证了地理对纳系族群方言形成的重要作用。纳系族群不同类型亲属称谓系统的差异，是与纳系族群语言方言的差异大体一致的。五郎河、金沙江以东，五郎河以北通行东部方言，无量河、金沙江以西，五郎河以南为西部方言区。本书所绘制的亲属称谓特征词分布图所得出的同言线（金沙江线和无量河线）

与东西部方言的分界线基本一致。

四、纳系族群的亲属称谓各地存在差异，这个差异是不同地区的家庭、婚姻、社会发展不平衡引起的。但这种差异与地理分布是有密切关系的。山川河流的阻隔会影响语言的传播，而使不同地区语言产生差异。从社会的差异可以看到地理差异，从地理差异也能看到社会的差异。二者相互印证。例如，分布在东部方言区的大部分纳系族群现已进入专偶制婚姻，但曾经历过血缘婚、对偶婚、群婚等婚姻形态，分布在西部方言区的纳系族群较东部方言区纳系族群早进入专偶制婚姻，这些社会文化差异在亲属称谓中得到直接体现。

五、通过本书的研究，摸索到一些地理语言学研究的方法。语言地理学的研究可以从词汇、语音、语法三方面进行。本书做的是亲属称谓词的地理语言学研究，主要是词汇的语音、义项差异。同言线主要是根据亲属称谓词的词义和语音差异来划定的。在这研究中，选定亲属称谓特征词汇是关键环节。

本书在研究初期阶段，首先对每个调查点的 158 种亲属关系进行记录。在这个过程中，可以发现哪些亲属关系的称呼较相近，哪些亲属关系的称谓差异较大。如果说选取差异小的称谓，那么比较研究的价值就相对较小，所以选取了其中差异比较大的 40 多种亲属关系进行比较。通过比较发现，纳系族群亲属称谓中子孙辈亲属称谓的地域性差异较小。

第二阶段为了能够突出纳系族群亲属称谓的异同，在制作所选定的 40 多种亲属关系的称谓分布图、画同言线的过程中，经过再三比较，最终选定最能体现纳系族群亲属称谓社会文化特征及差异的 20 个特征词（曾祖父、曾祖母、曾外祖父、曾外祖母、祖父、祖母、伯父、叔父、姑父、舅父、姨父、伯母、叔母、姑母、舅母、姨母、妻子、丈夫、哥哥、姐姐等）。选定特征词是一个需要不断比较不断增减的过程，初期必须全面搜集能反映研究对象方方面面的词汇，在各点调查记录的过程中需要不断地调整，以便选出最能体现研究对象特征的词。

六、本书的研究证明，少数民族地区由于发展的特点不同于汉族地区，主要是交通不便，不同地区的社会形态差异更大，所以更能够从地区的差异来认识语言的差异。

少数民族语言的地理语言学研究大有可为。我国民族语言丰富，特点复杂，目前的地理学研究所涉及的内容还嫌窄，今后还有大量的研究资源需要去挖掘。比如：动植物词汇、人文地理词汇、宗教词汇、农业经济词、族称、姓名、方位词、颜色词、计量法等。

第二节　本研究的不足

本书的研究还存在以下的不足：

（一）地理学研究范式的运用比较浅。由于笔者在博士研究生阶段之前的学习中对地理学理论知识和实践方法的掌握不是很充分，导致对地理学研究范式的应用不深。在后续的学习研究中，我将加强地理学理论知识和实践方法的学习，并对本研究进一步作补充。

（二）本研究对地理环境差异对纳系族群亲属称谓系统的作用机理分析不够。有些现象指出来了，但未能做进一步的解释。如人文地理环境的差异影响了纳系族群亲属称谓系统发展不平衡，但究竟哪些因素是主要因素？产生了怎样的影响？还有待作者进一步关注。

（三）图件的质量和表达仍需进一步完善。研究过程中我主要着力于语言材料的搜集和整理，提高图件质量和图件表达，使语言现象的空间分布更加直观，将是我后续研究的着力点。

附录　以个案点为纲的纳系族群亲属称谓系统语料

表 1　丽江市玉龙县大具乡白麦村委会小米地村纳西语亲属称谓系统

亲属称谓	义　项	义项数量
a³³phɯ³³a³³dzɯ³³	（1）对高祖辈及高祖辈以上亲属的泛称	1
a³³mu⁵⁵	（1）曾祖父（2）曾祖母（3）曾外祖父（4）曾外祖母（5）外曾祖父（6）外曾祖母（7）外曾外祖父（8）外曾外祖母（9）曾祖父的嫡亲兄弟姐妹（10）曾祖父嫡亲兄弟姐妹的配偶（11）曾祖母的嫡亲兄弟姐妹（12）曾祖母嫡亲兄弟姐妹的配偶（13）曾外祖父的嫡亲兄弟姐妹（14）曾外祖父嫡亲兄弟姐妹的配偶（15）曾外祖母的嫡亲兄弟姐妹（16）曾外祖母嫡亲兄弟姐妹的配偶（17）外曾祖父的嫡亲兄弟姐妹（18）外曾祖父嫡亲兄弟姐妹的配偶（19）外曾祖母的嫡亲兄弟姐妹（20）外曾祖母嫡亲兄弟姐妹的配偶（21）外曾外祖父的嫡亲兄弟姐妹（22）外曾外祖父嫡亲兄弟姐妹的配偶（23）外曾外祖母的嫡亲兄弟姐妹（24）外曾外祖母嫡亲兄弟姐妹的配偶（25）对配偶曾祖辈亲属的直称	25
a³³mu⁵⁵lo³³	（1）曾祖父（2）曾外祖父（3）外曾祖父（4）外曾外祖父（5）曾祖父的嫡亲兄弟（6）曾祖父的嫡亲姐妹之夫（7）曾祖母的嫡亲兄弟（8）曾祖母的嫡亲姐妹之夫（9）曾外祖父的嫡亲兄弟（10）曾外祖父的嫡亲姐妹之夫（11）曾外祖母的嫡亲兄弟（12）曾外祖母的嫡亲姐妹之夫（13）外曾祖父的嫡亲兄弟（14）外曾祖父的嫡亲姐妹之夫（15）外曾祖母的嫡亲兄弟（16）外曾祖母的嫡亲姐妹之夫（17）外曾外祖父的嫡亲兄弟（18）外曾外祖父的嫡亲姐妹之夫（19）外曾外祖母的嫡亲兄弟（20）外曾外祖母的嫡亲姐妹之夫（21）对配偶曾祖辈男性亲属的直称	21
a³³mu⁵⁵na³³	（1）曾祖母（2）曾外祖母（3）外曾祖母（4）外曾外祖母（5）曾祖父的嫡亲兄弟之妻（6）曾祖父的嫡亲姐妹（7）曾祖母的嫡亲兄弟之妻（8）曾祖母的嫡亲姐妹（9）曾外祖父的嫡亲兄弟之妻（10）曾外祖父的嫡亲姐妹（11）曾外祖母的嫡亲兄弟之妻（12）曾外祖母的嫡亲姐妹（13）外曾祖父的嫡亲兄弟之妻（14）外曾祖父的嫡亲姐妹（15）外曾祖母的嫡亲兄弟之妻（16）外曾祖母的嫡亲姐妹（17）外曾外祖父的嫡亲兄弟之妻（18）外曾外祖父的嫡亲姐妹（19）外曾外祖母的嫡亲兄弟之妻（20）外曾外祖母的嫡亲姐妹（21）对配偶曾祖辈女性亲属的直称	21
a⁵⁵tsu³³lo³³	（1）曾祖父（2）曾外祖父（3）外曾祖父（4）外曾外祖父（5）曾祖父的嫡亲兄弟（6）曾祖父的嫡亲姐妹之夫（7）曾祖母的嫡亲兄弟（8）曾祖母的嫡亲姐妹之夫（9）曾外祖父的嫡亲兄弟（10）曾外祖父的嫡亲姐妹之夫（11）曾外祖母的嫡亲兄弟（12）曾外祖母的嫡亲姐妹之夫（13）外曾祖父的嫡亲兄弟（14）外曾祖父的嫡亲姐妹之夫（15）外曾祖母的嫡亲兄弟（16）外曾祖母的嫡亲姐妹之夫（17）外曾外祖父的嫡亲兄弟（18）外曾外祖父的嫡亲姐妹之夫（19）外曾外祖母的嫡亲兄弟（20）外曾外祖母的嫡亲姐妹之夫（21）对配偶曾祖辈男性亲属的直称	21

亲属称谓	义　项	义项数量
$a^{55}tsu^{33}na^{33}$	（1）曾祖母（2）曾外祖母（3）外曾祖母（4）外曾外祖母（5）曾祖父的嫡亲兄弟之妻（6）曾祖母的嫡亲姐妹（7）曾祖母的嫡亲兄弟之妻（8）曾祖母的嫡亲姐妹（9）曾外祖父的嫡亲兄弟之妻（10）曾外祖父的嫡亲姐妹（11）曾外祖母的嫡亲兄弟之妻（12）曾外祖母的嫡亲姐妹（13）外曾祖父的嫡亲兄弟之妻（14）外曾祖父的嫡亲姐妹（15）外曾祖母的嫡亲兄弟之妻（16）外曾祖母的嫡亲姐妹（17）外曾外祖父的嫡亲兄弟之妻（18）外曾外祖父的嫡亲姐妹（19）外曾外祖母的嫡亲兄弟之妻（20）外曾外祖母的嫡亲姐妹（21）对配偶曾祖辈女性亲属的直称	21
$a^{55}lo^{33}$	（1）祖父（2）祖父的嫡亲兄弟（3）祖父的堂兄弟（4）对配偶祖父的直称（5）对高龄男性的尊称	5
$a^{55}na^{33}$	（1）祖母（2）祖父嫡亲兄弟之妻（3）祖父堂兄弟之妻（4）对配偶祖母的直称（5）对高龄女性的尊称	5
$a^{55}ku^{33}$	（1）外祖父（2）外祖父的嫡亲兄弟（3）外祖父的堂兄弟	3
$a^{31}pho^{35}$	（1）外祖母（2）外祖父嫡亲兄弟之妻（3）外祖父的堂兄弟	3
$ku^{33}na^{33}$	（1）祖父的嫡亲姐妹（2）祖父的堂姐妹（3）外祖父的嫡亲姐妹（4）外祖父的堂姐妹（5）对配偶姑祖母的直称	5
$ku^{33}lo^{33}$	（1）祖父嫡亲姐妹之夫（2）祖父堂姐妹之夫（3）外祖父嫡亲姐妹之夫（4）外祖父堂姐妹之夫（5）对配偶姑祖父的直称	5
$zi^{31}na^{33}$	（1）祖母的嫡亲姐妹（2）祖母的堂姐妹（3）外祖母的嫡亲姐妹（4）外祖母的堂姐妹（5）对配偶姨祖母的直称	5
$zi^{33}lo^{33}$	（1）祖母嫡亲姐妹之夫（2）祖母堂姐妹之夫（3）外祖母嫡亲姐妹之夫（4）外祖母堂姐妹之夫（5）对配偶姨祖父的直称	5
$a^{33}tçy^{55}lo^{33}$	（1）祖母的嫡亲兄弟（2）祖母的堂兄弟（3）外祖母的嫡亲兄弟（4）外祖母的堂兄弟（5）对配偶舅祖父的直称	5
$a^{33}tçy^{55}na^{33}$	（1）祖母嫡亲兄弟之妻（2）祖母堂兄弟之妻（3）外祖母嫡亲兄弟之妻（4）外祖母堂兄弟之妻（5）对配偶舅祖母的直称	5
$pia^{33}lo^{33}$	（1）祖父的姑舅姨表兄弟（2）祖父的姑舅姨表姐妹之配偶（3）祖母的姑舅姨表兄弟（4）祖母的姑舅姨表姐妹之配偶（5）外祖父的姑舅姨表兄弟（6）外祖父的姑舅姨表姐妹之配偶（7）外祖母的姑舅姨表兄弟（8）外祖母的姑舅姨表姐妹之配偶（9）对配偶表祖父的直称	9
$pia^{33}na^{33}$	（1）祖父的姑舅姨表姐妹（2）祖父的姑舅姨表兄弟之配偶（3）祖母的姑舅姨表姐妹（4）祖母的姑舅姨表兄弟之配偶（5）外祖父的姑舅姨表姐妹（6）外祖父的姑舅姨表兄弟之配偶（7）外祖母的姑舅姨表姐妹（8）外祖母的姑舅姨表兄弟之配偶（9）对配偶表祖父的直称	9
$zu^{31}a^{55}lo^{33}$	（1）配偶的祖父	1
$zu^{31}a^{55}na^{33}$	（1）配偶的祖母	1
$tçhi^{33}lo^{33}$	（1）姻亲亲属的祖父	1

亲属称谓	义　项	义项数量
tçhi³³na³³	（1）姻亲亲属的祖母	1
ɑ³³di³³	（1）父亲（2）对配偶父亲的直称	2
ɑ³³mo³³	（1）母亲（2）对配偶母亲的直称	2
ɑ³³bɑ³³	（1）父亲（2）对配偶父亲的直称	2
ɑ³³me³³	（1）母亲（2）对配偶母亲的直称	2
ma⁵⁵bɑ³³	（1）继父（2）后夫	2
ma⁵⁵me³³	（1）继母（2）后妻	2
ka³³bɑ³³	（1）前夫	1
ka³³me³³	（1）前妻	1
ɑ³¹ʂu¹³	（1）父亲的嫡亲弟弟（2）父亲的堂弟（3）对年幼于父母男性的尊称	3
ɑ³¹ʂu¹³mo³³	（1）父亲嫡亲弟弟之妻（2）父亲堂弟之妻	2
ɑ³³dɑ⁵⁵	（1）父亲的嫡亲兄长（2）父亲的堂兄	2
tɑ⁵⁵di³³	（1）父亲的嫡亲兄长（2）父亲的堂兄（3）对年长于父母男性的尊称	3
tɑ⁵⁵mo³³	（1）父亲嫡亲兄长之妻（2）父亲堂兄之妻（3）对年长于父母女性的尊称	3
ku³³mo³³	（1）父亲的嫡亲姐姐（2）父亲的堂姐	2
ku³³di³³	（1）父亲嫡亲姐姐之夫（2）父亲堂姐之夫	2
ɑ⁵⁵na³³	（1）父亲的嫡亲妹妹（2）父亲的堂妹（3）母亲的嫡亲妹妹（4）母亲的堂妹（5）父亲嫡亲弟弟之妻（6）父亲堂弟之妻	6
zi³¹mo³³	（1）母亲的嫡亲姐姐（2）母亲的堂姐（3）母亲的姑舅姨表姐	3
zi³¹di³³	（1）母亲嫡亲姐姐之夫（2）母亲堂姐之夫（3）母亲的姑舅姨表姐之配偶	3
ɑ³³tçy⁵⁵	（1）母亲的嫡亲兄弟（2）母亲的堂兄弟	2
ɑ³³tçy⁵⁵mo³³	（1）母亲嫡亲兄弟之妻（2）母亲堂兄弟之妻	2
ʐu³¹phe³³	（1）配偶的父亲	1
ʐu³¹me³³	（1）配偶的母亲	1
piɑ³³ʂu¹³	（1）父亲的姑舅姨表弟（2）母亲的姑舅姨表弟	2
piɑ³³ʂu¹³mo³³	（1）父亲姑舅姨表弟的配偶（2）母亲姑舅姨表弟的配偶	2

续表

亲属称谓	义 项	义项数量
pia³³ta⁵⁵di³³	（1）父亲的姑舅姨表兄（2）母亲的姑舅姨表兄	2
pia³³ta⁵⁵mo³³	（1）父亲姑舅姨表兄的配偶（2）母亲姑舅姨表兄的配偶	2
tɕhi³³di³³	（1）嫡亲兄弟的岳父（2）堂房兄弟的岳父（3）姑舅姨表兄弟的岳父（4）嫡亲姐妹的公公（5）堂房姐妹的公公（6）姑舅姨表姐妹的公公	6
tɕhi³³mo³³	（1）嫡亲兄弟的岳母（2）堂房兄弟的岳母（3）姑舅姨表兄弟的岳母（4）嫡亲姐妹的婆婆（5）堂房姐妹的婆婆（6）姑舅姨表姐妹的婆婆	6
ka³³di³³	（1）拜祭的父亲（2）孩子拜祭的父亲	2
ka³³mo³³	（1）拜祭的母亲（2）孩子拜祭的母亲	2
lɔ³³ke³³di³³	（1）同龄朋友的父亲（2）孩子同龄朋友的父亲	2
lɔ³³ke³³mo³³	（1）同龄朋友的母亲（2）孩子同龄朋友的母亲	2
ȵi³³nə³¹	（1）妻子	1
za³³ka³³ʐ̩³³	（1）丈夫	1
bi³¹ʐ̩³³me³³xe³¹	（1）兄弟姐妹	1
a³³bv³¹gɯ³³ʐ̩³³	（1）兄弟	1
me³³nə³¹gɯ³³me³³	（1）姐妹	1
bi³¹ʐ̩³³	（1）兄弟	1
me³³xe³¹	（1）姐妹	1
ȵi³³dzɚ³³me³³	（1）妯娌	1
thia³³ta⁵⁵	（1）连襟	1
tɕy⁵⁵ʑi³¹	（1）妻子的嫡亲兄弟	1
a³³bv³¹	（1）嫡亲兄长（2）堂兄（3）姑舅姨表兄（4）嫡亲姐姐的配偶（5）堂房姐姐的配偶（6）姑舅姨表姐的配偶（7）对年长于己身男性的尊称	7
a³³kɔ³³	（1）嫡亲兄长（2）堂兄（3）姑舅姨表兄（4）嫡亲姐姐的配偶（5）堂房姐姐的配偶（6）姑舅姨表姐的配偶（7）对年长于己身男性的尊称	7
a⁵⁵tɕi³³	（1）嫡亲姐姐（2）堂姐（3）姑舅姨表姐（4）嫡亲兄长的配偶（5）堂兄的配偶（6）姑舅姨表兄的配偶（7）对年长于己身女性的尊称	7
gɯ³³ʐ̩³³	（1）嫡亲弟弟（2）堂弟（3）姑舅姨表弟（4）嫡亲妹妹的配偶（5）堂妹的配偶（6）姑舅姨表妹的配偶（7）对年幼于己身男性的近称	7
gɯ³³me³³	（1）嫡亲妹妹（2）堂妹（3）姑舅姨表妹（4）嫡亲弟弟的配偶（5）堂弟的配偶（6）姑舅姨表弟的配偶（7）对年幼于己身女性的近称	7

续表

亲属称谓	义　项	义项数量
tsha³³ba³¹	（1）妻子嫡亲姐妹的丈夫	1
çy⁵⁵ɣɯ³³	（1）丈夫的嫡亲兄弟	1
me³³tçhi³³xuɑ⁵⁵me³³	（1）姑嫂	1
me³³tçhi³³	（1）女性嫡亲兄弟的配偶	1
xuɑ⁵⁵me³³	（1）丈夫的嫡亲姐妹	1
tɑ⁵⁵sɔ³³	（1）嫡亲兄长之妻（2）堂房兄长之妻（3）同族兄长之妻	3
tçi³³fu³³	（1）嫡亲姐姐的配偶（2）堂姐的配偶（3）姑舅姨表姐的配偶	3
me⁵⁵fu³³	（1）嫡亲妹妹的配偶（2）堂妹的配偶（3）姑舅姨表妹的配偶	3
çiɑ³³zi³¹me⁵⁵	（1）妻子的嫡亲妹妹	1
lɔ³³piɑ³³	（1）姑舅姨表兄弟姐妹的总称	1
piɑ³³sɔ³³	（1）姑舅姨表兄的妻子	1
tçhi⁵⁵tçiɑ³³di³³	（1）女儿的公公（2）儿子的岳父	2
tçhi⁵⁵tçiɑ³³mo³³	（1）女儿的婆婆（2）儿子的岳母	2
zɔ³³	（1）儿子	1
mi⁵⁵	（1）女儿	1
tʂhə³³me³³	（1）儿媳	1
mu⁵⁵ɣɯ³³	（1）女婿	1
dze³³ɣɯ³³tʂhə³³me³³	（1）嫡亲兄弟儿子的配偶（2）堂兄弟儿子的配偶（3）姑舅姨表兄弟儿子的配偶（4）嫡亲姐妹儿子的配偶（5）堂姐妹儿子的配偶（6）姑舅姨表姐妹儿子的配偶	6
dze³³ɣɯ³³	（1）嫡亲兄弟的儿子（2）堂兄弟的儿子（3）姑舅姨表兄弟的儿子（4）嫡亲姐妹的儿子（5）堂姐妹的儿子（6）姑舅姨表姐妹的儿子	6
dze³³me³³	（1）嫡亲兄弟的女儿（2）堂兄弟的女儿（3）姑舅姨表兄弟的女儿（4）嫡亲姐妹的女儿（5）堂姐妹的女儿（6）姑舅姨表姐妹的女儿	6
dze³³me³³mu⁵⁵ɣɯ³³	（1）嫡亲兄弟女儿的配偶（2）堂兄弟女儿的配偶（3）姑舅姨表兄弟女儿的配偶（4）嫡亲姐妹女儿的配偶（5）堂姐妹女儿的配偶（6）姑舅姨表姐妹女儿的配偶	6
lu³³bv³³	（1）孙子（2）外孙（3）嫡亲兄弟的孙子（4）堂兄弟的孙子（5）姑舅姨表兄弟的孙子（6）嫡亲兄弟的外孙（7）堂兄弟的外孙（8）姑舅姨表兄弟的外孙（9）嫡亲姐妹的孙子（10）堂姐妹的孙子（11）姑舅姨表姐妹的孙子（12）嫡亲姐妹的外孙（13）堂姐妹的外孙（14）姑舅姨表姐妹的外孙（15）孙女的配偶（16）外孙女的配偶	16

亲属称谓	义　项	义项数量
lu³³me³³	（1）孙女（2）外孙女（3）嫡亲兄弟的孙女（4）堂兄弟的孙女（5）姑舅姨表兄弟的孙女（6）嫡亲兄弟的外孙女（7）堂兄弟的外孙女（8）姑舅姨表兄弟的外孙女（9）嫡亲姐妹的孙女（10）堂姐妹的孙女（11）姑舅姨表姐妹的孙女（12）嫡亲姐妹的外孙女（13）堂姐妹的外孙女（14）姑舅姨表姐妹的外孙女（15）孙子的配偶（16）外孙的配偶	16
lu⁵⁵bv³³	（1）曾孙（2）曾外孙（3）外曾孙（4）外曾外孙（5）嫡亲兄弟的曾孙（6）堂兄弟的曾孙（7）姑舅姨表兄弟的曾孙（8）嫡亲姐妹的曾孙（9）堂姐妹的曾孙（10）姑舅姨表姐妹的曾孙（11）嫡亲兄弟的曾外孙（12）堂兄弟的曾外孙（13）姑舅姨表兄弟的曾外孙（14）嫡亲姐妹的曾外孙（15）堂姐妹的曾外孙（16）姑舅姨表姐妹的曾外孙（17）嫡亲兄弟的外曾孙（18）堂兄弟的外曾孙（19）姑舅姨表兄弟的外曾孙（20）嫡亲姐妹的外曾孙（21）堂姐妹的外曾孙（22）姑舅姨表姐妹的外曾孙（23）嫡亲兄弟的外曾外孙（24）堂兄弟的外曾外孙（25）姑舅姨表兄弟的外曾外孙（26）嫡亲姐妹的外曾外孙（27）堂房姐妹的外曾外孙（28）姑舅姨表姐妹的外曾外孙（29）曾孙女的配偶（30）曾外孙女的配偶（31）外曾孙女的配偶（32）外曾外孙女的配偶	32
lu⁵⁵me³³	（1）曾孙女（2）曾外孙女（3）外曾孙女（4）外曾外孙女（5）嫡亲兄弟的曾孙女（6）堂兄弟的曾孙女（7）姑舅姨表兄弟的曾孙女（8）嫡亲姐妹的曾孙女（9）堂姐妹的曾孙女（10）姑舅姨表姐妹的曾孙女（11）嫡亲兄弟的曾外孙女（12）堂兄弟的曾外孙女（13）姑舅姨表兄弟的曾外孙女（14）嫡亲姐妹的曾外孙女（15）堂姐妹的曾外孙女（16）姑舅姨表姐妹的曾外孙女（17）嫡亲兄弟的外曾孙女（18）堂兄弟的外曾孙女（19）姑舅姨表兄弟的外曾孙女（20）嫡亲姐妹的外曾孙女（21）堂姐妹的外曾孙女（22）姑舅姨表姐妹的外曾孙女（23）嫡亲兄弟的外曾外孙女（24）堂兄弟的外曾外孙女（25）姑舅姨表兄弟的外曾外孙女（26）嫡亲姐妹的外曾外孙女（27）堂房姐妹的外曾外孙女（28）姑舅姨表姐妹的外曾外孙女（29）曾孙的配偶（30）曾外孙的配偶（31）外曾孙的配偶（32）外曾外孙的配偶	32

表2　丽江市玉龙九河乡甸头村委会灵芝园村纳西语亲属称谓系统

亲属称谓	义　项	义项数量
ə³¹phv³³ə³¹dzv³³	（1）祖先（包含男女性）	1
ə³¹phv³³lɔ³³	（1）男性远祖	1
ə³¹phv³³na³³	（1）女性远祖	1
ə³¹dʐɿ⁵⁵dzɿ³³	（1）天祖父（2）天祖母（3）天祖辈的男女性亲属	3
ə³¹khə³¹lɔ³³	（1）高祖父（2）高祖辈的男性亲属	2
ə³¹khə³¹na³³	（1）高祖母（2）高祖辈的女性亲属	2

续表

亲属称谓	义　项	义项数量
ə³¹mu⁵⁵lɔ³³	（1）曾祖父（2）曾外祖父（3）外曾祖父（4）外曾外祖父（5）曾祖父的嫡亲兄弟（6）曾祖父的嫡亲姐妹之夫（7）曾祖母的嫡亲兄弟（8）曾祖母的嫡亲姐妹之夫（9）曾外祖父的嫡亲兄弟（10）曾外祖父的嫡亲姐妹之夫（11）曾外祖母的嫡亲兄弟（12）曾外祖母的嫡亲姐妹之夫（13）外曾祖父的嫡亲兄弟（14）外曾祖父的嫡亲姐妹之夫（15）外曾祖母的嫡亲兄弟（16）外曾祖母的嫡亲姐妹之夫（17）外曾外祖父的嫡亲兄弟（18）外曾外祖父的嫡亲姐妹之夫（19）外曾外祖母的嫡亲兄弟（20）外曾外祖母的嫡亲姐妹之夫（21）对配偶曾祖辈男性亲属的直称	21
ə³¹mu⁵⁵na³³	（1）曾祖母（2）曾外祖母（3）外曾祖母（4）外曾外祖母（5）曾祖父的嫡亲兄弟之妻（6）曾祖父的嫡亲姐妹（7）曾祖母的嫡亲兄弟之妻（8）曾祖母的嫡亲姐妹（9）曾外祖父的嫡亲兄弟之妻（10）曾外祖父的嫡亲姐妹（11）曾外祖母的嫡亲兄弟之妻（12）曾外祖母的嫡亲姐妹（13）外曾祖父的嫡亲兄弟之妻（14）外曾祖父的嫡亲姐妹（15）外曾祖母的嫡亲兄弟之妻（16）外曾祖母的嫡亲姐妹（17）外曾外祖父的嫡亲兄弟之妻（18）外曾外祖父的嫡亲姐妹（19）外曾外祖母的嫡亲兄弟之妻（20）外曾外祖母的嫡亲姐妹（21）对配偶曾祖辈女性亲属的直称	21
ə⁵⁵lɔ³³	（1）祖父（2）外祖父（3）祖父的嫡亲兄弟（4）祖父的堂兄弟（5）祖父的姑舅姨表兄弟（6）外祖父的嫡亲兄弟（7）外祖父的堂兄弟（8）外祖父的姑舅姨表兄弟（9）对祖辈男性亲属的尊称	9
ə⁵⁵na³³	（1）祖母（2）外祖母（3）祖父的嫡亲兄弟之妻（4）祖父的堂兄弟之妻（5）祖父的姑舅姨表兄弟之妻（6）外祖父的嫡亲兄弟之妻（7）外祖父的堂兄弟之妻（8）外祖父的姑舅姨表兄弟之妻（9）对祖辈女性亲属的尊称	9
ȵi³³dzə³³me³³	（1）妯娌	1
ə³¹kɔ⁵⁵na³³	（1）祖父的嫡亲姐妹（2）祖父的堂姐妹（3）祖父的姑舅姨表姐妹（4）外祖父的嫡亲姐妹（5）外祖父的堂姐妹（6）外祖父的姑舅姨表姐妹	6
ə³¹kɔ⁵⁵ʑi³¹	（1）祖父嫡亲姐妹的配偶（2）祖父堂姐妹的配偶（3）祖父姑舅姨表姐妹的配偶（4）外祖父嫡亲姐妹的配偶（5）外祖父堂姐妹的配偶（6）外祖父姑舅姨表姐妹的配偶	6
ə⁵⁵ʑi⁵⁵na³³	（1）祖母的嫡亲姐妹（2）祖母的堂姐妹（3）祖母的姑舅姨表姐妹（4）外祖母的嫡亲姐妹（5）外祖母的堂姐妹（6）外祖母的姑舅姨表姐妹	6
ə⁵⁵ʑi⁵⁵lɔ³³	（1）祖母嫡亲姐妹的配偶（2）祖母堂姐妹的配偶（3）祖母姑舅姨表姐妹的配偶（4）外祖母嫡亲姐妹的配偶（5）外祖母堂姐妹的配偶（6）外祖母姑舅姨表姐妹的配偶	6
ə⁵⁵lɔ³³du³¹	（1）祖父的嫡亲兄长（2）祖父的堂兄长（3）祖父的姑舅姨表兄长（4）外祖父的嫡亲兄长（5）外祖父的堂兄长（6）外祖父的姑舅姨表兄长	6
ə⁵⁵na³³du³¹	（1）祖父嫡亲兄长的配偶（2）祖父堂兄长的配偶（3）祖父姑舅姨表兄长的配偶（4）外祖父嫡亲兄长的配偶（5）外祖父堂兄长的配偶（6）外祖父姑舅姨表兄长的配偶	6
ə⁵⁵lɔ³³dzi⁵⁵	（1）祖父的嫡亲弟弟（2）祖父的堂弟（3）祖父的姑舅姨表弟（4）外祖父的嫡亲弟弟（5）外祖父的堂弟（6）外祖父的姑舅姨表弟	6

亲属称谓	义　项	义项数量
ə⁵⁵na³³dʑi⁵⁵	（1）祖父嫡亲弟弟的配偶（2）祖父堂弟的配偶（3）祖父姑舅姨表弟的配偶（4）外祖父嫡亲弟弟的配偶（5）外祖父堂弟的配偶（6）外祖父姑舅姨表弟的配偶	6
ə³¹tɕy⁵⁵lɔ³³	（1）祖母的嫡亲兄弟（2）祖母的堂兄弟（3）祖母的姑舅姨表兄弟（4）外祖母的嫡亲兄弟（5）外祖母的堂兄弟（6）外祖母的姑舅姨表兄弟	6
ə³¹tɕy⁵⁵na³³	（1）祖母嫡亲兄弟的配偶（2）祖母堂兄弟的配偶（3）祖母姑舅姨表兄弟的配偶（4）外祖母嫡亲兄弟的配偶（5）外祖母堂兄弟的配偶（6）外祖母姑舅姨表兄弟的配偶	6
ə⁵⁵bɑ³³	（1）父亲（2）对配偶父亲的直称	2
ə³¹bɑ³³	（1）父亲（2）对配偶父亲的直称	2
ə³¹mu³³	（1）母亲（2）对配偶母亲的直称	2
zo³¹phe³³	（1）配偶的父亲	1
zo³¹me³³	（1）配偶的母亲	1
ə³¹dɑ⁵⁵dɑ⁵⁵	（1）父亲的嫡亲兄长（2）父亲的堂兄（3）父亲的姑舅姨表兄（4）对同族、同姓年长于父亲男性的尊称	4
ə³¹dɑ⁵⁵mu³³	（1）父亲嫡亲兄长的配偶（2）父亲堂兄的配偶（3）父亲姑舅姨表兄的配偶（4）对同族、同姓年长于父亲男性之妻的尊称	4
ə⁵⁵ʂv¹³	（1）父亲的嫡亲弟弟（2）父亲的堂弟（3）父亲的姑舅姨表弟（4）对同族、同姓年幼于父亲男性的尊称	4
ə³¹dʑi⁵⁵	（1）父亲的嫡亲弟弟之妻（2）父亲的堂弟之妻（3）父亲的姑舅姨表弟之妻	3
ə⁵⁵n̩i³³	（1）父亲的嫡亲姐妹（2）父亲的堂姐妹（3）父亲的姑舅姨表姐妹	3
ə³¹kɔ⁵⁵mu³³	（1）父亲嫡亲姐妹的配偶（2）父亲堂姐妹的配偶（3）父亲姑舅姨表姐妹的配偶	3
ə³¹tɕy⁵⁵	（1）父亲的嫡亲兄弟（2）父亲的堂兄弟（3）父亲的姑舅姨表兄弟	3
ə³¹tɕy⁵⁵mu³³	（1）父亲嫡亲兄弟的配偶（2）父亲堂兄弟的配偶（3）父亲姑舅姨表兄弟的配偶	3
ə³¹dɯ³¹	（1）母亲的嫡亲姐姐（2）母亲的堂姐（3）母亲的姑舅姨表姐	3
ə⁵⁵zi⁵⁵	（1）母亲的嫡亲妹妹（2）母亲的堂妹（3）母亲的姑舅姨表妹	3
ə⁵⁵zi⁵⁵dɯ³¹	（1）母亲嫡亲妹妹中排行最大者（2）母亲堂妹中排行最大者（3）母亲姑舅姨表妹中排行最大者	3
ə⁵⁵zi⁵⁵ly⁵⁵	（1）母亲嫡亲妹妹中排行第二者（2）母亲堂妹中排行第二者（3）母亲姑舅姨表妹中排行第二者	3
ə⁵⁵zi⁵⁵dʑi⁵⁵	（1）母亲嫡亲妹妹中排行最小者（2）母亲堂妹中排行最小者（3）母亲姑舅姨表妹中排行最小者	3
ə³¹bo³³	（1）母亲嫡亲姐妹的配偶（2）母亲堂姐妹的配偶（3）母亲姑舅姨表姐妹的配偶	3

亲属称谓	义　项	义项数量
ə³¹bo³³duɯ³¹	（1）母亲嫡亲妹妹中排行最大者的配偶（2）母亲堂妹中排行最大者的配偶（3）母亲姑舅姨表妹中排行最大者的配偶	3
ə³¹bo³³dʑi⁵⁵	（1）母亲嫡亲妹妹中排行最小者的配偶（2）母亲堂妹中排行最小者的配偶（3）母亲姑舅姨表妹中排行最小者的配偶	3
ka³³di³³	（1）祭拜的父亲（2）对子女祭拜的父亲的从孩称	2
ka³³mu³³	（1）祭拜的母亲（2）对子女祭拜的母亲的从孩称	2
ma⁵⁵bɑ³³	（1）后爹（2）后夫	2
ma⁵⁵me³³	（1）后妈（2）后妻	2
ȵi³³nv³¹	（1）妻子	1
ʑa³³ka³¹zɔ³³	（1）丈夫	1
ə³¹tɑ⁵⁵sɔ³³	（1）嫡亲兄长之妻（2）堂兄长之妻（3）姑舅姨表兄长之妻	3
ə⁵⁵ku³³	（1）嫡亲兄长（2）堂兄长（3）姑舅姨表兄长（4）对同族、同姓年长于自己男性的尊称（5）嫡亲姐姐之夫（6）堂姐之夫（7）姑舅姨表姐之夫（8）对同辈男性的尊称	8
ə⁵⁵ku³³duɯ³¹	（1）排行最大的嫡亲兄长（2）排行最大的堂兄（3）排行最大的姑舅姨表兄	3
æ⁵⁵ku³³	（1）排行最二的嫡亲兄长（2）排行最二的堂兄（3）排行最二的姑舅姨表兄	3
sa³³ku³³	（1）排行最三的嫡亲兄长（2）排行最三的堂兄（3）排行最三的姑舅姨表兄	3
ə⁵⁵ku³³dʑi⁵⁵	（1）排行最小的嫡亲兄长（2）排行最小的堂兄（3）排行最小的姑舅姨表兄	3
ə⁵⁵tɕi³³	（1）嫡亲姐姐（2）堂姐（3）姑舅姨表姐（4）对同族、同姓年长于自己女性的尊称（5）嫡亲兄长之妻（6）堂兄之妻（7）姑舅姨表兄之妻（8）对同辈女性的尊称	8
me³³tɕhi³³	（1）女性兄弟的妻子	1
guɯ³³z̩³³	（1）嫡亲弟弟（2）堂弟（3）姑舅姨表弟（4）嫡亲妹妹（5）堂妹（6）姑舅姨表妹之夫	6
gu³³me³³	（1）嫡亲妹妹（2）堂妹（3）姑舅姨表妹（4）嫡亲弟弟（5）堂弟（6）姑舅姨表弟之妻	6
tshe³³bɑ³¹	（1）妻子嫡亲姐妹的丈夫	1
tɕhi⁵⁵tɕia³³	（1）儿女的配偶家	1
zɔ³³	（1）儿子	1
mi⁵⁵	（1）女儿	1
tʂhə³³me³³	（1）儿媳	1
mu⁵⁵ɣɯ³³	（1）女婿	1

亲属称谓	义　项	义项数量
xuɑ⁵⁵me³³	（1）丈夫的嫡亲姐妹	1
çy⁵⁵ɣɯ³³	（1）丈夫的嫡亲兄弟	1
dze³³ɣɯ³³	（1）嫡亲兄弟的儿子（2）堂兄弟的儿子（3）姑舅姨表兄弟的儿子（4）嫡亲姐妹的儿子（5）堂姐妹的儿子（6）姑舅姨表姐妹的儿子	6
dze³³me³³	（1）嫡亲兄弟的女儿（2）堂兄弟的女儿（3）姑舅姨表兄弟的女儿（4）嫡亲姐妹的女儿（5）堂姐妹的女儿（6）姑舅姨表姐妹的女儿	6
dze³³ɣɯ³³ȵi³³nv³¹	（1）嫡亲兄弟儿子的配偶（2）堂兄弟儿子的配偶（3）姑舅姨表兄弟儿子的配偶（4）嫡亲姐妹儿子的配偶（5）堂姐妹儿子的配偶（6）姑舅姨表姐妹儿子的配偶	6
dze³³me³³za³³ka³¹zɔ³³	（1）嫡亲兄弟女儿的配偶（2）堂兄弟女儿的配偶（3）姑舅姨表兄弟女儿的配偶（4）嫡亲姐妹女儿的配偶（5）堂姐妹女儿的配偶（6）姑舅姨表姐妹女儿的配偶	6
lv³³bv³³	（1）孙子（2）外孙（3）嫡亲兄弟的孙子（4）堂兄弟的孙子（5）姑舅姨表兄弟的孙子（6）嫡亲兄弟的外孙（7）堂兄弟的外孙（8）姑舅姨表兄弟的外孙（9）嫡亲姐妹的孙子（10）堂姐妹的孙子（11）姑舅姨表姐妹的孙子（12）嫡亲姐妹的外孙（13）堂房姐妹的外孙（14）姑舅姨表姐妹的外孙（15）嫡亲兄弟孙女的配偶（16）堂房兄弟孙女的配偶（17）姑舅姨表兄弟孙女的配偶（18）嫡亲兄弟外孙女的配偶（19）堂兄弟外孙女的配偶（20）姑舅姨表兄弟外孙女的配偶（21）嫡亲姐妹孙女的配偶（22）堂姐妹孙女的配偶（23）姑舅姨表姐妹孙女的配偶（24）嫡亲姐妹外孙女的配偶（25）堂姐妹外孙女的配偶（26）姑舅姨表姐妹外孙女的配偶	26
lv³³me³³	（1）孙女（2）外孙女（3）嫡亲兄弟的孙女（4）堂兄弟的孙女（5）姑舅姨表兄弟的孙女（6）嫡亲兄弟的外孙女（7）堂兄弟的外孙女（8）姑舅姨表兄弟的外孙女（9）嫡亲姐妹的孙女（10）堂姐妹的孙女（11）姑舅姨表姐妹的孙女（12）嫡亲姐妹的外孙女（13）堂房姐妹的外孙女（14）姑舅姨表姐妹的外孙女（15）嫡亲兄弟孙子的配偶（16）堂房兄弟孙子的配偶（17）姑舅姨表兄弟孙子的配偶（18）嫡亲兄弟外孙的配偶（19）堂兄弟外孙的配偶（20）姑舅姨表兄弟外孙的配偶（21）嫡亲姐妹孙子的配偶（22）堂姐妹孙子的配偶（23）姑舅姨表姐妹孙子的配偶（24）嫡亲姐妹外孙的配偶（25）堂姐妹外孙的配偶（26）姑舅姨表姐妹外孙的配偶	26
lv³³bv³³ȵi³³nv³¹	（1）孙媳（2）外孙媳（3）嫡亲兄弟的孙媳（4）堂兄弟的孙媳（5）姑舅姨表兄弟的孙媳（6）嫡亲兄弟的外孙媳（7）堂兄弟的外孙媳（8）姑舅姨表兄弟的外孙媳（9）嫡亲姐妹的孙媳（10）堂姐妹的孙媳（11）姑舅姨表姐妹的孙媳（12）嫡亲姐妹的外孙媳（13）堂姐妹的外孙媳（14）姑舅姨表姐妹的外孙媳	14
lv³³me³³za³³ka³¹zɔ³³	（1）孙女婿（2）外孙女婿（3）嫡亲兄弟的孙女婿（4）堂兄弟的孙女婿（5）姑舅姨表兄弟的孙女婿（6）嫡亲兄弟的外孙女婿（7）堂兄弟的外孙女婿（8）姑舅姨表兄弟的外孙女婿（9）嫡亲姐妹的孙女婿（10）堂姐妹的孙女婿（11）姑舅姨表姐妹的孙女婿（12）嫡亲姐妹的外孙女婿（13）堂姐妹的外孙女婿（14）姑舅姨表姐妹的外孙女婿	14

亲属称谓	义　项	义项数量
lv⁵⁵bv³³	（1）曾孙（2）曾外孙（3）外曾孙（4）外曾外孙（5）嫡亲兄弟的曾孙（6）堂兄弟的曾孙（7）姑舅姨表兄弟的曾孙（8）嫡亲姐妹的曾孙（9）堂姐妹的曾孙（10）姑舅姨表姐妹的曾孙（11）嫡亲兄弟的曾外孙（12）堂兄弟的曾外孙（13）姑舅姨表兄弟的曾外孙（14）嫡亲姐妹的曾外孙（15）堂姐妹的曾外孙（16）姑舅姨表姐妹的曾外孙（17）嫡亲兄弟的外曾孙（18）堂兄弟的外曾孙（19）姑舅姨表兄弟的外曾孙（20）嫡亲姐妹的外曾孙（21）堂姐妹的外曾孙（22）姑舅姨表姐妹的外曾孙（23）嫡亲兄弟的外曾外孙（24）堂兄弟的外曾外孙（25）姑舅姨表兄弟的外曾外孙（26）嫡亲姐妹的外曾外孙（27）堂姐妹的外曾外孙（28）姑舅姨表姐妹的外曾外孙	28
lv⁵⁵me³³	（1）曾孙女（2）曾外孙女（3）外曾孙女（4）外曾外孙女（5）嫡亲兄弟的曾孙女（6）堂兄弟的曾孙女（7）姑舅姨表兄弟的曾孙女（8）嫡亲姐妹的曾孙女（9）堂姐妹的曾孙女（10）姑舅姨表姐妹的曾孙女（11）嫡亲兄弟的曾外孙女（12）堂兄弟的曾外孙女（13）姑舅姨表兄弟的曾外孙女（14）嫡亲姐妹的曾外孙女（15）堂姐妹的曾外孙女（16）姑舅姨表姐妹的曾外孙女（17）嫡亲兄弟的外曾孙女（18）堂兄弟的外曾孙女（19）姑舅姨表兄弟的外曾孙女（20）嫡亲姐妹的外曾孙女（21）堂姐妹的外曾孙女（22）姑舅姨表姐妹的外曾孙女（23）嫡亲兄弟的外曾外孙女（24）堂兄弟的外曾外孙女（25）姑舅姨表兄弟的外曾外孙女（26）嫡亲姐妹的外曾外孙女（27）堂姐妹的外曾外孙女（28）姑舅姨表姐妹的外曾外孙女	28

表3　丽江市玉龙县拉市乡吉余村委会余乐六组纳西语亲属称谓系统

亲属称谓	义　项	义项数量
a³¹phv⁵⁵phv³³	（1）天祖父（2）天祖母	2
a³¹tsɿ⁵⁵tsɿ³³	（1）高祖父（2）高祖母（3）高外祖父（4）高外祖母（5）外高祖父（6）外高祖母（7）外高外祖父（8）外高外祖母	8
a³³mu⁵⁵	（1）曾祖父（2）曾祖母（3）曾外祖父（4）曾外祖母（5）外曾祖父（6）外曾祖母（7）外曾外祖父（8）外曾外祖母（9）曾祖父的嫡亲兄弟姐妹（10）曾祖父嫡亲兄弟姐妹的配偶（11）曾祖母的嫡亲兄弟姐妹（12）曾祖母嫡亲兄弟姐妹的配偶（13）曾外祖父的嫡亲兄弟姐妹（14）曾外祖父嫡亲兄弟姐妹的配偶（15）曾外祖母的嫡亲兄弟姐妹（16）曾外祖母嫡亲兄弟姐妹的配偶（17）外曾祖父的嫡亲兄弟姐妹（18）外曾祖父嫡亲兄弟姐妹的配偶（19）外曾祖母的嫡亲兄弟姐妹（20）外曾祖母嫡亲兄弟姐妹的配偶（21）外曾外祖父的嫡亲兄弟姐妹（22）外曾外祖父嫡亲兄弟姐妹的配偶（23）外曾外祖母的嫡亲兄弟姐妹（24）外曾外祖母嫡亲兄弟姐妹的配偶	24
a³³mu⁵⁵lɔ³³	（1）曾祖父（2）曾外祖父（3）外曾祖父（4）外曾外祖父（5）曾祖父的嫡亲兄弟（6）曾祖父嫡亲姐妹的配偶（7）曾祖母的嫡亲兄弟（8）曾祖母嫡亲姐妹的配偶（9）曾外祖父的嫡亲兄弟（10）曾外祖父嫡亲姐妹的配偶（11）曾外祖母的嫡亲兄弟（12）曾外祖母嫡亲姐妹的配偶（13）外曾祖父的嫡亲兄弟（14）外曾祖父嫡亲姐妹的配偶（15）外曾祖母的嫡亲兄弟（16）外曾祖母嫡亲姐妹的配偶（17）外曾外祖父的嫡亲兄弟（18）外曾外祖父嫡亲姐妹的配偶（19）外曾外祖母的嫡亲兄弟（20）外曾外祖母嫡亲姐妹的配偶	20

亲属称谓	义　项	义项数量
$a^{33}mu^{55}na^{33}$	（1）曾祖母（2）曾外祖母（3）外曾祖母（4）外曾外祖母（5）曾祖父的嫡亲兄弟之妻（6）曾祖母的嫡亲姐妹（7）曾祖母嫡亲兄弟的配偶（8）曾祖母的嫡亲姐妹（9）曾外祖父嫡亲兄弟的配偶（10）曾外祖父的嫡亲姐妹（11）曾外祖母嫡亲兄弟的配偶（12）曾外祖母的嫡亲姐妹（13）外曾祖父嫡亲兄弟的配偶（14）外曾祖父的嫡亲姐妹（15）外曾祖母嫡亲兄弟的配偶（16）外曾祖母的嫡亲姐妹（17）外曾外祖父嫡亲兄弟的配偶（18）外曾外祖父的嫡亲姐妹（19）外曾外祖母嫡亲兄弟的配偶（20）外曾外祖母的嫡亲姐妹	20
$a^{55}lɔ^{33}$	（1）祖父（2）祖父的嫡亲兄弟（3）祖父的堂兄弟（4）对祖辈男性的尊称	4
$a^{55}na^{33}$	（1）祖母（2）祖父嫡亲兄弟的配偶（3）祖父堂兄弟的配偶（4）对祖辈女性的尊称	4
$zə^{31}zə^{13}$	（1）祖父（2）祖父的嫡亲兄弟（3）祖父的堂兄弟（4）对祖辈男性的尊称	4
$na^{33}na^{33}$	（1）祖母（2）祖父嫡亲兄弟的配偶（3）祖父堂兄弟的配偶（4）对祖辈女性的尊称	4
$a^{55}ku^{33}$	（1）外祖父（2）外祖父的嫡亲兄弟（3）外祖父的堂兄弟（4）外祖父的姑舅姨表兄弟	4
$a^{33}phɔ^{13}$	（1）外祖母（2）外祖父嫡亲兄弟的配偶（3）外祖父堂兄弟的配偶（4）外祖父姑舅姨表兄弟的配偶	4
$ku^{33}na^{33}$	（1）祖父的嫡亲姐妹（2）祖母的堂姐妹（3）外祖父的嫡亲姐妹（4）外祖父的堂姐妹	4
$ku^{33}lɔ^{33}$	（1）祖父嫡亲姐妹的配偶（2）祖母堂房姐妹的配偶（3）外祖父嫡亲姐妹的配偶（4）外祖父堂姐妹的配偶	4
$a^{33}tɕy^{55}lɔ^{33}$	（1）祖母的嫡亲兄弟（2）祖母的堂兄弟（3）外祖母的嫡亲兄弟（4）外祖母的堂兄弟	4
$a^{33}tɕy^{55}na^{33}$	（1）祖母嫡亲兄弟的配偶（2）祖母堂兄弟的配偶（3）外祖母嫡亲兄弟的配偶（4）外祖母堂兄弟的配偶	4
$zə^{31}na^{33}$	（1）祖母的嫡亲姐妹（2）祖母的堂姐妹（3）外祖母的嫡亲姐妹（4）外祖母的堂姐妹	4
$zə^{31}lɔ^{33}$	（1）祖母嫡亲姐妹的配偶（2）祖母堂姐妹的配偶（3）外祖母嫡亲姐妹的配偶（4）外祖母堂姐妹的配偶	4
$a^{33}bɑ^{33}$	（1）父亲（2）对配偶父亲的面称	2
$a^{33}mo^{33}$	（1）母亲（2）对配偶母亲的面称	2
$pɑ^{31}pɑ^{13}$	（1）父亲（2）对配偶父亲的面称	2
$mɑ^{33}mɑ^{33}$	（1）母亲（2）对配偶母亲的面称	2
$ka^{33}bɑ^{33}$	（1）祭拜的父亲（2）对子女祭拜父亲的从孩称	2
$ka^{33}mo^{33}$	（1）祭拜的母亲（2）对子女祭拜母亲的从孩称	2

续表

亲属称谓	义　项	义项数量
ma^{55}ba^{33}	（1）后爹（2）后夫	2
ma^{55}me^{33}	（1）后妈（2）后妻	2
a^{33}ta^{55}	（1）父亲的嫡亲兄长（2）父亲的堂兄长（3）父亲同族、同姓的兄长（4）对年长于父亲男性的尊称（5）对年长于母亲女性之夫的尊称	5
ta^{55}mo^{33}	（1）父亲的嫡亲兄长（2）父亲堂兄长的配偶（3）父亲同族、同姓兄长的配偶（4）对年长于父亲男性配偶的尊称（5）对年长于母亲女性的尊称	5
a^{33}sv^{13}	（1）父亲的嫡亲弟弟（2）父亲的堂弟弟（3）父亲同族、同姓的弟弟（4）对年幼于父亲男性的尊称（5）对年幼于母亲女性配偶的尊称	5
a^{55}ɳa^{33}	（1）父亲的嫡亲弟弟（2）父亲堂弟弟的配偶（3）父亲同族、同姓弟弟的配偶（4）对年幼于父亲男性配偶的尊称（5）对年幼于母亲女性的尊称	5
ku^{33}ma^{33}	（1）父亲的嫡亲姐姐（2）父亲的堂姐	2
ku^{33}di^{33}	（1）父亲嫡亲姐姐的配偶（2）父亲堂姐的配偶	2
a^{33}tɕi^{55}	（1）父亲的嫡亲妹妹（2）父亲的堂妹	2
pia^{33}sv^{13}	（1）父亲的姑舅姨表兄	1
pia^{33}ɳa^{33}	（1）父亲的姑舅姨表兄的配偶	1
a^{33}tɕy^{55}	（1）母亲的嫡亲兄弟（2）母亲的堂兄弟（3）母亲的姑舅姨表兄弟	3
a^{33}tɕy^{55}mo^{33}	（1）母亲嫡亲兄弟的配偶（2）母亲堂兄弟的配偶（3）母亲姑舅姨表兄弟的配偶	3
ʑi^{31}mo^{33}	（1）母亲的嫡亲姐姐（2）母亲的堂姐	2
ʑi^{31}di^{33}	（1）母亲嫡亲姐姐的配偶（2）母亲堂姐的配偶	2
ɳi^{33}nə^{31}	（1）妻子	1
ʐa^{33}ka^{33}ʐɿ^{33}	（1）丈夫	1
a^{55}kɔ^{33}	（1）嫡亲兄长（2）堂兄（3）姑舅姨表兄（4）嫡亲姐姐的配偶（5）堂姐的配偶（6）姑舅姨表姐的配偶（7）对年长于自己同辈男性的尊称	7
a^{55}tɕi^{33}	（1）嫡亲姐姐（2）堂姐（3）姑舅姨表姐（4）嫡亲哥哥的配偶（5）堂兄的配偶（6）姑舅姨表兄的配偶（7）对年长于自己同辈女性的尊称	7
gɯ^{33}ʐɿ^{33}	（1）嫡亲弟弟（2）堂弟（3）姑舅姨表弟（4）嫡亲妹妹的配偶（5）堂妹的配偶（6）姑舅姨表妹的配偶	6
gɯ^{33}me^{33}	（1）嫡亲妹妹（2）堂妹（3）姑舅姨表妹（4）嫡亲弟弟的配偶（5）堂弟的配偶（6）姑舅姨表弟的配偶	6
a^{33}dɯ^{13}	（1）排行老大的嫡亲姐姐（2）排行老大的堂姐（3）排行老大的姑舅姨表姐	3
tɕy^{55}ʑi^{31}	（1）妻子的嫡亲兄长（2）妻子的嫡亲弟弟	2
tsha^{33}ba^{31}	（1）嫡亲姐妹之夫的互称	1

亲属称谓	义 项	义项数量
çia³³zi³¹me⁵⁵	（1）妻子的嫡亲妹妹	1
xuɑ⁵⁵me³³	（1）丈夫的嫡亲姐妹	1
me³³tɕhi³³	（1）女性嫡亲兄弟的配偶	1
ɲi³³tʂɚ³³me³³	（1）妯娌	1
ɕy⁵⁵ɣɯ³³	（1）丈夫的嫡亲兄弟	1
zɔ³³	（1）儿子	1
mi⁵⁵	（1）女儿	1
tʂhɚ³³me³³	（1）儿媳	1
mɯ⁵⁵ɣɯ³³	（1）女婿	1
ʥe³³me³³	（1）嫡亲兄弟的儿子（2）堂兄弟的儿子（3）姑舅姨表兄弟的儿子（4）嫡亲姐妹的儿子（5）堂姐妹的儿子（6）姑舅姨表姐妹的儿子	6
ʥe³³ɣɯ³³	（1）嫡亲兄弟的女儿（2）堂兄弟的女儿（3）姑舅姨表兄弟的女儿（4）嫡亲姐妹的女儿（5）堂姐妹的女儿（6）姑舅姨表姐妹的女儿	6
lə³³bv³³	（1）孙子（2）外孙（3）嫡亲兄弟的孙子（4）堂兄弟的孙子（5）姑舅姨表兄弟的孙子（6）嫡亲兄弟的外孙（7）堂兄弟的外孙（8）姑舅姨表兄弟的外孙（9）嫡亲姐妹的孙子（10）堂姐妹的孙子（11）姑舅姨表姐妹的孙子（12）嫡亲姐妹的外孙（13）堂姐妹的外孙（14）姑舅姨表姐妹的外孙	14
lə³³me³³	（1）孙女（2）外孙女（3）嫡亲兄弟的孙女（4）堂兄弟的孙女（5）姑舅姨表兄弟的孙女（6）嫡亲兄弟的外孙女（7）堂兄弟的外孙女（8）姑舅姨表兄弟的外孙女（9）嫡亲姐妹的孙女（10）堂姐妹的孙女（11）姑舅姨表姐妹的孙女（12）嫡亲姐妹的外孙女（13）堂姐妹的外孙女（14）姑舅姨表姐妹的外孙女	14
lə⁵⁵bv³³	（1）曾孙（2）曾外孙（3）外曾孙（4）外曾外孙（5）嫡亲兄弟的曾孙（6）堂兄弟的曾孙（7）姑舅姨表兄弟的曾孙（8）嫡亲姐妹的曾孙（9）堂姐妹的曾孙（10）姑舅姨表姐妹的曾孙（11）嫡亲兄弟的曾外孙（12）堂兄弟的曾外孙（13）姑舅姨表兄弟的曾外孙（14）嫡亲姐妹的曾外孙（15）堂姐妹的曾外孙（16）姑舅姨表姐妹的曾外孙（17）嫡亲兄弟的外曾孙（18）堂兄弟的外曾孙（19）姑舅姨表兄弟的外曾孙（20）嫡亲姐妹的外曾孙（21）堂姐妹的外曾孙（22）姑舅姨表姐妹的外曾孙（23）嫡亲兄弟的外曾外孙（24）堂兄弟的外曾外孙（25）姑舅姨表兄弟的外曾外孙（26）嫡亲姐妹的外曾外孙（27）堂房姐妹的外曾外孙（28）姑舅姨表姐妹的外曾外孙（29）曾孙女的配偶（30）曾外孙女的配偶（31）外曾孙女的配偶（32）外曾外孙女的配偶	32

亲属称谓	义　项	义项数量
lɔ⁵⁵me³³	（1）曾孙女（2）曾外孙女（3）外曾孙女（4）外曾外孙女（5）嫡亲兄弟的曾孙女（6）堂兄弟的曾孙女（7）姑舅姨表兄弟的曾孙女（8）嫡亲姐妹的曾孙女（9）堂姐妹的曾孙女（10）姑舅姨表姐妹的曾孙女（11）嫡亲兄弟的曾外孙女（12）堂兄弟的曾外孙女（13）姑舅姨表兄弟的曾外孙女（14）嫡亲姐妹的曾外孙女（15）堂姐妹的曾外孙女（16）姑舅姨表姐妹的曾外孙女（17）嫡亲兄弟的外曾孙女（18）堂兄弟的外曾孙女（19）姑舅姨表兄弟的外曾孙女（20）嫡亲姐妹的外曾孙女（21）堂姐妹的外曾孙女（22）姑舅姨表姐妹的外曾孙女（23）嫡亲兄弟的外曾外孙女（24）堂兄弟的外曾外孙女（25）姑舅姨表兄弟的外曾外孙女（26）嫡亲姐妹的外曾外孙女（27）堂房姐妹的外曾外孙女（28）姑舅姨表姐妹的外曾外孙女（29）曾孙的配偶（30）曾外孙的配偶（31）外曾孙的配偶（32）外曾外孙的配偶	32

表4　丽江市玉龙县奉科镇善美村委会上瓦二村纳西语亲属称谓系统

亲属称谓	义　项	义项数量
a³³phv³³	（1）曾祖父（2）曾外祖父（3）外曾祖父（4）外曾外祖父（5）曾祖父的嫡亲兄弟（6）曾祖父嫡亲姐妹的配偶（7）曾祖母的嫡亲兄弟（8）曾祖母嫡亲姐妹的配偶（9）曾外祖父的嫡亲兄弟（10）曾外祖父嫡亲姐妹的配偶（11）曾外祖母的嫡亲兄弟（12）曾外祖母嫡亲姐妹的配偶（13）外曾祖父的嫡亲兄弟（14）外曾祖父嫡亲姐妹的配偶（15）外曾祖母的嫡亲兄弟（16）外曾祖母嫡亲姐妹的配偶（17）外曾外祖父的嫡亲兄弟（18）外曾外祖父嫡亲姐妹的配偶（19）外曾外祖母的嫡亲兄弟（20）外曾外祖母嫡亲姐妹的配偶	20
a³³dzv³³	（1）曾祖母（2）曾外祖母（3）外曾祖母（4）外曾外祖母（5）曾祖父的嫡亲兄弟之妻（6）曾祖父的嫡亲姐妹（7）曾祖母嫡亲兄弟的配偶（8）曾祖母的嫡亲姐妹（9）曾外祖父嫡亲兄弟的配偶（10）曾外祖父的嫡亲姐妹（11）曾外祖母嫡亲兄弟的配偶（12）曾外祖母的嫡亲姐妹（13）外曾祖父嫡亲兄弟的配偶（14）外曾祖父的嫡亲姐妹（15）外曾祖母嫡亲兄弟的配偶（16）外曾祖母的嫡亲姐妹（17）外曾外祖父嫡亲兄弟的配偶（18）外曾外祖父的嫡亲姐妹（19）外曾外祖母嫡亲兄弟的配偶（20）外曾外祖母的嫡亲姐妹	20
a⁵⁵lɔ³³	（1）祖父（2）外祖父（3）祖父的嫡亲兄弟（4）祖父的堂兄弟（5）祖父的姑舅姨表兄（6）外祖父的嫡亲兄弟（7）外祖父的堂兄弟（8）外祖父的姑舅姨表兄（9）祖母的嫡亲兄弟（10）祖母的堂兄弟（11）祖母的姑舅姨表兄（12）外祖母的嫡亲兄弟（13）外祖母的堂兄弟（14）外祖母的姑舅姨表兄（15）祖母嫡亲姐妹的配偶（16）祖母堂姐妹的配偶（17）祖母姑舅姨表姐妹的配偶（18）外祖母嫡亲姐妹的配偶（19）外祖母堂姐妹的配偶（20）外祖母姑舅姨表姐妹的配偶（21）祖父嫡亲姐妹的配偶（22）祖父堂姐妹的配偶（23）祖父姑舅姨表姐妹的配偶（24）外祖父嫡亲姐妹的配偶（25）外祖父堂姐妹的配偶（26）外祖父姑舅姨表姐妹的配偶	26

续表

亲属称谓	义 项	义项数量
a³³na³³	（1）祖母（2）外祖母（3）祖父嫡亲兄弟的配偶（4）祖父堂兄弟的配偶（5）祖父姑舅姨表兄的配偶（6）外祖父嫡亲兄弟的配偶（7）外祖父堂兄弟的配偶（8）外祖父姑舅姨表兄的配偶（9）祖母嫡亲兄弟的配偶（10）祖母堂兄弟的配偶（11）祖母姑舅姨表兄的配偶（12）外祖母嫡亲兄弟的配偶（13）外祖母堂兄弟的配偶（14）外祖母姑舅姨表兄的配偶（15）祖母的嫡亲姐妹（16）祖母的堂姐妹（17）祖母的姑舅姨表姐妹（18）外祖母的嫡亲姐妹（19）外祖母的堂姐妹（20）外祖母的姑舅姨表姐妹（21）祖父的嫡亲姐妹（22）祖父的堂姐妹（23）祖父的姑舅姨表姐妹（24）外祖父的嫡亲姐妹（25）外祖父的堂姐妹（26）外祖父的姑舅姨表姐妹	26
a⁵⁵lɔ³³dɯ³¹	（1）祖父排行老大的嫡亲兄长（2）祖父排行老大的堂兄（3）祖父排行老大的姑舅姨表兄（4）外祖父排行老大的嫡亲兄长（5）外祖父排行老大的堂兄（6）外祖父排行老大的姑舅姨表兄（7）祖母排行老大的嫡亲兄长（8）祖母排行老大的堂兄（9）祖母排行老大的姑舅姨表兄（10）外祖母排行老大的嫡亲兄长（11）外祖母排行老大的堂兄（12）外祖母排行老大的姑舅姨表兄（13）祖母排行老大嫡亲姐姐的配偶（14）祖母排行老大堂姐的配偶（15）祖母排行老大姑舅姨表姐的配偶（16）外祖母排行老大嫡亲姐姐的配偶（17）外祖母排行老大堂姐的配偶（18）外祖母排行老大姑舅姨表姐的配偶（19）祖父排行老大嫡亲姐姐的配偶（20）祖父排行老大堂姐的配偶（21）祖父排行老大姑舅姨表姐的配偶（22）外祖父排行老大嫡亲姐姐的配偶（23）外祖父排行老大堂姐的配偶（24）外祖父排行老大姑舅表姐的配偶	24
a⁵⁵lɔ³³dzi⁵⁵	（1）祖父排行最小的嫡亲兄长（2）祖父排行最小的堂兄（3）祖父排行最小的姑舅姨表兄（4）外祖父排行最小的嫡亲兄长（5）外祖父排行最小的堂兄（6）外祖父排行最小的姑舅姨表兄（7）祖母排行最小的嫡亲兄长（8）祖母排行最小的堂兄（9）祖母排行最小的姑舅姨表兄（10）外祖母排行最小的嫡亲兄长（11）外祖母排行最小的堂兄（12）外祖母排行最小的姑舅姨表兄（13）祖母排行最小嫡亲姐姐的配偶（14）祖母排行最小堂姐的配偶（15）祖母排行最小姑舅姨表姐的配偶（16）外祖母排行最小嫡亲姐姐的配偶（17）外祖母排行最小堂姐的配偶（18）外祖母排行最小姑舅姨表姐的配偶（19）祖父排行最小嫡亲姐姐的配偶（20）祖父排行最小堂姐的配偶（21）祖父排行最小姑舅姨表姐的配偶（22）外祖父排行最小嫡亲姐姐的配偶（23）外祖父排行最小堂姐的配偶（24）外祖父排行最小姑舅表姐的配偶	24
a⁵⁵de³³	（1）父亲（2）对配偶父亲的面称	2
a³³me³³	（1）母亲（2）对配偶母亲的面称	2
ʐu³¹phe³³	（1）配偶的父亲	1
ʐu³¹me³³	（1）配偶的母亲	1
tɑ⁵⁵di³³	（1）父亲排行老大的嫡亲兄长（2）父亲排行老大的堂兄（3）父亲排行老大的姑舅姨表兄（4）母亲排行老大嫡亲姐姐的配偶（5）母亲排行老大堂姐的配偶（6）母亲排行老大姑舅姨表姐的配偶	6
a³³dɯ³¹	（1）父亲排行老大嫡亲兄长的配偶（2）父亲排行老大堂兄的配偶（3）父亲排行老大姑舅姨表兄的配偶（4）母亲排行老大的嫡亲姐姐（5）母亲排行老大的堂姐（6）母亲排行老大的姑舅姨表姐	6

亲属称谓	义　项	义项 数量
a^{31}bv^{13}	（1）父亲的嫡亲弟弟（2）父亲的堂弟（3）父亲的姑舅姨表弟（4）母亲嫡亲姐妹的配偶（5）母亲堂姐的配偶（6）母亲姑舅姨表姐妹的配偶	6
a^{33}ly^{55}	（1）母亲排行老二的嫡亲姐妹（2）母亲排行老二的堂姐妹（3）母亲排行老二的姑舅姨表姐妹	3
a^{31}bv^{13}ly^{55}	（1）母亲排行老二嫡亲姐妹的配偶（2）母亲排行老二堂姐妹的配偶（3）母亲排行老二姑舅姨表姐妹的配偶（4）父亲排行老二的嫡亲弟弟（5）父亲排行老二的堂弟（6）父亲排行老二的姑舅姨表弟	6
a^{33}dzi^{55}	（1）母亲排行最小的嫡亲妹妹（2）母亲排行最小的堂妹（3）母亲排行最小的姑舅姨表妹	3
a^{31}bv^{13}dzi^{55}	（1）母亲排行最小嫡亲妹妹的配偶（2）母亲排行最小堂妹的配偶（3）母亲排行最小姑舅姨表妹妹的配偶（4）父亲排行最小的嫡亲弟弟（5）父亲排行最小的堂弟（6）父亲排行最小的姑舅姨表弟	6
a^{55}dzi^{55}	（1）父亲嫡亲弟弟的配偶（2）父亲堂弟的配偶（3）父亲姑舅姨表弟的配偶	3
a^{55}ŋa^{33}	（1）父亲的嫡亲姐妹（2）父亲的堂姐妹（3）父亲的姑舅姨表姐妹	3
a^{33}v^{31}	（1）父亲嫡亲姐妹的配偶（2）父亲堂姐妹的配偶（3）父亲姑舅姨表姐妹的配偶	3
a^{55}tɕy^{55}	（1）母亲的嫡亲兄弟（2）母亲的堂兄弟（3）母亲的姑舅姨表兄弟	3
a^{55}mu^{33}	（1）母亲嫡亲兄弟的配偶（2）母亲堂兄弟的配偶（3）母亲姑舅姨表兄弟的配偶	3
tʂhə^{33}me^{33}	（1）妻子	1
za^{33}a^{31}zɿ^{55}	（1）丈夫	1
a^{33}ku^{33}	（1）嫡亲兄长（2）堂兄（3）姑舅姨表兄（4）嫡亲姐姐的配偶（5）堂姐的配偶（6）姑舅姨表姐的配偶	6
me^{55}me^{33}	（1）嫡亲姐姐（2）堂姐（3）姑舅姨表姐（4）嫡亲哥哥的配偶（5）堂兄的配偶（6）姑舅姨表兄的配偶	6
gɯ^{33}zɿ^{33}	（1）嫡亲弟弟（2）堂弟（3）姑舅姨表弟（4）嫡亲妹妹的配偶（5）堂妹的配偶（6）姑舅姨表妹的配偶	6
gu^{33}me^{33}	（1）嫡亲妹妹（2）堂妹（3）姑舅姨表妹（4）嫡亲弟弟的配偶（5）堂弟的配偶（6）姑舅姨表弟的配偶	6
zɔ^{55}	（1）儿子	1
mi^{31}	（1）女儿	1
zɔ^{55}tʂhə^{33}me^{33}	（1）儿媳	1
mu^{55}ɣɯ^{33}	（1）女婿	1
dze^{31}v^{55}	（1）嫡亲兄弟的儿子（2）堂兄弟的儿子（3）姑舅姨表兄弟的儿子（4）嫡亲姐妹的儿子（5）堂姐妹的儿子（6）姑舅姨表姐妹的儿子	6

亲属称谓	义　项	义项数量
dze³¹me⁵⁵	（1）嫡亲兄弟的女儿（2）堂兄弟的女儿（3）姑舅姨表兄弟的女儿（4）嫡亲姐妹的女儿（5）堂姐妹的女儿（6）姑舅姨表姐妹的女儿	6
lu³³bv³³	（1）孙子（2）外孙（3）嫡亲兄弟的孙子（4）堂兄弟的孙子（5）姑舅姨表兄弟的孙子（6）嫡亲兄弟的外孙（7）堂兄弟的外孙（8）姑舅姨表兄弟的外孙（9）嫡亲姐妹的孙子（10）堂兄弟的孙子（11）姑舅姨表姐妹的孙子（12）嫡亲姐妹的外孙（13）堂姐妹的外孙（14）姑舅姨表姐妹的外孙	14
lu³³me³³	（1）孙女（2）外孙女（3）嫡亲兄弟的孙女（4）堂兄弟的孙女（5）姑舅姨表兄弟的孙女（6）嫡亲兄弟的外孙女（7）堂兄弟的外孙女（8）姑舅姨表兄弟的外孙女（9）嫡亲姐妹的孙女（10）堂姐妹的孙女（11）姑舅姨表姐妹的孙女（12）嫡亲姐妹的外孙女（13）堂姐妹的外孙女（14）姑舅姨表姐妹的外孙女	14
lu⁵⁵bv³³	（1）曾孙（2）曾外孙（3）外曾孙（4）外曾外孙（5）嫡亲兄弟的曾孙（6）堂兄弟的曾孙（7）姑舅姨表兄弟的曾孙（8）嫡亲姐妹的曾孙（9）堂姐妹的曾孙（10）姑舅姨表姐妹的曾孙（11）嫡亲兄弟的曾外孙（12）堂兄弟的曾外孙（13）姑舅姨表兄弟的曾外孙（14）嫡亲姐妹的曾外孙（15）堂姐妹的曾外孙（16）姑舅姨表姐妹的曾外孙（17）嫡亲兄弟的外曾孙（18）堂兄弟的外曾孙（19）姑舅姨表兄弟的外曾孙（20）嫡亲姐妹的外曾孙（21）堂姐妹的外曾孙（22）姑舅姨表姐妹的外曾孙（23）嫡亲兄弟的外曾外孙（24）堂兄弟的外曾外孙（25）姑舅姨表兄弟的外曾外孙（26）嫡亲姐妹的外曾外孙（27）堂姐妹的外曾外孙（28）姑舅姨表姐妹的外曾外孙	28
lu⁵⁵me³³	（1）曾孙女（2）曾外孙女（3）外曾孙女（4）外曾外孙女（5）嫡亲兄弟的曾孙女（6）堂兄弟的曾孙女（7）姑舅姨表兄弟的曾孙女（8）嫡亲姐妹的曾孙女（9）堂姐妹的曾孙女（10）姑舅姨表姐妹的曾孙女（11）嫡亲兄弟的曾外孙女（12）堂兄弟的曾外孙女（13）姑舅姨表兄弟的曾外孙女（14）嫡亲姐妹的曾外孙女（15）堂姐妹的曾外孙女（16）姑舅姨表姐妹的曾外孙女（17）嫡亲兄弟的外曾孙女（18）堂兄弟的外曾孙女（19）姑舅姨表兄弟的外曾孙女（20）嫡亲姐妹的外曾孙女（21）堂姐妹的外曾孙女（22）姑舅姨表姐妹的外曾孙女（23）嫡亲兄弟的外曾外孙女（24）堂兄弟的外曾外孙女（25）姑舅姨表兄弟的外曾外孙女（26）嫡亲姐妹的外曾外孙女（27）堂姐妹的外曾外孙女（28）姑舅姨表姐妹的外曾外孙女	28

表5　丽江市玉龙县黄山镇长水社区下长七组纳西语亲属称谓系统

亲属称谓	义　项	义项数量
a³¹mu⁵⁵lo³³	（1）曾祖父（2）曾外祖父（3）外曾祖父（4）外曾外祖父（5）曾祖父的嫡亲兄弟（6）曾祖父嫡亲姐妹的配偶（7）曾祖母的嫡亲兄弟（8）曾祖母嫡亲姐妹的配偶（9）曾外祖母的嫡亲兄弟（10）曾外祖父的嫡亲姐妹的配偶（11）外曾祖母的嫡亲兄弟（12）曾外祖母嫡亲姐妹的配偶（13）外曾祖父的嫡亲兄弟（14）外曾祖父嫡亲姐妹的配偶（15）外曾祖母的嫡亲兄弟（16）外曾祖母嫡亲姐妹的配偶（17）外曾外祖父的嫡亲兄弟（18）外曾外祖父嫡亲姐妹的配偶（19）外曾外祖母的嫡亲兄弟（20）外曾外祖母嫡亲姐妹的配偶	20

续表

亲属称谓	义　　项	义项数量
$a^{31}mu^{55}na^{33}$	（1）曾祖母（2）曾外祖母（3）外曾祖母（4）外曾外祖母（5）曾祖父嫡亲兄弟的配偶（6）曾祖父的嫡亲姐妹（7）曾祖母嫡亲兄弟的配偶（8）曾祖母的嫡亲姐妹（9）曾外祖父嫡亲兄弟的配偶（10）曾外祖父的嫡亲姐妹（11）曾外祖母嫡亲兄弟的配偶（12）曾外祖母的嫡亲姐妹（13）外曾祖父嫡亲兄弟的配偶（14）外曾祖父的嫡亲姐妹（15）外曾祖母嫡亲兄弟的配偶（16）外曾祖母的嫡亲姐妹（17）外曾外祖父嫡亲兄弟的配偶（18）外曾外祖父的嫡亲姐妹（19）外曾外祖母嫡亲兄弟的配偶（20）外曾外祖母的嫡亲姐妹	20
$a^{55}lo^{33}$	（1）祖父（2）祖父的嫡亲兄弟（3）祖父的堂兄弟（4）对祖辈男性的尊称	4
$a^{55}na^{33}$	（1）祖母（2）祖父嫡亲兄弟的配偶（3）祖父堂兄弟的配偶（4）对祖辈女性的尊称	4
$a^{55}lo^{33}du\text{ɯ}^{31}$	（1）祖父排行老大的嫡亲兄长（2）祖父排行老大的堂兄	2
$a^{55}na^{33}du\text{ɯ}^{31}$	（1）祖父排行老大嫡亲兄长的配偶（2）祖父排行老大堂兄的配偶	2
$a^{55}lo^{33}dzi^{55}$	（1）祖父排行最小的嫡亲弟弟（2）祖父排行最小的堂弟	2
$a^{55}na^{33}dzi^{55}$	（1）祖父排行最小嫡亲兄弟的配偶（2）祖父排行最小堂弟的配偶	2
$pia^{33}lo^{33}$	（1）祖父的姑舅姨表兄弟	1
$pia^{33}na^{33}$	（1）祖父姑舅姨表兄弟的配偶	1
$a^{33}ba^{13}$	（1）父亲（2）对配偶父亲的直称	2
$a^{31}mo^{33}$	（1）母亲（2）对配偶母亲的直称	2
$a^{33}pho^{13}$	（1）外祖母（2）外祖父嫡亲兄弟的配偶（3）外祖父堂兄弟的配偶（4）外祖父姑舅姨表兄弟的配偶	4
$a^{55}kv^{33}du\text{ɯ}^{31}$	（1）外祖父排行老大的嫡亲兄长（2）外祖父排行老大的堂兄（3）外祖父排行老大的姑舅姨表兄	3
$a^{33}pho^{13}du\text{ɯ}^{31}$	（1）外祖父排行老大嫡亲兄长的配偶（2）外祖父排行老大堂兄的配偶（3）外祖父排行老大的姑舅姨表兄之妻	3
$a^{55}kv^{33}dzi^{55}$	（1）外祖父排行最小的嫡亲弟弟（2）外祖父排行最小的堂弟（3）外祖父排行最小的姑舅姨表弟	3
$a^{33}pho^{13}dzi^{55}$	（1）外祖父排行最小嫡亲弟弟的配偶（2）外祖父排行最小堂弟的配偶（3）外祖父排行最小姑舅姨表弟的配偶	3
$kv^{33}na^{33}$	（1）祖父的嫡亲姐妹（2）祖父的堂姐妹（3）祖父的姑舅姨表姐妹（4）外祖父的嫡亲姐妹（5）外祖父的堂姐妹（6）外祖父的姑舅姨表姐妹	6
$kv^{33}lo^{33}$	（1）祖父嫡亲姐妹的配偶（2）祖父堂姐妹的配偶（3）祖父姑舅姨表姐妹的配偶（4）外祖父嫡亲姐妹的配偶（5）外祖父堂姐妹的配偶（6）外祖父姑舅姨表姐妹的配偶	6
$a^{31}tɕy^{55}lo^{33}$	（1）祖母的嫡亲兄弟（2）祖母的堂兄弟（3）祖母的姑舅姨表兄弟（4）外祖母的嫡亲兄弟（5）外祖母的堂兄弟（6）外祖母的姑舅姨表兄弟	6

亲属称谓	义　项	义项数量
a³¹tɕy⁵⁵na³³	（1）祖母嫡亲兄弟的配偶（2）祖母堂兄弟的配偶（3）祖母姑舅姨表兄弟的配偶（4）外祖母嫡亲兄弟的配偶（5）外祖母堂兄弟的配偶（6）外祖母姑舅姨表兄弟的配偶	6
ʑi³¹na³³	（1）祖母的嫡亲姐妹（2）祖母的堂姐妹（3）祖母的姑舅姨表姐妹（4）外祖母的嫡亲姐妹（5）外祖母的堂姐妹（6）外祖母的姑舅姨表姐妹	6
ʑi³¹lo³³	（1）祖母嫡亲姐妹的配偶（2）祖母堂姐妹的配偶（3）祖母姑舅姨表姐妹的配偶（4）外祖母嫡亲姐妹的配偶（5）外祖母堂姐妹的配偶（6）外祖母姑舅姨表姐妹的配偶	6
ʐu³¹phe³³	（1）对配偶父亲的背称	1
ʐu³¹me³³	（1）对配偶母亲的背称	1
a³¹dɑ⁵⁵	（1）父亲的嫡亲兄长（2）父亲的堂兄（3）父亲的姑舅姨表兄	3
ta⁵⁵mo³³	（1）父亲嫡亲兄长的配偶（2）父亲堂兄的配偶（3）父亲姑舅姨表兄的配偶	3
a³³ʂv¹³	（1）父亲的嫡亲弟弟（2）父亲的堂弟（3）父亲的姑舅姨表弟	3
a³³ʂv¹³mo³³	（1）父亲嫡亲弟弟的配偶（2）父亲堂弟的配偶（3）父亲姑舅姨表弟的配偶	3
kv³³mo³³	（1）父亲的嫡亲姐姐（2）父亲的堂姐（3）父亲的姑舅姨表姐	3
kv³³di³³	（1）父亲嫡亲姐姐的配偶（2）父亲堂姐的配偶（3）父亲姑舅姨表姐的配偶	3
a³¹tɕy⁵⁵	（1）母亲的嫡亲兄弟（2）母亲的堂兄弟（3）母亲的姑舅姨表兄弟	3
a³³tɕy⁵⁵mo³³	（1）母亲嫡亲兄弟的配偶（2）母亲堂兄弟的配偶（3）母亲姑舅姨表兄弟的配偶	3
ʑi³¹mɑ³³	（1）母亲的嫡亲姐妹（2）母亲的堂姐妹（3）母亲的姑舅姨表姐妹	3
ʑi³¹di³³	（1）母亲嫡亲姐妹的配偶（2）母亲堂姐妹的配偶（3）母亲姑舅姨表姐妹的配偶	3
a⁵⁵dʑi⁵⁵	（1）母亲排行最小的嫡亲妹妹（2）父亲排行最小的嫡亲妹妹	2
n̠i³³nə³¹	（1）妻子	2
ʐa³³ka³¹ʐl̩³³	（1）丈夫	1
a³³ko³³	（1）嫡亲兄长（2）堂兄（3）姑舅姨表兄（4）嫡亲姐姐的配偶（5）堂姐的配偶（6）姑舅姨表姐的配偶	6
a⁵⁵tɕi³³	（1）嫡亲姐姐（2）堂姐（3）姑舅姨表姐（4）嫡亲兄长的配偶（5）堂兄的配偶（6）姑舅姨表兄的配偶	6
guɯ³³ʐl̩³³	（1）嫡亲弟弟（2）堂弟（3）姑舅姨表弟（4）嫡亲妹妹的配偶（5）堂妹的配偶（6）姑舅姨表妹的配偶	6
gu³³me³³	（1）嫡亲妹妹（2）堂妹（3）姑舅姨表妹（4）嫡亲弟弟的配偶（5）堂弟的配偶（6）姑舅姨表弟的配偶	6

续表

亲属称谓	义　项	义项数量
tɕy⁵⁵ʑi³¹	（1）妻子的兄弟	1
zo³³	（1）儿子	1
mi⁵⁵	（1）女儿	1
tʂhə³³me³³	（1）儿媳	1
muɯ⁵⁵ɣɯ³³	（1）女婿	1
dze³³ɣɯ³³	（1）嫡亲兄弟的儿子（2）堂兄弟的儿子（3）姑舅姨表兄弟的儿子（4）嫡亲姐妹的儿子（5）堂姐妹的儿子（6）姑舅姨表姐妹的儿子	6
dze³³me³³	（1）嫡亲兄弟的女儿（2）堂兄弟的女儿（3）姑舅姨表兄弟的女儿（4）嫡亲姐妹的女儿（5）堂姐妹的女儿（6）姑舅姨表姐妹的女儿	6
dze³³ɣɯ³³tʂhə³³me³³	（1）嫡亲兄弟儿子的配偶（2）堂兄弟儿子的配偶（3）姑舅姨表兄弟儿子的配偶（4）嫡亲姐妹儿子的配偶（5）堂姐妹儿子的配偶（6）姑舅姨表姐妹儿子的配偶	6
dze³³me³muɯ⁵⁵ɣɯ³³	（1）嫡亲兄弟女儿的配偶（2）堂兄弟女儿的配偶（3）姑舅姨表兄女儿的配偶（4）嫡亲姐妹女儿的配偶（5）堂姐妹女儿的配偶（6）姑舅姨表姐妹女儿的配偶	6
lə³³pv³³	（1）孙子（2）外孙（3）嫡亲兄弟的孙子（4）堂兄弟的孙子（5）姑舅姨表兄弟的孙子（6）嫡亲兄弟的外孙（7）堂兄弟的外孙（8）姑舅姨表兄弟的外孙（9）嫡亲姐妹的孙子（10）堂姐妹的孙子（11）姑舅姨表姐妹的孙子（12）嫡亲姐妹的外孙（13）堂姐妹的外孙（14）姑舅姨表姐妹的外孙	14
lə³³me³³	（1）孙女（2）外孙女（3）嫡亲兄弟的孙女（4）堂兄弟的孙女（5）姑舅姨表兄弟的孙女（6）嫡亲兄弟的外孙女（7）堂兄弟的外孙女（8）姑舅姨表兄弟的外孙女（9）嫡亲姐妹的孙女（10）堂兄弟的外孙女（11）姑舅姨表姐妹的孙女（12）嫡亲姐妹的外孙女（13）堂姐妹的外孙女（14）姑舅姨表姐妹的外孙女	14
lə⁵⁵bv³³	（1）曾孙（2）曾外孙（3）外曾孙（4）外曾外孙（5）嫡亲兄弟的曾孙（6）堂兄弟的曾孙（7）姑舅姨表兄弟的曾孙（8）嫡亲姐妹的曾孙（9）堂姐妹的曾孙（10）姑舅姨表姐妹的曾孙（11）嫡亲兄弟的曾外孙（12）堂兄弟的曾外孙（13）姑舅姨表兄弟的曾外孙（14）嫡亲姐妹的曾外孙（15）堂姐妹的曾外孙（16）姑舅姨表姐妹的曾外孙（17）嫡亲兄弟的外曾孙（18）堂兄弟的外曾孙（19）姑舅姨表兄弟的外曾孙（20）嫡亲姐妹的外曾孙（21）堂姐妹的外曾孙（22）姑舅姨表姐妹的外曾孙（23）嫡亲兄弟的外曾外孙（24）堂兄弟的外曾外孙（25）姑舅姨表兄弟的外曾外孙（26）嫡亲姐妹的外曾外孙（27）堂姐妹的外曾外孙（28）姑舅姨表姐妹的外曾外孙	28
lə⁵⁵me³³	（1）曾孙女（2）曾外孙女（3）外曾孙女（4）外曾外孙女（5）嫡亲兄弟的曾孙女（6）堂兄弟的曾孙女（7）姑舅姨表兄弟的曾孙女（8）嫡亲姐妹的曾孙女（9）堂姐妹的曾孙女（10）姑舅姨表姐妹的曾孙女（11）嫡亲兄弟的曾外孙女（12）堂兄弟的曾外孙女（13）姑舅姨表兄弟的曾外孙女（14）嫡亲姐妹的曾外孙女（15）堂姐妹的曾外孙女（16）姑舅姨表姐妹的曾外孙女（17）嫡亲兄弟的外曾孙女（18）堂兄弟的外曾孙女（19）姑舅姨表兄弟的外曾孙女（20）嫡亲姐妹的外曾孙女（21）堂姐妹的外曾孙女（22）姑舅姨表姐妹的外曾孙女（23）嫡亲兄弟的外曾外孙女（24）堂兄弟的外曾外孙女（25）姑舅姨表兄弟的外曾外孙女（26）嫡亲姐妹的外曾外孙女（27）堂姐妹的外曾外孙女（28）姑舅姨表姐妹的外曾外孙女	28

表6　丽江市玉龙县太安乡天红村委会汝寒坪村纳西语亲属称谓系统

亲属称谓	义　项	义项数量
a³³khə³¹	（1）高祖父（2）高祖母（3）高外祖父（4）高外祖母（5）外高祖父（6）外高祖母（7）外高外祖父（8）外高外祖母	8
a³³mu⁵⁵	（1）曾祖父（2）曾祖母（3）曾外祖父（4）曾外祖母（5）外曾祖父（6）外曾祖母（7）外曾外祖父（8）外曾外祖母（9）曾祖父的嫡亲兄弟（10）曾祖父嫡亲兄弟的配偶（11）曾祖父的嫡亲姐妹（12）曾祖父嫡亲姐妹的配偶（13）曾祖母的嫡亲兄弟（14）曾祖母嫡亲兄弟的配偶（15）曾祖母的嫡亲姐妹（16）曾祖母嫡亲姐妹的配偶（17）曾外祖父的嫡亲兄弟（18）曾外祖父嫡亲兄弟的配偶（19）曾外祖父的嫡亲姐妹（20）曾外祖父嫡亲姐妹的配偶（21）曾外祖母的嫡亲兄弟（22）曾外祖母嫡亲兄弟的配偶（23）曾外祖母的嫡亲姐妹（24）曾外祖母嫡亲姐妹的配偶（25）外曾祖父的嫡亲兄弟（26）外曾祖父嫡亲兄弟的配偶（27）外曾祖父的嫡亲姐妹（28）外曾祖父嫡亲姐妹的配偶（29）外曾祖母的嫡亲兄弟（30）外曾祖母嫡亲兄弟的配偶（31）外曾祖母的嫡亲姐妹（32）外曾祖母嫡亲姐妹的配偶（33）外曾外祖父的嫡亲兄弟（34）外曾外祖父嫡亲兄弟的配偶（35）外曾外祖父的嫡亲姐妹（36）外曾外祖父嫡亲姐妹的配偶（37）外曾外祖母的嫡亲兄弟（38）外曾外祖母嫡亲兄弟的配偶（39）外曾外祖母的嫡亲姐妹（40）外曾外祖母嫡亲姐妹的配偶	40
a⁵⁵lo³³	（1）祖父（2）外祖父（3）祖父的嫡亲兄弟（4）祖父的堂兄弟（5）外祖父的嫡亲兄弟（6）外祖父的堂兄弟（7）祖母嫡亲姐妹的配偶（8）外祖母嫡亲姐妹的配偶（9）祖母堂姐妹的配偶（10）外祖母堂姐妹的配偶（11）祖父嫡亲姐妹的配偶（12）祖父堂姐妹的配偶（13）外祖父嫡亲姐妹的配偶（14）外祖父堂姐妹的配偶（15）祖母的嫡亲兄弟（16）祖母的堂兄弟（17）外祖母的嫡亲兄弟（18）外祖母的堂兄弟	18
a⁵⁵na³³	（1）祖母（2）外祖母（3）祖母的嫡亲姐妹（4）外祖母的嫡亲姐妹（5）祖父嫡亲兄弟的配偶（6）祖父堂兄弟的配偶（7）外祖父嫡亲兄弟的配偶（8）外祖父堂兄弟的配偶（9）祖母堂兄弟的配偶（10）外祖母堂兄弟的配偶（11）祖父的嫡亲姐妹（12）祖父的堂姐妹（13）外祖父的嫡亲姐妹（14）外祖父的堂姐妹（15）祖母嫡亲兄弟的配偶（16）祖母堂兄弟的配偶（17）外祖母嫡亲兄弟的配偶（18）外祖母堂兄弟的配偶	18
pia³³lo³³	（1）祖父的姑舅姨表兄弟（2）祖母姑舅姨表姐妹的配偶（3）外祖父的姑舅姨表兄弟（4）外祖母姑舅姨表姐妹的配偶（5）祖母的姑舅姨表兄弟（6）外祖母的姑舅姨表兄弟（7）祖父姑舅姨表姐妹的配偶（8）外祖父姑舅姨表姐妹的配偶	8
pia³³na³³	（1）祖父姑舅姨表兄弟的配偶（2）祖母的姑舅姨表姐妹（3）外祖父的姑舅姨表姐妹（4）外祖母的姑舅姨表姐妹（5）祖母姑舅姨表兄弟的配偶（6）外祖母姑舅姨表兄弟的配偶（7）祖父的姑舅姨表姐妹（8）外祖父姑舅姨表姐妹	8
a⁵⁵di³³	（1）父亲（2）对配偶父亲的面称	2
a⁵⁵mu³³	（1）母亲（2）对配偶母亲的面称	2
zu³¹phe³³	（1）对配偶父亲的背称	1
zu³¹me³³	（1）对配偶母亲的背称	1

亲属称谓	义　项	义项数量
a³³ta⁵⁵	（1）父亲的嫡亲兄长（2）父亲的堂兄（3）父亲的姑舅姨表兄	3
ta⁵⁵mu³³	（1）父亲嫡亲兄长的配偶（2）父亲堂兄的配偶（3）父亲姑舅姨表兄的配偶	3
a³³ʂv¹³	（1）父亲的嫡亲弟弟（2）父亲的堂弟（3）父亲的姑舅姨表弟	3
a³³ʂv¹³mu³³	（1）父亲嫡亲弟弟的配偶（2）父亲堂弟的配偶（3）父亲姑舅姨表弟的配偶	3
a³³dzi⁵⁵	（1）父亲嫡亲弟弟的配偶（2）父亲堂弟的配偶（3）父亲姑舅姨表弟的配偶（4）母亲排行最小的嫡亲妹妹（5）母亲排行最小的堂妹（6）母亲排行最小的姑舅姨表妹	6
a³³duɯ³¹	（1）排行最大的嫡亲姐姐（2）排行最大的堂姐（3）排行最大的姑舅姨表姐（4）排行最大嫡亲兄长的配偶（5）排行最大堂兄的配偶（6）排行最大姑舅姨表兄长的配偶（7）母亲排行最大的嫡亲姐姐（8）母亲排行最大的堂姐（9）母亲排行最大的姑舅姨表姐	9
a³³ɲi³³	（1）父亲的嫡亲姐妹（2）父亲的堂姐妹（3）父亲的姑舅姨表姐妹	3
a³³gu³³	（1）父亲嫡亲姐妹的配偶（2）父亲堂姐妹的配偶（3）父亲姑舅姨表姐妹的配偶（4）母亲嫡亲姐妹的配偶（5）母亲堂姐妹的配偶（6）母亲姑舅姨表姐妹的配偶	6
a³³ɲi³³duɯ³¹	（1）父亲排行最大的嫡亲姐姐（2）父亲排行最大的堂姐（3）父亲排行最大的姑舅姨表姐	3
a³³gu³³duɯ³¹	（1）父亲排行最大嫡亲姐姐的配偶（2）父亲排行最大堂姐的配偶（3）父亲排行最大姑舅姨表姐的配偶（4）母亲排行最大嫡亲姐姐的配偶（5）母亲排行最大的堂姐的配偶（6）母亲排行最大姑舅姨表姐的配偶	6
a³³tçy⁵⁵	（1）母亲的嫡亲兄弟（2）母亲的堂兄弟（3）母亲的姑舅姨表兄弟	3
a³³tçy⁵⁵mu³³	（1）母亲嫡亲兄弟的配偶（2）母亲堂兄弟的配偶（3）母亲姑舅姨表兄弟的配偶	3
a³³ɲi³³dzi⁵⁵	（1）父亲排行最小的嫡亲妹妹（2）父亲排行最小的堂妹（3）父亲排行最小的姑舅姨表妹	3
a³³buɯ³¹	（1）嫡亲兄长（2）堂兄（3）姑舅姨表兄（4）嫡亲姐姐的配偶（5）堂姐的配偶（6）姑舅姨表姐的配偶	6
a³³gu³³dzi⁵⁵	（1）父亲排行最小嫡亲妹妹的配偶（2）父亲排行最小堂妹的配偶（3）父亲排行最小姑舅姨表妹的配偶（4）母亲排行最小嫡亲妹妹的配偶（5）母亲排行最小堂妹的配偶（6）母亲排行最小姑舅姨表妹的配偶	6
a³³me¹³	（1）嫡亲姐姐（2）堂姐（3）姑舅姨表姐（4）嫡亲哥哥的配偶（5）堂兄的配偶（6）姑舅姨表兄的配偶	6
da³³xa³³me³³	（1）妻子	1
da³³xa³³ba³¹	（1）丈夫	1
gu³³zl̩³³	（1）嫡亲弟弟（2）堂弟（3）姑舅姨表弟（4）嫡亲妹妹的配偶（5）堂妹的配偶（6）姑舅姨表妹妹的配偶	6

亲属称谓	义　项	义项数量
gu³³me³³	（1）嫡亲妹妹（2）堂妹（3）姑姨舅表妹（4）嫡亲弟弟的配偶（5）堂弟的配偶（6）姑舅姨表弟的配偶	6
dze³³ɣɯ³³	（1）嫡亲兄弟的儿子（2）堂兄弟的儿子（3）姑舅姨表兄弟的儿子（4）嫡亲姐妹的儿子（5）堂姐妹的儿子（6）姑舅姨表姐妹的儿子	6
dze³³me³³	（1）嫡亲兄弟的女儿（2）堂兄弟的女儿（3）姑舅姨表兄弟的女儿（4）嫡亲姐妹的女儿（5）堂姐妹的女儿（6）姑舅姨表姐妹的女儿	6
tsha³³ba³¹	（1）妻子嫡亲姐妹的配偶	1
tɕy⁵⁵ʑi³¹	（1）妻子的嫡亲兄弟	1
ȵi³³dzɚ³³me³³	（1）妯娌	1
xuɑ⁵⁵me³³	（1）丈夫的嫡亲姐妹	1
me³³tɕhi³³	（1）女性嫡亲兄弟的配偶	1
də³³bv³³	（1）孙子（2）外孙（3）嫡亲兄弟的孙子（4）堂兄弟的孙子（5）姑舅姨表兄弟的孙子（6）嫡亲兄弟的外孙（7）堂兄弟的外孙（8）姑舅姨表兄弟的外孙（9）嫡亲姐妹的孙子（10）堂兄弟的孙子（11）姑舅姨表姐妹的孙子（12）嫡亲姐妹的外孙（13）堂姐妹的外孙（14）姑舅姨表姐妹的外孙	14
də³³me³³	（1）孙女（2）外孙女（3）嫡亲兄弟的孙女（4）堂兄弟的孙女（5）姑舅姨表兄弟的孙女（6）嫡亲兄弟的外孙女（7）堂兄弟的外孙女（8）姑舅姨表兄弟的外孙女（9）嫡亲姐妹的孙女（10）堂兄弟的孙女（11）姑舅姨表姐妹的孙女（12）嫡亲姐妹的外孙女（13）堂姐妹的外孙女（14）姑舅姨表姐妹的外孙女	14
zɔ³³	（1）儿子	1
mi⁵⁵	（1）女儿	1
zɔ³³tʂhɚ³³me³³	（1）儿媳	1
mu⁵⁵ɣɯ³³	（1）女婿	1
də⁵⁵bv³³	（1）曾孙（2）曾外孙（3）外曾孙（4）外曾外孙（5）嫡亲兄弟的曾孙（6）堂兄弟的曾孙（7）姑舅姨表兄弟的曾孙（8）嫡亲姐妹的曾孙（9）堂姐妹的曾孙（10）姑舅姨表姐妹的曾孙（11）嫡亲兄弟的曾外孙（12）堂兄弟的曾外孙（13）姑舅姨表兄弟的曾外孙（14）嫡亲姐妹的曾外孙（15）堂姐妹的曾外孙（16）姑舅姨表姐妹的曾外孙（17）嫡亲兄弟的外曾孙（18）堂兄弟的外曾孙（19）姑舅姨表兄弟的外曾孙（20）嫡亲姐妹的外曾孙（21）堂姐妹的外曾孙（22）姑舅姨表姐妹的外曾孙（23）嫡亲兄弟的外曾外孙（24）堂兄弟的外曾外孙（25）姑舅姨表兄弟的外曾外孙（26）嫡亲姐妹的外曾外孙（27）堂姐妹的外曾外孙（28）姑舅姨表姐妹的外曾外孙	28

亲属称谓	义　项	义项数量
də⁵⁵me³³	（1）曾孙女（2）曾外孙女（3）外曾孙女（4）外曾外孙女（5）嫡亲兄弟的曾孙女（6）堂兄弟的曾孙女（7）姑舅姨表兄弟的曾孙女（8）嫡亲姐妹的曾孙女（9）堂姐妹的曾孙女（10）姑舅姨表姐妹的曾孙女（11）嫡亲兄弟的曾外孙女（12）堂兄弟的曾外孙女（13）姑舅姨表兄弟的曾外孙女（14）嫡亲姐妹的曾外孙女（15）堂姐妹的曾外孙女（16）姑舅姨表姐妹的曾外孙女（17）嫡亲兄弟的外曾孙女（18）堂兄弟的外曾孙女（19）姑舅姨表兄弟的外曾孙女（20）嫡亲姐妹的外曾孙女（21）堂姐妹的外曾孙女（22）姑舅姨表姐妹的外曾孙女（23）嫡亲兄弟的外曾外孙女（24）堂兄弟的外曾外孙女（25）姑舅姨表兄弟的外曾外孙女（26）嫡亲姐妹的外曾外孙女（27）堂姐妹的外曾外孙女（28）姑舅姨表姐妹的外曾外孙女	28

表7　　丽江市玉龙县鲁甸乡杵峰村委会下村纳西语亲属称谓系统

亲属称谓	义　项	义项数量
ɑ³³khɯ³¹	（1）高祖父（2）高祖母（3）高外祖父（4）高外祖母（5）外高祖父（6）外高祖母（7）外高外祖父（8）外高外祖母	8
ɑ³¹mu⁵⁵lɔ³³	（1）曾祖父（2）曾外祖父（3）外曾祖父（4）外曾外祖父（5）曾祖父的嫡亲兄弟（6）曾祖父嫡亲姐妹的配偶（7）曾祖母的嫡亲兄弟（8）曾祖母嫡亲姐妹的配偶（9）曾外祖父的嫡亲兄弟（10）曾外祖父嫡亲姐妹的配偶（11）曾外祖母的嫡亲兄弟（12）曾外祖母嫡亲姐妹的配偶（13）外曾祖父的嫡亲兄弟（14）外曾祖父嫡亲姐妹的配偶（15）外曾祖母的嫡亲兄弟（16）外曾祖母嫡亲姐妹的配偶（17）外曾外祖父的嫡亲兄弟（18）外曾外祖父嫡亲姐妹的配偶（19）外曾外祖母的嫡亲兄弟（20）外曾外祖母嫡亲姐妹的配偶	20
ɑ³¹mu⁵⁵na³³	（1）曾祖母（2）曾外祖母（3）外曾祖母（4）外曾外祖母（5）曾祖父嫡亲兄弟的配偶（6）曾祖父的嫡亲姐妹（7）曾祖母嫡亲兄弟的配偶（8）曾祖母的嫡亲姐妹（9）曾外祖父嫡亲兄弟的配偶（10）曾外祖父的嫡亲姐妹（11）曾外祖母嫡亲兄弟的配偶（12）曾外祖母的嫡亲姐妹（13）外曾祖父嫡亲兄弟的配偶（14）外曾祖父的嫡亲姐妹（15）外曾祖母嫡亲兄弟的配偶（16）外曾祖母的嫡亲姐妹（17）外曾外祖父嫡亲兄弟的配偶（18）外曾外祖父的嫡亲姐妹（19）外曾外祖母嫡亲兄弟的配偶（20）外曾外祖母的嫡亲姐妹	20
ɑ⁵⁵lɔ³³	（1）祖父（2）祖父的嫡亲兄弟（3）祖父的堂兄弟（4）祖父的姑舅姨表兄弟	4
ɑ⁵⁵na³³	（1）祖母（2）祖父嫡亲兄弟的配偶（3）祖父堂兄弟的配偶（4）祖父姑舅姨表兄弟的配偶	4
ɑ⁵⁵gu³³	（1）外祖父（2）外祖父的嫡亲兄弟（3）外祖父的堂兄弟（4）外祖父的姑舅姨表兄弟	4
ɑ⁵⁵phɔ³¹	（1）外祖母（2）外祖父嫡亲兄弟的配偶（3）外祖父堂兄弟的配偶（4）外祖的姑舅姨表兄弟的配偶	4
ɑ⁵⁵lɔ³³dɯ³¹	（1）祖父排行老大的嫡亲兄长（2）祖父排行老大的堂兄长（3）祖父排行老大的姑舅姨表兄	3

亲属称谓	义　项	义项数量
a^{55}na^{33}dɯ^{31}	（1）祖父排行老大嫡亲兄长的配偶（2）祖父排行老大堂兄的配偶（3）祖父排行老大姑舅姨表兄的配偶	3
a^{55}lɔ^{33}dʑi^{55}	（1）祖父排行最小的嫡亲弟弟（2）祖父排行最小的堂弟（3）祖父排行最小的姑舅姨表弟	3
a^{55}na^{33}dʑi^{55}	（1）祖父排行最小嫡亲弟弟的配偶（2）祖父排行最小堂弟的配偶（3）祖父排行最小姑舅姨表弟的配偶	3
a^{31}tɕy^{55}lɔ^{33}	（1）祖母的嫡亲兄弟（2）祖母的堂兄弟（3）祖母的姑舅姨表兄弟（4）外祖母的嫡亲兄弟（5）外祖母的堂兄弟（6）外祖母的姑舅姨表兄弟	6
a^{31}tɕy^{55}na^{33}	（1）祖母嫡亲兄弟的配偶（2）祖母堂兄弟的配偶（3）祖母姑舅姨表兄弟的配偶（4）外祖母嫡亲兄弟的配偶（5）外祖母堂兄弟的配偶（6）外祖母的姑舅姨表兄弟的配偶	6
ʑi^{31}na^{33}	（1）祖母的嫡亲姐妹（2）祖母的堂姐妹（3）祖母的姑舅姨表姐妹（4）外祖母的嫡亲姐妹（5）外祖母的堂姐妹（6）外祖母的姑舅姨表姐妹	6
ʑi^{31}lɔ^{33}	（1）祖母嫡亲姐妹的配偶（2）祖母堂姐妹的配偶（3）祖母姑舅姨表姐妹的配偶（4）外祖母嫡亲姐妹的配偶（5）外祖母堂姐妹的配偶（6）外祖母姑舅姨表姐妹的配偶	6
gu^{33}na^{33}	（1）祖父的嫡亲姐妹（2）祖父的堂姐妹（3）祖父的姑舅姨表姐妹（4）外祖父的嫡亲姐妹（5）外祖父的堂姐妹（6）外祖父的姑舅姨表姐妹	6
gu^{33}lɔ^{33}	（1）祖父嫡亲姐妹的配偶（2）祖父堂姐妹的配偶（3）祖父姑舅姨表姐妹的配偶（4）外祖父嫡亲姐妹的配偶（5）外祖父堂姐妹的配偶（6）外祖父姑舅姨表姐妹的配偶	6
a^{55}gu^{33}dɯ^{31}	（1）外祖父排行老大的嫡亲兄长（2）外祖父排行老大的堂兄（3）外祖父排行老大的姑舅姨表兄	3
a^{55}phɔ^{31}dɯ^{31}	（1）外祖父排行老大嫡亲兄长的配偶（2）外祖父排行老大堂兄的配偶（3）外祖父排行老大姑舅姨表兄的配偶	3
a^{55}gu^{33}dʑi^{55}	（1）外祖父排行最小的嫡亲弟弟（2）外祖父排行最小的堂弟（3）外祖父排行最小的姑舅姨表弟	3
a^{55}phɔ^{31}dʑi^{55}	（1）外祖父排行最小嫡亲弟弟的配偶（2）外祖父排行最小堂弟的配偶（3）外祖父排行最小姑舅姨表弟的配偶	3
a^{33}ba^{33}	（1）父亲（2）对配偶父亲的面称	2
a^{33}mo^{33}	（1）母亲（2）对配偶母亲的面称	2
ʐu^{31}phe^{33}	（1）对配偶父亲的背称	1
ʐu^{31}me^{33}	（1）对配偶母亲的背称	1
dɑ^{55}di^{33}	（1）父亲的嫡亲兄长（2）父亲的堂兄（3）父亲的姑舅姨表兄	3
dɑ^{55}mo^{33}	（1）父亲嫡亲兄长的配偶（2）父亲堂兄的配偶（3）父亲姑舅姨表兄的配偶	3
a^{33}bo^{33}	（1）父亲的嫡亲弟弟（2）父亲的堂弟（3）父亲的姑舅姨表弟	3

续表

亲属称谓	义　项	义项数量
a^{55}dzi^{55}	（1）父亲嫡亲弟弟的配偶（2）父亲堂弟的配偶（3）父亲姑舅姨表弟的配偶（4）父亲排行最小的嫡亲妹妹（5）父亲排行最小的堂妹（6）父亲排行最小的姑舅姨表妹	6
a^{33}dɯ^{31}	（1）父亲的嫡亲姐姐（2）父亲的堂姐（3）父亲的姑舅姨表姐	3
gu^{33}di^{33}	（1）父亲嫡亲姐姐的配偶（2）父亲堂姐的配偶（3）父亲姑舅姨表姐的配偶	3
a^{33}tɕy^{55}	（1）母亲的嫡亲兄弟（2）母亲的堂兄（3）母亲的姑舅姨表兄弟	3
a^{33}tɕy^{55}mo^{33}	（1）母亲嫡亲兄弟的配偶（2）母亲堂兄的配偶（3）母亲姑舅姨表兄弟的配偶	3
zi^{31}mo^{33}	（1）母亲的嫡亲姐妹（2）母亲的堂姐妹（3）母亲的姑舅姨表姐妹	3
zi^{31}di^{33}	（1）母亲嫡亲姐妹的配偶（2）母亲堂姐妹的配偶（3）母亲姑舅姨表姐妹的配偶	3
ȵi^{33}nv^{31}	（1）妻子	1
mu^{55}ɣu^{33}	（1）丈夫	1
a^{33}bv^{31}	（1）嫡亲兄长（2）堂兄（3）姑舅姨表兄（4）嫡亲姐姐的配偶（5）堂姐的配偶（6）姑舅姨表姐的配偶	6
a^{55}tɕi^{33}	（1）嫡亲姐姐（2）堂姐（3）姑舅姨表姐（4）嫡亲哥哥的配偶（5）堂兄的配偶（6）姑舅姨表兄的配偶	6
gɯ^{33}zʅ^{33}	（1）嫡亲弟弟（2）堂弟（3）姑舅姨表弟（4）嫡亲妹妹的配偶（5）堂妹的配偶（6）姑舅姨表妹的配偶	6
me^{55}me^{33}	（1）嫡亲妹妹（2）堂妹（3）姑舅姨表妹（4）嫡亲弟弟的配偶（5）堂弟的配偶（6）姑舅姨表弟的配偶	6
tɕy^{55}zi^{31}	（1）妻子的嫡亲兄弟	1
tʂha^{33}ba^{31}	（1）妻子姐妹的丈夫	1
ȵi^{33}dzɚ^{33}me^{33}	（1）妯娌	1
zɔ^{33}	（1）儿子	1
tʂhu^{33}me^{33}	（1）儿媳	1
dze^{33}ɣɯ^{33}	（1）嫡亲兄弟的儿子（2）堂兄弟的儿子（3）姑舅姨表兄弟的儿子（4）嫡亲姐妹的儿子（5）堂姐妹的儿子（6）姑舅姨表姐妹的儿子	6
dze^{33}ɣɯ^{33}tʂhu^{33}me^{33}	（1）嫡亲兄弟儿子的配偶（2）堂兄弟儿子的配偶（3）姑舅姨表兄弟儿子的配偶（4）嫡亲姐妹儿子的配偶（5）堂姐妹儿子的配偶（6）姑舅姨表姐妹儿子的配偶	6
mi^{55}	（1）女儿	1
mi^{55}mu^{55}ɣu^{33}	（1）女婿	1
dze^{33}me^{33}	（1）嫡亲兄弟的女儿（2）堂兄弟的女儿（3）姑舅姨表兄弟的女儿（4）嫡亲姐妹的女儿（5）堂姐妹的女儿（6）姑舅姨表姐妹的女儿	6

续表

亲属称谓	义　项	义项数量
dze³³me³³mu⁵⁵ɣɯ³³	（1）嫡亲兄弟女儿的配偶（2）堂兄弟女儿的配偶（3）姑舅姨表兄弟女儿的配偶（4）嫡亲姐妹女儿的配偶（5）堂姐妹女儿的配偶（6）姑舅姨表姐妹女儿的配偶	6
lɯ³³bv³³	（1）孙子（2）外孙（3）嫡亲兄弟的孙子（4）堂兄弟的孙子（5）姑舅姨表兄弟的孙子（6）嫡亲兄弟的外孙（7）堂兄弟的外孙（8）姑舅姨表兄弟的外孙（9）嫡亲姐妹的孙子（10）堂兄弟的孙子（11）姑舅姨表姐妹的孙子（12）嫡亲姐妹的外孙（13）堂姐妹的外孙（14）姑舅姨表姐妹的外孙	14
lɯ³³me³³	（1）孙女（2）外孙女（3）嫡亲兄弟的孙女（4）堂兄弟的孙女（5）姑舅姨表兄弟的孙女（6）嫡亲兄弟的外孙女（7）堂兄弟的外孙女（8）姑舅姨表兄弟的外孙女（9）嫡亲姐妹的孙女（10）堂兄弟的孙女（11）姑舅姨表姐妹的孙女（12）嫡亲姐妹的外孙女（13）堂姐妹的外孙女（14）姑舅姨表姐妹的外孙女	14
lɯ⁵⁵bv³³	（1）曾孙（2）曾外孙（3）外曾孙（4）外曾外孙（5）嫡亲兄弟的曾孙（6）堂兄弟的曾孙（7）姑舅姨表兄弟的曾孙（8）嫡亲姐妹的曾孙（9）堂姐妹的曾孙（10）姑舅姨表姐妹的曾孙（11）嫡亲兄弟的曾外孙（12）堂兄弟的曾外孙（13）姑舅姨表兄弟的曾外孙（14）嫡亲姐妹的曾外孙（15）堂姐妹的曾外孙（16）姑舅姨表姐妹的曾外孙（17）嫡亲兄弟的外曾孙（18）堂兄弟的外曾孙（19）姑舅姨表兄弟的外曾孙（20）嫡亲姐妹的外曾孙（21）堂姐妹的外曾孙（22）姑舅姨表姐妹的外曾孙（23）嫡亲兄弟的外曾外孙（24）堂兄弟的外曾外孙（（25）姑舅姨表兄弟的外曾外孙（26）嫡亲姐妹的外曾外孙（27）堂姐妹的外曾外孙（28）姑舅姨表姐妹的外曾外孙	28
lɯ⁵⁵me³³	（1）曾孙女（2）曾外孙女（3）外曾孙女（4）外曾外孙女（5）嫡亲兄弟的曾孙女（6）堂兄弟的曾孙女（7）姑舅姨表兄弟的曾孙女（8）嫡亲姐妹的曾孙女（9）堂姐妹的曾孙女（10）姑舅姨表姐妹的曾孙女（11）嫡亲兄弟的曾外孙女（12）堂兄弟的曾外孙女（13）姑舅姨表兄弟的曾外孙女（14）嫡亲姐妹的曾外孙女（15）堂姐妹的曾外孙女（16）姑舅姨表姐妹的曾外孙女（17）嫡亲兄弟的外曾孙女（18）堂兄弟的外曾孙女（19）姑舅姨表兄弟的外曾孙女（20）嫡亲姐妹的外曾孙女（21）堂姐妹的外曾孙女（22）姑舅姨表姐妹的外曾孙女（23）嫡亲兄弟的外曾外孙女（24）堂兄弟的外曾外孙女（25）姑舅姨表兄弟的外曾外孙女（26）嫡亲姐妹的外曾外孙女（27）堂姐妹的外曾外孙女（28）姑舅姨表姐妹的外曾外孙女	28

表8　丽江市玉龙县塔城乡塔城村委会老村二组纳西语亲属称谓系统

亲属称谓	义　项	义项数量
ɑ⁵⁵khɯ³¹	（1）高祖父（2）高祖母（3）高外祖父（4）高外祖母（5）外高祖父（6）外高祖母（7）外高外祖父（8）外高外祖母	8

亲属称谓	义　项	义项数量
ɑ³¹mu⁵⁵	（1）曾祖父（2）曾祖母（3）曾外祖父（4）曾外祖母（5）外曾祖父（6）外曾祖母（7）外曾外祖父（8）外曾外祖母（9）曾祖父的嫡亲兄弟（10）曾祖父嫡亲兄弟的配偶（11）曾祖父的嫡亲姐妹（12）曾祖父嫡亲姐妹的配偶（13）曾祖母的嫡亲兄弟（14）曾祖母嫡亲兄弟的配偶（15）曾祖母的嫡亲姐妹（16）曾祖母嫡亲姐妹的配偶（17）曾外祖父的嫡亲兄弟（18）曾外祖父嫡亲兄弟的配偶（19）曾外祖父的嫡亲姐妹（20）曾外祖父嫡亲姐妹的配偶（21）曾外祖母的嫡亲兄弟（22）曾外祖母嫡亲兄弟的配偶（23）曾外祖母的嫡亲姐妹（24）曾外祖母嫡亲姐妹的配偶（25）外曾祖父的嫡亲兄弟（26）外曾祖父嫡亲兄弟的配偶（27）外曾祖父的嫡亲姐妹（28）外曾祖父嫡亲姐妹的配偶（29）外曾祖母的嫡亲兄弟（30）外曾祖母嫡亲兄弟的配偶（31）外曾祖母的嫡亲姐妹（32）外曾祖母嫡亲姐妹的配偶（33）外曾外祖父嫡亲兄弟的配偶（35）外曾外祖父的嫡亲姐妹（36）外曾外祖父嫡亲姐妹的配偶（37）外曾外祖母的嫡亲兄弟（38）外曾外祖母嫡亲兄弟的配偶（39）外曾外祖母的嫡亲姐妹（40）外曾外祖母嫡亲姐妹的配偶	40
ɑ³³phv³³	（1）祖父（2）祖父的嫡亲兄弟（3）祖父的堂兄弟（4）祖父的姑舅姨表兄弟	4
ɑ³³dzv³³	（1）祖母（2）祖父嫡亲兄弟的配偶（3）祖父堂兄弟的配偶（4）祖父姑舅姨表兄弟的配偶	4
ɑ⁵⁵lɔ³³duɯ³¹	（1）祖父排行老大的嫡亲兄长（2）祖父排行老大的堂兄长（3）祖父排行老大的姑舅姨表兄	3
ɑ⁵⁵na³³duɯ³¹	（1）祖父的排行老大嫡亲兄长的配偶（2）祖父的排行老大堂兄的配偶（3）祖父排行老大姑舅姨表兄的配偶	3
ɑ⁵⁵lɔ³³	（1）祖父（2）祖父的嫡亲兄弟（3）祖父的堂兄弟（4）祖父的姑舅姨表兄弟	4
ɑ⁵⁵na³³	（1）祖母（2）祖父嫡亲兄弟的配偶（3）祖父堂兄弟的配偶（4）祖父姑舅姨表兄弟的配偶	4
ɑ⁵⁵lɔ³³dzi⁵⁵	（1）祖父排行最小的嫡亲弟弟（2）祖父排行最小的堂弟（3）祖父排行最小的姑舅姨表弟	3
ɑ⁵⁵na³³dzi⁵⁵	（1）祖父排行最小嫡亲弟弟的配偶（2）祖父的排行最小堂弟的配偶（3）祖父排行最小姑舅姨表弟的配偶	3
ɑ⁵⁵ku³³	（1）外祖父（2）外祖父的嫡亲兄弟（3）外祖父的堂兄弟（4）外祖父的姑舅姨表兄弟	4
ɑ⁵⁵phɔ³¹	（1）外祖母（2）外祖父嫡亲兄弟的配偶（3）外祖父堂兄弟的配偶（4）外祖父姑舅姨表兄弟的配偶	4
ku³³na³³	（1）祖父的嫡亲姐妹（2）祖父的堂姐妹（3）祖父的姑舅姨表姐妹（4）外祖父的嫡亲姐妹（5）外祖父的堂姐妹（6）外祖父的姑舅姨表姐妹	6
ku³³lɔ³³	（1）祖父嫡亲姐妹的配偶（2）祖父堂姐妹的配偶（3）祖父姑舅姨表姐妹的配偶（4）外祖父嫡亲姐妹的配偶（5）外祖父堂姐妹的配偶（6）外祖父姑舅姨表姐妹的配偶	6

亲属称谓	义　　项	义项数量
tɕy⁵⁵lɔ³³	（1）祖母的嫡亲兄弟（2）祖母的堂兄弟（3）祖母的姑舅姨表兄弟（4）外祖母的嫡亲兄弟（5）外祖母的堂兄弟（6）外祖母的姑舅姨表兄弟	6
tɕy⁵⁵na³³	（1）祖母嫡亲兄弟的配偶（2）祖母堂兄弟的配偶（3）祖母姑舅姨表兄弟的配偶（4）外祖母嫡亲兄弟的配偶（5）外祖母堂兄弟的配偶（6）外祖母姑舅姨表兄弟的配偶	6
ʐu³¹phe³³	（1）对配偶父亲的背称	1
ʐu³¹me³³	（1）对配偶母亲的背称	1
zi³¹na³³	（1）祖母的嫡亲姐妹（2）祖母的堂姐妹（3）祖母的姑舅姨表姐妹（4）外祖母的嫡亲姐妹（5）外祖母的堂姐妹（6）外祖母的姑舅姨表姐妹	6
zi³¹lɔ³³	（1）祖母嫡亲姐妹的配偶（2）祖母堂姐妹的配偶（3）祖母姑舅姨表姐妹的配偶（4）外祖母嫡亲姐妹的配偶（5）外祖母堂姐妹的配偶（6）外祖母姑舅姨表姐妹的配偶	6
ɑ³³bɑ³³	（1）父亲（2）对配偶父亲的面称	2
ɑ³³me³³	（1）母亲（2）对配偶母亲的面称	2
ɑ³³bɑ³³dɯ³¹	（1）拜祭的父亲（2）对孩子拜祭父亲的从孩称	2
ɑ³³me³³dɯ³¹	（1）拜祭的母亲（2）对孩子拜祭母亲的从孩称	2
ɑ³³bv³³dɯ³¹	（1）父亲的嫡亲兄长（2）父亲的堂兄长（3）父亲的姑舅姨表兄（4）父亲嫡亲姐姐的配偶（5）父亲堂姐的配偶（6）父亲姑舅姨表姐的配偶	6
ɑ³³dɯ³¹	（1）父亲嫡亲兄长的配偶（2）父亲堂兄长的配偶（3）父亲姑舅姨表兄的配偶	3
ɑ³³bv³³dʑi⁵⁵	（1）父亲的嫡亲弟弟（2）父亲的堂弟（3）父亲的姑舅姨表弟（4）父亲嫡亲妹妹的配偶（5）父亲堂妹的配偶（6）父亲姑舅姨表妹的配偶	6
ɑ³³dʑi⁵⁵	（1）父亲嫡亲弟弟的配偶（2）父亲堂弟的配偶（3）父亲姑舅姨表弟的配偶	3
ɑ³³n̩i³³dɯ³¹	（1）父亲的嫡亲姐姐（2）父亲的堂姐（3）父亲的姑舅姨表姐（4）母亲嫡亲兄长的配偶（5）母亲堂兄的配偶（6）母亲的姑舅姨表兄的配偶	6
ɑ³³n̩i³³dʑi⁵⁵	（1）父亲的嫡亲妹妹（2）父亲的堂妹（3）父亲的姑舅姨表妹（4）母亲嫡亲弟弟的配偶（5）母亲堂弟的配偶（6）母亲姑舅姨表弟的配偶	6
ɑ³³gv³³	（1）母亲的嫡亲兄弟（2）母亲的堂兄弟（3）母亲的姑舅姨表兄弟	3
zi³¹mɑ³³	（1）母亲的嫡亲姐妹（2）母亲的堂姐妹（3）母亲的姑舅姨表姐妹	3
zi³¹di³³	（1）母亲嫡亲姐妹的配偶（2）母亲堂姐妹的配偶（3）母亲姑舅姨表姐妹的配偶	3
tʂhu³³me³³	（1）妻子	1
mu⁵⁵ɣɯ³³	（1）丈夫	1
ɑ³³bɯ³¹	（1）嫡亲兄长（2）堂兄（3）姑舅姨表兄（4）嫡亲姐姐的配偶（5）堂姐的配偶（6）姑舅姨表姐的配偶	6

亲属称谓	义　项	义项数量
me^{55}me^{33}	（1）嫡亲姐姐（2）堂姐（3）姑舅姨表姐（4）嫡亲哥哥的配偶（5）堂兄的配偶（6）姑舅姨表兄的配偶	6
guɯ^{33}zɿ^{33}	（1）嫡亲弟弟（2）堂弟（3）姑舅姨表弟（4）嫡亲妹妹的配偶（5）堂妹的配偶（6）姑舅姨表妹的配偶、	6
gu^{33}me^{33}	（1）嫡亲妹妹（2）堂妹（3）姑舅姨表妹（4）嫡亲弟弟的配偶（5）堂弟的配偶（6）姑舅姨表弟的配偶	6
zo^{33}	（1）儿子	1
mi^{55}	（1）女儿	1
zo^{33}tʂhu^{33}me^{33}	（1）儿媳	1
mi^{55}mu^{55}ɣɯ^{33}	（1）女婿	1
dze^{33}ɣɯ^{33}	（1）嫡亲兄弟的儿子（2）堂兄弟的儿子（3）姑舅姨表兄弟的儿子（4）嫡亲姐妹的儿子（5）堂姐妹的儿子（6）姑舅姨表姐妹的儿子	6
ɑ^{33}gv^{33}mu^{55}ɣɯ^{33}	（1）郎舅姑爷	1
tʂhu^{33}me^{33}duɯ^{31}dʑi^{55}	（1）妯娌	1
dze^{33}ɣɯ^{33}tʂhu^{33}me^{33}	（1）嫡亲兄弟儿子的配偶（2）堂兄弟儿子的配偶（3）姑舅姨表兄弟儿子的配偶（4）嫡亲姐妹儿子的配偶（5）堂姐妹儿子的配偶（6）姑舅姨表姐妹儿子的配偶	6
dze^{33}me^{33}	（1）嫡亲兄弟的女儿（2）堂兄弟的女儿（3）姑舅姨表兄弟的女儿（4）嫡亲姐妹的女儿（5）堂姐妹的女儿（6）姑舅姨表姐妹的女儿	6
dze^{33}me^{33}mu^{55}ɣɯ^{33}	（1）嫡亲兄弟女儿的配偶（2）堂兄弟女儿的配偶（3）姑舅姨表兄弟女儿的配偶（4）嫡亲姐妹女儿的配偶（5）堂姐妹女儿的配偶（6）姑舅姨表姐妹女儿的配偶	6
lv^{33}bv^{33}	（1）孙子（2）外孙（3）嫡亲兄弟的孙子（4）堂兄弟的孙子（5）姑舅姨表兄弟的孙子（6）嫡亲兄弟的外孙（7）堂兄弟的外孙（8）姑舅姨表兄弟的外孙（9）嫡亲姐妹的孙子（10）堂兄弟的孙子（11）姑舅姨表姐妹的孙子（12）嫡亲姐妹的外孙（13）堂姐妹的外孙（14）姑舅姨表姐妹的外孙	14
lv^{33}me^{33}	（1）孙女（2）外孙女（3）嫡亲兄弟的孙女（4）堂兄弟的孙女（5）姑舅姨表兄弟的孙女（6）嫡亲兄弟的外孙女（7）堂兄弟的外孙女（8）姑舅姨表兄弟的外孙女（9）嫡亲姐妹的孙女（10）堂兄弟的孙女（11）姑舅姨表姐妹的孙女（12）嫡亲姐妹的外孙女（13）堂姐妹的外孙女（14）姑舅姨表姐妹的外孙女	14
lv^{33}bv^{33}tʂhu^{33}me^{33}	（1）孙媳（2）外孙媳（3）嫡亲兄弟的孙媳（4）堂兄弟的孙媳（5）姑舅姨表兄弟的孙媳（6）嫡亲兄弟的外孙媳（7）堂兄弟的外孙媳（8）姑舅姨表兄弟的外孙媳（9）嫡亲姐妹的孙媳（10）堂兄弟的孙媳（11）姑舅姨表姐妹的孙媳（12）嫡亲姐妹的外孙媳（13）堂姐妹的外孙媳（14）姑舅姨表姐妹的外孙媳	14

亲属称谓	义　项	义项数量
lv³³me³³mu⁵⁵ɣɯ³³	（1）孙女婿（2）外孙女婿（3）嫡亲兄弟的孙女婿（4）堂兄弟的孙女婿（5）姑舅姨表兄弟的孙女婿（6）嫡亲兄弟的外孙女婿（7）堂兄弟的外孙女婿（8）姑舅姨表兄弟的外孙女婿（9）嫡亲姐妹的孙女婿（10）堂兄弟的孙女婿（11）姑舅姨表姐妹的孙女婿（12）嫡亲姐妹的外孙女婿（13）堂姐妹的外孙女婿（14）姑舅姨表姐妹的外孙女婿	14
lv⁵⁵bv³³	（1）曾孙（2）曾外孙（3）外曾孙（4）外曾外孙（5）嫡亲兄弟的曾孙（6）堂兄弟的曾孙（7）姑舅姨表兄弟的曾孙（8）嫡亲姐妹的曾孙（9）堂姐妹的曾孙（10）姑舅姨表姐妹的曾孙（11）嫡亲兄弟的曾外孙（12）堂兄弟的曾外孙（13）姑舅姨表兄弟的曾外孙（14）嫡亲姐妹的曾外孙（15）堂姐妹的曾外孙（16）姑舅姨表姐妹的曾外孙（17）嫡亲兄弟的外曾孙（18）堂兄弟的外曾孙（19）姑舅姨表兄弟的外曾孙（20）嫡亲姐妹的外曾孙（21）堂姐妹的外曾孙（22）姑舅姨表姐妹的外曾孙（23）嫡亲兄弟的外曾外孙（24）堂兄弟的外曾外孙（25）姑舅姨表兄弟的外曾外孙（26）嫡亲姐妹的外曾外孙（27）堂姐妹的外曾外孙（28）姑舅姨表姐妹的外曾外孙	28
lv⁵⁵me³³	（1）曾孙女（2）曾外孙女（3）外曾孙女（4）外曾外孙女（5）嫡亲兄弟的曾孙女（6）堂兄弟的曾孙女（7）姑舅姨表兄弟的曾孙女（8）嫡亲兄弟的曾外孙女（9）堂姐妹的曾孙女（10）姑舅姨表姐妹的曾孙女（11）嫡亲兄弟的曾外孙女（12）堂兄弟的曾外孙女（13）姑舅姨表兄弟的曾外孙女（14）嫡亲姐妹的曾外孙女（15）堂姐妹的曾外孙女（16）姑舅姨表姐妹的曾外孙女（17）嫡亲兄弟的外曾孙女（18）堂兄弟的外曾孙女（19）姑舅姨表兄弟的外曾孙女（20）嫡亲姐妹的外曾孙女（21）堂姐妹的外曾孙女（22）姑舅姨表姐妹的外曾孙女（23）嫡亲兄弟的外曾外孙女（24）堂兄弟的外曾外孙女（25）姑舅姨表兄弟的外曾外孙女（26）嫡亲姐妹的外曾外孙女（27）堂姐妹的外曾外孙女（28）姑舅姨表姐妹的外曾外孙女	28

表9　丽江市古城区大东乡大东村委会初卡村纳西语亲属称谓系统

亲属称谓	义　项	义项数量
ɑ⁵⁵tsv³³lo³³	（1）曾祖父（2）曾外祖父（3）外曾祖父（4）外曾外祖父（5）曾祖父的嫡亲兄弟（6）曾祖父嫡亲姐妹的配偶（7）曾祖母的嫡亲兄弟（8）曾祖母嫡亲姐妹的配偶（9）曾外祖父的嫡亲兄弟（10）曾外祖父嫡亲姐妹的配偶（11）曾外祖母的嫡亲兄弟（12）曾外祖母嫡亲姐妹的配偶（13）外曾祖父的嫡亲兄弟（14）外曾祖父嫡亲姐妹的配偶（15）外曾祖母的嫡亲兄弟（16）外曾祖母嫡亲姐妹的配偶（17）外曾外祖父的嫡亲兄弟（18）外曾外祖父嫡亲姐妹的配偶（19）外曾外祖母的嫡亲兄弟（20）外曾外祖母嫡亲姐妹的配偶	20
ɑ⁵⁵tsv³³na³³	（1）曾祖母（2）曾外祖母（3）外曾祖母（4）外曾外祖母（5）曾祖父嫡亲兄弟的配偶（6）曾祖父的嫡亲姐妹（7）曾祖母嫡亲兄弟的配偶（8）曾祖母的嫡亲姐妹（9）曾外祖父嫡亲兄弟的配偶（10）曾外祖父的嫡亲姐妹（11）曾外祖母嫡亲兄弟的配偶（12）曾外祖母的嫡亲姐妹（13）外曾祖父嫡亲兄弟的配偶（14）外曾祖父的嫡亲姐妹（15）外曾祖母嫡亲兄弟的配偶（16）外曾祖母的嫡亲姐妹（17）外曾外祖父嫡亲兄弟的配偶（18）外曾外祖父的嫡亲姐妹（19）外曾外祖母嫡亲兄弟的配偶（20）外曾外祖母的嫡亲姐妹	20

续表

亲属称谓	义　项	义项数量
$a^{55}lo^{33}$	（1）祖父（2）祖父的嫡亲兄弟（3）祖父的堂兄弟	3
$a^{55}na^{33}$	（1）祖母（2）祖父嫡亲兄弟的配偶（3）祖父堂兄弟的配偶	3
$pia^{33}lo^{33}$	（1）祖父的姑舅姨表兄弟	1
$pia^{33}na^{33}$	（1）祖父姑舅姨表兄弟的配偶	1
$kv^{33}na^{33}$	（1）祖父的嫡亲姐妹（2）祖父的堂姐妹（3）祖父的姑舅姨表姐妹（4）外祖父的嫡亲姐妹（5）外祖父的堂姐妹（6）外祖父的姑舅姨表姐妹	6
$kv^{33}lo^{33}$	（1）祖父嫡亲姐妹的配偶（2）祖父堂姐妹的配偶（3）祖父姑舅姨表姐妹的配偶（4）外祖父嫡亲姐妹的配偶（5）外祖父堂姐妹的配偶（6）外祖父姑舅姨表姐妹的配偶	6
$a^{33}tɕy^{55}lo^{33}$	（1）祖母的嫡亲兄弟（2）祖母的堂兄弟（3）祖母的姑舅姨表兄弟（4）外祖母的嫡亲兄弟（5）外祖母的堂兄弟（6）外祖母的姑舅姨表兄弟	6
$a^{33}tɕy^{55}na^{33}$	（1）祖母嫡亲兄弟的配偶（2）祖母堂兄弟的配偶（3）祖母姑舅姨表兄弟的配偶（4）外祖母嫡亲兄弟的配偶（5）外祖母堂兄弟的配偶（6）外祖母姑舅姨表兄弟的配偶	6
$zi^{31}na^{33}$	（1）祖母的嫡亲姐妹（2）祖母的堂姐妹（3）祖母的姑舅姨表姐妹（4）外祖母的嫡亲姐妹（5）外祖母的堂姐妹（6）外祖母的姑舅姨表姐妹	6
$zi^{31}lo^{33}$	（1）祖母嫡亲姐妹的配偶（2）祖母堂姐妹的配偶（3）祖母姑舅姨表姐妹的配偶（4）外祖母嫡亲姐妹的配偶（5）外祖母堂姐妹的配偶（6）外祖母姑舅姨表姐妹的配偶	6
$a^{55}kv^{33}$	（1）外祖父（2）外祖父的嫡亲兄弟（3）外祖父的姑舅姨表兄弟	3
$a^{33}pho^{13}$	（1）外祖母（2）外祖父嫡亲兄弟的配偶（3）外祖父姑舅姨表兄弟的配偶	3
$a^{33}di^{33}$	（1）父亲（2）对配偶父亲的面称	2
$a^{33}mo^{33}$	（1）母亲（2）对配偶母亲的面称	2
$zu^{31}phe^{33}$	（1）对配偶父亲的背称	1
$zu^{31}me^{33}$	（1）对配偶母亲的背称	1
$ta^{55}di^{33}$	（1）父亲的嫡亲兄长（2）父亲的堂兄（3）父亲的姑舅姨表兄（4）配偶父亲的嫡亲兄长	4
$ta^{55}mo^{33}$	（1）父亲嫡亲兄长的配偶（2）父亲堂兄的配偶（3）父亲姑舅姨表兄的配偶（4）父亲嫡亲兄长的配偶	4
$a^{33}tɕy^{55}$	（1）母亲的嫡亲兄弟（2）母亲的堂兄弟	2
$a^{33}tɕy^{55}mo^{33}$	（1）母亲嫡亲兄弟的配偶（2）母亲堂兄弟的配偶	2
$pia^{33}sv^{13}$	（1）父亲的姑舅姨表弟（2）母亲的姑舅姨表弟	2
$pia^{33}na^{33}$	（1）父亲姑舅姨表弟的配偶（2）母亲姑舅姨表弟的配偶	2
$ɲi^{33}nv^{31}$	（1）妻子	1
$za^{33}ka^{31}ʐ̩^{33}$	（1）丈夫	1

续表

亲属称谓	义　项	义项数量
ɑ³³kɔ³³	（1）嫡亲兄长（2）堂兄（3）姑舅姨表兄（4）嫡亲姐姐的配偶（5）堂姐的配偶（6）姑舅姨表姐的配偶	6
ɑ⁵⁵tɕi³³	（1）嫡亲姐姐（2）堂姐（3）姑舅姨表姐（4）嫡亲哥哥的配偶（5）堂兄的配偶（6）姑舅姨表兄的配偶	6
gɯ³³zl̩³³	（1）嫡亲兄弟（2）堂弟（3）姑舅姨表弟（4）嫡亲妹妹的配偶（5）堂妹的配偶（6）姑舅姨表妹的配偶	6
gu³³me³³	（1）嫡亲妹妹（2）堂妹（3）姑舅姨表妹（4）嫡亲弟弟的配偶（5）堂弟的配偶（6）姑舅姨表弟的配偶	6
xuɑ⁵⁵me³³	（1）女性丈夫的嫡亲姐妹	1
zɔ³³	（1）儿子	1
mi⁵⁵	（1）女儿	1
tʂhə³³me³³	（1）儿媳	1
mu⁵⁵ɣɯ³³	（1）女婿	1
dze³³me³³	（1）嫡亲兄弟的女儿（2）堂兄弟的女儿（3）姑舅姨表兄弟的女儿（4）嫡亲姐妹的女儿（5）堂姐妹的女儿（6）姑舅姨表姐妹的女儿	6
dze³³ɣɯ³³	（1）嫡亲兄弟的儿子（2）堂兄弟的儿子（3）姑舅姨表兄弟的儿子（4）嫡亲姐妹的儿子（5）堂姐妹的儿子（6）姑舅姨表姐妹的儿子	6
lv³³bv³³	（1）孙子（2）外孙（3）嫡亲兄弟的孙子（4）堂兄弟的孙子（5）姑舅姨表兄弟的孙子（6）嫡亲兄弟的外孙（7）堂兄弟的外孙（8）姑舅姨表兄弟的外孙（9）嫡亲姐妹的孙子（10）堂兄弟的孙子（11）姑舅姨表姐妹的孙子（12）嫡亲姐妹的外孙（13）堂姐妹的外孙（14）姑舅姨表姐妹的外孙	14
lv³³me³³	（1）孙女（2）外孙女（3）嫡亲兄弟的孙女（4）堂兄弟的孙女（5）姑舅姨表兄弟的孙女（6）嫡亲兄弟的外孙女（7）堂兄弟的外孙女（8）姑舅姨表兄弟的外孙女（9）嫡亲姐妹的孙女（10）堂兄弟的孙女（11）姑舅姨表姐妹的孙女（12）嫡亲姐妹的外孙女（13）堂姐妹的外孙女（14）姑舅姨表姐妹的外孙女	14
lv⁵⁵bv³³	（1）曾孙（2）曾外孙（3）外曾孙（4）外曾外孙（5）嫡亲兄弟的曾孙（6）堂兄弟的曾孙（7）姑舅姨表兄弟的曾孙（8）嫡亲姐妹的曾孙（9）堂姐妹的曾孙（10）姑舅姨表姐妹的曾孙（11）嫡亲兄弟的曾外孙（12）堂兄弟的曾外孙（13）姑舅姨表兄弟的曾外孙（14）嫡亲姐妹的曾外孙（15）堂姐妹的曾外孙（16）姑舅姨表姐妹的曾外孙（17）嫡亲兄弟的外曾孙（18）堂兄弟的外曾孙（19）姑舅姨表兄弟的外曾孙（20）嫡亲姐妹的外曾孙（21）堂姐妹的外曾孙（22）姑舅姨表姐妹的外曾孙（23）嫡亲兄弟的外曾外孙（24）堂兄弟的外曾外孙（25）姑舅姨表兄弟的外曾外孙（26）嫡亲姐妹的外曾外孙（27）堂姐妹的外曾外孙（28）姑舅姨表姐妹的外曾外孙	28

亲属称谓	义　项	义项数量
lv⁵⁵me³³	（1）曾孙女（2）曾外孙女（3）外曾孙女（4）外曾外孙女（5）嫡亲兄弟的曾孙女（6）堂兄弟的曾孙女（7）姑舅姨表兄弟的曾孙女（8）嫡亲姐妹的曾孙女（9）堂姐妹的曾孙女（10）姑舅姨表姐妹的曾孙女（11）嫡亲兄弟的曾外孙女（12）堂兄弟的曾外孙女（13）姑舅姨表兄弟的曾外孙女（14）嫡亲姐妹的曾外孙女（15）堂姐妹的曾外孙女（16）姑舅姨表姐妹的曾外孙女（17）嫡亲兄弟的外曾孙女（18）堂兄弟的外曾孙女（19）姑舅姨表兄弟的外曾孙女（20）嫡亲姐妹的外曾孙女（21）堂姐妹的外曾孙女（22）姑舅姨表姐妹的外曾孙女（23）嫡亲兄弟的外曾外孙女（24）堂兄弟的外曾外孙女（25）姑舅姨表兄弟的外曾外孙女（26）嫡亲姐妹的外曾外孙女（27）堂姐妹的外曾外孙女（28）姑舅姨表姐妹的外曾外孙女	28

表 10　丽江市玉龙县龙蟠乡兴文村委会上元村纳西语亲属称谓系统

亲属称谓	义　项	义项数量
ɑ⁵⁵dzv³³lo³³	（1）曾祖父（2）曾外祖父（3）外曾祖父（4）外曾外祖父（5）曾祖父的嫡亲兄弟（6）曾祖父嫡亲姐妹的配偶（7）曾祖母的嫡亲兄弟（8）曾祖母嫡亲姐妹的配偶（9）曾外祖父的嫡亲兄弟（10）曾外祖父嫡亲姐妹的配偶（11）曾外祖母的嫡亲兄弟（12）曾外祖母嫡亲姐妹的配偶（13）外曾祖父的嫡亲兄弟（14）外曾祖父嫡亲姐妹的配偶（15）外曾祖母的嫡亲兄弟（16）外曾祖母嫡亲姐妹的配偶（17）外曾外祖父的嫡亲兄弟（18）外曾外祖父嫡亲姐妹的配偶（19）外曾外祖母的嫡亲兄弟（20）外曾外祖母嫡亲姐妹的配偶	20
ɑ⁵⁵dzv³³na³³	（1）曾祖母（2）曾外祖母（3）外曾祖母（4）外曾外祖母（5）曾祖父嫡亲兄弟的配偶（6）曾祖父的嫡亲姐妹（7）曾祖母嫡亲兄弟的配偶（8）曾祖母的嫡亲姐妹（9）曾外祖父嫡亲兄弟的配偶（10）曾外祖父的嫡亲姐妹（11）曾外祖母嫡亲兄弟的配偶（12）曾外祖母的嫡亲姐妹（13）外曾祖父嫡亲兄弟的配偶（14）外曾祖父的嫡亲姐妹（15）外曾祖母嫡亲兄弟的配偶（16）外曾祖母的嫡亲姐妹（17）外曾外祖父嫡亲兄弟的配偶（18）外曾外祖父的嫡亲姐妹（19）外曾外祖母嫡亲兄弟的配偶（20）外曾外祖母的嫡亲姐妹	20
ɑ³¹lo³³	（1）祖父（2）祖父的嫡亲兄弟（3）祖父的堂兄弟（4）祖父的姑舅姨表兄弟	4
ɑ³¹na³³	（1）祖母（2）祖父嫡亲兄弟的配偶（3）祖父堂兄弟的配偶（4）祖父姑舅姨表兄弟的配偶	4
ɑ³¹lo³³dɯ³¹	（1）祖父排行老大的嫡亲兄长（2）祖父排行老大的堂兄（3）祖父排行老大的姑舅姨表兄	3
ɑ³¹na³³dɯ³¹	（1）祖父排行老大嫡亲兄长的配偶（2）祖父排行老大堂兄的配偶（3）祖父排行老大姑舅姨表兄的配偶	3
kv³³na³³	（1）祖父的嫡亲姐妹（2）祖父的堂姐妹（3）外祖父的嫡亲姐妹（4）外祖父的堂姐妹	4
kv³³lo³³	（1）祖父嫡亲姐妹的配偶（2）祖父堂姐妹的配偶（3）外祖父嫡亲姐妹的配偶（4）外祖父堂姐妹的配偶	4

续表

亲属称谓	义　项	义项数量
$a^{31}lo^{33}dzi^{55}$	（1）祖父排行最小的嫡亲弟弟（2）祖父排行最小的堂弟（3）祖父排行最小的姑舅姨表弟	3
$a^{31}na^{33}dzi^{55}$	（1）祖父排行最小嫡亲弟弟的配偶（2）祖父排行最小堂弟的配偶（3）祖父排行最小姑舅姨表弟的配偶	3
$a^{55}kv^{33}$	（1）外祖父（2）外祖父的嫡亲兄弟（3）外祖父的堂兄弟（4）外祖父的姑舅姨表兄弟	4
$a^{31}pho^{13}$	（1）外祖母（2）外祖父嫡亲兄弟的配偶（3）外祖父堂兄弟的配偶（4）外祖父姑舅姨表兄弟的配偶	4
$a^{55}kv^{33}du^{31}$	（1）外祖父排行老大的嫡亲兄长（2）外祖父排行老大的堂兄（3）外祖父排行老大的姑舅姨表兄	3
$a^{31}pho^{13}du^{31}$	（1）外祖父的排行老大嫡亲兄长的配偶（2）外祖父排行老大堂兄的配偶（3）外祖父排行老大姑舅姨表兄的配偶	3
$a^{55}kv^{33}dzi^{55}$	（1）外祖父排行最小的嫡亲弟弟（2）外祖父排行最小的堂弟（3）外祖父排行最小的姑舅姨表弟	3
$a^{31}pho^{13}dzi^{55}$	（1）外祖父排行最小嫡亲弟弟的配偶（2）外祖父排行最小堂弟的配偶（3）外祖父排行最小姑舅姨表弟的配偶	3
$a^{31}t\varepsilon y^{55}lo^{33}$	（1）祖母的嫡亲兄弟（2）祖母的堂兄弟（3）外祖母的嫡亲兄弟（4）外祖母的堂兄弟	4
$a^{31}t\varepsilon y^{55}na^{33}$	（1）祖母嫡亲兄弟的配偶（2）祖母堂兄弟的配偶（3）外祖母嫡亲兄弟的配偶（4）外祖母堂兄弟的配偶	4
$zi^{31}na^{33}$	（1）祖母的嫡亲姐妹（2）祖母的堂姐妹（3）外祖母的嫡亲姐妹（4）外祖母的堂姐妹	4
$zi^{33}lo^{33}$	（1）祖母嫡亲姐妹的配偶（2）祖母堂姐妹的配偶（3）外祖母嫡亲姐妹的配偶（4）外祖母堂姐妹的配偶	4
$pia^{33}na^{33}$	（1）祖父的姑舅姨表姐妹（2）祖母的姑舅姨表姐妹（3）外祖父的姑舅姨表姐妹（4）外祖母的姑舅姨表姐妹（5）祖父姑舅姨表兄弟的配偶（6）祖母姑舅姨表兄弟的配偶（7）外祖父姑舅姨表兄弟的配偶（8）外祖母姑舅姨表兄弟的配偶	8
$pia^{33}lo^{33}$	（1）祖父姑舅姨表姐妹的配偶（2）祖母姑舅姨表姐妹的配偶（3）外祖父姑舅姨表姐妹的配偶（4）外祖母姑舅姨表姐妹的配偶（5）祖父的姑舅姨表兄弟（6）祖母的姑舅姨表兄弟（7）外祖父的姑舅姨表兄弟（8）外祖母的姑舅姨表兄弟	8
$a^{31}di^{33}$	（1）父亲（2）对配偶父亲的面称	2
$a^{31}mo^{33}$	（1）母亲（2）对配偶母亲的面称	2
$zu^{31}phe^{33}$	（1）对配偶父亲的背称	1
$zu^{31}me^{33}$	（1）对配偶母亲的背称	1
$a^{31}da^{55}$	（1）父亲的嫡亲兄长（2）父亲的堂兄长（3）父亲的姑舅姨表兄	3

续表

亲属称谓	义　项	义项数量
ta⁵⁵mo³³	（1）父亲嫡亲兄长的配偶（2）父亲堂兄的配偶（3）父亲姑舅姨表兄的配偶	3
a³¹sv¹³	（1）父亲的嫡亲弟弟（2）父亲的堂弟（3）父亲的姑舅姨表弟	3
a³¹na³³	（1）父亲嫡亲弟弟的配偶（2）父亲堂弟的配偶（3）父亲姑舅姨表弟的配偶	3
kv³³mo³³	（1）父亲的嫡亲姐妹（2）父亲的堂姐妹（3）父亲的姑舅姨表姐妹	3
kv³³di³³	（1）父亲嫡亲姐妹的配偶（2）父亲堂姐妹的配偶（3）父亲姑舅姨表姐妹的配偶	3
ta⁵⁵tɕy⁵⁵	（1）母亲排行最大的嫡亲兄长（2）母亲排行最大的堂兄（3）母亲排行最大的姑舅姨表兄	3
ta⁵⁵tɕy⁵⁵mo³³	（1）母亲的排行最大嫡亲兄长的配偶（2）母亲排行最大堂兄的配偶（3）母亲排行最大姑舅姨表兄的配偶	3
a³¹tɕy⁵⁵	（1）母亲的嫡亲兄弟（2）母亲的堂兄弟（3）母亲的姑舅姨表兄弟	3
a³¹tɕy⁵⁵mo³³	（1）母亲嫡亲兄弟的配偶（2）母亲堂兄弟的配偶（3）母亲姑舅姨表兄弟的配偶	3
ʑi³¹mo³³	（1）母亲的嫡亲姐妹（2）母亲的堂姐妹（3）母亲的姑舅姨表姐妹	3
ʑi³¹di³³	（1）母亲嫡亲姐妹的配偶（2）母亲堂姐妹的配偶（3）母亲姑舅姨表姐妹的配偶	3
ȵi³³nv³¹	（1）妻子	1
ʑa³³ka³¹ʐɿ³³	（1）丈夫	1
a³³ko³³	（1）嫡亲兄长（2）堂兄（3）姑舅姨表兄（4）嫡亲姐姐的配偶（5）堂姐的配偶（6）姑舅姨表姐的配偶	6
a⁵⁵tɕi³³	（1）嫡亲姐姐（2）堂姐（3）姑舅姨表姐（4）嫡亲哥哥的配偶（5）堂兄的配偶（6）姑舅姨表兄的配偶	6
guɯ³³ʐɿ³³	（1）嫡亲弟弟（2）堂弟（3）姑舅姨表弟（4）嫡亲妹妹的配偶（5）堂妹的配偶（6）姑舅姨表妹的配偶	6
gu³³me³³	（1）嫡亲妹妹（2）堂妹（3）姑舅姨表妹（4）嫡亲弟弟的配偶（5）堂弟的配偶（6）姑舅姨表弟的配偶	6
tɕy⁵⁵ʑi³¹	（1）妻子的嫡亲兄弟	1
tsha³³ba³¹	（1）嫡亲姐妹丈夫间的互称	1
ȵi³³dzɚ³³me³³	（1）嫡亲兄弟的妻子	1
xua⁵⁵me³³	（1）丈夫的嫡亲姐妹	1
lao³³pia³³	（1）姑舅姨表兄弟（2）姑舅姨表姐妹	2
zo³³	（1）儿子	1
tʂhɚ³³me³³	（1）儿媳	1

续表

亲属称谓	义　项	义项数量
mi^{55}	（1）女儿	1
mɯ^{55}ɣɯ^{33}	（1）女婿	1
dze^{33}ɣɯ^{33}	（1）嫡亲兄弟的儿子（2）堂兄弟的儿子（3）姑舅姨表兄弟的儿子（4）嫡亲姐妹的儿子（5）堂姐妹的儿子（6）姑舅姨表姐妹的儿子	6
dze^{33}me^{33}	（1）嫡亲兄弟的女儿（2）堂兄弟的女儿（3）姑舅姨表兄弟的女儿（4）嫡亲姐妹的女儿（5）堂姐妹的女儿（6）姑舅姨表姐妹的女儿	6
dze^{33}ɣɯ^{33}tʂhə^{33}me^{33}	（1）嫡亲兄弟儿子的配偶（2）堂兄弟儿子的配偶（3）姑舅姨表兄弟儿子的配偶（4）嫡亲姐妹儿子的配偶（5）堂姐妹儿子的配偶（6）姑舅姨表姐妹儿子的配偶	6
dze^{33}me^{33}mɯ^{55}ɣɯ^{33}	（1）嫡亲兄弟女儿的配偶（2）堂兄弟女儿的配偶（3）姑舅姨表兄弟女儿的配偶（4）嫡亲姐妹女儿的配偶（5）堂姐妹女儿的配偶（6）姑舅姨表姐妹女儿的配偶	6
lv^{33}bɯ^{33}	（1）孙子（2）外孙（3）嫡亲兄弟的孙子（4）堂兄弟的孙子（5）姑舅姨表兄弟的孙子（6）嫡亲兄弟的外孙（7）堂兄弟的外孙（8）姑舅姨表兄弟的外孙（9）嫡亲姐妹的孙子（10）堂姐妹的孙子（11）姑舅姨表姐妹的孙子（12）嫡亲姐妹的外孙（13）堂姐妹的外孙（14）姑舅姨表姐妹的外孙	14
lv^{33}me^{33}	（1）孙女（2）外孙女（3）嫡亲兄弟的孙女（4）堂兄弟的孙女（5）姑舅姨表兄弟的孙女（6）嫡亲兄弟的外孙女（7）堂兄弟的外孙女（8）姑舅姨表兄弟的外孙女（9）嫡亲姐妹的孙女（10）堂姐妹的孙女（11）姑舅姨表姐妹的孙女（12）嫡亲姐妹的外孙女（13）堂姐妹的外孙女（14）姑舅姨表姐妹的外孙女	14

表 11　丽江市宁蒗县翠玉乡宜底村委会大村摩梭话亲属称谓系统

亲属称谓	义　项	义项数量
æ^{33}sʅ^{33}	（1）曾祖父（2）曾祖母（3）曾外祖父（4）曾外祖母（5）外曾祖父（6）外曾祖母（7）外曾外祖父（8）外曾外祖母（9）曾祖父的嫡亲兄弟（10）曾祖父嫡亲兄弟的配偶（11）曾祖父的嫡亲姐妹（12）曾祖父嫡亲姐妹的配偶（13）曾祖母的嫡亲兄弟（14）曾祖母嫡亲兄弟的配偶（15）曾祖母的嫡亲姐妹（16）曾祖母嫡亲姐妹的配偶（17）曾外祖父的嫡亲兄弟（18）曾外祖父嫡亲兄弟的配偶（19）曾外祖父的嫡亲姐妹（20）曾外祖父嫡亲姐妹的配偶（21）曾外祖母的嫡亲兄弟（22）曾外祖母嫡亲兄弟的配偶（23）曾外祖母的嫡亲姐妹（24）曾外祖母嫡亲姐妹的配偶（25）外曾祖父的嫡亲兄弟（26）外曾祖父嫡亲兄弟的配偶（27）外曾祖父的嫡亲姐妹（28）外曾祖父嫡亲姐妹的配偶（29）外曾祖母的嫡亲兄弟（30）外曾祖母嫡亲兄弟的配偶（31）外曾祖母的嫡亲姐妹（32）外曾祖母嫡亲姐妹的配偶（33）外曾外祖父的嫡亲兄弟（34）外曾外祖父嫡亲兄弟的配偶（35）外曾外祖父的嫡亲姐妹（36）外曾外祖父嫡亲姐妹的配偶（37）外曾外祖母的嫡亲兄弟（38）外曾外祖母嫡亲兄弟的配偶（39）外曾外祖母的嫡亲姐妹（40）外曾外祖母嫡亲姐妹的配偶	40

亲属称谓	义　项	义项数量
æ²¹phv³³	（1）祖父（2）外祖父（3）祖父的嫡亲兄弟（4）祖父的堂兄弟（5）祖父的姑舅姨表兄（6）外祖父的嫡亲兄弟（7）外祖父的堂兄弟（8）外祖父的姑舅姨表兄（9）祖母的嫡亲兄弟（10）祖母的堂兄弟（11）祖母的姑舅姨表兄（12）外祖母的嫡亲兄弟（13）外祖母的堂兄弟（14）外祖母的姑舅姨表兄（15）祖母嫡亲姐妹的配偶（16）祖母堂姐妹的配偶（17）祖母姑舅姨表姐妹的配偶（18）外祖母嫡亲姐妹的配偶（19）外祖母堂姐妹的配偶（20）外祖母姑舅姨表姐妹的配偶（21）祖父嫡亲姐妹的配偶（22）祖父堂姐妹的配偶（23）祖父姑舅姨表姐妹的配偶（24）外祖父嫡亲姐妹的配偶（25）外祖父堂姐妹的配偶（26）外祖父姑舅姨表姐妹的配偶	26
æ³³zɿ³³	（1）祖母（2）外祖母（3）祖父嫡亲兄弟的配偶（4）祖父堂兄弟的配偶（5）祖父姑舅姨表兄的配偶（6）外祖父嫡亲兄弟的配偶（7）外祖父堂兄弟的配偶（8）外祖父姑舅姨表兄的配偶（9）祖母嫡亲兄弟的配偶（10）祖母堂兄弟的配偶（11）祖母姑舅姨表兄的配偶（12）外祖母嫡亲兄弟的配偶（13）外祖母堂兄弟的配偶（14）外祖母姑舅姨表兄的配偶（15）祖母嫡亲姐妹（16）祖母堂姐妹（17）祖母姑舅姨表姐妹（18）外祖母嫡亲姐妹（19）外祖母堂姐妹（20）外祖母姑舅姨表姐妹（21）祖父嫡亲姐妹（22）祖父堂姐妹（23）祖父姑舅姨表姐妹（24）外祖父嫡亲姐妹（25）外祖父堂姐妹（26）外祖父姑舅姨表姐妹	26
æ³³da³³	（1）父亲	1
æ³³me³³	（1）母亲	1
tʂhu³³me³³	（1）妻子	1
za³³zɿ³³	（1）丈夫	1
æ³³bu³³	（1）父亲（2）父亲的嫡亲兄长（3）父亲的堂兄长（4）父亲的姑舅姨表兄	6
æ³³bu³³duɯ²¹	（1）父亲的嫡亲兄长（2）父亲的堂兄长（3）父亲的姑舅姨表兄（4）母亲嫡亲姐姐的配偶（5）母亲堂姐的配偶（6）母亲姑舅姨表姐的配偶	6
æ³³me³³duɯ²¹	（1）父亲嫡亲兄长的配偶（2）父亲堂兄长的配偶（3）父亲姑舅姨表兄的配偶（4）母亲的嫡亲姐姐（5）母亲的堂姐（6）母亲的姑舅姨表姐	6
æ³³mu²¹	（1）嫡亲兄长（2）堂兄（3）姑舅姨表兄（4）嫡亲姐姐的配偶（5）堂姐的配偶（6）姑舅姨表姐的配偶（7）嫡亲姐姐（8）堂姐（9）姑舅姨表姐（10）嫡亲哥哥的配偶（11）堂兄的配偶（12）姑舅姨表兄的配偶	12
gɯ²¹zɿ³³	（1）嫡亲弟弟（2）堂弟（3）姑舅姨表弟（4）嫡亲妹妹的配偶（5）堂妹的配偶（6）姑舅姨表妹的配偶	6
gu³³me³³	（1）嫡亲妹妹（2）堂妹（3）姑舅姨表妹（4）嫡亲弟弟的配偶（5）堂弟的配偶（6）姑舅姨表弟的配偶	6
zo³³	（1）儿子（2）嫡亲兄弟的儿子（3）嫡亲姐妹的儿子（4）堂兄弟的儿子（5）堂姐妹的儿子（6）姑舅姨表兄弟的儿子（7）姑舅姨表姐妹的儿子	7
mi¹³	（1）女儿（2）嫡亲兄弟的女儿（3）嫡亲姐妹的女儿（4）堂兄弟的女儿（5）堂姐妹的女儿（6）姑舅姨表兄弟的女儿（7）姑舅姨表姐妹的女儿	7
ze²¹me¹³	（1）儿媳（2）嫡亲兄弟儿子的配偶（3）嫡亲姐妹儿子的配偶（4）堂兄弟儿子的配偶（5）堂姐妹儿子的配偶（6）姑舅姨表兄弟儿子的配偶（7）姑舅姨表姐妹儿子的配偶	7

续表

亲属称谓	义　项	义项数量
ze²¹u³³	（1）女婿（2）嫡亲兄弟女儿的配偶（3）嫡亲姐妹女儿的配偶（4）堂兄弟女儿的配偶（5）堂姐妹女儿的配偶（6）姑舅姨表兄弟女儿的配偶（7）姑舅姨表姐妹女儿的配偶	7
zu²¹v³³	（1）孙子（2）外孙（3）嫡亲兄弟的孙子（4）堂兄弟的孙子（5）姑舅姨表兄弟的孙子（6）嫡亲兄弟的外孙（7）堂兄弟的外孙（8）姑舅姨表兄弟的外孙（9）嫡亲姐妹的孙子（10）堂兄弟的孙子（11）姑舅姨表姐妹的孙子（12）嫡亲姐妹的外孙（13）堂姐妹的外孙（14）姑舅姨表姐妹的外孙	14
zu²¹me¹³	（1）孙女（2）外孙女（3）嫡亲兄弟的孙女（4）堂兄弟的孙女（5）姑舅姨表兄弟的孙女（6）嫡亲兄弟的外孙女（7）堂兄弟的外孙女（8）姑舅姨表兄弟的外孙女（9）嫡亲姐妹的孙女（10）堂兄弟的孙女（11）姑舅姨表姐妹的孙女（12）嫡亲姐妹的外孙女（13）堂姐妹的外孙女（14）姑舅姨表姐妹的外孙女	14

表 12　丽江市宁蒗县拉伯乡拉伯村委会新庄村纳西语亲属称谓系统

亲属称谓	义　项	义项数量
ɑ³³phv³³	（1）曾祖父（2）曾外祖父（3）外曾祖父（4）外曾外祖父（5）曾祖父的嫡亲兄弟（6）曾祖父嫡亲姐妹的配偶（7）曾祖母的嫡亲兄弟（8）曾祖母嫡亲姐妹的配偶（9）曾外祖父的嫡亲兄弟（10）曾外祖父嫡亲姐妹的配偶（11）曾外祖母的嫡亲兄弟（12）曾外祖母嫡亲姐妹的配偶（13）外曾祖父的嫡亲兄弟（14）外曾祖父嫡亲姐妹的配偶（15）外曾祖母的嫡亲兄弟（16）外曾祖母嫡亲姐妹的配偶（17）外曾外祖父的嫡亲兄弟（18）外曾外祖父嫡亲姐妹的配偶（19）外曾外祖母的嫡亲兄弟（20）外曾外祖母嫡亲姐妹的配偶	20
ɑ³³dʐɿ³³	（1）曾祖母（2）曾外祖母（3）外曾祖母（4）外曾外祖母（5）曾祖父嫡亲兄弟的配偶（6）曾祖父的嫡亲姐妹（7）曾祖母嫡亲兄弟的配偶（8）曾祖母的嫡亲姐妹（9）曾外祖父嫡亲兄弟的配偶（10）曾外祖父的嫡亲姐妹（11）曾外祖母嫡亲兄弟的配偶（12）曾外祖母的嫡亲姐妹（13）外曾祖父嫡亲兄弟的配偶（14）外曾祖父的嫡亲姐妹（15）外曾祖母嫡亲兄弟的配偶（16）外曾祖母的嫡亲姐妹（17）外曾外祖父嫡亲兄弟的配偶（18）外曾外祖父的嫡亲姐妹（19）外曾外祖母嫡亲兄弟的配偶（20）外曾外祖母的嫡亲姐妹	20
ɑ³³lɔ³³	（1）祖父（2）外祖父（3）祖父的嫡亲兄弟（4）祖父的堂兄弟（5）祖父的姑舅姨表兄（6）外祖父的嫡亲兄弟（7）外祖父的堂兄弟（8）外祖父的姑舅姨表兄（9）祖母的嫡亲兄弟（10）祖母的堂兄弟（11）祖母的姑舅姨表兄（12）外祖母的嫡亲兄弟（13）外祖母的堂兄弟（14）外祖母的姑舅姨表兄（15）祖母嫡亲姐妹的配偶（16）祖母堂姐妹的配偶（17）祖母姑舅姨表姐妹的配偶（18）外祖母嫡亲姐妹的配偶（19）外祖母堂姐妹的配偶（20）外祖母姑舅姨表姐妹的配偶（21）祖父嫡亲姐妹的配偶（22）祖父堂姐妹的配偶（23）祖父姑舅姨表姐妹的配偶（24）外祖父嫡亲姐妹的配偶（25）外祖父堂姐妹的配偶（26）外祖父姑舅姨表姐妹的配偶	26
ɑ³³phv³³ɑ³³dʐɿ³³	（1）对高祖辈及高祖辈以上亲属的泛称	1
tshɔ³³mu²¹	（1）老人（2）子女成家立业后对父亲的尊称	2

续表

亲属称谓	义　项	义项数量
ɑ²¹dzl³³	（1）祖母（2）外祖母（3）祖父嫡亲兄弟的配偶（4）祖父堂兄弟的配偶（5）祖父姑舅姨表兄的配偶（6）外祖父嫡亲兄弟的配偶（7）外祖父堂兄弟的配偶（8）外祖父姑舅姨表兄的配偶（9）祖母嫡亲兄弟的配偶（10）祖母堂兄弟的配偶（11）祖母姑舅姨表兄的配偶（12）外祖母嫡亲兄弟的配偶（13）外祖母堂兄弟的配偶（14）外祖母姑舅姨表兄的配偶（15）祖母的嫡亲姐妹（16）祖母的堂姐妹（17）祖母的姑舅姨表姐妹（18）外祖母的嫡亲姐妹（19）外祖母的堂姐妹（20）外祖母的姑舅姨表姐妹（21）祖父的嫡亲姐妹（22）祖父的堂姐妹（23）祖父的姑舅姨表姐妹（24）外祖父的嫡亲姐妹（25）外祖父的堂姐妹（26）外祖父的姑舅姨表姐妹	26
æ³³di³³	（1）父亲	1
æ³³me³³	（1）母亲	1
ɑ²¹bu³³ta³³di³³	（1）父亲的嫡亲兄长（2）父亲的堂兄（3）父亲的姑舅姨表兄（4）母亲嫡亲姐姐的配偶（5）母亲堂姐的配偶（6）母亲姑舅姨表姐的配偶	6
lɔ³³pia³³	（1）妻子的兄弟	1
æ³³me³³duɯ²¹	（1）父亲嫡亲兄长的配偶（2）父亲堂兄长的配偶（3）父亲姑舅姨表兄的配偶（4）母亲的嫡亲姐姐（5）母亲的堂姐（6）母亲的姑舅姨表姐	6
ɑ²¹bu³³dʑi⁵⁵	（1）父亲的嫡亲弟弟（2）父亲的堂弟（3）父亲的姑舅姨表弟（4）母亲嫡亲妹妹的配偶（5）母亲堂妹的配偶（6）母亲姑舅姨表妹的配偶	6
æ³³me³³dʑi⁵⁵	（1）父亲嫡亲弟弟的配偶（2）父亲堂弟的配偶（3）父亲姑舅姨表弟的配偶（4）母亲的嫡亲妹妹（5）母亲的堂妹（6）母亲的姑舅姨表妹	6
æ³³bu³³	（1）嫡亲兄长（2）堂兄（3）姑舅姨表兄（4）嫡亲姐姐的配偶（5）堂姐的配偶（6）姑舅姨表姐的配偶	6
æ³³ɲi³³	（1）父亲的嫡亲姐妹（2）父亲的堂姐妹（3）父亲的姑舅姨表姐妹（4）母亲嫡亲兄弟的配偶（5）母亲堂兄弟的配偶（6）母亲姑舅姨表兄弟的配偶	6
æ³³v³³	（1）父亲嫡亲姐妹的配偶（2）父亲堂姐妹的配偶（3）父亲姑舅姨表姐妹的配偶（4）母亲的嫡亲兄弟（5）母亲的堂兄弟（6）母亲的姑舅姨表兄弟	6
me³³me³³	（1）嫡亲姐姐（2）堂姐（3）姑舅姨表姐（4）嫡亲哥哥的配偶（5）堂兄的配偶（6）姑舅姨表兄的配偶	6
mæ³³zl³³	（1）妻子	1
zæ⁵⁵zl³³	（1）丈夫	1
guɯ²¹zl³³	（1）嫡亲弟弟（2）堂弟（3）姑舅姨表弟（4）嫡亲妹妹的配偶（5）堂妹的配偶（6）姑舅姨表妹的配偶	6
gu³³me³³	（1）嫡亲妹妹（2）堂妹（3）姑舅姨表妹（4）嫡亲弟弟的配偶（5）堂弟的配偶（6）姑舅姨表弟的配偶	6
zɔ³³	（1）儿子	1
mi²¹	（1）女儿	1
zɔ³³dʑi⁵⁵	（1）嫡亲兄弟的儿子（2）堂兄弟的儿子（3）姑舅姨表兄弟的儿子（4）嫡亲姐妹的儿子（5）堂姐妹的儿子（6）姑舅姨表姐妹的儿子	6
mi³³dʑi⁵⁵	（1）嫡亲兄弟的女儿（2）堂兄弟的女儿（3）姑舅姨表兄弟的女儿（4）嫡亲姐妹的女儿（5）堂姐妹的女儿（6）姑舅姨表姐妹的女儿	6

亲属称谓	义　项	义项数量
lu³³bv³³	（1）孙子（2）外孙（3）嫡亲兄弟的孙子（4）堂兄弟的孙子（5）姑舅姨表兄弟的孙子（6）嫡亲兄弟的外孙（7）堂兄弟的外孙（8）姑舅姨表兄弟的外孙（9）嫡亲姐妹的孙子（10）堂姐妹的孙子（11）姑舅姨表姐妹的孙子（12）嫡亲姐妹的外孙（13）堂姐妹的外孙（14）姑舅姨表姐妹的外孙	14
lu³³me³³	（1）孙女（2）外孙女（3）嫡亲兄弟的孙女（4）堂兄弟的孙女（5）姑舅姨表兄弟的孙女（6）嫡亲兄弟的外孙女（7）堂兄弟的外孙女（8）姑舅姨表兄弟的外孙女（9）嫡亲姐妹的孙女（10）堂姐妹的孙女（11）姑舅姨表姐妹的孙女（12）嫡亲姐妹的外孙女（13）堂姐妹的外孙女（14）姑舅姨表姐妹的外孙女	14

表 13　丽江市永胜县顺州乡会文村委会分水岭村纳西语亲属称谓系统

亲属称谓	义　项	义项数量
ɑ³³khə³¹	（1）高祖父（2）高祖母（3）高外祖父（4）高外祖母（5）外高祖父（6）外高祖母（7）外高外祖父（8）外高外祖母	8
ɑ³³mu⁵⁵	（1）曾祖父（2）曾祖母（3）曾外祖父（4）曾外祖母（5）外曾祖父（6）外曾祖母（7）外曾外祖父（8）外曾外祖母（9）曾祖父的嫡亲兄弟（10）曾祖父嫡亲兄弟的配偶（11）曾祖父的嫡亲姐妹（12）曾祖父嫡亲姐妹的配偶（13）曾祖母的嫡亲兄弟（14）曾祖母嫡亲兄弟的配偶（15）曾祖母的嫡亲姐妹（16）曾祖母嫡亲姐妹的配偶（17）曾外祖父的嫡亲兄弟（18）曾外祖父嫡亲兄弟的配偶（19）曾外祖父的嫡亲姐妹（20）曾外祖父嫡亲姐妹的配偶（21）曾外祖母的嫡亲兄弟（22）曾外祖母嫡亲兄弟的配偶（23）曾外祖母的嫡亲姐妹（24）曾外祖母嫡亲姐妹的配偶（25）外曾祖父的嫡亲兄弟（26）外曾祖父嫡亲兄弟的配偶（27）外曾祖父的嫡亲姐妹（28）外曾祖父嫡亲姐妹的配偶（29）外曾祖母的嫡亲兄弟（30）外曾祖母嫡亲兄弟的配偶（31）外曾祖母的嫡亲姐妹（32）外曾祖母嫡亲姐妹的配偶（33）外曾外祖父的嫡亲兄弟（34）外曾外祖父嫡亲兄弟的配偶（35）外曾外祖父的嫡亲姐妹（36）外曾外祖父嫡亲姐妹的配偶（37）外曾外祖母的嫡亲兄弟（38）外曾外祖母嫡亲兄弟的配偶（39）外曾外祖母的嫡亲姐妹（40）外曾外祖母嫡亲姐妹的配偶	40
ɑ⁵⁵lo³³	（1）祖父（2）祖父的嫡亲兄弟（3）祖父的堂兄弟（4）祖父的姑舅姨表兄弟（5）外祖父（6）外祖父的嫡亲兄弟（7）外祖父的堂兄弟（8）外祖父的姑舅姨表兄弟	8
ɑ⁵⁵na³³	（1）祖母（2）祖父嫡亲兄弟的配偶（3）祖父堂兄弟的配偶（4）祖父姑舅姨表兄弟的配偶（5）外祖母（6）外祖父嫡亲兄弟的配偶（7）外祖父堂兄弟的配偶（8）外祖父姑舅姨表兄弟的配偶	8
ɑ⁵⁵lo³³dɯ³¹	（1）祖父的嫡亲兄长（2）祖父的堂兄（3）祖父的姑舅姨表兄（4）外祖父的嫡亲兄长（5）外祖父的堂兄（6）外祖父的姑舅姨表兄	6
ɑ⁵⁵na³³dɯ³¹	（1）祖父嫡亲兄长的配偶（2）祖父堂兄的配偶（3）祖父姑舅姨表兄的配偶（4）外祖父嫡亲兄长的配偶（5）外祖父堂兄的配偶（6）外祖父姑舅姨表兄的配偶	6
ɑ⁵⁵lo³³dʑi⁵⁵	（1）祖父的嫡亲弟弟（2）祖父的堂弟（3）祖父的姑舅姨表弟（4）外祖父的嫡亲弟弟（5）外祖父的堂弟（6）外祖父的姑舅姨表弟	6
ɑ⁵⁵na³³dʑi⁵⁵	（1）祖父嫡亲弟弟的配偶（2）祖父堂弟的配偶（3）祖父姑舅姨表弟的配偶（4）外祖父嫡亲弟弟的配偶（5）外祖父堂弟的配偶（6）外祖父姑舅姨表弟的配偶	6

续表

亲属称谓	义 项	义项数量
ku³³na³³na³³	（1）祖父的嫡亲姐妹（2）祖父的堂姐妹（3）祖父的姑舅姨表姐妹（4）外祖父的嫡亲姐妹（5）外祖父的堂姐妹（6）外祖父的姑舅姨表姐妹	6
ku³³ʑe³¹ʑe³³	（1）祖父嫡亲姐妹的配偶（2）祖父堂姐妹的配偶（3）祖父姑舅姨表姐妹的配偶（4）外祖父嫡亲姐妹的配偶（5）外祖父堂姐妹的配偶（6）外祖父姑舅姨表姐妹的配偶	6
tɕy⁵⁵ʑe³¹ʑe³³	（1）祖母的嫡亲兄弟（2）祖母的堂兄弟（3）祖母的姑舅姨表兄弟（4）外祖母的嫡亲兄弟（5）外祖母的堂兄弟（6）外祖母的姑舅姨表兄弟	6
tɕy⁵⁵na³³na³³	（1）祖母嫡亲兄弟的配偶（2）祖母堂兄弟的配偶（3）祖母姑舅姨表兄弟的配偶（4）外祖母嫡亲兄弟的配偶（5）外祖母堂兄弟的配偶（6）外祖母姑舅姨表兄弟的配偶	6
ʑi³¹na³³na³³	（1）祖母的嫡亲姐妹（2）祖母的堂姐妹（3）祖母的姑舅姨表姐妹（4）外祖母的嫡亲姐妹（5）外祖母的堂姐妹（6）外祖母的姑舅姨表姐妹	6
ʑi³¹ʑe³¹ʑe³³	（1）祖母嫡亲姐妹的配偶（2）祖母堂姐妹的配偶（3）祖母姑舅姨表姐妹的配偶（4）外祖母嫡亲姐妹的配偶（5）外祖母堂姐妹的配偶（6）外祖母姑舅姨表姐妹的配偶	6
ɑ⁵⁵di³³	（1）父亲（2）对配偶父亲的面称	2
ɑ³³mu³³	（1）母亲（2）对配偶母亲的面称	2
ʐu³¹phe³³	（1）对配偶父亲的背称	1
ʐu³¹me³³	（1）对配偶母亲的背称	1
piɑ³³ʂv¹³	（1）对子女配偶父亲的尊称（年幼于己身）	1
piɑ³³ʂv¹³mu³³	（1）对子女配偶母亲的尊称（年幼于己身）	1
ɑ³³ɲi³³dɯ³¹	（1）对子女配偶父亲的尊称（年长于己身）	1
ɑ³³gɯ³³dɯ³¹	（1）对子女配偶母亲的尊称（年长于己身）	1
tɑ⁵⁵di³³	（1）父亲的嫡亲兄长（2）父亲的堂兄（3）父亲的姑姨舅表兄	3
tɑ⁵⁵mu³³	（1）父亲嫡亲兄长的配偶（2）父亲堂兄的配偶（3）父亲姑姨舅表兄的配偶	3
ɑ³³ʂv¹³	（1）父亲的嫡亲弟弟（2）父亲的堂弟（3）父亲的姑舅姨表弟	3
ɑ³³ʂv¹³mu³³	（1）父亲嫡亲弟弟的配偶（2）父亲堂弟的配偶（3）父亲姑舅姨表弟的配偶	3
ɑ⁵⁵na³³dɯ³¹	（1）父亲的嫡亲姐姐（2）父亲的堂姐（3）父亲的姑舅姨表姐	3
ɑ⁵⁵na³³dʑi⁵⁵	（1）父亲的嫡亲妹妹（2）父亲的堂妹（3）父亲的姑舅姨表妹	3
ɑ³³tɕy⁵⁵	（1）母亲的嫡亲兄弟（2）母亲的堂兄弟（3）母亲的姑舅姨表兄弟	3
ɑ³³tɕy⁵⁵mu³³	（1）母亲嫡亲兄弟的配偶（2）母亲堂兄弟的配偶（3）母亲姑舅姨表兄弟的配偶	3
ʑi³¹mu³³	（1）母亲的嫡亲姐妹（2）母亲的堂姐妹（3）母亲的姑舅姨表姐妹	3
ɑ³³gɯ³³	（1）父亲嫡亲姐妹的配偶（2）父亲堂姐妹的配偶（3）父亲的姑舅姨表姐妹的配偶（4）母亲嫡亲姐妹的配偶（5）母亲堂姐妹的配偶（6）母亲姑舅姨表姐妹的配偶	6
tʂhə³³me³³	（1）妻子	1
zɑ³³kɑ³¹ʐʅ³³	（1）丈夫	1
ɑ⁵⁵kɔ³³	（1）嫡亲兄长（2）堂兄（3）姑舅姨表兄（4）嫡亲姐姐的配偶（5）堂姐的配偶（6）姑舅姨表姐的配偶	6
bɯ³¹ʐʅ³³	（1）嫡亲弟弟（2）堂弟（3）姑舅姨表弟（4）嫡亲妹妹的配偶（5）堂妹的配偶（6）姑舅姨表妹的配偶	6

续表

亲属称谓	义 项	义项数量
ta⁵⁵sɔ³³	（1）嫡亲兄长的配偶（2）堂兄长的配偶（3）姑舅姨表兄的配偶	3
me⁵⁵me³¹	（1）嫡亲姐姐（2）堂姐（3）姑舅姨表姐（4）嫡亲哥哥的配偶（5）堂兄的配偶（6）姑舅姨表兄的配偶	6
tɕi³³fu³³	（1）嫡亲姐姐的配偶（2）堂姐的配偶（3）姑舅姨表姐的配偶	3
gɯ³³zl̩³³	（1）嫡亲弟弟（2）堂弟（3）姑舅姨表弟（4）嫡亲妹妹的配偶（5）堂妹的配偶（6）姑舅姨表妹的配偶	6
gu³³me³³	（1）嫡亲妹妹（2）堂妹（3）姑舅姨表妹（4）嫡亲弟弟的配偶（5）堂弟的配偶（6）姑舅姨表弟的配偶	6
xuɑ⁵⁵me³³	（1）女性兄弟的妻子	1
zɔ³³	（1）儿子	1
tʂʰɚ³³me³³	（1）儿媳	1
mi⁵⁵	（1）女儿	1
mu⁵⁵ɣɯ³³	（1）女婿	1
dze³³ɣɯ³³	（1）嫡亲兄弟的儿子（2）堂兄弟的儿子（3）姑舅姨表兄弟的儿子（4）嫡亲姐妹的儿子（5）堂姐妹的儿子（6）姑舅姨表姐妹的儿子（7）嫡亲兄弟女儿的配偶（8）堂兄弟女儿的配偶（9）姑舅姨表兄弟女儿的配偶（10）嫡亲姐妹女儿的配偶（11）堂姐妹女儿的配偶（12）姑舅姨表姐妹女儿的配偶	12
dze³³me³³	（1）嫡亲兄弟的女儿（2）堂兄弟的女儿（3）姑舅姨表兄弟的女儿（4）嫡亲姐妹的女儿（5）堂姐妹的女儿（6）姑舅姨表姐妹的女儿（7）嫡亲兄弟儿子的配偶（8）堂兄弟儿子的配偶（9）姑舅姨表兄弟儿子的配偶（10）嫡亲姐妹儿子的配偶（11）堂姐妹儿子的配偶（12）姑舅姨表姐妹儿子的配偶	12
lv³³bv³³	（1）孙子（2）外孙（3）嫡亲兄弟的孙子（4）堂兄弟的孙子（5）姑舅姨表兄弟的孙子（6）嫡亲兄弟的外孙（7）堂兄弟的外孙（8）姑舅姨表兄弟的外孙（9）嫡亲姐妹的孙子（10）堂兄弟的孙子（11）姑舅姨表姐妹的孙子（12）嫡亲姐妹的外孙（13）堂姐妹的外孙（14）姑舅姨表姐妹的外孙	14
lv³³me³³	（1）孙女（2）外孙女（3）嫡亲兄弟的孙女（4）堂兄弟的孙女（5）姑舅姨表兄弟的孙女（6）嫡亲兄弟的外孙女（7）堂兄弟的外孙女（8）姑舅姨表兄弟的外孙女（9）嫡亲姐妹的孙女（10）堂兄弟的孙女（11）姑舅姨表姐妹的孙女（12）嫡亲姐妹的外孙女（13）堂姐妹的外孙女（14）姑舅姨表姐妹的外孙女	14
lv⁵⁵bv³³	（1）曾孙（2）曾外孙（3）外曾孙（4）外曾外孙（5）嫡亲兄弟的曾孙（6）堂兄弟的曾孙（7）姑舅姨表兄弟的曾孙（8）嫡亲姐妹的曾孙（9）堂姐妹的曾孙（10）姑舅姨表姐妹的曾孙（11）嫡亲兄弟的曾外孙（12）堂兄弟的曾外孙（13）姑舅姨表兄弟的曾外孙（14）嫡亲姐妹的曾外孙（15）堂姐妹的曾外孙（16）姑舅姨表姐妹的曾外孙（17）嫡亲兄弟的外曾孙（18）堂兄弟的外曾孙（19）姑舅姨表兄弟的外曾孙（20）嫡亲姐妹的外曾孙（21）堂姐妹的外曾孙（22）姑舅姨表姐妹的外曾孙（23）嫡亲兄弟的外曾外孙（24）堂兄弟的外曾外孙（25）姑舅姨表兄弟的外曾外孙（26）嫡亲姐妹的外曾外孙（27）堂姐妹的外曾外孙（28）姑舅姨表姐妹的外曾外孙	28
lv⁵⁵me³³	（1）曾孙女（2）曾外孙女（3）外曾孙女（4）外曾外孙女（5）嫡亲兄弟的曾孙女（6）堂兄弟的曾孙女（7）姑舅姨表兄弟的曾孙女（8）嫡亲姐妹的曾孙女（9）堂姐妹的曾孙女（10）姑舅姨表姐妹的曾孙女（11）嫡亲兄弟的曾外孙女（12）堂兄弟的曾外孙女（13）姑舅姨表兄弟的曾外孙女（14）嫡亲姐妹的曾外孙女（15）堂姐妹的曾外孙女（16）姑舅姨表姐妹的曾外孙女（17）嫡亲兄弟的外曾孙女（18）堂兄弟的外曾孙女（19）姑舅姨表兄弟的外曾孙女（20）嫡亲姐妹的外曾孙女（21）堂姐妹的外曾孙女（22）姑舅姨表姐妹的外曾孙女（23）嫡亲兄弟的外曾外孙女（24）堂兄弟的外曾外孙女（25）姑舅姨表兄弟的外曾外孙女（26）嫡亲姐妹的外曾外孙女（27）堂姐妹的外曾外孙女（28）姑舅姨表姐妹的外曾外孙女	28

表14　迪庆州香格里拉县三坝乡白地村委会恩水湾村纳西语亲属称谓系统

亲属称谓	义　项	义项数量
phv⁵⁵phv³³	（1）曾祖父（2）曾外祖父（3）外曾祖父（4）外曾外祖父（5）曾祖父的嫡亲兄弟（6）曾祖父嫡亲姐妹的配偶（7）曾祖母的嫡亲兄弟（8）曾祖母嫡亲姐妹的配偶（9）曾外祖父的嫡亲兄弟（10）曾外祖父嫡亲姐妹的配偶（11）曾外祖母的嫡亲兄弟（12）曾外祖母嫡亲姐妹的配偶（13）外曾祖父的嫡亲兄弟（14）外曾祖父嫡亲姐妹的配偶（15）外曾祖母的嫡亲兄弟（16）外曾祖母嫡亲姐妹的配偶（17）外曾外祖父的嫡亲兄弟（18）外曾外祖父嫡亲姐妹的配偶（19）外曾外祖母的嫡亲兄弟（20）外曾外祖母嫡亲姐妹的配偶	20
dzʅ³³dzʅ³³	（1）曾祖母（2）曾外祖母（3）外曾祖母（4）外曾外祖母（5）曾祖父嫡亲兄弟的配偶（6）曾祖父的嫡亲姐妹（7）曾祖母嫡亲兄弟的配偶（8）曾祖母的嫡亲姐妹（9）曾外祖父嫡亲兄弟的配偶（10）曾外祖父的嫡亲姐妹（11）曾外祖母嫡亲兄弟的配偶（12）曾外祖母的嫡亲姐妹（13）外曾祖父嫡亲兄弟的配偶（14）外曾祖父的嫡亲姐妹（15）外曾祖母嫡亲兄弟的配偶（16）外曾祖母的嫡亲姐妹（17）外曾外祖父嫡亲兄弟的配偶（18）外曾外祖父的嫡亲姐妹（19）外曾外祖母嫡亲兄弟的配偶（20）外曾外祖母的嫡亲姐妹	20
a³³phv³³	（1）祖父（2）外祖父（3）祖父的嫡亲兄弟（4）祖父的堂兄弟（5）祖父的姑舅姨表兄（6）外祖父的嫡亲兄弟（7）外祖父的堂兄弟（8）外祖父的姑舅姨表兄（9）祖母的嫡亲兄弟（10）祖母的堂兄弟（11）祖母的姑舅姨表兄（12）外祖母的嫡亲兄弟（13）外祖母的堂兄弟（14）外祖母的姑舅姨表兄（15）祖母嫡亲姐妹的配偶（16）祖母的堂姐妹的配偶（17）祖母的姑舅姨表姐妹的配偶（18）外祖母嫡亲姐妹的配偶（19）外祖母堂姐妹的配偶（20）外祖母姑舅姨表姐妹的配偶（21）祖父嫡亲姐妹的配偶（22）祖父堂姐妹的配偶（23）祖父姑舅姨表姐妹的配偶（24）外祖父嫡亲姐妹的配偶（25）外祖父堂姐妹的配偶（26）外祖父姑舅姨表姐妹的配偶	26
a³³ba³³	（1）父亲（2）对配偶父亲的面称	2
a³³me³³	（1）母亲（2）对配偶母亲的面称	2
a³³dzʅ³³	（1）祖母（2）外祖母（3）祖父嫡亲兄弟的配偶（4）祖父堂兄弟的配偶（5）祖父姑舅姨表兄的配偶（6）外祖父嫡亲兄弟的配偶（7）外祖父堂兄弟的配偶（8）外祖父姑舅姨表兄的配偶（9）祖母嫡亲兄弟的配偶（10）祖母堂兄弟的配偶（11）祖母姑舅姨表兄的配偶（12）外祖母嫡亲兄弟的配偶（13）外祖母堂兄弟的配偶（14）外祖母的姑舅姨表兄（15）祖母的嫡亲姐妹（16）祖母的堂姐妹（17）祖母的姑舅姨表姐妹（18）外祖母的嫡亲姐妹（19）外祖母的堂姐妹（20）外祖母的姑舅姨表姐妹（21）祖父的嫡亲姐妹（22）祖父的堂姐妹（23）祖父姑舅姨表姐妹（24）外祖父的嫡亲姐妹的配偶（25）外祖父的堂姐妹（26）外祖父的姑舅姨表姐妹	26
z̩u³¹phe³³	（1）对配偶父亲的背称	1
z̩u³³me³³	（1）对配偶母亲的背称	1
a³³guɯ³³	（1）母亲的嫡亲兄弟（2）母亲的堂兄弟（3）母亲的姑舅姨表兄弟（4）母亲嫡亲姐妹的配偶（5）母亲堂姐妹的配偶（6）母亲姑舅姨表姐妹的配偶（7）对配偶父亲的面称	7
a³³duɯ³¹	（1）母亲嫡亲兄弟的配偶（2）母亲堂兄弟的配偶（3）母亲姑舅姨表兄弟的配偶（4）父亲的嫡亲姐妹（5）父亲的堂姐妹（6）父亲的姑舅姨表姐妹（7）母亲的嫡亲姐姐（8）母亲的堂姐（9）母亲的姑舅姨表姐	9

续表

亲属称谓	义　项	义项数量
a³³bv⁵⁵	（1）父亲的嫡亲兄弟（2）父亲的堂兄弟（3）父亲的姑舅姨表兄弟（4）父亲嫡亲姐妹的配偶（5）父亲堂姐妹的配偶（6）父亲姑舅姨表姐的配偶	6
a³³n̪i³³	（1）父亲嫡亲兄弟的配偶（2）父亲堂兄弟的配偶（3）父亲姑舅姨表兄弟的配偶（4）父亲的嫡亲姐妹（5）父亲的堂姐妹（6）父亲的姑舅姨表姐妹（7）对配偶母亲的面称	7
a³¹dzi⁵⁵	（1）母亲的嫡亲妹妹（2）母亲的堂妹（3）母亲的姑舅姨表妹	3
tʂhə³³me³³	（1）妻子（尊称）	1
ʑa³³ka³³z̩³³	（1）丈夫（尊称）	1
dɑ³³xɑ³³me³³	（1）妻子	1
dɑ³³xɑ³³zo³³	（1）丈夫	1
a⁵⁵bɯ³¹	（1）嫡亲兄长（2）堂兄（3）姑舅姨表兄（4）嫡亲姐姐的配偶（5）堂姐的配偶（6）姑舅姨表姐的配偶	6
me⁵⁵me³³	（1）嫡亲姐姐（2）堂姐（3）姑舅姨表姐（4）嫡亲兄长的配偶（5）堂兄的配偶（6）姑舅姨表兄的配偶	6
gɯ³³z̩³³	（1）嫡亲弟弟（2）堂弟（3）姑舅姨表弟（4）嫡亲妹妹的配偶（5）堂妹的配偶（6）姑舅姨表妹的配偶	6
gu³³me³³	（1）嫡亲妹妹（2）堂妹（3）姑舅姨表妹（4）嫡亲弟弟的配偶（5）堂弟的配偶（6）姑舅姨表弟的配偶	6
dze³³me³³	（1）嫡亲兄弟儿子的配偶（2）堂兄弟儿子的配偶（3）姑舅姨表兄弟儿子的配偶（4）嫡亲姐妹儿子的配偶（5）堂姐妹儿子的配偶（6）姑舅姨表姐妹儿子的配偶（7）嫡亲兄弟的女儿（8）堂兄弟的女儿（9）姑舅姨表兄弟的女儿（10）嫡亲姐妹的女儿（11）堂姐妹的女儿（12）姑舅姨表姐妹的女儿	12
dze³³ɣɯ³³	（1）嫡亲兄弟女儿的配偶（2）堂兄弟女儿的配偶（3）姑舅姨表兄弟女儿的配偶（4）嫡亲姐妹女儿的配偶（5）堂姐妹女儿的配偶（6）姑舅姨表姐妹女儿的配偶（7）嫡亲兄弟的儿子（8）堂兄弟的儿子（9）姑舅姨表兄弟的儿子（10）嫡亲姐妹的儿子（11）堂姐妹的儿子（12）姑舅姨表姐妹的儿子	12
lu³³bv³³	（1）孙子（2）外孙（3）嫡亲兄弟的孙子（4）堂兄弟的孙子（5）姑舅姨表兄弟的孙子（6）嫡亲兄弟的外孙（7）堂兄弟的外孙（8）姑舅姨表兄弟的外孙（9）嫡亲姐妹的孙子（10）堂兄弟的孙子（11）姑舅姨表姐妹的孙子（12）嫡亲姐妹的外孙（13）堂姐妹的外孙（14）姑舅姨表姐妹的外孙	14
lu³³me³³	（1）孙女（2）外孙女（3）嫡亲兄弟的孙女（4）堂兄弟的孙女（5）姑舅姨表兄弟的孙女（6）嫡亲兄弟的外孙女（7）堂兄弟的外孙女（8）姑舅姨表兄弟的外孙女（9）嫡亲姐妹的孙女（10）堂兄弟的孙女（11）姑舅姨表姐妹的孙女（12）嫡亲姐妹的外孙女（13）堂姐妹的外孙女（14）姑舅姨表姐妹的外孙女	14

亲属称谓	义　项	义项数量
lu⁵⁵bv³³	（1）曾孙（2）曾外孙（3）外曾孙（4）外曾外孙（5）嫡亲兄弟的曾孙（6）堂兄弟的曾孙（7）姑舅姨表兄弟的曾孙（8）嫡亲姐妹的曾孙（9）堂姐妹的曾孙（10）姑舅姨表姐妹的曾孙（11）嫡亲兄弟的曾外孙（12）堂兄弟的曾外孙（13）姑舅姨表兄弟的曾外孙（14）嫡亲姐妹的曾外孙（15）堂姐妹的曾外孙（16）姑舅姨表姐妹的曾外孙（17）嫡亲兄弟的外曾孙（18）堂兄弟的外曾孙（19）姑舅姨表兄弟的外曾孙（20）嫡亲姐妹的外曾孙（21）堂姐妹的外曾孙（22）姑舅姨表姐妹的外曾孙（23）嫡亲兄弟的外曾外孙（24）堂兄弟的外曾外孙（25）姑舅姨表兄弟的外曾外孙（26）嫡亲姐妹的外曾外孙（27）堂姐妹的外曾外孙（28）姑舅姨表姐妹的外曾外孙	28
lu⁵⁵me³³	（1）曾孙女（2）曾外孙女（3）外曾孙女（4）外曾外孙女（5）嫡亲兄弟的曾孙女（6）堂兄弟的曾孙女（7）姑舅姨表兄弟的曾孙女（8）嫡亲姐妹的曾孙女（9）堂姐妹的曾孙女（10）姑舅姨表姐妹的曾孙女（11）嫡亲兄弟的曾外孙女（12）堂兄弟的曾外孙女（13）姑舅姨表兄弟的曾外孙女（14）嫡亲姐妹的曾外孙女（15）堂姐妹的曾外孙女（16）姑舅姨表姐妹的曾外孙女（17）嫡亲兄弟的外曾孙女（18）堂兄弟的外曾孙女（19）姑舅姨表兄弟的外曾孙女（20）嫡亲姐妹的外曾孙女（21）堂姐妹的外曾孙女（22）姑舅姨表姐妹的外曾孙女（23）嫡亲兄弟的外曾外孙女（24）堂兄弟的外曾外孙女（25）姑舅姨表兄弟的外曾外孙女（26）嫡亲姐妹的外曾外孙女（27）堂姐妹的外曾外孙女（28）姑舅姨表姐妹的外曾外孙女	28

表 15　　四川省凉山州木里县俄亚乡大村纳西语亲属称谓系统

亲属称谓	义　项	义项数量
a³¹phv³³	（1）高祖父（2）高外祖父（3）外高祖父（4）外高外祖父（5）曾祖父（6）曾外祖父（7）外曾祖父（8）外曾外祖父（9）曾祖父的嫡亲兄弟（10）曾祖父嫡亲姐妹的配偶（11）曾祖母的嫡亲兄弟（12）曾祖母嫡亲姐妹的配偶（13）曾外祖父的嫡亲兄弟（14）曾外祖父嫡亲姐妹的配偶（15）曾外祖母的嫡亲兄弟（16）曾外祖母嫡亲姐妹的配偶（17）外曾祖父的嫡亲兄弟（18）外曾祖父嫡亲姐妹的配偶（19）外曾祖母的嫡亲兄弟（20）外曾祖母嫡亲姐妹的配偶（21）外曾外祖父的嫡亲兄弟（22）外曾外祖父嫡亲姐妹的配偶（23）外曾外祖母的嫡亲兄弟（24）外曾外祖母嫡亲姐妹的配偶（25）祖父（26）外祖父（27）祖父的嫡亲兄弟（28）祖父的堂兄弟（29）祖父的姑舅姨表兄（30）外祖父的嫡亲兄弟（31）外祖父的堂兄弟（32）外祖父的姑舅姨表兄（33）祖母的嫡亲兄弟（34）祖母的堂兄弟（35）祖母的姑舅姨表兄（36）外祖母的嫡亲兄弟（37）外祖母的堂兄弟（38）外祖母的姑舅姨表兄（39）祖母嫡亲姐妹的配偶（40）祖母堂姐妹的配偶（41）祖母姑舅姨表姐妹的配偶（42）外祖母嫡亲姐妹的配偶（43）外祖母堂姐妹的配偶（44）外祖母姑舅姨表姐妹的配偶（45）祖父嫡亲姐妹的配偶（46）祖父堂姐妹的配偶（47）祖父姑舅姨表姐妹的配偶（48）外祖父嫡亲姐妹的配偶（49）外祖父堂姐妹的配偶（50）外祖父姑舅姨表姐妹的配偶	50

续表

亲属称谓	义　项	义项数量
a^{31}dzv^{33}	（1）高祖母（2）高外祖母（3）外高祖母（4）外高外祖母（5）曾祖母（6）曾外祖母（7）外曾祖母（8）外曾外祖母（9）曾祖父嫡亲兄弟的配偶（10）曾祖父的嫡亲姐妹（11）曾祖母嫡亲兄弟的配偶（12）曾祖母的嫡亲姐妹（13）曾外祖父嫡亲兄弟的配偶（14）曾外祖父的嫡亲姐妹（15）曾外祖母嫡亲兄弟的配偶（16）曾外祖母的嫡亲姐妹（17）外曾祖父嫡亲兄弟的配偶（18）外曾祖父的嫡亲姐妹（19）外曾祖母嫡亲兄弟的配偶（20）外曾祖母的嫡亲姐妹（21）外曾外祖父嫡亲兄弟的配偶（22）外曾外祖父的嫡亲姐妹（23）外曾外祖母嫡亲兄弟的配偶（24）外曾外祖母的嫡亲姐妹（25）祖母（26）外祖母（27）祖父嫡亲兄弟的配偶（28）祖父堂兄弟的配偶（29）祖父的姑舅姨表兄的配偶（30）外祖父嫡亲兄弟的配偶（31）外祖父堂兄弟的配偶（32）外祖父姑舅姨表兄的配偶（33）祖母嫡亲兄弟的配偶（34）祖母堂兄弟的配偶（35）祖母姑舅姨表兄的配偶（36）外祖母嫡亲兄弟的配偶（37）外祖母堂兄弟的配偶（38）外祖母姑舅姨表兄的配偶（39）祖母的嫡亲姐妹（40）祖母的堂姐妹（41）祖母的姑舅姨表姐妹（42）外祖母的嫡亲姐妹（43）外祖母的堂姐妹（44）外祖母的姑舅姨表姐妹（45）祖父的嫡亲姐妹（46）祖父的堂姐妹（47）祖父的姑舅姨表姐妹（48）外祖父的嫡亲姐妹（49）外祖父的堂姐妹（50）外祖父的姑舅姨表姐妹	50
a^{31}bɯ^{33}dɯ^{31}	（1）父亲的嫡亲兄长（2）父亲的堂兄（3）父亲的姑舅姨表兄（4）父亲嫡亲姐姐的配偶（5）父亲堂姐的配偶（6）父亲姑舅姨表姐的配偶（7）母亲嫡亲姐姐的配偶（8）母亲堂姐的配偶（9）母亲姑舅姨表姐的配偶	9
a^{31}dɯ^{31}	（1）父亲嫡亲兄长的配偶（2）父亲堂兄的配偶（3）父亲姑舅姨表兄的配偶（4）父亲的嫡亲姐姐（5）父亲的堂姐姐（6）父亲的姑舅姨表姐（7）母亲的嫡亲姐姐（8）母亲的堂姐（9）母亲的姑舅姨表姐（10）母亲嫡亲兄的配偶（11）母亲堂兄的配偶（12）母亲姑舅姨表兄的配偶	12
a^{31}bɯ^{33}dʑi^{55}	（1）父亲的嫡亲弟弟（2）父亲的堂弟（3）父亲的姑舅姨表弟（4）父亲嫡亲妹妹的配偶（5）父亲堂妹的配偶（6）父亲姑舅姨表妹的配偶（7）母亲嫡亲妹妹的配偶（8）母亲堂妹的配偶（9）母亲姑舅姨表妹的配偶	9
a^{31}dʑi^{55}	（1）父亲嫡亲弟弟的配偶（2）父亲堂弟的配偶（3）父亲姑舅姨表弟的配偶（4）父亲的嫡亲妹妹（5）父亲的堂妹（6）父亲的姑舅姨表妹（7）母亲的嫡亲妹妹（8）母亲的堂妹（9）母亲的姑舅姨表妹（10）母亲嫡亲弟弟的配偶（11）母亲堂弟的配偶（12）母亲姑舅姨表弟的配偶	12
a^{31}gv^{33}	（1）母亲的嫡亲兄弟（2）母亲的堂兄弟（3）母亲的姑舅姨表兄弟	3
a^{33}bɯ^{33}	（1）父亲	1
a^{33}me^{33}	（1）母亲	1
me^{33}tɕhi^{33}	（1）妻子	1
tʂhɚ^{33}me^{33}	（1）妻子	1
mɯ^{55}ɣɯ^{33}	（1）丈夫	1

续表

亲属称谓	义 项	义项数量
a³¹bɯ⁵⁵	（1）嫡亲兄长（2）堂兄（3）姑舅姨表兄（4）嫡亲姐姐的配偶（5）堂姐的配偶（6）姑舅姨表姐的配偶	6
me⁵⁵me³¹	（1）嫡亲姐姐（2）堂姐（3）姑舅姨表姐（4）嫡亲哥哥的配偶（5）堂兄的配偶（6）姑舅姨表兄的配偶	6
gɯ³³zl̩³³	（1）嫡亲弟弟（2）堂弟（3）姑舅姨表弟（4）嫡亲妹妹的配偶（5）堂妹的配偶（6）姑舅姨表妹的配偶	6
gɯ³³me³³	（1）嫡亲妹妹（2）堂妹（3）姑舅姨表妹（4）嫡亲弟弟的配偶（5）堂弟的配偶（6）姑舅姨表弟的配偶	6
zo³³	（1）儿子	1
mi⁵⁵	（1）女儿	1
zo³³me³³tɕhi³³	（1）儿媳	1
mi⁵⁵mɯ⁵⁵ɣɯ³³	（1）女婿	1
dze³³ɣɯ³³	（1）嫡亲兄弟的儿子（2）堂兄弟的儿子（3）姑舅姨表兄弟的儿子（4）嫡亲姐妹的儿子（5）堂姐妹的儿子（6）姑舅姨表姐妹的儿子	6
dze³³me³³	（1）嫡亲兄弟的女儿（2）堂兄弟的女儿（3）姑舅姨表兄弟的女儿（4）嫡亲姐妹的女儿（5）堂姐妹的女儿（6）姑舅姨表姐妹的女儿	6
dze³³ɣɯ³³me³³tɕhi³³	（1）嫡亲兄弟儿子的配偶（2）堂兄弟儿子的配偶（3）姑舅姨表兄弟儿子的配偶（4）嫡亲姐妹儿子的配偶（5）堂姐妹儿子的配偶（6）姑舅姨表姐妹儿子的配偶	6
dze³³me³³mɯ⁵⁵ɣɯ³³	（1）嫡亲兄弟女儿的配偶（2）堂兄弟女儿的配偶（3）姑舅姨表兄弟女儿的配偶（4）嫡亲姐妹女儿的配偶（5）堂姐妹女儿的配偶（6）姑舅姨表姐妹女儿的配偶	6
lu³³bv³³	（1）孙子（2）外孙（3）嫡亲兄弟的孙子（4）堂兄弟的孙子（5）姑舅姨表兄弟的孙子（6）嫡亲兄弟的外孙（7）堂兄弟的外孙（8）姑舅姨表兄弟的外孙（9）嫡亲姐妹的孙子（10）堂兄弟的孙子（11）姑舅姨表姐妹的孙子（12）嫡亲姐妹的外孙（13）堂姐妹的外孙（14）姑舅姨表姐妹的外孙	14
lu³³me³³	（1）孙女（2）外孙女（3）嫡亲兄弟的孙女（4）堂兄弟的孙女（5）姑舅姨表兄弟的孙女（6）嫡亲兄弟的外孙女（7）堂兄弟的外孙女（8）姑舅姨表兄弟的外孙女（9）嫡亲姐妹的孙女（10）堂兄弟的孙女（11）姑舅姨表姐妹的孙女（12）嫡亲姐妹的外孙女（13）堂姐妹的外孙女（14）姑舅姨表姐妹的外孙女	14
lu³³bv³³me³³tɕhi³³	（1）孙媳（2）外孙媳（3）嫡亲兄弟的孙媳（4）堂兄弟的孙媳（5）姑舅姨表兄弟的孙媳（6）嫡亲兄弟的外孙媳（7）堂兄弟的外孙媳（8）姑舅姨表兄弟的外孙媳（9）嫡亲姐妹的孙媳（10）堂兄弟的孙媳（11）姑舅姨表姐妹的孙媳（12）嫡亲姐妹的外孙媳（13）堂姐妹的外孙媳（14）姑舅姨表姐妹的外孙媳	14
lu³³me³³mɯ⁵⁵ɣɯ³³	（1）孙女婿（2）外孙女婿（3）嫡亲兄弟的孙女婿（4）堂兄弟的孙女婿（5）姑舅姨表兄弟的孙女婿（6）嫡亲兄弟的外孙女婿（7）堂兄弟的外孙女婿（8）姑舅姨表兄弟的外孙女婿（9）嫡亲姐妹的孙女婿（10）堂兄弟的孙女婿（11）姑舅姨表姐妹的孙女婿（12）嫡亲姐妹的外孙女婿（13）堂姐妹的外孙女婿（14）姑舅姨表姐妹的外孙女婿	14

表16　　四川省凉山州木里县依吉乡纳日人纳西语亲属称谓系统

亲属称谓	义　项	义项数量
e⁵⁵ʂɿ⁵⁵	（1）曾祖父（2）曾祖母（3）曾外祖父（4）曾外祖母（5）外曾祖父（6）外曾祖母（7）外曾外祖父（8）外曾外祖母（9）曾祖父的嫡亲兄弟（10）曾祖父嫡亲兄弟的配偶（11）曾祖父的嫡亲姐妹（12）曾祖父嫡亲姐妹的配偶（13）曾祖母的嫡亲兄弟（14）曾祖母嫡亲兄弟的配偶（15）曾祖母的嫡亲姐妹（16）曾祖母嫡亲姐妹的配偶（17）曾外祖父的嫡亲兄弟（18）曾外祖父嫡亲兄弟的配偶（19）曾外祖父的嫡亲姐妹（20）曾外祖父嫡亲姐妹的配偶（21）曾外祖母的嫡亲兄弟（22）曾外祖母嫡亲兄弟的配偶（23）曾外祖母的嫡亲姐妹（24）曾外祖母嫡亲姐妹的配偶（25）外曾祖父的嫡亲兄弟（26）外曾祖父嫡亲兄弟的配偶（27）外曾祖父的嫡亲姐妹（28）外曾祖父嫡亲姐妹的配偶（29）外曾祖母的嫡亲兄弟（30）外曾祖母嫡亲兄弟的配偶（31）外曾祖母的嫡亲姐妹（32）外曾祖母嫡亲姐妹的配偶（33）外曾外祖父的嫡亲兄弟（34）外曾外祖父嫡亲兄弟的配偶（35）外曾外祖父的嫡亲姐妹（36）外曾外祖父嫡亲姐妹的配偶（37）外曾外祖母的嫡亲兄弟（38）外曾外祖母嫡亲兄弟的配偶（39）外曾外祖母的嫡亲姐妹（40）外曾外祖母嫡亲姐妹的配偶	40
e⁵⁵phu³⁵	（1）祖父（2）外祖父（3）祖父的嫡亲兄弟（4）祖父的堂兄弟（5）祖父的姑舅姨表兄（6）外祖父的嫡亲兄弟（7）外祖父的堂兄弟（8）外祖父的姑舅姨表兄（9）祖母的嫡亲兄弟（10）祖母的堂兄弟（11）祖母的姑舅姨表兄（12）外祖母的嫡亲兄弟（13）外祖母的堂兄弟（14）外祖母的姑舅姨表兄（15）祖母嫡亲姐妹的配偶（16）祖母堂姐妹的配偶（17）祖母姑舅姨表姐妹的配偶（18）外祖母嫡亲姐妹的配偶（19）外祖母堂姐妹的配偶（20）外祖母姑舅姨表姐妹的配偶（21）祖父嫡亲姐妹的配偶（22）祖父堂姐妹的配偶（23）祖父姑舅姨表姐妹的配偶（24）外祖父嫡亲姐妹的配偶（25）外祖父堂姐妹的配偶（26）外祖父姑舅姨表姐妹的配偶	26
e⁵⁵zi³⁵	（1）祖母（2）外祖母（3）祖父嫡亲兄弟的配偶（4）祖父堂兄弟的配偶（5）祖父姑舅姨表兄的配偶（6）外祖父嫡亲兄弟的配偶（7）外祖父堂兄弟的配偶（8）外祖父姑舅姨表兄的配偶（9）祖母嫡亲兄弟的配偶（10）祖母堂兄弟的配偶（11）祖母姑舅姨表兄的配偶（12）外祖母嫡亲兄弟的配偶（13）外祖母堂兄弟的配偶（14）外祖母姑舅姨表兄的配偶（15）祖母的嫡亲姐妹（16）祖母的堂姐妹（17）祖母的姑舅姨表姐妹（18）外祖母的嫡亲姐妹（19）外祖母的堂姐妹（20）外祖母的姑舅姨表姐妹（21）祖父的嫡亲姐妹（22）祖父的堂姐妹（23）祖父的姑舅姨表姐妹（24）外祖父的嫡亲姐妹（25）外祖父的堂姐妹（26）外祖父的姑舅姨表姐妹	26
hɑ⁵⁵tshu³¹pɑ⁵⁵	（1）丈夫	1
tʂhu⁵⁵mi⁵⁵	（1）妻子	1
e⁵⁵mi⁵⁵	（1）母亲（2）母亲的嫡亲姐妹（3）母亲的堂姐妹（4）母亲的姑舅姨表姐妹（5）父亲嫡亲兄弟的配偶（6）父亲堂兄弟的配偶（7）父亲姑舅姨表兄弟的配偶（8）母亲嫡亲兄弟的配偶（9）母亲堂兄弟的配偶（10）母亲姑舅姨表兄弟的配偶（11）对配偶母亲的面称	11
e⁵⁵mi⁵⁵di³¹	（1）母亲的嫡亲姐姐（2）母亲的堂表姐（3）母亲的姑舅姨表姐	3
e⁵⁵mi⁵⁵tɕi³⁵	（1）母亲的嫡亲妹妹（2）母亲的堂表妹（3）母亲的姑舅姨表妹	3
e⁵⁵u⁵⁵	（1）同母亲有肖波关系的男性（2）母亲的嫡亲兄弟（3）母亲的堂兄弟（4）母亲的姑舅姨表兄弟	4

续表

亲属称谓	义　项	义项 数量
a³¹da⁵⁵	（1）父亲（2）对配偶父亲的面称	2
ɑ³¹bo⁵⁵	（1）生父（2）父亲的嫡亲兄弟（3）父亲的堂房兄弟（4）父亲的姑舅姨表兄弟	4
e⁵⁵ʑa³¹	（1）父亲的嫡亲姐姐（2）父亲的堂姐（3）父亲的姑舅姨表姐	3
e⁵⁵ni³¹	（1）父亲的嫡亲妹妹（2）父亲的堂妹（3）父亲的姑舅姨表妹	3
e⁵⁵mu³¹	（1）嫡亲姐姐（2）堂姐（3）姑舅姨表姐（4）嫡亲兄长（5）堂兄（6）姑舅姨表哥	6
go⁵⁵mi⁵⁵	（1）嫡亲妹妹（2）堂妹（3）姑舅姨表妹	3
gi⁵⁵zɿ⁵⁵	（1）嫡亲弟弟（2）堂弟（3）姑舅姨表弟	3
e⁵⁵mu³¹go⁵⁵mi⁵⁵	（1）嫡亲姐妹（2）堂姐妹（3）姑舅姨表姐妹	3
e⁵⁵mu³¹gi⁵⁵ zɿ⁵⁵	（1）嫡亲兄弟（2）堂兄弟（3）姑舅姨表兄弟	3
mu³⁵	（1）女儿（2）女性嫡亲姐妹的女儿（3）女性姑舅姨表姐妹的女儿（4）男性嫡亲兄弟的女儿（5）男性姑舅姨表兄弟的女儿	5
zo⁵⁵	（1）儿子（2）女性嫡亲姐妹的儿子（3）女性姑舅姨表姐妹的儿子（4）男性嫡亲兄弟的儿子（5）男性姑舅姨表兄弟的儿子	5
dzɿ³¹mi⁵⁵	（1）男性嫡亲姐妹的女儿（2）男性姑舅姨表姐妹的女儿（3）男性称走访对象的女儿（4）女性嫡亲兄弟的女儿（5）女性姑舅姨表兄弟的女儿	5
dzɿ³¹u⁵⁵	（1）男性嫡亲姐妹的儿子（2）男性姑舅姨表姐妹的儿子（3）男性称走访对象的儿子（4）女性嫡亲兄弟的儿子（5）女性姑舅姨表兄弟的儿子	5
zu³⁵mi⁵⁵	（1）孙子（2）外孙（3）嫡亲兄弟的孙子（4）堂兄弟的孙子（5）姑舅姨表兄弟的孙子（6）嫡亲兄弟的外孙（7）堂兄弟的外孙（8）姑舅姨表兄弟的外孙（9）嫡亲姐妹的孙子（10）堂姐妹的孙子（11）姑舅姨表姐妹的孙子（12）嫡亲姐妹的外孙（13）堂姐妹的外孙（14）姑舅姨表姐妹的外孙	14
zu³⁵u⁵⁵	（1）孙女（2）外孙女（3）嫡亲兄弟的孙女（4）堂兄弟的孙女（5）姑舅姨表兄弟的孙女（6）嫡亲兄弟的外孙女（7）堂兄弟的外孙女（8）姑舅姨表兄弟的外孙女（9）嫡亲姐妹的孙女（10）堂兄弟的孙女（11）姑舅姨表姐妹的孙女（12）嫡亲姐妹的外孙女（13）堂姐妹的外孙女（14）姑舅姨表姐妹的外孙女	14
zo⁵⁵ma⁵⁵	（1）女婿（2）女性嫡亲姐妹的女婿（3）女性姑舅姨表姐妹的女婿（4）男性嫡亲兄弟的女婿（5）男性姑舅姨表兄弟的女婿	5
zo⁵⁵tʂhu⁵⁵mi⁵⁵	（1）儿媳（2）女性嫡亲姐妹的儿媳（3）女性姑舅姨表姐妹的儿媳（4）男性嫡亲兄弟的儿媳（5）男性姑舅姨表兄弟的儿媳	5
e³⁵mu³¹tʂhu⁵⁵mi⁵⁵	（1）嫡亲兄长的配偶（2）姑舅姨表兄的配偶（3）配偶嫡亲兄的配偶（4）配偶姑舅姨表兄的配偶	4
e³⁵mu³¹hɑ⁵⁵ tshu³¹pɑ⁵⁵	（1）嫡亲弟弟的配偶（2）姑舅姨表弟的配偶（3）配偶嫡亲弟弟的配偶（4）配偶姑舅姨表弟的配偶	4
e⁵⁵mu³¹zo⁵⁵	（1）女性嫡亲兄长的儿子（2）女性姑舅姨表兄长的儿子	2

续表

亲属称谓	义 项	义项数量
e^{55}mu^{31}mu^{31}	（1）女性嫡亲兄长的女儿（2）女性姑舅姨表兄长的女儿	2
gi^{55}zɿ^{55}zo^{55}	（1）女性嫡亲弟弟的儿子（2）女性姑舅姨表弟的儿子	2
gi^{55}zɿ^{55}mu^{31}	（1）女性嫡亲弟弟的女儿（2）女性姑舅姨表弟的女儿	2
e^{55}mu^{31}zo^{55}tʂhu^{55}mi^{55}	（1）女性嫡亲兄长儿子的配偶（2）女性姑舅姨表兄儿子的配偶	2
e^{55}mu^{31}mu^{31}ha^{55}tshu^{31}pa^{55}	（1）女性嫡亲兄长女儿的配偶（2）女性姑舅姨表兄女儿的配偶	2
gi^{55}zɿ^{55}zo^{55}tʂhu^{55}mi^{55}	（1）女性嫡亲弟弟的儿子的配偶（2）女性姑舅姨表弟的儿子的配偶	2
gi^{55}zɿ^{55}mu^{31}ha^{55}tshu^{31}pa^{55}	（1）女性嫡亲弟弟女儿的配偶（2）女性姑舅姨表弟女儿的配偶	2
dzɿ^{31}u^{55}tʂhu^{55}mi^{55}	（1）男性嫡亲姐妹儿子的配偶（2）男性姑舅姨表姐妹的儿子的配偶	2
dzɿ^{31}mi^{55}ha^{55}tshu^{31}pa^{55}	（1）男性嫡亲姐妹女儿的配偶（2）男性姑舅姨表姐妹女儿的配偶	2
go^{55}mi^{55}mu^{31}ha^{55}tshu^{31}pa^{55}	（1）嫡亲妹妹女儿的配偶（2）姑舅姨表妹女儿的配偶	2
go^{55}mi^{55}zo^{55}tʂhu^{55}mi^{55}	（1）嫡亲妹妹儿子的配偶（2）姑舅姨表妹儿子的配偶	2
zʮ^{35}mi^{55}ha^{55}tshu^{31}pa^{55}	（1）孙媳（2）外孙媳（3）嫡亲兄弟的孙媳（4）堂兄弟的孙媳（5）姑舅姨表兄弟的孙媳（6）嫡亲兄弟的外孙媳（7）堂兄弟的外孙媳（8）姑舅姨表兄弟的外孙媳（9）嫡亲姐妹的孙媳（10）堂姐妹的孙媳（11）姑舅姨表姐妹的孙媳（12）嫡亲姐妹的外孙媳（13）堂姐妹的外孙媳（14）姑舅姨表姐妹的外孙媳	14
zʮ^{35}u^{55}tʂhu^{55}mi^{55}	（1）孙女婿（2）外孙女婿（3）嫡亲兄弟的孙女婿（4）堂兄弟的孙女婿（5）姑舅姨表兄弟的孙女婿（6）嫡亲兄弟的外孙女婿（7）堂兄弟的外孙女婿（8）姑舅姨表兄弟的外孙女婿（9）嫡亲姐妹的孙女婿（10）堂姐妹的孙女婿（11）姑舅姨表姐妹的孙女婿（12）嫡亲姐妹的外孙女婿（13）堂姐妹的外孙女婿（14）姑舅姨表姐妹的外孙女婿	14

表17　迪庆州维西县塔城镇柯那村委会汝柯村玛丽玛萨人亲属称谓系统

亲属称谓	义 项	义项数量
ɑ^{33}pho^{33}	（1）祖父（2）外祖父（3）祖父的嫡亲兄弟（4）祖父的堂兄弟（5）祖父的姑舅姨表兄弟（6）外祖父的嫡亲兄弟（7）外祖父的堂兄弟（8）外祖父的姑舅姨表兄弟（9）祖母的嫡亲兄弟（10）祖母的堂兄弟（11）祖母的姑舅姨表兄弟（12）外祖母的嫡亲兄弟（13）外祖母的堂兄弟（14）外祖母的姑舅姨表兄弟（15）祖母嫡亲姐妹的配偶（16）祖母堂姐妹的配偶（17）祖母姑舅姨表姐妹的配偶（18）外祖母嫡亲姐妹的配偶（19）外祖母堂姐妹的配偶（20）外祖母的姑舅姨表姐妹的配偶（21）祖父嫡亲姐妹的配偶（22）祖父堂姐妹的配偶（23）祖父姑舅姨表姐妹的配偶（24）外祖父嫡亲姐妹的配偶（25）外祖父堂姐妹的配偶（26）外祖父姑舅姨表姐妹的配偶	26

亲属称谓	义　项	义项数量
a³³zə⁵⁵	（1）祖母（2）外祖母（3）祖父嫡亲兄弟的配偶（4）祖父堂兄弟的配偶（5）祖父姑舅姨表兄弟的配偶（6）外祖父嫡亲兄弟的配偶（7）外祖父堂兄弟的配偶（8）外祖父姑舅姨表兄弟的配偶（9）祖母嫡亲兄弟的配偶（10）祖母堂兄弟的配偶（11）祖母姑舅姨表兄弟的配偶（12）外祖母嫡亲兄弟的配偶（13）外祖母堂兄弟的配偶（14）外祖母姑舅姨表兄弟的配偶（15）祖母的嫡亲姐妹（16）祖母的堂姐妹（17）祖母的姑舅姨表姐妹（18）外祖母的嫡亲姐妹（19）外祖母的堂姐妹（20）外祖母的姑舅姨表姐妹（21）祖父的嫡亲姐妹（22）祖父的堂姐妹（23）祖父的姑舅姨表姐妹（24）外祖父的嫡亲姐妹（25）外祖父的堂姐妹（26）外祖父的姑舅姨表姐妹	26
a⁵⁵bv³³	（1）父亲（2）对配偶父亲的面称	2
æ⁵⁵me³³	（1）母亲（2）对配偶母亲的面称	2
a³³bu³³	（1）父亲的嫡亲兄弟（2）父亲的堂兄弟（3）父亲的姑舅姨表兄弟（4）母亲嫡亲姐妹的配偶（5）母亲堂姐妹的配偶（6）母亲姑舅姨表姐妹的配偶（7）父亲嫡亲姐妹的配偶（8）父亲堂姐妹的配偶（9）父亲姑舅姨表姐妹的配偶	9
a³³ni³³	（1）父亲嫡亲兄弟的配偶（2）父亲堂兄弟的配偶（3）父亲姑舅姨表兄弟的配偶（4）母亲的嫡亲姐姐（5）母亲的堂姐（6）母亲的姑舅姨表姐（7）父亲的嫡亲姐妹（8）父亲的堂姐妹（9）父亲的姑舅姨表姐妹	9
a³³ɣõ²⁴	（1）母亲的嫡亲兄弟（2）母亲的堂兄弟（3）母亲的姑舅姨表兄弟	3
a²¹tɕi⁵²	（1）母亲嫡亲兄弟的配偶（2）母亲堂兄弟的配偶（3）母亲姑舅姨表兄弟的配偶（4）母亲的嫡亲妹妹（5）母亲的堂妹（6）母亲的姑舅姨表姐妹	6
tɕhi³³me⁵⁵	（1）妻子	1
ma³³ɣõ⁵⁵	（1）丈夫	1
æ²¹bv²⁴	（1）嫡亲兄长（2）堂兄（3）姑舅姨表兄（4）嫡亲姐姐的配偶（5）堂姐的配偶（6）姑舅姨表姐的配偶	6
me²¹me³³	（1）嫡亲姐姐（2）堂姐（3）姑舅姨表姐（4）嫡亲哥哥的配偶（5）堂兄的配偶（6）姑舅姨表兄的配偶	6
gə³³zl̩³³	（1）嫡亲弟弟（2）堂弟（3）姑舅姨表弟（4）嫡亲妹妹的配偶（5）堂妹的配偶（6）姑舅姨表妹的配偶	6
gu³³me³³	（1）嫡亲妹妹（2）堂妹（3）姑舅姨表妹（4）嫡亲弟弟的配偶（5）堂弟的配偶（6）姑舅姨表弟的配偶	6
ze³³	（1）儿子	1
ze³³tɕhi³³me⁵⁵	（1）儿媳	1
mo²⁴	（1）女儿	1
mo²⁴ma³³ɣõ⁵⁵	（1）女婿	1
sẽ³³tsl̩³³	（1）孙子（2）孙女（3）外孙（4）外孙女	4
zĩ³³tsl̩³³	（1）重孙（2）重孙女（3）外重孙（4）外重孙女	4

表 18　　迪庆州维西县塔城镇启别村委会加木壳村亲属称谓系统

亲属称谓	义　项	义项数量
a³¹mu⁵⁵	（1）曾祖父（2）曾祖母（3）曾外祖父（4）外曾祖母（5）外曾祖父（6）外曾祖母（7）外曾外祖父（8）外曾外祖母（9）曾祖父的嫡亲兄弟（10）曾祖父嫡亲兄弟的配偶（11）曾祖父嫡亲姐妹（12）曾祖父嫡亲姐妹的配偶（13）曾祖母的嫡亲兄弟（14）曾祖母嫡亲兄弟的配偶（15）曾祖母的嫡亲姐妹（16）曾祖母嫡亲姐妹的配偶（17）曾外祖父的嫡亲兄弟（18）曾外祖父嫡亲兄弟的配偶（19）曾外祖父的嫡亲姐妹（20）曾外祖父嫡亲姐妹的配偶（21）曾外祖母的嫡亲兄弟（22）曾外祖母嫡亲兄弟的配偶（23）曾外祖母的嫡亲姐妹（24）曾外祖母嫡亲姐妹的配偶（25）外曾祖父的嫡亲兄弟（26）外曾祖父嫡亲兄弟的配偶（27）外曾祖父的嫡亲姐妹（28）外曾祖父嫡亲姐妹的配偶（29）外曾祖母的嫡亲兄弟（30）外曾祖母嫡亲兄弟的配偶（31）外曾祖母的嫡亲姐妹（32）外曾祖母嫡亲姐妹的配偶（33）外曾外祖父的嫡亲兄弟（34）外曾外祖父嫡亲兄弟的配偶（35）外曾外祖父的嫡亲姐妹（36）外曾外祖父嫡亲姐妹的配偶（37）外曾外祖母的嫡亲兄弟（38）外曾外祖母嫡亲兄弟的配偶（39）外曾外祖母的嫡亲姐妹（40）外曾外祖母嫡亲姐妹的配偶	40
a³³phv³³	（1）祖父（2）外祖父（3）祖父的嫡亲兄弟（4）祖父的堂兄弟（5）祖父的姑舅姨表兄弟（6）外祖父的嫡亲兄弟（7）外祖父的堂兄弟（8）外祖父的姑舅姨表兄弟（9）祖母的嫡亲兄弟（10）祖母的堂兄弟（11）祖母的姑舅姨表兄弟（12）外祖母的嫡亲兄弟（13）外祖母的堂兄弟（14）外祖母的姑舅姨表兄弟（15）祖母嫡亲姐妹的配偶（16）祖母堂姐妹的配偶（17）祖母姑舅姨表姐妹的配偶（18）外祖母嫡亲姐妹的配偶（19）外祖母堂姐妹的配偶（20）外祖母姑舅姨表姐妹的配偶（21）祖父嫡亲姐妹的配偶（22）祖父堂姐妹的配偶（23）祖父姑舅姨表姐妹的配偶（24）外祖父嫡亲姐妹的配偶（25）外祖父堂姐妹的配偶（26）外祖父姑舅姨表姐妹的配偶	26
a³³dzv³³	（1）祖母（2）外祖母（3）祖父嫡亲兄弟的配偶（4）祖父堂兄弟的配偶（5）祖父姑舅姨表兄的配偶（6）外祖父嫡亲兄弟的配偶（7）外祖父堂兄弟的配偶（8）外祖父姑舅姨表兄弟的配偶（9）祖母嫡亲兄弟的配偶（10）祖母堂兄弟的配偶（11）祖母姑舅姨表兄弟的配偶（12）外祖母嫡亲兄弟的配偶（13）外祖母堂兄弟的配偶（14）外祖母姑舅姨表兄弟的配偶（15）祖母的嫡亲姐妹（16）祖母的堂姐妹（17）祖母的姑舅姨表姐妹（18）外祖母的嫡亲姐妹（19）外祖母的堂姐妹（20）外祖母的姑舅姨表姐妹（21）祖父的嫡亲姐妹（22）祖父的堂姐妹（23）祖父的姑舅姨表姐妹（24）外祖父的嫡亲姐妹（25）外祖父的堂姐妹（26）外祖父的姑舅姨表姐妹	26
a³³ba³³	（1）父亲（2）对配偶父亲的面称	2
a³³me³³	（1）母亲（2）对配偶母亲的面称	2
zo³¹phe³³	（1）对配偶父亲的背称	1
zo³¹me³³	（1）对配偶母亲的背称	1
a³³ba³³dɯ³¹	（1）拜祭的父亲	1
a³³me³³dɯ³¹	（1）拜祭的母亲	1
a⁵⁵bu³¹dɯ³¹	（1）父亲的嫡亲兄长（2）父亲的堂兄长（3）父亲的姑舅姨表兄长（4）父亲嫡亲姐姐的配偶（5）父亲堂姐的配偶（6）父亲姑舅姨表姐的配偶	6

续表

亲属称谓	义项	义项数量
$a^{31}du^{31}$	（1）父亲嫡亲兄长的配偶（2）父亲堂兄长的配偶（3）父亲姑舅姨表兄长的配偶	3
$a^{55}bu^{31}dʑi^{55}$	（1）父亲的嫡亲弟弟（2）父亲的堂弟（3）父亲的姑舅姨表弟（4）父亲嫡亲妹妹的配偶（5）父亲堂妹的配偶（6）父亲姑舅姨表妹的配偶	6
$a^{31}du^{31}dʑi^{55}$	（1）父亲嫡亲弟弟的配偶（2）父亲堂弟的配偶（3）父亲姑舅姨表弟的配偶	3
$a^{33}ɲi^{33}du^{31}$	（1）父亲的嫡亲姐姐（2）父亲的堂姐（3）父亲的姑舅姨表姐	3
$a^{33}ɲi^{33}dʑi^{55}$	（1）父亲的嫡亲妹妹（2）父亲的堂妹（3）父亲的姑舅姨表妹	3
$a^{33}gv^{33}du^{31}$	（1）母亲的嫡亲兄长（2）母亲的堂兄长（3）母亲的姑舅姨表兄长（4）母亲嫡亲姐姐的配偶（5）母亲堂姐的配偶（6）母亲姑舅姨表姐的配偶	6
$a^{33}gv^{33}dʑi^{55}$	（1）母亲的嫡亲弟弟（2）母亲的堂弟（3）母亲的姑舅姨表弟（4）母亲嫡亲妹妹的配偶（5）母亲堂妹的配偶（6）母亲姑舅姨表妹的配偶	6
$a^{31}dʑi^{55}$	（1）母亲的嫡亲姐妹（2）母亲的堂姐妹（3）母亲的姑舅姨表姐妹（4）母亲嫡亲兄弟的配偶（5）母亲堂兄弟的配偶（6）母亲姑舅姨表兄弟的配偶	6
$tʂhu^{33}me^{33}$	（1）妻子	1
$ʑa^{33}ka^{31}zɹ^{33}$	（1）丈夫	1
$a^{33}bv^{31}$	（1）嫡亲兄长（2）堂兄（3）姑舅姨表兄（4）嫡亲姐姐的配偶（5）堂姐的配偶（6）姑舅姨表姐的配偶	6
$a^{55}me^{31}$	（1）嫡亲姐姐（2）堂姐（3）姑舅姨表姐（4）嫡亲哥哥的配偶（5）堂兄的配偶（6）姑舅姨表兄的配偶	6
$gu^{33}zɹ^{33}$	（1）嫡亲弟弟（2）堂弟（3）姑舅姨表弟（4）嫡亲妹妹的配偶（5）堂妹的配偶（6）姑舅姨表妹的配偶	6
$gu^{33}me^{33}$	（1）嫡亲妹妹（2）堂妹（3）姑舅姨表妹（4）嫡亲弟弟的配偶（5）堂弟的配偶（6）姑舅姨表弟的配偶	6
$zɔ^{33}$	（1）儿子	1
$zɔ^{33}tʂhu^{33}me^{33}$	（1）儿媳	1
mi^{55}	（1）女儿	1
$mi^{55}mu^{55}ɣu^{33}$	（1）女婿	1
$dze^{33}ɣu^{33}$	（1）嫡亲兄弟的儿子（2）堂兄弟的儿子（3）姑舅姨表兄弟的儿子（4）嫡亲姐妹的儿子（5）堂姐妹的儿子（6）姑舅姨表姐妹的儿子	6
$dze^{33}ɣu^{33}tʂhu^{33}me^{33}$	（1）嫡亲兄弟儿子的配偶（2）堂兄弟儿子的配偶（3）姑舅姨表兄弟儿子的配偶（4）嫡亲姐妹儿子的配偶（5）堂姐妹儿子的配偶（6）姑舅姨表姐妹儿子的配偶	6
$dze^{33}me^{33}$	（1）嫡亲兄弟的女儿（2）堂兄弟的女儿（3）姑舅姨表兄弟的女儿（4）嫡亲姐妹的女儿（5）堂姐妹的女儿（6）姑舅姨表姐妹的女儿	6

续表

亲属称谓	义　项	义项数量
dze³³me³³mu⁵⁵ɣɯ	（1）嫡亲兄弟女儿的配偶（2）堂兄弟女儿的配偶（3）姑舅姨表兄弟女儿的配偶（4）嫡亲姐妹女儿的配偶（5）堂姐妹女儿的配偶（6）姑舅姨表姐妹女儿的配偶	6
lu³³bv³³	（1）孙子（2）外孙（3）嫡亲兄弟的孙子（4）堂兄弟的孙子（5）姑舅姨表兄弟的孙子（6）嫡亲兄弟的外孙（7）堂兄弟的外孙（8）姑舅姨表兄弟的外孙（9）嫡亲姐妹的孙子（10）堂兄弟的孙子（11）姑舅姨表姐妹的孙子（12）嫡亲姐妹的外孙（13）堂姐妹的外孙（14）姑舅姨表姐妹的外孙	14
lu³³bv³³tʂhu³³me³³	（1）孙媳（2）外孙媳（3）嫡亲兄弟的孙媳（4）堂兄弟的孙媳（5）姑舅姨表兄弟的孙媳（6）嫡亲兄弟的外孙媳（7）堂兄弟的外孙媳（8）姑舅姨表兄弟的外孙媳（9）嫡亲姐妹的孙媳（10）堂兄弟的孙媳（11）姑舅姨表姐妹的孙媳（12）嫡亲姐妹的外孙媳（13）堂姐妹的外孙媳（14）姑舅姨表姐妹的外孙媳	14
lu³³me³³	（1）孙女（2）外孙女（3）嫡亲兄弟的孙女（4）堂兄弟的孙女（5）姑舅姨表兄弟的孙女（6）嫡亲兄弟的外孙女（7）堂兄弟的外孙女（8）姑舅姨表兄弟的外孙女（9）嫡亲姐妹的孙女（10）堂兄弟的孙女（11）姑舅姨表姐妹的孙女（12）嫡亲姐妹的外孙女（13）堂姐妹的外孙女（14）姑舅姨表姐妹的外孙女	14
lu³³me³³mu⁵⁵ɣɯ³³	（1）孙女婿（2）外孙女婿（3）嫡亲兄弟的孙女婿（4）堂兄弟的孙女婿（5）姑舅姨表兄弟的孙女婿（6）嫡亲兄弟的外孙女婿（7）堂兄弟的外孙女婿（8）姑舅姨表兄弟的外孙女婿（9）嫡亲姐妹的孙女婿（10）堂兄弟的孙女婿（11）姑舅姨表姐妹的孙女婿（12）嫡亲姐妹的外孙女婿（13）堂姐妹的外孙女婿（14）姑舅姨表姐妹的外孙女婿	14
lu⁵⁵bv³³	（1）曾孙（2）曾外孙（3）外曾孙（4）外曾外孙（5）嫡亲兄弟的曾孙（6）堂兄弟的曾孙（7）姑舅姨表兄弟的曾孙（8）嫡亲姐妹的曾孙（9）堂姐妹的曾孙（10）姑舅姨表姐妹的曾孙（11）嫡亲兄弟的曾外孙（12）堂兄弟的曾外孙（13）姑舅姨表兄弟的曾外孙（14）嫡亲姐妹的曾外孙（15）堂姐妹的曾外孙（16）姑舅姨表姐妹的曾外孙（17）嫡亲兄弟的外曾孙（18）堂兄弟的外曾孙（19）姑舅姨表兄弟的外曾孙（20）嫡亲姐妹的外曾孙（21）堂姐妹的外曾孙（22）姑舅姨表姐妹的外曾孙（23）嫡亲兄弟的外曾外孙（24）堂兄弟的外曾外孙（25）姑舅姨表兄弟的外曾外孙（26）嫡亲姐妹的外曾外孙（27）堂姐妹的外曾外孙（28）姑舅姨表姐妹的外曾外孙	28
lu⁵⁵me³³	（1）曾孙女（2）曾外孙女（3）外曾孙女（4）外曾外孙女（5）嫡亲兄弟的曾孙女（6）堂兄弟的曾孙女（7）姑舅姨表兄弟的曾孙女（8）嫡亲姐妹的曾孙女（9）堂姐妹的曾孙女（10）姑舅姨表姐妹的曾孙女（11）嫡亲兄弟的曾外孙女（12）堂兄弟的曾外孙女（13）姑舅姨表兄弟的曾外孙女（14）嫡亲姐妹的曾外孙女（15）堂姐妹的曾外孙女（16）姑舅姨表姐妹的曾外孙女（17）嫡亲兄弟的外曾孙女（18）堂兄弟的外曾孙女（19）姑舅姨表兄弟的外曾孙女（20）嫡亲姐妹的外曾孙女（21）堂姐妹的外曾孙女（22）姑舅姨表姐妹的外曾孙女（23）嫡亲兄弟的外曾外孙女（24）堂兄弟的外曾外孙女（25）姑舅姨表兄弟的外曾外孙女（26）嫡亲姐妹的外曾外孙女（27）堂姐妹的外曾外孙女（28）姑舅姨表姐妹的外曾外孙女	28

表 19　　　丽江市古城区金山乡金山村委会开文村亲属称谓系统

亲属称谓	义　　项	义项数量
ɑ³³mu⁵⁵lɔ³³	（1）曾祖父（2）曾外祖父（3）外曾祖父（4）外曾外祖父（5）曾祖父的嫡亲兄弟（6）曾祖父嫡亲姐妹的配偶（7）曾祖母的嫡亲兄弟（8）曾祖母嫡亲姐妹的配偶（9）曾外祖父的嫡亲兄弟（10）曾外祖父嫡亲姐妹的配偶（11）曾外祖母的嫡亲兄弟（12）曾外祖母嫡亲姐妹的配偶（13）外曾祖父的嫡亲兄弟（14）外曾祖父嫡亲姐妹的配偶（15）外曾祖母的嫡亲兄弟（16）外曾祖母的嫡亲姐妹的配偶（17）外曾外祖父的嫡亲兄弟（18）外曾外祖父嫡亲姐妹的配偶（19）外曾外祖母的嫡亲兄弟（20）外曾外祖母嫡亲姐妹的配偶	20
ɑ³³mu⁵⁵na³³	（1）曾祖母（2）曾外祖母（3）外曾祖母（4）外曾外祖母（5）曾祖父嫡亲兄弟的配偶（6）曾祖父的嫡亲姐妹（7）曾祖母嫡亲兄弟的配偶（8）曾祖母的嫡亲姐妹（9）曾外祖父嫡亲兄弟的配偶（10）曾外祖父的嫡亲姐妹（11）曾外祖母嫡亲兄弟的配偶（12）曾外祖母的嫡亲姐妹（13）外曾祖父嫡亲兄弟的配偶（14）外曾祖父的嫡亲姐妹（15）外曾祖母嫡亲兄弟的配偶（16）外曾祖母的嫡亲姐妹（17）外曾外祖父嫡亲兄弟的配偶（18）外曾外祖父的嫡亲姐妹（19）外曾外祖母嫡亲兄弟的配偶（20）外曾外祖母的嫡亲姐妹	20
ɑ⁵⁵lɔ³³	（1）祖父（2）祖父的嫡亲兄弟（3）祖父的堂兄弟	3
ɑ⁵⁵na³³	（1）祖母（2）祖父嫡亲兄弟的配偶（3）祖父堂兄弟的配偶	3
ɑ⁵⁵kv³³	（1）外祖父（2）外祖父的嫡亲兄弟（3）外祖父的堂兄弟	3
ɑ³³phɔ¹³	（1）外祖母（2）外祖父嫡亲兄弟的配偶（3）外祖父堂兄弟的配偶	3
piɑ³³lɔ³³	（1）祖父的姑舅姨表兄弟（2）祖父的姑舅姨表姐妹的配偶（3）外祖父的姑舅姨表兄弟（4）外祖父的姑舅姨表姐妹的配偶	4
piɑ³³na³³	（1）祖父的姑舅姨表兄弟的配偶（2）祖父的姑舅姨表姐妹（3）外祖父的姑舅姨表兄弟之妻（4）外祖父的姑舅姨表姐妹	4
kv³³na³³	（1）祖父的嫡亲姐妹（2）祖父的堂姐妹（3）外祖父的嫡亲姐妹（4）外祖父的堂姐妹	4
kv³³lɔ³³	（1）祖父嫡亲姐妹的配偶（2）祖父堂姐妹的配偶（3）外祖父嫡亲姐妹的配偶（4）外祖父堂姐妹的配偶	4
zi³¹na³³	（1）祖母的嫡亲姐妹（2）祖母的堂姐妹（3）祖母的姑舅姨表姐妹（4）外祖母的嫡亲姐妹（5）外祖母的堂姐妹（6）外祖母的姑舅姨表姐妹	6
zi³¹lɔ³³	（1）祖母嫡亲姐妹的配偶（2）祖母堂姐妹的配偶（3）祖母姑舅姨表姐妹的配偶（4）外祖母嫡亲姐妹的配偶（5）外祖母堂姐妹的配偶（6）外祖母姑舅姨表姐妹的配偶	6
ɑ³³tɕy⁵⁵lɔ³³	（1）祖母的嫡亲兄弟（2）祖母的堂兄弟（3）祖母的姑舅姨表兄弟（4）外祖母的嫡亲兄弟（5）外祖母的堂兄弟（6）外祖母的姑舅姨表兄弟	6
ɑ³³tɕy⁵⁵na³³	（1）祖母嫡亲兄弟的配偶（2）祖母堂兄弟的配偶（3）祖母姑舅姨表兄弟的配偶（4）外祖母嫡亲兄弟的配偶（5）外祖母堂兄弟的配偶（6）外祖母姑舅姨表兄弟的配偶	6
ʐu³¹ɑ⁵⁵lɔ³³	（1）对配偶祖父的背称	1

亲属称谓	义　项	义项数量
ʐu³¹ɑ⁵⁵na³³	（1）对配偶祖母的背称	1
ɑ³³di³³	（1）父亲（2）对配偶父亲的面称	2
ɑ³³mo³³	（1）母亲（2）对配偶母亲的面称	2
tɑ⁵⁵di³³	（1）父亲的嫡亲兄长（2）父亲的堂兄	2
tɑ⁵⁵mo³³	（1）父亲嫡亲兄长的配偶（2）父亲堂兄的配偶	2
ɑ³³sɯ³¹	（1）父亲的嫡亲弟弟（2）父亲的堂弟	2
ɑ³³sɯ³¹mo³³	（1）父亲嫡亲弟弟的配偶（2）父亲堂弟的配偶	2
kv³³mo³³	（1）父亲的嫡亲姐姐（2）父亲的堂姐	2
ɑ⁵⁵dʑi⁵⁵	（1）父亲的嫡亲妹妹（2）父亲的堂妹（3）母亲的嫡亲妹妹（4）母亲的堂妹	4
kv³³di³³	（1）父亲嫡亲姐妹的配偶（2）父亲堂姐妹的配偶	2
ɑ³³tɕy⁵⁵	（1）母亲的嫡亲兄弟（2）母亲的堂兄弟	2
ɑ³³tɕy⁵⁵mo³³	（1）母亲嫡亲兄弟的配偶（2）母亲堂兄弟的配偶	2
ʑi³¹mo³³	（1）母亲的嫡亲姐妹（2）母亲的堂姐妹	2
ʑi³¹di³³	（1）母亲嫡亲姐妹的配偶（2）母亲堂姐妹的配偶	2
piɑ³³sɯ¹³	（1）父亲的姑舅姨表兄弟（2）母亲的姑舅姨表兄弟（3）父亲姑舅姨姐妹的配偶（4）母亲姑舅姨表姐妹的配偶	4
piɑ³³na³³	（1）父亲姑舅姨表兄弟的配偶（2）母亲姑舅姨表兄弟的配偶（3）父亲的姑舅姨表姐妹（4）母亲的姑舅姨表姐妹	4
zɔ³³	（1）儿子	1
tʂhə³³me³³	（1）儿媳	1
mi⁵⁵	（1）女儿	1
mu⁵⁵ɣɯ³³	（1）女婿	1
dze³³ɣɯ³³	（1）嫡亲兄弟的儿子（2）堂兄弟的儿子（3）姑舅姨表兄弟的儿子（4）嫡亲姐妹的儿子（5）堂姐妹的儿子（6）姑舅姨表姐妹的儿子	6
dze³³me³³	（1）嫡亲兄弟的女儿（2）堂兄弟的女儿（3）姑舅姨表兄弟的女儿（4）嫡亲姐妹的女儿（5）堂姐妹的女儿（6）姑舅姨表姐妹的女儿	6
lu³³bv³³	（1）孙子（2）外孙（3）嫡亲兄弟的孙子（4）堂兄弟的孙子（5）姑舅姨表兄弟的孙子（6）嫡亲兄弟的外孙（7）堂兄弟的外孙（8）姑舅姨表兄弟的外孙（9）嫡亲姐妹的孙子（10）堂兄弟的孙子（11）姑舅姨表姐妹的孙子（12）嫡亲	14

亲属称谓	义　项	义项数量
lu³³bv³³	姐妹的外孙（13）堂姐妹的外孙（14）姑舅姨表姐妹的外孙	14
lu³³bv³³tʂhə³³me³³	（1）孙媳（2）外孙媳（3）嫡亲兄弟的孙媳（4）堂兄弟的孙媳（5）姑舅姨表兄弟的孙媳（6）嫡亲兄弟的外孙媳（7）堂兄弟的外孙媳（8）姑舅姨表兄弟的外孙媳（9）嫡亲姐妹的孙媳（10）堂兄弟的孙媳（11）姑舅姨表姐妹的孙媳（12）嫡亲姐妹的外孙媳（13）堂姐妹的外孙媳（14）姑舅姨表姐妹的外孙媳	14
lu³³me³³	（1）孙女（2）外孙女（3）嫡亲兄弟的孙女（4）堂兄弟的孙女（5）姑舅姨表兄弟的孙女（6）嫡亲兄弟的外孙女（7）堂兄弟的外孙女（8）姑舅姨表兄弟的外孙女（9）嫡亲姐妹的孙女（10）堂兄弟的孙女（11）姑舅姨表姐妹的孙女（12）嫡亲姐妹的外孙女（13）堂姐妹的外孙女（14）姑舅姨表姐妹的外孙女	14
lu³³me³³mu⁵⁵ɣɯ³³	（1）孙女婿（2）外孙女婿（3）嫡亲兄弟的孙女婿（4）堂兄弟的孙女婿（5）姑舅姨表兄弟的孙女婿（6）嫡亲兄弟的外孙女婿（7）堂兄弟的外孙女婿（8）姑舅姨表兄弟的外孙女婿（9）嫡亲姐妹的孙女婿（10）堂兄弟的孙女婿（11）姑舅姨表姐妹的孙女婿（12）嫡亲姐妹的外孙女婿（13）堂姐妹的外孙女婿（14）姑舅姨表姐妹的外孙女婿	14
lu⁵⁵bv³³	（1）曾孙（2）曾外孙（3）外曾孙（4）外曾外孙（5）嫡亲兄弟的曾孙（6）堂兄弟的曾孙（7）姑舅姨表兄弟的曾孙（8）嫡亲姐妹的曾孙（9）堂姐妹的曾孙（10）姑舅姨表姐妹的曾孙（11）嫡亲兄弟的曾外孙（12）堂兄弟的曾外孙（13）姑舅姨表兄弟的曾外孙（14）嫡亲姐妹的曾外孙（15）堂姐妹的曾外孙（16）姑舅姨表姐妹的曾外孙（17）嫡亲兄弟的外曾孙（18）堂兄弟的外曾孙（19）姑舅姨表兄弟的外曾孙（20）嫡亲姐妹的外曾孙（21）堂姐妹的外曾孙（22）姑舅姨表姐妹的外曾孙（23）嫡亲兄弟的外曾外孙（24）堂兄弟的外曾外孙（25）姑舅姨表兄弟的外曾外孙（26）嫡亲姐妹的外曾外孙（27）堂姐妹的外曾外孙（28）姑舅姨表姐妹的外曾外孙	28
lu⁵⁵me³³	（1）曾孙女（2）曾外孙女（3）外曾孙女（4）外曾外孙女（5）嫡亲兄弟的曾孙女（6）堂兄弟的曾孙女（7）姑舅姨表兄弟的曾孙女（8）嫡亲姐妹的曾孙女（9）堂姐妹的曾孙女（10）姑舅姨表姐妹的曾孙女（11）嫡亲兄弟的曾外孙女（12）堂兄弟的曾外孙女（13）姑舅姨表兄弟的曾外孙女（14）嫡亲姐妹的曾外孙女（15）堂姐妹的曾外孙女（16）姑舅姨表姐妹的曾外孙女（17）嫡亲兄弟的外曾孙女（18）堂兄弟的外曾孙女（19）姑舅姨表兄弟的外曾孙女（20）嫡亲姐妹的外曾孙女（21）堂姐妹的外曾孙女（22）姑舅姨表姐妹的外曾孙女（23）嫡亲兄弟的外曾外孙女（24）堂兄弟的外曾外孙女（25）姑舅姨表兄弟的外曾外孙女（26）嫡亲姐妹的外曾外孙女（27）堂姐妹的外曾外孙女（28）姑舅姨表姐妹的外曾外孙女	28

表 20　　丽江市玉龙县宝山乡宝山村委会宝山村亲属称谓系统

亲属称谓	义　项	义项数量
a³³mu⁵⁵	（1）曾祖父（2）曾祖母（3）曾外祖父（4）曾外祖母（5）外曾祖父（6）外曾祖母（7）外曾外祖父（8）外曾外祖母（9）曾祖父的嫡亲兄弟（10）曾祖父嫡亲兄弟的配偶（11）曾祖父的嫡亲姐妹（12）曾祖父嫡亲姐妹的配偶（13）曾祖母的嫡亲兄弟的配偶（14）曾祖母嫡亲兄弟的配偶（15）曾祖母的嫡亲姐妹（16）曾祖母嫡亲姐妹的配偶（17）曾外祖父的嫡亲兄弟（18）曾外祖父嫡亲兄弟的配偶（19）曾外祖父的嫡亲姐妹（20）曾外祖父嫡亲姐妹的配偶（21）曾外祖母嫡亲兄弟（22）曾外祖母嫡亲兄弟的配偶（23）曾外祖母的嫡亲姐妹（24）曾外祖母嫡亲姐妹的配偶（25）外曾祖父的嫡亲兄弟（26）外曾祖父嫡亲兄弟的配偶（27）外曾祖父的嫡亲姐妹（28）外曾祖父嫡亲姐妹的配偶（29）外曾祖母的嫡亲兄弟（30）外曾祖母嫡亲兄弟的配偶（31）外曾祖母的嫡亲姐妹（32）外曾祖母嫡亲姐妹的配偶（33）外曾外祖父的嫡亲兄弟（34）外曾外祖父嫡亲兄弟的配偶（35）外曾外祖父的嫡亲姐妹（36）外曾外祖父嫡亲姐妹的配偶（37）外曾外祖母的嫡亲兄弟（38）外曾外祖母嫡亲兄弟的配偶（39）外曾外祖母的嫡亲姐妹（40）外曾外祖母嫡亲姐妹的配偶	40
a⁵⁵lɔ³³	（1）祖父（2）外祖父（3）祖父的嫡亲兄弟（4）祖父的堂兄弟（5）祖父的姑舅姨表兄弟（6）外祖父的嫡亲兄弟（7）外祖父的堂兄弟（8）外祖父的姑舅姨表兄弟（9）祖母的嫡亲兄弟（10）祖母的堂兄弟（11）祖母的姑舅姨表兄弟（12）外祖母的嫡亲兄弟（13）外祖母的堂兄弟（14）外祖母的姑舅姨表兄弟（15）祖母嫡亲姐妹的配偶（16）祖母堂姐妹的配偶（17）祖母姑舅姨表姐妹的配偶（18）外祖母嫡亲姐妹的配偶（19）外祖母堂姐妹的配偶（20）外祖母姑舅姨表姐妹的配偶（21）祖父嫡亲姐妹的配偶（22）祖父堂姐妹的配偶（23）祖父姑舅姨表姐妹的配偶（24）外祖父嫡亲姐妹的配偶（25）外祖父堂姐妹的配偶（26）外祖父姑舅姨表姐妹的配偶	26
a⁵⁵na³³	（1）祖母（2）外祖母（3）祖父嫡亲兄弟的配偶（4）祖父堂兄弟的配偶（5）祖父姑舅姨表兄弟的配偶（6）外祖父嫡亲兄弟的配偶（7）外祖父堂兄弟的配偶（8）外祖父姑舅姨表兄弟的配偶（9）祖母嫡亲兄弟的配偶（10）祖母堂兄弟的配偶（11）祖母姑舅姨表兄弟的配偶（12）外祖母嫡亲兄弟的配偶（13）外祖母堂兄弟的配偶（14）外祖母姑舅姨表兄弟的配偶（15）祖母的嫡亲姐妹（16）祖母的堂姐妹（17）祖母的姑舅姨表姐妹（18）外祖母的嫡亲姐妹（19）外祖母的堂姐妹（20）外祖母的姑舅表姐妹（21）祖父的嫡亲姐妹（22）祖父的堂姐妹（23）祖父的姑舅姨表姐妹（24）外祖父的嫡亲姐妹（25）外祖父的堂姐妹（26）外祖父的姑舅姨表姐妹	26
a⁵⁵di³³	（1）父亲（2）对配偶父亲的面称	2
a³³me³³	（1）母亲（2）对配偶父亲的面称	2
a³³bɑ³³dɯ³¹	（1）父亲的嫡亲兄长	1
a³³me³³dɯ³¹	（1）父亲嫡亲兄长的配偶（2）母亲的嫡亲姐姐	2
a³³bɑ³³dʑi⁵⁵	（1）父亲的嫡亲弟弟	1
a³³me³³dʑi⁵⁵	（1）父亲嫡亲弟弟的配偶（2）母亲的嫡亲妹妹	2
a⁵⁵n̩i³³	（1）父亲的嫡亲姐妹（2）父亲的堂姐妹（3）父亲的姑舅表姐妹（4）对配偶母亲的面称	4

续表

亲属称谓	义　项	义项数量
a³³gv³³	（1）父亲嫡亲姐妹的配偶（2）父亲堂姐妹的配偶（3）父亲姑舅表姐妹的配偶（4）对配偶父亲的面称	4
a³³tɕy⁵⁵	（1）母亲的嫡亲兄弟（2）母亲的堂兄弟（3）母亲的姑舅姨表兄弟	3
a³³tɕy⁵⁵mo³³	（1）母亲嫡亲兄弟的配偶（2）母亲堂兄弟的配偶（3）母亲姑舅姨表兄弟的配偶	3
n̠i³³nv³¹	（1）妻子	1
ʑa³³ka³³zl̩³³	（1）丈夫	1
a⁵⁵kɔ³³	（1）嫡亲兄长（2）堂兄（3）姑舅姨表兄（4）嫡亲姐姐的配偶（5）堂姐的配偶（6）姑舅姨表姐的配偶	6
me⁵⁵me³³	（1）嫡亲姐姐（2）堂姐（3）姑舅姨表姐（4）嫡亲兄长的配偶（5）堂兄的配偶（6）姑表兄的配偶	6
guɯ³³zl̩³³	（1）嫡亲弟弟（2）堂弟（3）姑舅姨表弟（4）嫡亲妹妹的配偶（5）堂妹的配偶（6）姑舅姨表妹的配偶	6
gu³³me³³	（1）嫡亲妹妹（2）堂妹（3）姑舅姨表妹（4）嫡亲弟弟的配偶（5）堂弟的配偶（6）姑舅姨表弟的配偶	6
zɔ³³	（1）儿子	1
tʂhɚ³³me³³	（1）儿媳	1
mi⁵⁵	（1）女儿	1
mu⁵⁵ɣɯ³³	（1）女婿	1
dze³³ɣɯ³³	（1）嫡亲兄弟的儿子（2）堂兄弟的儿子（3）姑舅姨表兄弟的儿子（4）嫡亲姐妹的儿子（5）堂姐妹的儿子（6）姑舅姨表姐妹的儿子	6
dze³³me³³	（1）嫡亲兄弟的女儿（2）堂兄弟的女儿（3）姑舅姨表兄弟的女儿（4）嫡亲姐妹的女儿（5）堂姐妹的女儿（6）姑舅姨表姐妹的女儿	6
lu³³bv³³	（1）孙子（2）外孙（3）嫡亲兄弟的孙子（4）堂兄弟的孙子（5）姑舅姨表兄弟的孙子（6）嫡亲兄弟的外孙（7）堂兄弟的外孙（8）姑舅姨表兄弟的外孙（9）嫡亲姐妹的孙子（10）堂姐妹的孙子（11）姑舅姨表姐妹的孙子（12）嫡亲姐妹的外孙（13）堂姐妹的外孙（14）姑舅姨表姐妹的外孙	14
lu³³me³³	（1）孙女（2）外孙女（3）嫡亲兄弟的孙女（4）堂兄弟的孙女（5）姑舅姨表兄弟的孙女（6）嫡亲兄弟的外孙女（7）堂兄弟的外孙女（8）姑舅姨表兄弟的外孙女（9）嫡亲姐妹的孙女（10）堂兄弟的孙女（11）姑舅姨表姐妹的孙女（12）嫡亲姐妹的外孙女（13）堂姐妹的外孙女（14）姑舅姨表姐妹的外孙女	14
lu⁵⁵bv³³	（1）曾孙（2）曾外孙（3）外曾孙（4）外曾外孙（5）嫡亲兄弟的曾孙（6）堂兄弟的曾孙（7）姑舅姨表兄弟的曾孙（8）嫡亲姐妹的曾孙（9）堂姐妹的曾孙（10）姑舅姨表姐妹的曾孙（11）嫡亲兄弟的曾外孙（12）堂兄弟的曾外孙（13）姑舅姨表兄弟的曾外孙（14）嫡亲姐妹的曾外孙（15）堂姐妹的曾外孙（16）姑舅姨表姐妹的曾外孙（17）嫡亲兄弟的外曾孙（18）堂兄弟的外曾孙（19）姑舅姨表兄弟的外曾孙（20）嫡亲姐妹的外曾孙（21）堂姐妹的外曾孙（22）姑舅姨表姐妹的外曾孙（23）嫡亲兄弟的外曾外孙（24）堂兄弟的外曾外孙（25）姑舅姨表兄弟的外曾外孙（26）嫡亲姐妹的外曾外孙（27）堂姐妹的外曾外孙（28）姑舅姨表姐妹的外曾外孙	28

续表

亲属称谓	义　项	义项数量
lu⁵⁵me³³	（1）曾孙女（2）曾外孙女（3）外曾孙女（4）外曾外孙女（5）嫡亲兄弟的曾孙女（6）堂兄弟的曾孙女（7）姑舅姨表兄弟的曾孙女（8）嫡亲姐妹的曾孙女（9）堂姐妹的曾孙女（10）姑舅姨表姐妹的曾孙女（11）嫡亲兄弟的曾外孙女（12）堂兄弟的曾外孙女（13）姑舅姨表兄弟的曾外孙女（14）嫡亲姐妹的曾外孙女（15）堂姐妹的曾外孙女（16）姑舅姨表姐妹的曾外孙女（17）嫡亲兄弟的外曾孙女（18）堂兄弟的外曾孙女（19）姑舅姨表兄弟的外曾孙女（20）嫡亲姐妹的外曾孙女（21）堂姐妹的外曾孙女（22）姑舅姨表姐妹的外曾孙女（23）嫡亲兄弟的外曾外孙女（24）堂兄弟的外曾外孙女（25）姑舅姨表兄弟的外曾外孙女（26）嫡亲姐妹的外曾外孙女（27）堂姐妹的外曾外孙女（28）姑舅姨表姐妹的外曾外孙女	28

表 21　丽江市玉龙县白沙镇新尚村委会丰乐村亲属称谓系统

亲属称谓	义　项	义项数量
a³³tha⁵⁵mu⁵⁵	（1）高祖母（2）高外祖母（3）外高祖母（4）外高外祖母	4
a³³zou³¹mu⁵⁵	（1）高祖父（2）高外祖父（3）外高祖父（4）外高外祖父	4
a³³mu⁵⁵	（1）曾祖父（2）曾祖母（3）曾外祖父（4）曾外祖母（5）外曾祖父（6）外曾祖母（7）外曾外祖父（8）外曾外祖母（9）曾祖父的嫡亲兄弟（10）曾祖父嫡亲兄弟的配偶（11）曾祖父的嫡亲姐妹（12）曾祖父嫡亲姐妹的配偶（13）曾祖母的嫡亲兄弟（14）曾祖母嫡亲兄弟的配偶（15）曾祖母的嫡亲姐妹（16）曾祖母嫡亲姐妹的配偶（17）曾外祖父的嫡亲兄弟（18）曾外祖父嫡亲兄弟的配偶（19）曾外祖父的嫡亲姐妹（20）曾外祖父嫡亲姐妹的配偶（21）曾外祖母的嫡亲兄弟（22）曾外祖母嫡亲兄弟的配偶（23）曾外祖母的嫡亲姐妹（24）曾外祖母嫡亲姐妹的配偶（25）外曾祖父的嫡亲兄弟（26）外曾祖父嫡亲兄弟的配偶（27）外曾祖父的嫡亲姐妹（28）外曾祖父嫡亲姐妹的配偶（29）外曾祖母的嫡亲兄弟（30）外曾祖母嫡亲兄弟的配偶（31）外曾祖母的嫡亲姐妹（32）外曾祖母嫡亲姐妹的配偶（33）外曾外祖父的嫡亲兄弟（34）外曾外祖父嫡亲兄弟的配偶（35）外曾外祖父的嫡亲姐妹（36）外曾外祖父嫡亲姐妹的配偶（37）外曾外祖母的嫡亲兄弟（38）外曾外祖母嫡亲兄弟的配偶（39）外曾外祖母的嫡亲姐妹（40）外曾外祖母嫡亲姐妹的配偶	40
a⁵⁵lɔ³³	（1）祖父（2）祖父的嫡亲兄弟（3）祖父的堂兄弟	3
a⁵⁵na³³	（1）祖母（2）祖父嫡亲兄弟的配偶（3）祖父堂兄弟的配偶	3
a⁵⁵kv³³	（1）外祖父（2）外祖父的嫡亲兄弟（3）外祖父的堂兄弟（4）外祖父的姑舅姨表兄弟	4
a³¹phɔ¹³	（1）外祖母（2）外祖父嫡亲兄弟的配偶（3）外祖父堂兄弟的配偶（4）外祖父的姑舅姨表兄弟的配偶	4
a⁵⁵lɔ³³dɯ³¹	（1）祖父排行老大的嫡亲兄长（2）祖父排行老大的堂兄	2
a⁵⁵na³³dɯ³¹	（1）祖父排行老大嫡亲兄长的配偶（2）祖父排行老大堂兄的配偶	2
a⁵⁵lɔ³³dzi⁵⁵	（1）祖父排行最小的嫡亲弟弟（2）祖父排行最小的弟弟	2

亲属称谓	义　项	义项数量
$a^{55}na^{33}dzi^{55}$	（1）祖父排行最小嫡亲弟弟的配偶（2）祖父排行最小弟弟的配偶	2
$a^{55}kv^{33}du\dfrac{}{}^{31}$	（1）外祖父排行老大的嫡亲兄长（2）外祖父排行老大的堂兄（3）外祖父排行老大的姑舅姨表兄	3
$a^{31}pho^{13}du\dfrac{}{}^{31}$	（1）外祖父排行老大嫡亲兄长的配偶（2）外祖父排行老大堂兄的配偶（3）外祖父排行老大姑舅姨表兄的配偶	3
$a^{55}kv^{33}dzi^{55}$	（1）外祖父排行最小的嫡亲弟弟（2）外祖父排行最小的弟弟（3）外祖父排行最小的姑舅姨表弟	3
$a^{31}pho^{13}dzi^{55}$	（1）外祖父排行最小嫡亲弟弟的配偶（2）外祖父排行最小弟弟的配偶（3）外祖父排行最小姑舅姨表弟的配偶	3
$kv^{33}na^{33}$	（1）祖父的嫡亲姐妹（2）祖父的堂姐妹（3）外祖父的嫡亲姐妹（4）外祖父的堂姐妹	4
$kv^{33}lo^{33}$	（1）祖父嫡亲姐妹的配偶（2）祖父堂姐妹的配偶（3）外祖父嫡亲姐妹的配偶（4）外祖父堂姐妹的配偶	4
$a^{33}t\varsigma y^{55}lo^{33}$	（1）祖母的嫡亲兄弟（2）祖母的堂兄弟（3）外祖母的嫡亲兄弟（4）外祖母的堂兄弟	4
$a^{33}t\varsigma y^{55}na^{33}$	（1）祖母嫡亲兄弟的配偶（2）祖母堂兄弟的配偶（3）外祖母嫡亲兄弟的配偶（4）外祖母堂兄弟的配偶	4
$zi^{31}na^{33}$	（1）祖母的嫡亲姐妹（2）祖母的堂姐妹（3）外祖母的嫡亲姐妹（4）外祖母的堂姐妹	4
$zi^{31}lo^{33}$	（1）祖母嫡亲姐妹的配偶（2）祖母堂姐妹的配偶（3）外祖母嫡亲姐妹的配偶（4）外祖母堂姐妹的配偶	4
$pia^{33}lo^{33}$	（1）祖父的姑舅表姨兄弟（2）祖母姑舅姨表姐妹的配偶（3）祖母的姑舅姨表兄弟（4）祖父姑舅姨表姐妹的配偶（5）外祖父姑舅姨表姐妹的配偶（6）外祖母姑舅姨表姐妹的配偶（7）外祖母的姑舅姨表兄弟（8）外祖父的姑舅姨表兄弟	8
$pia^{33}na^{33}$	（1）祖父姑舅表姨兄弟的配偶（2）祖父的姑舅姨表姐妹（3）祖母姑舅姨表兄弟的配偶（4）祖母的姑舅姨表姐妹（5）外祖父的姑舅姨表姐妹（6）外祖父姑舅姨表兄弟的配偶（7）外祖母的姑舅姨表姐妹（8）外祖母姑舅姨表兄弟的配偶	8
$a^{33}ba^{33}$	（1）父亲（2）对配偶父亲的面称	2
$a^{33}di^{33}$	（1）父亲（2）对配偶父亲的面称	2
$a^{33}mo^{33}$	（1）母亲（2）对配偶母亲的面称	2
$zu^{31}phe^{33}$	（1）对配偶父亲的背称	1
$zu^{31}me^{33}$	（1）对配偶母亲的背称	1
$a^{33}da^{55}$	（1）父亲的嫡亲兄长（2）父亲的堂兄	2
$da^{55}mo^{33}$	（1）父亲嫡亲兄长的配偶（2）父亲堂兄的配偶	2
$a^{33}su\dfrac{}{}^{13}$	（1）父亲的嫡亲弟弟（2）父亲的堂弟	2

续表

亲属称谓	义　项	义项数量
$a^{55}na^{33}$	（1）父亲嫡亲弟弟的配偶（2）父亲堂弟的配偶	2
$kv^{33}mo^{33}$	（1）父亲的嫡亲姐妹（2）父亲的堂姐妹	2
$kv^{33}di^{33}$	（1）父亲嫡亲姐妹的配偶（2）父亲堂姐妹的配偶	2
$pia^{33}su^{13}$	（1）父亲的姑舅姨表兄弟（2）母亲的姑舅姨表兄弟（3）父亲姑舅姨表姐妹的配偶（4）母亲姑舅姨表姐妹的配偶	4
$pia^{33}\text{ʂ}ʅ^{33}$	（1）父亲姑舅姨表兄弟的配偶（2）母亲姑舅姨表兄弟的配偶（3）父亲的姑舅姨表姐妹（4）母亲的姑舅姨表姐妹	4
$pia^{33}na^{33}$	（1）父亲姑舅姨表兄弟的配偶（2）母亲姑舅姨表兄弟的配偶（3）父亲的姑舅姨表姐妹（4）母亲的姑舅姨表姐妹	4
$a^{33}tɕy^{55}$	（1）母亲的嫡亲兄弟（2）母亲的堂兄弟	2
$a^{33}tɕy^{55}mo^{33}$	（1）母亲嫡亲兄弟的配偶（2）母亲堂兄弟的配偶	2
$zi^{31}mo^{33}$	（1）母亲的嫡亲姐妹（2）母亲的堂姐妹	2
$zi^{31}di^{33}$	（1）母亲嫡亲姐妹的配偶（2）母亲堂姐妹的配偶	2
$a^{33}kɔ^{33}$	（1）嫡亲兄长（2）堂兄（3）姑舅姨表兄（4）嫡亲姐姐的配偶（5）堂姐的配偶（6）姑舅姨表姐的配偶	6
$a^{55}tɕi^{33}$	（1）嫡亲姐姐（2）堂姐（3）姑舅姨表姐（4）嫡亲兄长的配偶（5）堂兄的配偶（6）姑舅姨表兄的配偶	6
$gu^{33}zʅ^{33}$	（1）嫡亲弟弟（2）堂弟（3）姑舅姨表弟（4）嫡亲妹妹的配偶（5）堂妹的配偶（6）姑舅姨表妹的配偶	6
$gu^{33}me^{33}$	（1）嫡亲妹妹（2）堂妹（3）姑舅姨表妹（4）嫡亲弟弟的配偶（5）堂弟的配偶（6）姑舅姨表弟的配偶	6
$zɔ^{33}$	（1）儿子	1
$\text{tʂ}hə^{33}me^{33}$	（1）儿媳	1
mi^{55}	（1）女儿	1
$mu^{55}ɣu^{33}$	（1）女婿	1
$\text{ʥ}e^{33}ɣu^{33}$	（1）嫡亲兄弟的儿子（2）堂兄弟的儿子（3）姑舅姨表兄弟的儿子（4）嫡亲姐妹的儿子（5）堂姐妹的儿子（6）姑舅姨表姐妹的儿子	6
$\text{ʥ}e^{33}me^{33}$	（1）嫡亲兄弟的女儿（2）堂兄弟的女儿（3）姑舅姨表兄弟的女儿（4）嫡亲姐妹的女儿（5）堂姐妹的女儿（6）姑舅姨表姐妹的女儿	6
$\text{ȵ}i^{33}nə^{31}$	（1）妻子	1
$\text{ʐ}a^{33}ka^{31}zʅ^{33}$	（1）丈夫	1
$lə^{33}bv^{33}$	（1）孙子（2）外孙（3）嫡亲兄弟的孙子（4）堂兄弟的孙子（5）姑舅姨表兄弟的孙子（6）嫡亲兄弟的外孙（7）堂兄弟的外孙（8）姑舅姨表兄弟的外孙（9）嫡亲姐妹的孙子（10）堂兄弟的孙子（11）姑舅姨表姐妹的孙子（12）嫡亲姐妹的外孙（13）堂姐妹的外孙（14）姑舅姨表姐妹的外孙	14

亲属称谓	义　项	义项数量
lə³³bv³³ɲi³³nə³¹	（1）孙媳（2）外孙媳（3）嫡亲兄弟的孙媳（4）堂兄弟的孙媳（5）姑舅姨表兄弟的孙媳（6）嫡亲兄弟的外孙媳（7）堂兄弟的外孙媳（8）姑舅姨表兄弟的外孙媳（9）嫡亲姐妹的孙媳（10）堂兄弟的孙媳（11）姑舅姨表姐妹的孙媳（12）嫡亲姐妹的外孙媳（13）堂姐妹的外孙媳（14）姑舅姨表姐妹的外孙媳	14
lə³³me³³	（1）孙女（2）外孙女（3）嫡亲兄弟的孙女（4）堂兄弟的孙女（5）姑舅姨表兄弟的孙女（6）嫡亲兄弟的外孙女（7）堂兄弟的外孙女（8）姑舅姨表兄弟的外孙女（9）嫡亲姐妹的孙女（10）堂兄弟的孙女（11）姑舅姨表姐妹的孙女（12）嫡亲姐妹的外孙女（13）堂姐妹的外孙女（14）姑舅姨表姐妹的外孙女	14
lə³³me³³za³³ka³¹ʐ̩³³	（1）孙女婿（2）外孙女婿（3）嫡亲兄弟的孙女婿（4）堂兄弟的孙女婿（5）姑舅姨表兄弟的孙女婿（6）嫡亲兄弟的外孙女婿（7）堂兄弟的外孙女婿（8）姑舅姨表兄弟的外孙女婿（9）嫡亲姐妹的孙女婿（10）堂兄弟的孙女（11）姑舅姨表姐妹的孙女婿（12）嫡亲姐妹的外孙女婿（13）堂姐妹的外孙女婿（14）姑舅姨表姐妹的外孙女婿	14
lə⁵⁵bv³³	（1）曾孙（2）曾外孙（3）外曾孙（4）外曾外孙（5）嫡亲兄弟的曾孙（6）堂兄弟的曾孙（7）姑舅姨表兄弟的曾孙（8）嫡亲姐妹的曾孙（9）堂姐妹的曾孙（10）姑舅姨表姐妹的曾孙（11）嫡亲兄弟的曾外孙（12）堂兄弟的曾外孙（13）姑舅姨表兄弟的曾外孙（14）嫡亲姐妹的曾外孙（15）堂姐妹的曾外孙（16）姑舅姨表姐妹的曾外孙（17）嫡亲兄弟的外曾孙（18）堂兄弟的外曾孙（19）姑舅姨表兄弟的外曾孙（20）嫡亲姐妹的外曾孙（21）堂姐妹的外曾孙（22）姑舅姨表姐妹的外曾孙（23）嫡亲兄弟的外曾外孙（24）堂兄弟的外曾外孙（25）姑舅姨表兄弟的外曾外孙（26）嫡亲姐妹的外曾外孙（27）堂姐妹的外曾外孙（28）姑舅姨表姐妹的外曾外孙	28
lə⁵⁵me³³	（1）曾孙女（2）曾外孙女（3）外曾孙女（4）外曾外孙女（5）嫡亲兄弟的曾孙女（6）堂兄弟的曾孙女（7）姑舅姨表兄弟的曾孙女（8）嫡亲姐妹的曾孙女（9）堂姐妹的曾孙女（10）姑舅姨表姐妹的曾孙女（11）嫡亲兄弟的曾外孙女（12）堂兄弟的曾外孙女（13）姑舅姨表兄弟的曾外孙女（14）嫡亲姐妹的曾外孙女（15）堂姐妹的曾外孙女（16）姑舅姨表姐妹的曾外孙女（17）嫡亲兄弟的外曾孙女（18）堂兄弟的外曾孙女（19）姑舅姨表兄弟的外曾孙女（20）嫡亲姐妹的外曾孙女（21）堂姐妹的外曾孙女（22）姑舅姨表姐妹的外曾孙女（23）嫡亲兄弟的外曾外孙女（24）堂兄弟的外曾外孙女（25）姑舅姨表兄弟的外曾外孙女（26）嫡亲姐妹的外曾外孙女（27）堂姐妹的外曾外孙女（28）姑舅姨表姐妹的外曾外孙女	28

表 22　　丽江市玉龙县巨甸镇武侯村委会阿瓦村亲属称谓系统

亲属称谓	义　项	义项数量
ɑ³¹khɑo³¹	（1）曾祖父（2）曾外祖父（3）外曾祖父（4）外曾外祖父（5）曾祖父的嫡亲兄弟（6）曾祖父嫡亲姐妹的配偶（7）曾祖母的嫡亲兄弟（8）曾祖母嫡亲姐妹的配偶（9）曾外祖父的嫡亲兄弟（10）曾外祖父嫡亲姐妹的配偶（11）曾外祖母的嫡亲兄弟（12）曾外祖母嫡亲姐妹的配偶（13）外曾祖父的嫡亲兄弟（14）外曾祖父嫡亲姐妹的配偶（15）外曾祖母的嫡亲兄弟（16）外曾祖母嫡亲姐妹的配偶（17）外曾外祖父的嫡亲兄弟（18）外曾外祖父嫡亲姐妹的配偶（19）外曾外祖母的嫡亲兄弟（20）外曾外祖母嫡亲姐妹的配偶	20

亲属称谓	义 项	义项数量
a³¹mo⁵⁵	（1）曾祖母（2）曾外祖母（3）外曾祖母（4）外曾外祖母（5）曾祖父嫡亲兄弟的配偶（6）曾祖父的嫡亲姐妹（7）曾祖母嫡亲兄弟的配偶（8）曾祖母的嫡亲姐妹（9）曾外祖父嫡亲兄弟的配偶（10）曾外祖父的嫡亲姐妹（11）曾外祖母嫡亲兄弟的配偶（12）曾外祖母的嫡亲姐妹（13）外曾祖父嫡亲兄弟的配偶（14）外曾祖父的嫡亲姐妹（15）外曾祖母嫡亲兄弟的配偶（16）外曾祖母的嫡亲姐妹（17）外曾外祖父嫡亲兄弟的配偶（18）外曾外祖父的嫡亲姐妹（19）外曾外祖母嫡亲兄弟的配偶（20）外曾外祖母的嫡亲姐妹	20
a³³phv³³	（1）祖父（2）外祖父（3）祖父的嫡亲兄弟（4）祖父的堂兄弟（5）祖父的姑舅姨表兄弟（6）外祖父的嫡亲兄弟（7）外祖父的堂兄弟（8）外祖父的姑舅姨表兄弟（9）祖母的嫡亲兄弟（10）祖母的堂兄弟（11）祖母的姑舅姨表兄弟（12）外祖母的嫡亲兄弟（13）外祖母的堂兄弟（14）外祖母的姑舅姨表兄弟（15）祖母嫡亲姐妹的配偶（16）祖母堂姐妹的配偶（17）祖母姑舅姨表姐妹的配偶（18）外祖母嫡亲姐妹的配偶（19）外祖母堂姐妹的配偶（20）外祖母姑舅姨表姐妹的配偶（21）祖父嫡亲姐妹的配偶（22）祖父堂姐妹的配偶（23）祖父姑舅姨表姐妹的配偶（24）外祖父嫡亲姐妹的配偶（25）外祖父堂姐妹的配偶（26）外祖父姑舅姨表姐妹的配偶	26
a³³dzʅ³³	（1）祖母（2）外祖母（3）祖父嫡亲兄弟的配偶（4）祖父堂兄弟的配偶（5）祖父姑舅姨表兄弟的配偶（6）外祖父嫡亲兄弟的配偶（7）外祖父堂兄弟的配偶（8）外祖父姑舅姨表兄弟的配偶（9）祖母嫡亲兄弟的配偶（10）祖母堂兄弟的配偶（11）祖母姑舅姨表兄弟的配偶（12）外祖母嫡亲兄弟的配偶（13）外祖母堂兄弟的配偶（14）外祖母姑舅姨表兄弟的配偶（15）祖母的嫡亲姐妹（16）祖母的堂姐妹（17）祖母的姑舅姨表姐妹（18）外祖母的嫡亲姐妹（19）外祖母的堂姐妹（20）外祖母的姑舅姨表姐妹（21）祖父的嫡亲姐妹（22）祖父的堂姐妹（23）祖父的姑舅姨表姐妹（24）外祖父的嫡亲姐妹（25）外祖父的堂姐妹（26）外祖父的姑舅姨表姐妹	26
a³³ba³³	（1）父亲（2）对配偶父亲的面称	2
a³³me³³	（1）母亲（2）对配偶母亲的面称	2
zo³¹phe³³	（1）对配偶父亲的背称	1
zo³¹me³³	（1）对配偶母亲的背称	1
ta⁵⁵di³³	（1）父亲的嫡亲兄长（2）父亲的堂兄（3）父亲的姑舅姨表兄	3
a³³bo³³	（1）父亲的嫡亲弟弟（2）父亲的堂弟（3）父亲的姑舅姨表弟（4）母亲嫡亲姐妹的配偶（5）母亲堂姐妹的配偶（6）母亲姑舅姨表姐妹的配偶	6
a³³ni³³	（1）父亲嫡亲兄弟的配偶（2）父亲堂兄弟的配偶（3）父亲姑舅姨表兄弟的配偶（4）母亲嫡亲兄弟的配偶（5）母亲堂兄弟的配偶（6）母亲姑舅姨表兄弟的配偶（7）母亲的嫡亲姐妹（8）母亲的堂姐妹（9）母亲的姑舅姨表姐妹	9

亲属称谓	义 项	义项数量
$a^{33}gv^{33}$	（1）母亲的嫡亲兄弟（2）母亲的堂兄弟（3）母亲的姑舅姨表兄弟	3
$tʂhua^{33}me^{33}$	（1）妻子	1
$mo^{55}ɣɯ^{33}$	（1）丈夫	1
$a^{55}bv^{31}$	（1）嫡亲兄长（2）堂兄（3）姑舅姨表兄（4）嫡亲姐姐的配偶（5）堂姐的配偶（6）姑舅姨表姐的配偶	6
$gɯ^{33}zl^{33}$	（1）嫡亲弟弟（2）堂弟（3）姑舅姨表弟（4）嫡亲妹妹的配偶（5）堂妹的配偶（6）姑舅姨表妹的配偶	6
$me^{55}me^{31}$	（1）嫡亲兄长的配偶（2）堂兄的配偶（3）姑舅姨表兄的配偶（4）嫡亲姐姐（5）堂姐（6）姑舅姨表姐	6
$gv^{33}me^{33}$	（1）嫡亲弟弟的配偶（2）堂弟的配偶（3）姑舅姨表弟的配偶（4）嫡亲妹妹（5）堂妹（6）姑舅姨表妹	6
$mi^{55}mo^{55}ɣɯ^{33}$	（1）女婿	1
$zɔ^{33}tʂhua^{33}me^{33}$	（1）儿媳	1
mi^{55}	（1）女儿	1
$zɔ^{33}$	（1）儿子	1
$dʑe^{33}ɣɯ^{33}$	（1）嫡亲兄弟的儿子（2）堂兄弟的儿子（3）姑舅姨表兄弟的儿子（4）嫡亲姐妹的儿子（5）堂姐妹的儿子（6）姑舅姨表姐妹的儿子	6
$dʑe^{33}me^{33}$	（1）嫡亲兄弟的女儿（2）堂兄弟的女儿（3）姑舅姨表兄弟的女儿（4）嫡亲姐妹的女儿（5）堂姐妹的女儿（6）姑舅姨表姐妹的女儿	6
$lu^{33}bv^{33}$	（1）孙子（2）外孙（3）嫡亲兄弟的孙子（4）堂兄弟的孙子（5）姑舅姨表兄弟的孙子（6）嫡亲兄弟的外孙（7）堂兄弟的外孙（8）姑舅姨表兄弟的外孙（9）嫡亲姐妹的孙子（10）堂兄弟的孙子（11）姑舅姨表姐妹的孙子（12）嫡亲姐妹的外孙（13）堂姐妹的外孙（14）姑舅姨表姐妹的外孙	14
$lu^{33}me^{33}$	（1）孙女（2）外孙女（3）嫡亲兄弟的孙女（4）堂兄弟的孙女（5）姑舅姨表兄弟的孙女（6）嫡亲兄弟的外孙女（7）堂兄弟的外孙女（8）姑舅姨表兄弟的外孙女（9）嫡亲姐妹的孙女（10）堂兄弟的孙女（11）姑舅姨表姐妹的孙女（12）嫡亲姐妹的外孙女（13）堂姐妹的外孙女（14）姑舅姨表姐妹的外孙女	14
$lu^{31}bv^{33}$	（1）曾孙（2）曾外孙（3）外曾孙（4）外曾外孙（5）嫡亲兄弟的曾孙（6）堂兄弟的曾孙（7）姑舅姨表兄弟的曾孙（8）嫡亲姐妹的曾孙（9）堂姐妹的曾孙（10）姑舅姨表姐妹的曾孙（11）嫡亲兄弟的曾外孙（12）堂兄弟的曾外孙（13）姑舅姨表兄弟的曾外孙（14）嫡亲姐妹的曾外孙（15）堂姐妹的曾外孙（16）姑舅姨表姐妹的曾外孙（17）嫡亲兄弟的外曾孙（18）堂兄弟的外曾孙（19）姑舅姨表兄弟的外曾孙（20）嫡亲姐妹的外曾孙（21）堂姐妹的外曾孙（22）姑舅姨表姐妹的外曾孙（23）嫡亲兄弟的外曾外孙（24）堂兄弟的外曾外孙（25）姑舅姨表兄弟的外曾外孙（26）嫡亲姐妹的外曾外孙（27）堂姐妹的外曾外孙（28）姑舅姨表姐妹的外曾外孙	28

亲属称谓	义　项	义项数量
lu³¹me³³	（1）曾孙女（2）曾外孙女（3）外曾孙女（4）外曾外孙女（5）嫡亲兄弟的曾孙女（6）堂兄弟的曾孙女（7）姑舅姨表兄弟的曾孙女（8）嫡亲姐妹的曾孙女（9）堂姐妹的曾孙女（10）姑舅姨表姐妹的曾孙女（11）嫡亲兄弟的曾外孙女（12）堂兄弟的曾外孙女（13）姑舅姨表兄弟的曾外孙女（14）嫡亲姐妹的曾外孙女（15）堂姐妹的曾外孙女（16）姑舅姨表姐妹的曾外孙女（17）嫡亲兄弟的外曾孙女（18）堂兄弟的外曾孙女（19）姑舅姨表兄弟的外曾孙女（20）嫡亲姐妹的外曾孙女（21）堂姐妹的外曾孙女（22）姑舅姨表姐妹的外曾孙女（23）嫡亲兄弟的外曾外孙女（24）堂兄弟的外曾外孙女（25）姑舅姨表兄弟的外曾外孙女（26）嫡亲姐妹的外曾外孙女（27）堂姐妹的外曾外孙女（28）姑舅姨表姐妹的外曾外孙女	28

参考文献

（按音序排列，相同音序按时间排列）

一 辞书类

和即仁、赵庆莲、和洁珍：《纳西语常用词汇》，云南人民出版社 2011 年版。

夏征农主编：《辞海·语词分册》，上海辞书出版社 2003 年版。

中国社会科学院语言研究所词典编辑室：《现代汉语词典》（第 5 版），商务
　　印书馆 2007 年版。

直巴·尔车、许瑞娟：《摩梭语常用词句荟萃》，云南人民出版社 2013 年版。

二 中文著作类

白羲等编译：《西方纳西学论集》，民族出版社 2013 年版。

曹志耘、秋谷裕幸、太田斋、赵日新：《吴语处衢方言研究》，日本东京好
　　文出版株式会社 2000 年版。

曹志耘：《汉语方言地图集》，商务印书馆 2008 年版。

曹志耘：《汉语方言的地理语言学研究》，商务印书馆 2013 年版。

蔡和森：《社会进化论》，东方出版社 2012 年版。

陈柳：《永宁摩梭人婚姻家庭变迁研究》，民族出版社 2012 年版。

戴庆厦、徐悉艰：《景颇语词汇学》，中央民族大学出版社 1995 年版。

戴庆厦、岭福祥主编：《彝语词汇学》，中央民族大学出版社 1998 年版。

戴庆厦：《藏缅语族语言研究》（三），云南民族出版社 2004 年版。

戴庆厦主编：《云南丽江玉龙县九河白族乡各民族的语言生活》，商务印书
　　馆 2014 年版。

董绍克等：《汉语方言词汇比较研究》，商务印书馆 2013 年版。

冯汉骥：《中国亲属称谓指南》，徐志诚译，上海文艺出版社 1989 年版。

斐文：《语言时空论》，商务印书馆 2012 年版。

方国瑜：《方国瑜纳西学论集》，民族出版社 2008 年版。

郭良夫：《词汇》，商务印书馆 2013 年版。

赫维人、潘玉君：《新人文地理学》，中国社会科学出版社 2002 年版。

胡士云：《汉语亲属称谓研究》，商务印书馆 2007 年版。

和志武：《和志武纳西学论集》，民族出版社 2008 年版。

和即仁、姜竹仪：《纳西语简志》，云南民族出版社 1985 年版。

和即仁：《民族语文论文集》，云南民族出版社 2006 年版。

和士华：《纳西族的迁徙与融合》，云南人民出版社 2007 年版。

金有景：《中国拉祜语方言地图集》，中国社会科学出版社 1990 年版。

姜竹仪：《姜竹仪纳西学论集》，民族出版社 2014 年版。

蒋颖：《汉藏语系语言名量词比较研究》，民族出版社 2009 年版。

罗常培：《语言与文化》，商务印书馆 2004 年版。

李泽然：《哈尼语词汇学》，民族出版社 2013 年版。

刘叔新：《词汇研究》，外语教学与研究出版社 2006 年版。

刘叔新：《汉语描写词汇学》，商务印书馆 2013 年版。

潘玉君：《地理学基础》，科学出版社 2001 年版。

宋兆麟：《共夫制与共妻制》，上海三联书店 1990 年版。

吴安其：《汉藏语同源研究》，中央民族大学出版社 2002 年版。

王文胜：《处州方言的地理语言学研究》，中国社会科学出版社 2008 年版。

项梦冰、曹晖：《汉语方言地理学——入门与实践》，中国书籍出版社 2012
年版。

云南省编辑组：《宁蒗彝族自治县纳西族社会及家庭形态调查》，云南人民
出版社 1986 年版。

中国大百科全书总编辑委员会《法学》编辑委员会：《中国大百科全书·法
学》，中国大百科全书出版社 1984 年版。

张文奎：《人文地理学概况》，东北师范大学出版社 1993 年版。

周尚意：《文化地理学》，高等教育出版社 2004 年版。

《中国少数民族社会历史调查资料丛刊》修订编辑委员会：《四川省纳西族
社会历史调查》，民族出版社 2009 年版。

《中国少数民族社会历史调查资料丛刊》修订编辑委员会云南省编辑组：《永
宁纳西族社会及母系制调查》，民族出版社 2009 年版。

《中国少数民族社会历史调查资料丛刊》修订编辑委员会：《纳西族社会历
史调查》（一），民族出版社 2009 年版。

《中国少数民族社会历史调查资料丛刊》修订编辑委员会：《纳西族社会历
史调查》（二），民族出版社 2009 年版。

《中国少数民族社会历史调查资料丛刊》修订编辑委员会：《纳西族社会历
史调查》（三），民族出版社 2009 年版。

曾小鹏：《俄亚托地村纳西语言文字研究》，光明日报出版社 2013 年版。

〔法〕R.布洛东：《语言地理》，祖培、唐珍译，商务印书馆 2008 年版。

〔美〕路易斯・亨利・摩尔根：《古代社会》，杨东莼、马雍、马巨译，商务
　　印书馆 2012 年版。

〔英〕施传刚：《永宁摩梭》，刘永青译，云南大学出版社 2008 年版。

〔英〕萨拉・L.霍洛唯、〔英〕斯蒂芬・P.赖斯、〔英〕吉尔・瓦伦丁编：《当
　　代地理学要义——概念、思维与方法》，黄润华、孙颖译，商务印书馆 2011
　　年版。

〔日〕桥本万太郎：《语言地理类型学》，余志鸿译，北京大学出版社 1985
　　年版。

三　期刊类

阿孜古丽・阿布力米提：《试论维吾尔语和田方言亲属称谓的特点》，《中央
　　民族大学学报》（哲学社会科学版）2001 年第 6 期。

阿热依・邓哈孜：《浅谈哈萨克语爱称称谓》，《伊犁师范学院学报》（社会
　　科学版）2015 年第 2 期。

巴且日火：《凉山彝族非血缘亲属称谓试析》，《民族语文》2000 年第 5 期。

薄文泽：《语义成分的叠加——从文昌话亲属称谓看语言接触的一种方式》，
　　《民族语文》2002 年第 3 期。

保明所：《语言接触与傣族亲属称谓的演变》，《怀化学院学报》2011 年第
　　12 期。

曹志耘：《老枝新芽：中国地理语言学研究展望》，《语言教学与研究》2002
　　年第 3 期。

曹道巴特尔：《语言接触所产生的蒙古族直系血亲亲属称谓词的地区差异》，
　　《满语研究》2004 年第 2 期。

崔军民：《藏语亲属称谓系统及其文化内涵初探》，《中央民族大学学报》（哲
　　社版）2006 年第 1 期。

曹志耘：《读岩田礼编〈汉语方言解释地图〉》，《方言》2010 年第 4 期。

曹志耘：《汉语方言的地理分布类型》，《语言教学与研究》2011 年第 5 期。

陈倩：《从亲属称谓看纳西族婚姻制度的变迁》，《齐齐哈尔师范高等专科学
　　校学报》2011 年第 1 期。

陈海宏、谭丽亚：《怒苏语亲属称谓特征及其文化内涵》，《四川民族学院学
　　报》2011 年第 6 期。

陈瑾斓：《甘南卓尼康多乡游牧社区亲属制度调查》，《贵州民族学院学报》
　　（社科版）2012 年第 1 期。

戴庆厦：《景颇语亲属称谓的语义分析》，《民族语文》1991 年第 1 期。

戴庆厦、和智利、李旭芳：《丽江市古城区七河镇共和村的语言和谐》，《青海民族研究》2014 年第 3 期。

戴庆厦、和智利、杨露：《论边境地区的语言生活》，《贵州民族研究》2015 年第 4 期。

丁石庆：《达斡尔族亲属称谓的文化透视》，《黑龙江民族丛刊》1998 年第 1 期。

丁立平：《从一个民族的近代婚姻看理性婚姻的意义》，《云南民族学院学报》（哲学社会科学版）2001 年第 1 期。

丁立平、习熠华：《纳西族的传统联姻制度》，《思想战线》2007 年第 4 期。

傅懋勣：《永宁纳西族的母系家庭和亲属称谓》，《民族研究》1980 年第 3 期。

范丽君：《蒙古语内蒙古方言亲属称谓词中汉语借词特点》，《中央民族大学学报》（哲学社会科学版）2005 年第 6 期。

冯敏：《川西藏区的扎巴母系制走访婚》，《民族研究》2006 年第 1 期。

古丽扎尔·吾守尔：《维吾尔语的亲属称谓》，《民族语文》2003 年第 4 期。

甘于恩：《潮汕方言地理类型学研究的一些设想》，《韩山师范学院学报》2010 年第 1 期。

甘于恩：《台湾地理语言学研究之我见》，《集美大学学报》（哲社版）2010 年第 3 期。

甘于恩、曾建生：《广东地理语言学研究之若干思考》，《暨南学报》（哲学社会科学版）2010 年第 3 期。

甘于恩、简倩敏：《广东方言的分布》，《学术研究》2010 年第 9 期。

高晓虹：《汉语方言地理学历史发展刍议》，《语言教学与研究》2011 年第 5 期。

根甲翁姆：《藏族亲属称谓系统及其文化内涵初探——以甘孜道孚语言区为例》，《民族学刊》2012 年第 6 期。

更登磋：《松潘藏族的亲属称谓、房名及其文化意涵》，《民族研究》2015 年第 4 期。

何星亮：《从哈、柯、汉亲属称谓看最古老的亲属制》，《民族研究》1982 年第 5 期。

和发源：《东巴经书中的纳西族古代婚姻家庭》，《云南社会科学》1986 年第 5 期。

和发源：《纳西族的婚姻家庭与亲属称谓》，《云南民族学院学报》（哲学社会科学版）1995 年第 2 期。

华锦木、古丽鲜：《浅析维吾尔族亲属称谓中的地域性差异》，《语言与翻译》

1998 年第 1 期。

海山、高娃：《地理环境对语言的影响》，《经济地理》1998 年第 2 期。

何霜：《从壮语和泰语的亲属称谓看壮泰两族的婚姻制度》，《广西民族学院学报》（哲社版）2003 年第 1 期。

黄行：《语言接触与语言区域性特征》，《民族语文》2005 年第 3 期。

韩雪培、李满春、徐建刚：《地理信息可视化中的二元方法论》，《地理研究》2008 年第 5 期。

和智利：《大具纳西语的词头 a》，《红河学院学报》2014 年第 4 期。

和智利：《论较少族群的语言和谐与语言保护》，《贵州民族研究》2015 年第 12 期。

和智利、周智生、王桂林：《族际语言互借共享的空间表征及其驱动机制》，《中国社会语言学》2015 年第 2 期。

和智利：《大具纳西语的并列结构复合词》，《汉藏语学报》2016 年第 9 期。

和智利、赵文英：《纳系族群父辈女性亲属称谓的类型及地理分布》，《云南师范大学学报》（哲社版）2016 年第 4 期。

坚赞才旦：《真曲河谷亲属称谓制探微》，《西藏研究》2001 年第 4 期。

李子贤：《论丽江纳西族洪水神话的特点及其所反映的婚姻形态》，《思想战线》1983 年第 1 期。

刘龙初：《四川省木里县俄亚纳西族一妻多夫制婚姻家庭试析》，《民族研究》1986 年第 4 期。

蓝利国：《壮语拉寨话亲属词的语义成分分析》，《广西民族学院学报》（哲社版）1994 年第 2 期。

李富强：《壮族的亲属制度》，《广西民族研究》1995 年第 3 期。

刘龙初：《俄亚纳西族安达婚姻及其与永宁阿注婚的比较》，《民族研究》1996 年第 1 期。

刘援朝：《元江白族亲属称谓系统》，《云南民族学院学报》（哲学社会科学版）1998 年第 1 期。

刘明真：《从黎族的亲属称谓看其婚姻制度的演变》，《广东民族学院学报》（社科版）1992 年第 8 期。

兰强：《越语称谓系统：从封闭走向开发》，《广西民族大学学报》（哲学社会科学版）2009 年第 1 期。

李智君：《语言走廊：河陇近代语言地理研究》，《厦门大学学报》（哲社版），2009 年第 4 期。

李仲民：《Glottogram 在地理语言学研究中的一个实例》，《语言教学与研究》2011 年第 5 期。

鲁美艳：《从土家语的亲属称谓看土家族的婚姻形态》，《语文学刊》2011 年
　　第 9 期。

李泽然：《哈尼语亲属称谓的语义分析》，《中央民族大学学报》（哲社版）
　　2012 年第 3 期。

李永新：《交界地区方言研究的思索——以湘语和赣语交界地区为例》，《黔
　　南民族师范学院学报》2013 年第 5 期。

罗江文、卓琳：《从峨山彝语亲属称谓系统看彝语和汉语的接触与影响》，《楚
　　雄师范学院学报》2013 年第 8 期。

冷雪梅：《小凉山彝族的亲属称谓——宁蒗彝族自治县西川乡小丫口村田野
　　调查报告》，《三峡论坛》2015 年第 3 期。

马德强：《中国古代的语言地理观评介》，《兰州学刊》2007 年第 3 期。

麻昌贵：《苗语亲属称谓系统研究——以贵州省松桃苗族自治县苗语为例》，
　　《民族论坛》2009 年第 7 期。

那顺巴依尔：《内蒙古牧区亲属制度变迁研究》，《中央民族大学学报》（哲
　　学社会科学版）2005 年第 1 期。

努润古丽·马木提：《维吾尔语阿图什方言亲属称谓初探》，《延边教育学院
　　学报》2015 年第 2 期。

彭泽润：《地理和语言的启示——衡山南岳 350 个村子高密度的地理语言学
　　研究》，《湖南社会科学》2004 年第 3 期。

潘玉君、骆小所：《语言研究的地理学范式——中国云南语言地理学研究的
　　基本构想》，《云南师范大学学报》（哲社版）2005 年第 3 期。

秋浦：《从永宁纳西族的“阿注”婚姻谈起》，《云南社会科学》1984 年第
　　5 期。

乔全生、刘芳：《长治方言“将”的共时用法及历时演变》，《山西大学学报》
　　（哲社版）2013 年第 4 期。

秦绿叶、甘于恩：《方言地图符号设计》，《广东技术师范学院学报》（社会
　　科学）2014 年第 8 期。

任芬：《西夏党项人的婚姻家庭》，《中央民族大学学报》1994 年第 4 期。

仁增旺姆：《藏语存在动词的地理分布调查》，《中央民族大学学报》（哲社
　　版）2012 年第 6 期。

宋兆麟、严汝娴：《纳西族的母系家庭辨析》，《民族研究》1982 年第 4 期。

宋兆麟：《俄亚纳西族的伙婚仪礼》，《云南民族大学学报》（哲学社会科学
　　版）1986 年第 1 期。

苏连科：《凉山彝族亲属称谓词的语义分析和词源结构研究》，《民族语文》
　　1988 年第 2 期。

孙岿：《试论维吾尔族亲属称谓的特点》，《喀什师范学院学报》（社会科学版）2001 年第 3 期。

孙岿：《维吾尔语亲属称谓的社会称呼法》，《中央民族大学学报》（哲学社会科学版）2001 年第 5 期。

尚云川：《扎巴藏人的亲属称谓》，《中华文化论坛》2006 年第 4 期。

孙益民：《"姑母"称谓在湘东北及湘中部分地区的地理分布》，《中国语文》2009 年第 6 期。

苏晓红：《文化语言学视野下的黔东方言苗语亲属称谓特征及文化内涵》，《贵州民族学院学报》（哲学社会科学版）2010 年第 5 期。

孙益民：《湘东北及湘中部分地区"祖母"称谓的生态考察》，《中南林业科技大学学报》（社科版）2010 年第 3 期。

孙益民：《湖南东北部母亲称谓的地理语言学研究》，《河池学院学报》2011 年第 3 期。

孙宜志：《语言地理学理论及其在汉语中的实践》，《龙岩学院学报》2012 年第 3 期。

舍秀存：《Glottogram 在地理语言学研究中的应用——以撒拉语为例》，《伊犁师范学院学报》（社会科学版）2013 年第 1 期。

孙衍峰：《越南越族亲属称谓的类型》，《解放军外国语学院学报》2014 年第 1 期。

苏晓青、许井岗：《地理变化对方言分布格局的影响——以江苏邛州方言为例》，《徐州工程学院学报》（社会科学版）2011 年第 6 期。

王承权、詹承绪、刘龙初等：《试论永宁纳西族的阿注婚姻和母系家庭长期保存在封建领主制下的原因》，《思想战线》1979 年第 1 期。

王可宾：《原始婚姻初探——鄂温克亲属称谓比较研究》，《史学集刊》1983 年第 3 期。

伍铁平：《语言词汇的地理分布》，《中国社会科学》1984 年第 6 期。

王承权：《也论永宁纳西母系制和阿注婚的起源——兼答赵蔚扬现实》，《云南社会科学》1989 年第 4 期。

吴传均：《地理学的研究核心》，《经济地理》1991 年第 3 期。

瓦尔巫达：《凉山彝语亲属称谓的序数词素及其民族学意义》，《中央民族学院学报》1992 年第 2 期。

王建华：《论语言词汇与社会文化的关系》，《浙江社会科学》1994 年第 4 期。

吴宏伟：《土族语的亲属称谓》，《民族语文》1997 年第 1 期。

王国明：《土族〈格萨尔〉中的亲属称谓》，《西北民族学院学报》（哲学社会科学版）1997 年第 4 期。

文英:《论蒙古族亲属称谓所反映的民族文化现象》,《西北民族学院学报》（哲学社会科学版）2003 年第 1 期。

王文胜:《"蜘蛛"的地理语言学研究》,《丽水学院学报》2005 年第 1 期。

王海明、李明:《纳人亲属称谓的几个问题——20 世纪 90 年代以前和以后研究的对比》,《西北民族大学学报》（哲学社会科学版）2005 年第 2 期。

王文胜:《吴语处州方言非组声母读音历史层次的地理语言学分析》,《浙江师范大学学报》（社科版）2006 年第 6 期。

王晏、杨艳:《哈尼族亲属称谓词的特点及其文化内涵探析》,《红河学院学报》2007 年第 12 期。

王晏:《哈尼亲属称谓语泛化初探》,《红河学院学报》2008 年第 4 期。

王文胜:《从地理语言学看处州方言本字考》,《绍兴文理学院学报》2009 年第 2 期。

王文胜:《吴语处州方言特殊语言现象的地理分布》,《杭州师范大学学报》（社科版）2010 年第 3 期。

万德卓玛:《五屯话亲属称谓研究》,《青藏高原论坛》2015 年第 2 期。

肖家成:《景颇族各支系亲属称谓比较研究》,《民族语文》1988 年第 1 期。

徐尚聪:《彝语亲属称谓词初探》,《贵州民族学院学报》（社会科学版）1991 年第 3 期。

徐亦亭:《永宁纳西族摩梭人的婚姻家庭和发展趋势》,《云南民族大学学报》（哲学社会科学版）2003 年第 4 期。

薛才德:《藏缅语伯叔姑舅姨称谓研究》,《民族语文》2006 年第 6 期。

徐越:《地理语言学视角下的浙北杭嘉湖方言》,《江西社会科学》2007 年第 11 期。

肖二平、张积家、王娟等:《摩梭人亲属词的概念结构——兼与汉族、纳西族亲属词的概念结构比较》,《心理学报》2010 年第 10 期。

肖二平、张积家:《从亲属词分类看民族语言对民族心理的影响》,《心理科学进展》2012 年第 8 期。

许韶明:《藏族亲属称谓研究——以藏东南部三村为例》,《藏学研究》2014 年第 2 期。

严汝娴、宋兆麟:《纳西母系亲属制与易洛魁亲属制的比较研究——兼论亲属制度的起源问题》,《民族研究》1980 年第 2 期。

严汝娴、宋兆麟:《论纳西族的母系"衣灶"》,《民族研究》1981 年第 3 期。

严汝娴:《家庭产生和发展的活化石——泸沽湖地区纳西族家庭形态研究》,《中国社会科学》1982 年第 3 期。

杨福泉:《纳西族的古典神话与古代家庭》,《思想战线》1982 年第 4 期。

杨文顺：《20世纪纳西族的婚姻家庭和亲属制度研究述评》，《楚雄师范学院学报》2003年第4期。

杨福泉：《纳木依与"纳"族群之关系考略》，《民族研究》2006年第3期。

杨福泉：《关于藏彝走廊中的纳文化》，《西南民族大学学报》（人文社科版）2007年第2期。

岳麻腊：《缅甸语亲属称谓语义分析》，《云南民族大学学报》（哲学与社会科学版）2007年第5期。

杨福泉：《多元因素影响下的纳系族群称谓与认同》，《民族研究》2013年第5期。

杨云燕：《亲属称谓构词及文化内涵比较研究——以拉祜族怒族为例》，《普洱学院学报》2014年第4期。

杨娅：《纳西族婚姻研究综述》，《普洱学院学报》2014年第4期。

杨娟：《小议彝族语言中的亲属称谓二元关系词——以黔西北彝语（五撒土语）》，《毕节学院学报》2014年第9期。

杨菁：《中越布依语亲属称谓对比及其文化内涵探究》，《贵州民族大学学报》（哲学社会科学版）2015年第4期。

仲素纯：《达斡尔语的亲属称谓》，《语言研究》1985年第1期。

赵蔚扬：《试论亲属称谓制》，《社会科学战线》1986年第2期。

朱文旭：《凉山彝族亲属称谓及其婚姻形态窥探》，《中央民族学院学报》1988年第4期。

曾思奇：《高山族阿眉斯人的亲属基本称谓分析》，《中央民族学院学报》1990年第1期。

周庆生：《西双版纳傣语亲属称谓语义成分分析》，《民族语文》1990年第2期。

佳水：《也谈永宁纳西族亲属制》，《民族研究》1990年第6期。

周庆生：《傣语亲属称谓变体》，《民族语文》1994年第4期。

郑贻青：《靖西壮语亲属称谓探究》，《民族语文》1994年第6期。

周晶：《人口移动对地域方言和社会方言的影响》，《西安外国语学院学报》1994年第4期。

周庆生：《傣族等级社会与等级亲属称谓》，《贵州民族研究》1997年第2期。

邹中正、秦伟：《汉族和藏族亲属称谓的比较研究》，《西藏研究》2002年第3期。

张江华：《汉文献中的壮傣民族亲属称谓》，《广西民族研究》2002年第4期。

张积家、和秀梅：《纳西族亲属称谓词的概念结构——兼与汉族亲属词概念结构比较》，《心理学报》2004年第36期。

赵志忠：《试析满族亲属称谓》，《满语研究》2005 年第 1 期。

张宁：《克木语亲属称谓词研究》，《民族语文》2007 年第 5 期。

张雷：《黎语志强话亲属称谓的变化》，《民族语文》2009 年第 4 期。

张勇生：《中国地理语言学发展的几点思考》，《武陵学刊》2011 年第 2 期。

赵树冈：《从江淮父系亲属称谓讨论移民研究的一个侧面》，《中南民族大学
学报》（社会科学版）2013 年第 2 期。

卓琳、赵锦华：《峨山彝语亲属称谓系统研究》，《玉溪师范学院学报》2013
年第 6 期。

曾曼丽：《武鸣县马头壮语亲属称谓词研究》，《钦州学院学报》2013 年第 9
期。

詹承绪、李近春：《永宁纳西族从初期对偶婚向一夫一妻制的过渡》，《思想
战线》1979 年第 1 期。

［美］孟彻理：《纳西——摩梭的亲属制度及其文化》，徐志英、张伟译，《云
南社会科学》2000 年第 4 期。

［日］岩田礼：《汉语方言"祖父"、"外祖父"称谓的地理分布——方言地
理学在历史语言学研究上的作用》，《中国语文》1995 年第 3 期。

［日］岩田礼：《论词汇变化的"非连续性"——类音牵引和同音冲突二例》，
《语言教学与研究》2011 年第 5 期。

［日］大西拓一郎：《语言地理学的研究目标是什么？》，《语言教学与研究》
2011 年第 5 期。

四　学位论文类

蔡燕华：《中山粤方言的地理语言学研究》，硕士学位论文，暨南大学，
2006 年。

郭风岚：《宣化方言变异与变化研究》，博士学位论文，北京语言大学，
2005 年。

黄欣欣：《湖南宁乡方言的地理语言学研究》，硕士学位论文，中南大学，
2012 年。

康月惠：《汉语亲属称谓及其泛化使用：类型、成因和功能》，硕士学位论
文，福建师范大学，2007 年。

刘存雨：《江宁方言的地理语言学研究》，硕士学位论文，南昌大学，2008 年。

彭泽润：《衡山南岳方言的地理语言学研究》，博士学位论文，湖南师范大
学，2003 年。

孙益民：《湖南亲属称谓的地理语言研究——与湘东北及湘中部分地区为立
足点》，博士学位论文，湖南师范大学，2009 年。

魏清：《汉泰称谓语比较研究》，博士学位论文，南京师范大学，2005 年。

吴莉：《洪泗方言地理语言学研究》，硕士学位论文，江苏师范大学，2012 年。

向亮：《湘西苗语、土家语和汉语的称谓语比较研究》，硕士学位论文，广西师范大学，2005 年。

五　外文论著

Alexis Michaud, Likun He, Phonemic and Tonal Analysis of the Pianding Dialect of Naxi (Dadong County, Lijiang Municipality), Cahiers de Linguistique - Asie Orientale: 2015(1): 1-47.

Alexis Michaud: Three Extreme Cases of Neutralisation: Nasality, Retroflexion and Lip-rounding in Naxi Journal, Cahiers de linguistique - Asie Orientale: 2006(1): 23-55.

Dauzat, A., La Geographie Linguistique, Flammarion, 1992.

Davide Besaggio, Genetic Variation in Northern Thailand Hill Tribes: Origins and Relationships with Social Structure and Linguistic Differences, Second Congress of Italian Evolutionary Biologists Florence, Italy: 2006.

Michailovsky Boyd, Michaud Alexis, Syllabic Inventory of a Western Naxi Dialect, and Correspondence with Joseph F. Rock's Transcriptions, Cahiers de linguistique - Asie Orientale: 2006(1): 3-21.

Moseley, C., & Asher.R.E., Atlas of the World's Language, Routledge, 1993.

Croft, William, Typology and Universals, Cambridge University Press, 1990.

后　记

　　该书稿是在我的博士论文基础上修改而成的。看到书稿即将交付出版社出版，回想起博士入学伊始至今的往事。虽然曾经因为语言和地理如何结合出现过彷徨、迷惘、不知所措，但还是走过来了，留下永存记忆的是惜缘和感恩。

　　最幸运的是，能够成为戴庆厦先生的弟子。第一次见到先生是2011年，先生受邀到云南师范大学文学院做关于"语言调查"的报告。当时，先生年近70，却仍长期在西南地区进行田野调查。先生醉心田野，潜心学术的精神，令人敬佩。当时我想如有幸能成为先生的弟子，这将是一件多么幸运和幸福的事啊。

　　2012年在硕士生导师罗骥教授的引荐下，我有幸参加由先生带队的中央民族大学"985工程"语言国情调查研究项目子课题"云南玉龙县九河白族乡各民族的语言生活"项目组赴玉龙纳西族自治县九河白族乡调查。调查为期24天，有苦有乐的田野调查让我更加坚定一定要投到先生门下做少数民族语言研究的信念。

　　幸运的是，先生受邀来帮助云南师大培育语言学博士点，在旅游与地理科学学院地理学新增语言地理学专业，于是我决心考这一专业的博士生。通过一年的准备，愿望终于得到实现。但由于我在硕士阶段学的是语言学及应用语言学专业，从未接触过地理学的基础理论学习和训练，因而入学初期，曾彷徨、迷惘过，甚至觉得自己无法毕业。先生和师母总是一次次耐心地开导和鼓励我。先生说："地理语言学是一门成熟的学科，在国外地理语言学已形成一套完整的研究范式，只要努力，总会找到比较好的结合点。"先生手把手地教授我国际音标，并多次带我下田野调查，逐字逐句地指导毕业资格论文和学位论文的写作。每每遇到难题，先生常对我说："尽心尽力，顺其自然。"

　　在先生悉心的引导和帮助下，并通过近几年来的努力，我开始对如何采用地理语言学的研究方法来对纳西语进行研究逐渐有了一些认识。

　　纳西语东西部方言差异较大，其差异主要在语音和词汇上。文化的差异是造成纳西语方言差异的主要原因。但哪类词的差异最大，形成这些差异的地理机制是什么，这项研究的可行性、意义和价值如何，能不能满足跨学科专业学位论文的要求？作为纳西族母语人，我如何能够更好地熟悉不同地区的方言并为以后的研究打下坚实的基础？纳系族群亲属称谓系统的地理语言研究，是老师经过反复斟酌后，为我精心挑选、量身定制的题目。

作为纳西族母语人，纳西语对于我有特殊的感情。但近年来，随着民族接触和交流的快速发展，母语受到强势语言的冲击，如何保留和传承好母语，是当前面临的新挑战。本着爱民族，爱母语的初心，希望我能够以此书稿为开端，为母语的保留和传承贡献自己的力量。

一路走来，我还要感谢我的另一位导师罗骥教授。罗老师除了指导硕士研究生外，还承担着学校学报编辑部主任的工作，尽管工作繁忙，老师每周总是抽出固定时间为我答疑解惑，介绍语言学的新动向。硕士论文的选题正是源于老师的启发。老师和师母从我硕士入学起至今，不论是在学习上还是生活上，都给予了我莫大的关心和包容，帮助我解决所遇到一个接一个的难题。

求学路上，我还得到诸多师长和朋友们的帮助。周智生教授给予我这个"编外"学生许多鼓励和帮助，每次有问题请教，他总会耐心地为我解答，并启发我怎样才能做得更好。潘玉君教授耐心地给我这个地理学"门外汉"学生提供了许多宝贵建议。我的博士学位论文答辩委员张振兴先生、杨光远教授、邢向东教授等专家，他们帮助我指出了论文中存在的问题，并给予了我非常宝贵的修改意见。余金枝教授、彭茹博士在书稿写作及工作中给了我诸多的建议和帮助。四川省木里县俄亚乡村官夏航大哥，迪庆州香格里拉市三坝乡和桂全东巴，以及好友云南省民语委何林富老师，云南师范大学王桂林博士、孙俊博士，云南大学习建勋博士，都在论文写作和田野调查的过程中给了我帮助。没有大家慷慨和无私的帮助，也就不会使书稿顺利完成。

感谢云南省哲学社会科学学术著作出版专项经费的资助。感谢中国社会科学出版社任明编审及其他编辑老师们为本书出版付出的艰辛劳动。

最后，感恩无条件支持我的家人。无论我做什么样的选择，都能得到家人的理解和支持。特别是我的母亲，她多年来无私的奉献，才能让我安心求学和工作。我的丈夫谭新成，在读博期间，支持我，鼓励我，为了

能够让我安心田野和写稿，承担了许多家庭重担。家人永远是我最坚实的
后盾。

　　太多的幸运和感恩，无以言表，我将带着对先生、老师们、好友和家
人的感恩，认真地走好人生每一步。

　　谨以此书献给所有关心和支持帮助我的人以及我深爱着的民族！

和智利

2018 年 6 月 6 日于昆明